DIREITO À FOLIA

o direito ao carnaval e a política pública do carnaval de rua na cidade de São Paulo

DIREITO À FOLIA

o direito ao carnaval e a política pública do carnaval de rua na cidade de São Paulo

GUILHERME VARELLA

alameda

Grafia atualizada segundo o Acordo Ortográfico da Língua Portuguesa de 1990, que entrou em vigor no Brasil em 2009.

Edição: Haroldo Ceravolo Sereza e Joana Monteleone
Projeto gráfico, diagramação: Ana Júlia Ribeiro
Ilustração da capa: David Galasse
Capa: David Galasse e Ana Júlia Ribeiro
Revisão: Alexandra Colontini

CIP-BRASIL. CATALOGAÇÃO NA PUBLICAÇÃO
SINDICATO NACIONAL DOS EDITORES DE LIVROS, RJ

V42d

Varella, Guilherme
Direito à folia / Guilherme Varella. - 1. ed. - São Paulo : Alameda, 2024.
454 p. ; 23 cm.

Inclui bibliografia
ISBN 978-65-5966-235-7

1. Carnaval - Aspectos sociais - São Paulo (SP). 2. Direito - Aspectos sociais - São Paulo (SP). 3. Carnaval - Política governamental - São Paulo (SP)I. Título.

CDD: 394.25098161
23-87560 CDU: 394.25(815.6)

Meri Gleice Rodrigues de Souza - Bibliotecária - CRB-7/6439

ALAMEDA CASA EDITORIAL
Rua 13 de Maio, 353 – Bela Vista
CEP 01327-000 – São Paulo, SP
Tel. (11) 3012-2403
www.alamedaeditorial.com.br

Para Nina e Toni,
minha folia.

"O carnaval é, por assim dizer, a medida pela qual se avalia muito bem a capacidade moral de um governo"
Graciliano Ramos[1]

1 Sob o pseudônimo Lambda, no artigo "Zé Pereira", publicado no *Jornal de Alagoas*, em 26 de fevereiro de 1911.

SUMÁRIO

Apresentação
O direito ao carnaval e a política pública do carnaval de rua na cidade de São Paulo

O livro de Guilherme Varella é uma contribuição original sob vários pontos de vista. A começar pelo tema. Nos juristas tradicionais, o título provoca um misto de riso e espanto. Como assim: "Direito à folia"? O direito é uma prática circunspecta, não se presta a brincadeiras ou folias.

Já para os não-juristas, o incômodo é de outra ordem: por que advogados e tecnocratas têm que se meter no carnaval? O jornalista Ruy Castro acusou esse incômodo, em sua coluna de fevereiro de 2020, em que gasta dois terços do espaço transcrevendo artigo publicado dias antes por Juca Ferreira e Guilherme Varella,[1] que resumia bem o espírito do trabalho que o leitor tem hoje em mãos.

> Está no artigo "Direito à folia", na seção "Tendências/ Debates" de domingo (16), assinado por Juca Ferreira e Guilherme Varella. Até 2013, "um quadro de obstrução operacional dos blocos pela gestão municipal" impedia que São Paulo tivesse Carnaval de rua. Mas, naquele ano, um "Manifesto Carnavalista", lançado pelos representantes dos blocos e

1 Juca FERREIRA e Guilherme VARELLA. Direito à folia. Livre e democrático, Carnaval de SP é o maior do país. *Folha de São Paulo*, 16/2/2020 (https://www1.folha.uol.com.br/opiniao/2020/02/direito-a-folia.shtml).

> reivindicando sua "descriminalização", encontrou eco na administração do prefeito Fernando Haddad (PT), cujo secretário da Cultura era Juca Ferreira, e este entrou em ação.
> "Foi criada uma arquitetura jurídico-institucional complexa, com desenho especialmente pensado para o período de excepcionalidade do Carnaval", escreveram. "O arranjo estabeleceu instrumentos regulatórios; distribuição de competências entre as pastas; coordenação dos agentes; otimização dos serviços públicos; metodologia de organização territorial; e regras para a exploração comercial da festa".
> Ainda segundo os autores, houve uma "construção colaborativa dialógica" entre os carnavalescos e a sociedade: "A política pública contribuiu para o desrepresamento da potência dos blocos". Com isso, "São Paulo assimilou e assumiu seu ethos momesco" e, hoje, sete anos depois, confirma "aquilo que prenunciávamos em 2013: não apenas existe Carnaval de rua em São Paulo como ele é o maior do Brasil". [2]

Feito esse relato, o colunista concluía, sem disfarçar uma ponta de despeito:

> O Rio, coitado, nunca teve essa arquitetura jurídico-institucional. Nos nossos 379 anos de Carnaval —desde o de 1641, quando os primeiros fantasiados saíram à rua cantando—, tivemos de improvisar. A partir de 1848, surgiram, pela ordem, os blocos, os bailes de máscaras, os carros alegóricos, a decoração de rua, os cordões, os ranchos, o maxixe, o corso, as batalhas de confete, os banhos de mar à fantasia, as marchinhas, os sambas, os clóvis, as escolas de samba, os desfiles. Enfim, tudo. E só porque, um dia, botamos o bloco na rua. Deu no que deu.[3]

O fato é que a cena do carnaval paulistano passara por uma mudança radical; de 42 blocos em 2013, chegou-se a 384 em 2016 (aumento de 914%)[4]. E mais im-

---

2 Ruy CASTRO. 379 anos de folia. *Folha de São Paulo*, 21/2/2020 (https://www1.folha.uol.com.br/colunas/ruycastro/2020/02/379-anos-de-folia.shtml).

3 Idem, ibidem. Mais tarde, já com a tese pronta, um artigo no caderno Ilustríssima, da Folha de São Paulo, expôs com mais vagar do que se tratava. Guilherme VARELLA. Carnaval de rua virou boi de piranha na pandemia e sofre ofensiva moral. *Folha de São Paulo*, Ilustríssima. 25/2/2022 (https://www1.folha.uol.com.br/ilustrissima/2022/02/carnaval-de--rua-virou-boi-de-piranha-na-pandemia-e-sofre-ofensiva-moral.shtml).

4 Nabil BONDUKI. *Folha de São Paulo*, 17/2/2020 (https://www1.folha.uol.com.br/colunas/nabil-bonduki/2020/02/o-carnaval-de-rua-de-sao-paulo-deve-parar-de-crescer.shtml).

portante, essa mudança se institucionalizou, isto é, deixou de depender da gestão política que a havia escolhido como prioridade. Em 2023, duas gestões depois, a Prefeitura Municipal de São Paulo anunciava:

> O Carnaval de rua é a maior ação de políticas públicas da Prefeitura e, realmente, a maior operação da cidade! É gratificante ver como o objeto principal, a cultura, une desde o serviço de saúde, CET, PM e vários outros órgãos com um único objetivo. E isso acontece porque na ponta, os verdadeiros fazedores do carnaval de rua, os blocos, também estão nessa empreitada de levar cultura e alegria para todos os cantos da cidade e, cada vez mais, tendo atuação sociocultural durante o ano inteiro", afirmou a secretária de Cultura.[5]

Esse livro tem conta, pela pena do pesquisador, sobre os desafios que haviam sido enfrentados pelo gestor: como São Paulo se transformou de "túmulo do samba" em um dos maiores carnavais de rua do Brasil, no curto período de quatro anos?

A resposta a essa pergunta traz outras qualidades do livro; uma delas é resultar de observação participante – o autor é carnavalesco e conhece os meandros do meio – o que lhe confere uma autenticidade empírica incomum em trabalhos acadêmicos. Mas sua grande contribuição é traduzir a experiência vivida, especialmente na condição de gestor público, na forma de apresentação sistematizada, documentando e analisando tanto a estratégia como os instrumentos jurídicos que deram forma à transformação do carnaval de rua da cidade de São Paulo.

O desafio da política – e do livro – era escapar de uma visão tecnocrática sobre a política pública. Não que a tecnologia não fosse importante. As inovações nesse plano, agora ordenadas num sistema de pensamento e ação, foram decisivas é importante apresentá-las dessa forma, contribuindo para o adensamento da abordagem Direito e Políticas Públicas. Um desafio particular neste caso é que a tecnologia jurídica e de gestão não sufocasse o carnaval genuíno, com a anarquia que o define e lhe dá vitalidade. Sem ela, o que resta é a festa chapa-branca ou a apropriação por empresas comerciais, a "ambevização" denunciada no capítulo final, que pasteuriza a festa popular.

---

5 Secretaria Especial de Comunicação da Prefeitura Municipal de São Paulo. Carnaval de Rua 2023 deve reunir 15 milhões de foliões. 02/02/2023 (https://www.capital.sp.gov.br/noticia/carnaval-de-rua-2023-deve-reunir-15-milhoes-de-folioes-na-capital).

Alguns talvez se perguntem por que discorrer sobre o direito ao carnaval? Partindo da sua existência, não bastaria tratar dos problemas jurídicos que surgem, aplicando a lei? Reconhecer o direito cultural não bastaria para sua aplicação? O livro trata disso, ao expor que o direito à folia não é apenas uma sucessão de operações para organizar a festa. Entendê-lo como direito cultural, de base constitucional, implica assumir um sentido político-jurídico que norteia os vários papéis do direito na política pública. Concretizá-lo implica múltiplos e sucessivos embates envolvidos nos detalhes de implementação da política. O regramento do processo de decisão, a definição dos trajetos dos blocos, a prioridade para sua passagem em relação ao direito de ir e vir costumeiro – ou, como diz Guilherme, a criação da ordem excepcional que prevalece nos três dias da folia – são aspectos cuja somatória é que permite saber se o sentido libertador da festa se traduziu em vitalidade democrática da política.

Num trabalho multidisciplinar, o livro traz uma fundamentação sólida para o leitor jurídico a respeito da tradição cultural do carnaval, somada à base jurídica para o leitor de outras formações que queira entender como se dá essa combinação. Mergulhado numa visão contemporânea do direito à cidade, o livro dá voz aos blocos e também aos do cidadão que (ruim da cabeça ou doente do pé?) não gosta de samba e tem direito de não querer barulho e confusão na sua porta.

A disseminação dessa cultura política do carnaval de rua, democrática e autêntica, é importante para que mais cidades pelo Brasil afora possam organizar sua folia dando vida a esses valores.

São Paulo, 8 de agosto de 2023

Maria Paula Dallari Bucci

Professora da Faculdade de Direito da Universidade de São Paulo

Prefácio
Carnaval de Rua como expressão do direito à cidade e da cidadania cultural em São Paulo

Não é possível observar a explosão do Carnaval de Rua em São Paulo e sua transformação em política pública na segunda década do século XXI, tema desse brilhante livro de Guilherme Varella que se tornará uma obra de referencia nos estudos sobre o Carnaval, sem relacioná-la com dois conceitos centrais para entender o Brasil urbano contemporâneo, seus conflitos e horizontes transformadores: o direito à cidade e a cidadania e diversidade cultural.

O acelerado crescimento do Carnaval de Rua a partir de 2014 (de muito pouco em 2012 e 42 blocos em 2013, para 384 em 2016 e 644 em 2020) não foi obra do acaso nem apenas de uma ação afirmativa do poder público. Ela mostra que havia na cidade, e entre uma parcela significativa de seus cidadãos, um movimento vigoroso, prestes a eclodir, uma efervescência cultural e urbana que somente necessitava de condições institucionais e de infraestrutura mínimas para que as ruas fossem tomadas pela folia.

O Carnaval de Rua, com a configuração que tomou em São Paulo – democrático, gratuito e livre – reunindo milhões de pessoas no espaço público, foi o ponto culminante e a expressão mais completa do surgimento em São Paulo de uma forte relação entre cidade, cultura e política, onde o espaço público se transforma em uma arena cultural, em muitos momentos, combinada com uma nova forma de expressão política.

Embora o Carnaval no espaço público e como "experiência radical deliberdade festiva" seja uma manifestação, como mostra Varella no 1º capítulo do livro, que tem origem na Idade Média, no mundo cristão, e está presente no Brasil desde os tempos coloniais, ele ao longo de tempo foi assumindo diferentes contornos culturais, urbanos e sociais, relacionados com as tradições locais e os contextos econômicos e políticos. Não é diferente no Carnaval de Rua urbano no Brasil contemporâneo.

Ao longo do tempo, o carnaval oscilou entre tendências diversas e muitas vezes opostas: elitista ou popular; restrito a espaços fechados ou aberto no espaço público; confinado a lugares predefinidos ou espalhados pela cidade; espontâneo ou planejado; mais ou menos tolerante; comercial e patrocinado ou autosustentado; com gestão centralizada ou autogerido; gratuito e aberto ou pago e restrito; com gênero musical predominante ou com diversidade musical.

Embora tenha sido influenciado por várias dessas tendências ou, melhor, seja resultado dos conflitos e das disputas em torno dessas possibilidades, o tardio Carnaval de Rua de São Paulo da segunda década do século XXI assumiu um ethos próprio, fortemente influenciado pelo clima cultural, político e urbano que vigorava na cidade nesse período.

Embora a opção tomada na regulamentação do Carnaval, a partir de 2013, tenha sido orientada pelas diretrizes políticas e culturais da gestão de Fernando Haddad e de seus colaboradores na Secretaria Municipal de Cultura (entre os quais o próprio Guilherme Varella, o secretário Juca Ferreira e eu mesmo, que o sucedi), ela é resultado de um processo social muito mais amplo, que gerou as condições para que ele florescesse quando encontrou uma administração municipal que soube traduzir o espírito da época em política pública.

Mas como se formou esse "espírito da época" que gerou o que hoje se considera o maior ou um dos maiores carnavais do Brasil?

Carnaval de Rua e o direito a cidade

Como o próprio nome indica, o carnaval é de rua, em ruas que foram implantadas para serem dos carros e não das pessoas. O plano mais famoso de São Paulo é o "das avenidas", construídas com o objetivo de permitir a circulação motorizada, sobretudo a individual. Reverter, ou melhor, limitar essa lógica em uma metrópole que se orgulhava de ser o berço e principal polo da indústria automobilística no país, era e continua sendo um enorme desafio, profundamente vinculado ao direito à cidade para as pessoas. Esse foi um dos pilares que delineou o espírito da época que possibilitou a explosão do Carnaval de Rua de São Paulo.

As origens da luta pelo Direito à Cidade nas cidades brasileiras (embora ainda não tivesse esse nome) remonta a meados do século XX, quando a urbanização do país se acelerou, gerando as gigantescas aglomerações metropolitanas e um amplo leque de precariedades urbanas.

O crescimento das cidades, realizado com uma alta taxa de exploração do trabalhador, salários insuficientes para adquirir uma moradia e baixo investimento público, gerou o chamado padrão periférico de crescimento urbano, caracterizado pela exclusão social e urbana, com moradias precárias sendo autoconstruídas em áreas sem qualquer infraestrutura urbana (Bonduki 1998).

Nos anos 1940 surgiram organizações populares, como as Sociedades Amigos de Bairros, que aturam para que esses verdadeiros acampamentos edificados nas periferias fossem incorporados aos serviços e à infraestrutura urbana. Durante a redemocratização, as Comunidades Eclesiais de Base da Igreja Católica, vinculada à Teologia da Libertação, fortaleceram a luta pelo Direito à Cidade que, nessa vertente, estava intimamente associada ao acesso a condições básicas de sobrevivência, como moradia, saneamento, luz elétrica, iluminação pública, pavimentação, equipamentos de saúde e educação e transporte coletivo.

A Constituinte de 1988 e seus desdobramentos nas políticas urbanas, como o Estatuto da Cidade, os marcos institucionais da habitação, saneamento e mobilidade e os investimentos realizados nesses setores por governos democráticos populares, responderam a essas reivindicações, embora tenham sido insuficientes para equacioná-las inteiramente, pois não enfrentaram (nem poderiam ter enfrentado sem outras políticas econômicas) as causas estruturais do modelo excludente do desenvolvimento urbano brasileiro.

No século XXI, embora essa agenda "tradicional" do direito à cidade, que mobilizou, sobretudo, a primeira geração de migrantes chegados a São Paulo, continuasse presente, relacionada à redução da desigualdade, ao direito à habitação e à reforma urbana, ela perdeu a força que teve nas décadas anteriores, pois a própria mobilização social possibilitou o acesso à infraestrutura e aos serviços urbanos de boa parte das periferias. Mas para as novas gerações a luta pelo direito à cidade foi tomando outras configurações.

Novas demandas emergiram, oriundas de outros segmentos da sociedade, sobretudo jovens da classe média e também de uma segunda ou terceira geração dos moradores das periferias. A agenda do direito à cidade ganhou maior abrangência, novos contornos e novos atores, que entraram em cena tendo como principal cenário as ruas.

Esses protagonistas são jovens agrupados em "coletivos", grupos com baixa institucionalidade, organização horizontal, que rejeita a figura do líder, articulação e divulgação de suas pautas pelas redes sociais e práticas baseada no ativismo e ações diretas. Grande parte dos blocos de carnaval, sobretudo os oriundos de articulação comunitária, se enquadram nessa definição.

Eles questionam, estruturalmente, o modelo de desenvolvimento urbano do século XX, baseado na cultura do automóvel e na privatização do espaço viário por ele gerada; na cidade segregada; na mercantilização dos serviços urbanos e da cidade; na ideologia de segurança; no esvaziamento do espaço público; no desprezo ao meio ambiente; na cultura do desperdício; na intolerância às minorias e aos diferentes.

Entre as pautas trazidas por esses coletivos, podem ser citados: a ocupação e a gestão compartilhada ou autogestão de espaços públicos como praças, parques e espaços culturais; a defesa da mobilidade ativa (a pé, bicicleta, skate, etc.); uso do espaço público para cultura (grafite, artistas de rua, música, eventos, etc.); resistência à verticalização da cidade, associados à luta genérica contra a chamada especulação imobiliária; agroecologia e agricultura urbana; acesso à internet livre em equipamentos e espaços públicos; passe livre no transporte coletivo; compartilhamento de espaços de trabalho (coworking), de moradia e de veículos; defesa da defesa da memória e do patrimônio arquitetônico e urbano; ocupação cultural de espaços públicos ou privados; agendas ligadas a criação e inovação tecnológica. Defendem ainda a cidadania cultural, aspecto que abordaremos adiante. O direito à cultura aparece com muita força, ao lado do busca do reconhecimento da cultura popular, dos povos originários e da população periférica.

São pautas contemporâneas que expressam a existência de grupos sociais já bastante conectados pelas redes sociais, com maior escolaridade e formação e que buscam de um novo modo de vida, onde a cidadania cultural, o respeito ao meio ambiente, a democratização do espaço púbico e o direito a diferença são fundamentais. Trazem ainda as pautas identitárias e relacionadas aos direitos civis e às liberdades fundamentais, como questões de gênero, diversidade e orientação sexual, antiracismo e igualdade racial, assim como a descriminalização do aborto e da maconha.

Esses ativistas introduzem novos valores urbanos e defendem um novo modo de vivenciar a cidade, baseados no compartilhamento, no uso do espaço público, na mobilidade ativa, na conectividade, na sustentabilidade ambiental e na diversidade.

A defesa dessas pautas foi fragmentada, pois a horizontalidade e perspectiva autonomista presente em parte desses coletivos é avessa a uma organização centralizada. Mas existe entre elas muita sinergia. Um traço comum é o questionamento do modelo de desenvolvimento urbano e de um modo de vida conservador, patriarcal, machista, racista e homofóbico.

O Carnaval de Rua e o direito à folia, tal como Varella conceitua em seu livro, enquadram-se no âmbito dessa ampliação do direito à cidade, pois os novos temas colocados em pauta, sobretudo o uso do espaço público pelas pessoas, estão diretamente vinculados ao Carnaval de Rua.

O Manifesto Carnavalista, documento histórico que deu início ao diálogo entre os 24 blocos que o assinam e o governo municipal no início da Gestão Haddad, marcando uma nova perspectiva para o Carnaval de Rua em São Paulo, é explicito ao tratar da pauta, no ponto 4 intitulado "Ocupação do Espaço Público como exercício de cidadania":

> Hoje o espaço público é dos carros e a rua – que deveria ser democrática, lugar de convivência e aprendizado – um espaço hostil. Na contramão disso, tem uma época do ano, apenas umúnico momento, em que os carros são lugar às pessoase a hostilidade dá lugar à alegria. O CARNAVAL traz na ideia e na prática a ocupação do espaço público como forma de manifestação cultural, mas acima de tudo é um momento em que a cidade é das pessoas.

Como pode se perceber, do ponto de vista urbano, a proposta de Carnaval de Rua defendida pelos "carnavalistas" de São Paulo se contrapunha ao modelo de desenvolvimento predominante, conservador, carrocêntrico e hostil às pessoas, defendendo a ocupação do espaço público como forma de manifestação cultural.

Longe de ser uma novidade no início da segunda década do século XXI, esta visão expressava o "espírito da época" para um segmento expressivo da sociedade, embora não compreendido até então pela gestão municipal.

A primeira década do século foi marcada por grandes manifestações e eventos que apontavam nessa direção. Coletivos se organizavam na perspectiva de ocupar o espaço público, promovendo festas, como fez o Coletivo Baixo Centro no Minhocão (As ruas são para Dançar) ou "manifestas", como o churrascão da gente diferenciada, promovido em protesto contra setores da elite paulistana que tentaram impedir a implantação de uma estação de metrô no bairrode Higienópolis.

Mas nada se compara ao espetáculo das multidões que emergiu em dois eventos de rua que se tornaram referências de ocupação de espaço público muito antes da explosão do Carnaval de Rua.

Fenômeno de maior amplitude, a Parada LGBT (denominação que tinha nesse período) apontava para a enorme potencialidade que o direito à folia poderia ter em São Paulo. Realizada em junho, no feriado de Corpus Christi,desde a segunda metade dos anos 1990, ela se tornou uma espécie decarnaval fora de época e uma das maiores manifestações políticas, culturais e urbanas do país na primeira década do século XXI. Seu cenário são as ruas da cidade.

Ao mesmo tempo em que a Parada assumia um caráter político, condenando a intolerância e a homofolia e exigindo políticas públicas para o segmento, a avenida se abria para a folia, a alegria e sensualidade,no que poderia ser chamado de uma "cultura da diversidade". Uma infinidade de trios elétricos desfila, com música, dança e performaces, carregando uma multidão fantasiada e excitada, onde vigorava uma absoluta liberação comportamental. Corpos nus, transvertidos e pintados. Beijos distribuídos à vontade para quem quisesse. Tudo sem repressão em um clima de "é proibido proibir". No espaço público, alegria, folia e liberdade. Era carnaval, só não tinha esse nome...

Em outra vertente, a ocupação cultural do espaço público por multidões passou a fazer parte do cotidiano na cidade, uma vez por ano, sempre em um final de semana do mês de maio: a Virada Cultural. Inspirada no cortejo realizado em 2004, no aniversário de 450 anos de São Paulo, a partir de 2005 a Virada se tornou um evento que levava centenas de milhares de pessoas para o espaço público, e não parava de crescer.

Ruas, largos e praças do centro histórico foram tomados por multidões que circulavam ao longo de 24 horas entre dezenas de palcos e tablados, onde atrações de todos as modalidades artísticas e gêneros musicais se apresentavam ininterruptamente, em uma simbiose de evento cultural, balada, sociabilidade e reconhecimento da cidade, onde os participantes não eram meros expectadores, mas uma espécie de "flâneur", no conceito que Benjamin dá ao personagem. Talvez o termo flâneur cultural seja mais preciso.

É paradoxal, como afirma Varella, que a mesma gestão Kassab (2006-2012) que promovia a Virada e apoiava a Parada LGBT, criminalizasse ou obstruísse administrativamente a ocupação das ruas pelos blocos carnavalescos. O tema é amplamente problematizado no livro, que mostra como os dispositivos legais e custos dificultavam e até mesmo impediam burocraticamente que o Carnaval de Rua, tratado pela prefeituracomo um evento comercial qualquer, pudesse existir plenamente em uma cidade.

O fato é que o conceito do direito à cidade, particularmente no que se refere a liberdade de ocupação cultural do espaço público, estava em disputa, representando visões diferentes de mundo e de sociedade: de um lado, a liberdade, a mistura de corpos e a folia e, de outro, o controle, a higienização, a segregação e a aversão a diversidade.

Como não poderia deixar de ocorrer, o tema entra na campanha eleitoral de 2012, com o lema "existe amor em São Paulo". E se materializado na Praça Rosa, evento político-cultural na Praça Roosevelt que sintetizava o direito à cidade e o "espírito da época".

O terreno estava fértil para a eclosão do Carnaval de Rua.

Cidadania e diversidade cultural no Carnaval de Rua

Ao mesmo tempo em que o direito à cidade, sobretudo na perspectiva de ocupação cultural do espaço público, ganha força na primeira década do século XX, ocorre também um forte movimento voltado para fortalecer a cidadania e diversidade cultural, em contraposição à cultura de mercado e baseada em eventos.

Marco desse movimento em São Paulo foi a formação do "Arte contra a Barbárie" que no final do século XX mobilizou a "classe" teatral em torno da criação de um mecanismo de fomento à cultura que não estivesse subordinado ao mercado. Vivia-se, então, um momento em que, tanto a nível nacional como municipal, a única fonte de financiamento eram as leis de incentivo, baseada na isenção fiscal para as empresas que patrocinasse eventos culturais.

O "Arte contra a Barbárie" - querejeitava essa visão, entendida como uma estratégia neoliberal onde o setor privado decidia a alocação dos recursos públicos de acordo com seus interesses de marketing - formulouum Projeto de Lei que se tornou uma referência: o Fomento ao Teatro. A proposta, aprovada em 2002, estava baseada no apoio a grupos teatrais com recursos orçamentários, escolhidos por comissões independentes.

O Fomento ao Teatro, protagonizado pela Cooperativa de Teatro, inaugurou uma série de leis e programas em São Paulo que visavam apoiar,com recursos municipais,diferentes modalidades, como o VAI – Programa de Valorização de Iniciativas Culturais, voltado para apoiar projetos de jovens periféricos (2004) e o Fomento à Dança(2006).

No mesmo período, foram criados os CEUs (Centro Educacionais Unificados), equipamentos multifuncionais que criaram espaços culturais em áreas periféricas, onde inexistiam. A nível federal, o Programa Cultura Viva apoiou espaços culturais mantidos por ONGs e coletivos, além de fortalecer a cidadania cultural com uma série de editais que voltados para a diversidade. Essas iniciativas alimentaram um terreno já semeado por iniciativas que emergiam nos quatro cantos da cidade.

Escuta realizada pela Comissão Parlamentar da Juventude da Câmara Municipal, junto a grupos juvenis, entre 2001 e 2002, identificou uma forte efervescência cultural, inclusive nas periferias, que necessitava de algum apoio financeiro para eclodir. A criação do VAI, resultado desse processo, veio comprovar a força dessa tendência. No primeiro edital, em 2004, foram apresentadas 650 propostas. O fato dos projetos poderem ser apresentados por pessoas físicas, e não apenas por pessoas jurídicas, como era a praxe nos editais públicos, explica essa explosão no número de projetos. Os coletivos juvenis não eram institucionalizados e emergiam da cidadania cultural.

Não era apenas na periferia que esse processo estava em ebulição. O Mapa de Juventude, elaborado pela Prefeitura de São Paulo em 2004 mostrou a existência de mais de 5 mil grupos e coletivos de jovens espalhados por todo o município, uma boa parte dos quais voltado para a cultura.

Os jovens, que na primeira década do século XXI representava cerca de 25% da população de São Paulo, eram os principais protagonistas do processo de ocupação do espaço público descrita no item anterior. Estavam na Parada, na Virada Cultural e inúmeras manifestações de menor escala que ocorriam na cidade. E também na organização de blocos de Carnaval, processo que, entretanto, era cerceado e contido devido à dificuldade burocrática e custo de desfilarem pela cidade.

Como Varella descreve detalhadamente, o Carnaval em São Paulo estava oficializado e engessado, sob promoção e patrocínio da prefeitura, que apoiava organizações carnavalescas antigas que não representavam essa efervescência que emergia da cidadania, sobretudo nos coletivos jovens.

As antigas Escolas de Samba, que tiveram forte representatividade na tradição carnavalesca de São Paulo, que surgiram da cidadania cultural ao seu tempo, tinham sido confinadas no Sambódromo e se rendido ao marketing televisivo, que embora não retire seus méritos culturais, não contempla a liberdade criativa, descentralização e autonomia presente nos blocos que surgem no século XX. Já os poucos blocos, cordões e bandas mais antigos, que contavam com o apoio e patrocínio do município, estavam impermeáveis a mudanças.

Assim, era como se não existisse espaço (institucional, político, físico) para que as multidões que queriam folia, com cidadania e liberdade, pudessem se expressar. Apesar disso, nos anos que precederam a explosão do Carnaval de Rua em São Paulo, alguns blocos ignoravam as dificuldades e saiam às ruas como, por exemplo, o "Vai quem quer", que resistiu por quarenta anos desfilando anualmente. Foram esses blocos resistentes e novos que surgiram na primeira década do século, como resultado dessa vibração cultural, os principais signatários do Manifesto Carnavalista.

Para os foliões havia uma válvula de escape: curtir o carnaval de rua em outras cidades brasileiras. A enorme quantidade de paulistanos nos blocos cariocas, nas ruas de Recife, Salvador, Ouro Preto e São Luís de Paraitinga mostravam que não eram os moradores da cidade que não gostavam de carnaval, era o poder público. Que obstruía o caminho de quem queria organizar blocos e exercer sua cidadania cultural e privava os paulistanos do direito à folia na sua própria cidade.

Como se vê, o contexto presente na cidade em 2012, tanto do ponto de vista das lutas pelo direito à cidade como da cidadania cultural, estava totalmente favorável para a emergência de um vigoroso Carnaval de Rua.

Quando o Secretário Municipal de Cultura, Juca Ferreira, procurou em 2013 o prefeito Fernando Haddad propondo uma nova regulamentação, dizendo que São Paulo poderia ter o maior Carnaval de Rua do Brasil (e provavelmente do mundo), muitos achavam que ele estava exagerando. Não estava e, olhando de frente para trás, com mais distanciamento histórico, parece obvio que ele tinha razão.

Uma metamorfose de São Paulo?

Os paulistanos nas últimas décadas do século XX, especialmente os de classe média, tinham se acostumados a viver os feriados do Carnaval como uma espécie de hiato na vida agitada da cidade. O período funcionava como uma espécie de ponto final das férias de verão, tanto para os que deixavam a cidade, como para os que nela permaneciam. No imaginário de São Paulo, entre o Natal e o Carnaval, a cidade funciona a meio vapor. Tudo começa depois do Carnaval.

Alguns milhões saiam em busca do sol das praias e do frescor do mar, enfrentando congestionamentos monstros nas estradas e superlotação nas cidades litorâneas para viver o fim do verão ou para buscar o descanso na serra, no campo ou no interior.

Quem queria curtir o Carnaval em intensidade máxima, buscava, a peso de ouro, a farra nos famosos carnavais de Salvador, Recife e Rio de Janeiro.

Para a maioria dos que ficavam em São Paulo, o Carnaval era algo distante. Ficavam para descansar e evitar os congestionamentos, embora fosse difícil deixar de ser alcançados pela Globo, onde os desfiles das Escolas de Samba do Rio e de São Paulo, foram transformados em espetáculos televisivos.

Algumas dezenas de milhares desfilavam e assistiam o desfile no confinado Sambódromo do Anhembi. Alguns poucos blocos, cordões e bandas, filiados a associações que monopolizaram o apoio da prefeitura, também desfilavam em locais previamente estabelecidos pelo poder público.

Esse relato poderia justificar a famosa frase de Vinicius de Morais:"São Paulo é o Túmulo do Samba". Mas,não é bem assim. Assim como "havia amor", também havia samba e folia em SP. Para o Manifesto Carnavalista, esta situação seria resultado da falta de reconhecimento pelo poder público da tradição cultural da cidade: "algumas das inúmeras manifestações tradicionais que influenciaram a forma de sambar e brincar o carnaval na capital paulista ... foram sendo esquecidas e São Paulo .... não soube reconhecer e valorizar sua própria identidade cultural".

O fato é que a elite paulista, ao longo do século XX, adotou uma política de apagamento da memória e das raízes culturais popular, da populaçãoindígena e afrodescendente. Buscou-se construir a imagem de uma cidadeembranquecida, ordeira voltada para o trabalho. Um povo sério, sisudo e trabalhador, que vinha acompanhado de visão preconceituosa em relação ao resto do país. Daí slogan "São Paulo é a locomotiva que puxa o país".

Essa imagem combinava com um modelo de desenvolvimento urbano segregador, que escondia a pobreza, os negros e os pardos nas periferias distantes e invisíveis (ao contrário do Rio de Janeiro, onde as favelas nos morros expõem a pobreza);estimulava a mobilidade individual baseado no automóvel, que privilegia as classes média e alta; promovia a gentrificação nos antigos bairros centrais, como o

Bixiga, onde forte presença negra buscava resistir; e impulsionava a higienização e esvaziamento do espaço público, lugar onde os diferentes poderiam se encontram.

A construção de uma política pública para o Carnaval de Rua, em especial no que se refere à apropriação e democratização do espaço público e viário da cidade, detalhadamente descrita e analisada no livro, insere-se em um conjunto de medidas, melhor ou pior sucedidas, que objetivava alterar essa imagem da cidade e seu modelo de desenvolvimentourbano.

Dentre os vários objetivos do Plano Diretor Estratégico, formulado e debatido entre 2013 e 2014, no mesmo período em que se discutia a nova regulamentação do Carnaval de Rua, era alterar o modelo de mobilidade baseado no automóvel e vários outros aspectos do ordenamento da cidade.

Como desdobramento desse projeto catalisado pelo Plano Diretor e implementado por diferentes ações da prefeitura, na perspectiva de abertura e estímulo das ruas para as pessoas, pode-se citar: a criação de faixas exclusivas de ônibus e das ciclovias; a ampliação do horário de abertura do Minhocão para os pedestres; a criação do Programa Ruas Abertas e, em especial, a Paulista Aberta; a qualificação dos espaços públicos no centro (Centro Aberto); a criação de estímulos a fachadas ativas e fruição pública no térreo dos edifícios para estimular o uso das calçadas; a regulamentação dos parklet ou vagas vivas, transformando vagas de estacionamento em espaços de convivência, como extensões das calçadas; a criação das praças wi-fi.

Por Outro lado, a relação entre cultura e cidade, absolutamente central para o Carnaval de Rua, foi aprofundada com o estabelecimento de um calendário mensal de eventos em espaços públicos, que ia muito além da Virada Cultural, comooMês do Hip-Hop, o Arraial Junino, o Mês da Cultura Independente, o SP na rua, as Viradinhas Culturais, a Jornada do Patrimônio e o mês da consciência negra.

Vê-se, assim, que a criação de uma política pública para o Carnaval de Rua, baseada nos princípios de ocupação livre, democrática e gratuita do espaço público, não foi um programa isolado, mas se insere em uma política urbana e cultural, baseada no direito à cidade e que tinha diretrizes que dialogava com o "espírito da época", com os novos atores que ganharam voz e que pretendiam alterar o ethos e a imagem da cidade.

A especificidade do Carnaval de Rua dentro esse calendário de eventos de rua precisa, no entanto, ser ressaltada. Não se tratouapenas de ampliar para grande parte da cidade e durante um período muito mais extenso (não só os dias do Carnaval propriamente ditos, mas s semana anterior e posterior a ele) uma ocupação cultural do espaço público semelhante à que existia na Parada LGBT, na Virada Cultural e novos eventos que foram propostos.

Ao contrário desses eventos, que eram promovidos, organizados pela Secretaria de Cultura, com curadoria especializada, o Carnaval de Rua nascia da iniciativa autônoma dos blocos, por assim dizer, de baixo para cima,cabendo ao poder público apenas planejar sua distribuição no espaço da cidade e garantir a infraestrutura mínima necessária para que a folia pudesse tomar as ruas.

Essa especificidade faz uma grande diferença, pois permite que a criatividade e diversidade existente nos blocos formados a partir de coletivos possa emergir com uma enorme espontaneidade e liberdade, sem se limitar a qualquer cânone ou parâmetro cultural. Nesse sentido, mantido o "espirito da época" que orientou a regulamentação do Carnaval de Rua, ele poderia ser a expressão extrema da cidadania cultural.

A multiplicidade de gêneros musicais, temas, fantasias, expressões corporais, símbolos, expressões artísticas, estandartese pautas políticas levadas pelos milhões de pessoas se movendo pelas ruas da cidade no Carnaval, sem se ater a nenhum padrão,mostraram a pujança e vivacidade dessa manifestação.

Os dilemas em torno do crescimento do Carnaval de Rua: cidadania ou negócio?

A tecnologia de gestão que propiciou a implementação e crescimento do Carnaval de Rua em São Paulo, como é mostrado em detalhes por Varella, foi formulada partir de um amplo diálogo entre os pioneiros blocos carnavalescos, nascidos na raiz paulistana, e a prefeitura na gestão Haddad.

Esse debate gerou um modelo de carnaval como uma festa pública, gratuita e democrática, sem qualquer cerceamento ao acesso da população. Nele, fica sob a responsabilidade da prefeitura, além do planejamento espacial e temporal dos desfiles, a garantia da infraestrutura necessária, como banheiros, o desvio do trafego de veículos, apoio logístico, segurança e limpeza.

Na sua concepção original, os protagonistas principais da festa são os blocos que emergem da sociedade, com a enorme criatividade e diversidade que caracteriza as expressões culturais de São Paulo. Foram eles que geraram, na segunda década do século, as condições culturais, sociais e urbanas para o crescimento do Carnaval de Rua.

A formulação de uma política pública baseada no direito à folia, que intitula esse livro, levou a uma explosão que surpreendeu a sociedade paulistana e todo o país.

O Carnaval de Rua de São Paulo tornou-se a mais importante manifestação cultural no espaço público da cidade e, provavelmente, o maior do Brasil. Ele se articulou com uma estratégia urbana formulada pela gestão Haddad, que transformou a cidade em uma arena cultural multifacetada e vibrante.

Essa política reverteu completamente o esvaziamento na cidade durante o Carnaval, o "túmulo do samba", que virou coisa do passado. No Carnaval de 2020, São Paulo tornou-se o principal destino no país.Os ganhos econômicos para a cidade são de grande dimensão (em 2020, estimou-se um movimento de R$ 2,3 bilhões), com a rede hoteleira lotada e grande movimento comercial, entre outros benefícios.

Além disso, o Carnaval de Rua aumentou a autoestima da cidade. As pessoas ficam alegres e fantasiadas, as ruas ficam coloridas e viraram cenário de uma grande festa popular.Os paulistanos não precisam mais viajar para curtir o Carnaval e podem se divertir a custo zero, transformando o espaço público em lugar de festa, sociabilidade, namoro e liberdade.

A alternância partidária na gestão municipal não alterou inteiramente a regulamentação do Carnaval de Rua,que se integrou à vida da cidade como uma política de Estado. Mas a gestão Doria/Bruno/Nunes tornou a cidade mais permeável a lógica do negócio, afetando em vários aspectos a política do Carnaval.

Com o crescimento contínuo do número de blocos e de participantes, assim como com a mudança da perspectiva política da gestão municipal, novos interesses econômicos surgiram, como a disputa por patrocínios e marketing. Surgiram questões de fundo, que precisam ser enfrentados para que a enorme potencialidade do Carnaval não gere efeitos contraproducentes. O Carnaval dos interesses econômicos pode ser compatível com o Carnaval da cidadania?

A perspectiva original estava baseada na ideia que as manifestações culturais e os desfiles nasçam dos coletivos, comunidades e grupos culturais da cidade, organizados de baixo para cima.É totalmente diferente da lógica dos negócios vinculados ao Carnaval.

A enorme exposição de marketing do Carnaval paulistano tem atraído produtores culturais, blocos de outros estados e artistas famosos, que passaram a se interessar pela cidade sobretudo por objetivos comerciais.Evidentemente, a presença de estrelas aumenta o público e o movimento econômico da cidade.

Isso, em tese, seria positivo, mas, por outro lado, transforma, parcialmente, o Carnaval de Rua muito mais em evento do que de em expressão de cidadania cultural, que é o princípio que originou a atual regulamentação.

Quanto mais cresce, maiores se tornam os conflitos entre o Carnaval e a vida cotidiana da cidade, afetando o grande número de pessoas que não participam da festa.Problemas que já estavam presentes desde os primeiros anos, como a restrição a circulação de pessoas, o nível de ruído, a violência e transtornos de diferentes naturezas, se agravaram.

A concentração dos blocos no centro expandidogera um stress urbano, que por sua vez provoca um maior controle e restrição aos desfiles pois espaço viário tem limitações em São Paulo.

Frente a esses problemas, a prefeitura eleva as exigências e os requisitos burocráticos dos blocos, assim como a limitação de horários e restrições à utilização de certos lugares tradicionalmente ocupados pelos desfiles, afetando a natureza da proposta original. Em alguns casos, os conflitos em torno do uso do espaço público têm gerado violência policial.

Isso gera a insatisfação dos blocos raiz que surgiram da cidadania cultural, que começam a contestar a própria regulamentação e o papel do poder público na organização do Carnaval.

Guilherme Varella e a tese de que a folia é um direito constitucional

Os dilemas que estão hoje presentes no Carnaval de Rua de São Paulo irão requerer um novo esforço de diálogo entre os diferentes atores que protagonizam o Carnaval. Novas tecnologias de gestão precisam ser mobilizadas, pois os limites da regulamentação criada na administração Haddad, e que foi esgarçada nos anos recentes, estão evidentes.

Para enfrentar os novos desafios, é necessário embasamento teórico e conceitual e conhecimento empírico do processo que gerou o atual quadro do Carnaval de Rua de São Paulo. É o que propicia esse livro do advogado, gestor cultural e folião Guilherme Varella.

Resultante de uma Tese de Doutorado defendida na Faculdade de Direito do Largo São Francisco, orientada pela querida professora Maria Paula Dallari, ele é fundamental para quem quiser entender com profundidade como ocorreu a enorme metamorfose de São Paulo no período do Carnaval na segunda década do século XXI. Mas o livro é muito mais do que isso. Recupera as origens do Carnaval e sua trajetória no Brasil e leva para o debate jurídico a tese de que a folia integra os direitos fundamentais previstos na Constituição.

Como muitos outros advogados que derivaram para outras áreas de conhecimento e atuação profissional, Varella, formado nas Arcadas, enveredou pelos caminhos da gestão cultural, ao mesmo tempo em que migrou da bateria do Centro Acadêmico e das famosas peruadas promovidas pelo XI de Agosto para o Saia de Chita, um dos inúmeros blocos de Carnaval de Rua que se formou na década passada em São Paulo, partir de um coletivo cultural do bairro da Pompeia.

Com competência e capacidade de transitar de forma transversal entre as várias disciplinas e práticas, ele soube articular em seu doutorado, agora transformado em livro, quatro facetas de sua vida e paixão: a de operador do direito, a de gestor público, a de militante pelo direito à cultura e a de folião, que não abre mão de organizar uma farra, de vestir uma saia de chita, de pintar a cara e de bater o bumbo e cantar para o delírio das milhares de pessoas que seguem seu bloco.

"Direito à folia: o direito ao carnaval e a política pública do carnaval de rua na cidade de São Paulo" é um livro completo. Consegue ser, ao mesmo tempo, uma tese acadêmica bem fundamentada de direito, um resgate histórico e cultural do carnaval no Brasil e em São Paulo, desde das suas origens na colônia até o século XXI, uma análise da formulação de política pública do Carnaval de Rua em São Paulo a partir do governo de Fernando Haddad, que teve em Varella um dos principais idealizadores, e ainda uma defesa apaixonada e militante do direito à folia.

Ela se tornará uma referência indispensável para quem quiser entender melhor como foi gerida a política de Carnaval de Rua de São Paulo, intimamente associada ao direito à cidade e à cultura. E, o que é fundamental, será um instrumento para se aperfeiçoar a tecnologia de gestão da folia, quando as condições políticas forem novamente favoráveis a uma mudança que aprofunde o direito à cidade e a cidadania cultural.

Nabil Bonduki

INTRODUÇÃO

Nos primeiros dias de 2013, mais precisamente no dia 24 de janeiro do ano que começava, um grupo organizado por representantes de alguns blocos de carnaval de rua da cidade de São Paulo procurou o então secretário municipal de Cultura Juca Ferreira. Era início da gestão de Fernando Haddad como prefeito. Este grupo se autodenominava "Manifesto Carnavalista"[1] e empunhava um documento cujo mote de apresentação e reivindicação era: "o direito à folia".[2]

Em vias de se iniciar o carnaval daquele ano, o pleito era urgente: liberar o carnaval de rua. Demandavam uma política que praticamente "descriminalizasse" os blocos, que, se até então não eram formalmente proibidos (por lei), eram operacionalmente obstruídos pela gestão municipal. Eram obstados por meio de um arcabouço jurídico e institucional impeditivo, com inúmeras solicitações de docu-

1 Sobre a reunião acessar: http://www.prefeitura.sp.gov.br/cidade/secretarias/cultura/noticias/?p=11944;https://www.facebook.com/photo.php?fbid=467430203304538&set=a.289848677729359.63503.100001126871298&type=3&theater;https://catracalivre.com.br/arquivo/secretaria-de-cultura-abraca-o-manifesto-carnavalista-e-apoia-os-blocos-de-rua/

2 A Carta do Manifesto Carnavalista está disponível em: https://drive.google.com/file/d/1lh7FR_cBxMCfw4goVTQ1TX5R2eo-3DDm/view?usp=sharing

mentos, alvarás, licenças, autorizações, além da própria força policial, que reprimia a saída dos cortejos sob o pretexto da segurança pública.

Reivindicava-se que o poder público passasse a reconhecer os blocos de carnaval e valorizá-los, com o objetivo de: em primeiro lugar, autorizar a folia; em segundo, proteger, preservar e promover os festejos carnavalescos de rua; em terceiro, implementar uma política de apoio aos blocos e foliões, que lhes garantisse o direito de pular o carnaval nas ruas da cidade. No limite, o que se reivindicava ali era a assunção, pelo Estado, de seu papel constitucional de garantir o pleno exercício dos direitos culturais por todos os cidadãos, conforme o artigo 215 da Constituição Federal.

Tomada no bojo de uma perspectiva de cultura que priorizasse os espaços públicos e a dinâmica de livre convívio urbano, e motivada por aquele importante pleito, a decisão política foi a de elaborar e implementar uma política pública para o carnaval de rua da cidade.

A formulação dessa política contou com a participação massiva dos blocos de carnaval, foliões e moradores, e teve algumas fases (ou etapas) que podem ser observáveis e descritas.

A política pública do carnaval de rua paulistano fez parte de um contexto recente de crescimento do carnaval de rua em todo o País. Tal crescimento se deu especialmente em cidades cuja presença das expressões de rua (no sentido mais estrito, de expressões carnavalescas; mas também no sentido mais amplo, de ocupação dos espaços públicos com cultura) havia sido minimizada. Exemplo, nesse contexto, é o da própria cidade de São Paulo na gestão de Gilberto Kassab (2006-2012) – anterior à de Fernando Haddad (2013-2016) –, marcada por proibições e restrições ao uso do espaço urbano (LIMA, 2018, p. 61). Ocorreu também naquelas com pouca tradição (ou inda pouca quantidade) de blocos e cordões carnavalescos espontâneos, como Belo Horizonte.[3]

3 Em Belo Horizonte, o fenômeno dos blocos espontâneos de rua, organizados pelos próprios indivíduos informalmente, é mais recente, datado do início dos anos 2000, especialmente na virada da década de 2010. Há o registro de alguns blocos tradicionais e desfiles de rua organizados pelo poder público, como do Rei Momo, conforme demonstra o próprio site oficial do Carnaval de Belo Horizonte: http://www.carnavaldebelohorizonte.com.br/historiadocarnavaldebelohorizonte/

O avanço é propiciado pela própria consciência, pelos blocos de rua, de seu direito de pularem o carnaval, e ocuparem livremente a cidade com as suas manifestações carnavalescas. Consciência em consonância com ações do poder público, que, além de estimular estas manifestações, responde a este crescimento com a preparação da cidade para receber a festa. As medidas vão desde a descriminalização dos blocos até a organização de serviços urbanos essenciais, como limpeza e transporte, de forma excepcional, para o período do carnaval. Tais medidas, articuladas sob uma ideia diretriz (HAURIOU, 2009), configuram o próprio "programa de ação do Estado", nos termos de Bucci (2006, p. 25), para a consecução de direitos constitucionalmente dispostos, como o direito cultural ao carnaval de rua e a liberdade de expressão artística, garantida pelo artigo 5º, IX, da Constituição.

Essa política contou com um desenho jurídico-institucional que contribuiu para: a gestão urbana dos serviços públicos – com contornos especiais no período de excepcionalidade social do carnaval; a distribuição e coordenação dos agentes públicos; o regramento para os desfiles e para a relação com os blocos; e a própria regulação especial do uso do espaço urbano, necessária tanto para a compatibilização das demandas de gestão urbana, quanto para a exploração comercial da festa e arrecadação de recursos.

O livro se debruça sobre o arranjo jurídico-institucional dessa política pública. Mais do que isso, a pesquisa analisa a premissa constitucional – que ora se apresenta como direito cultural, ora como liberdade de expressão cultural, e até como direito à cidade – ensejadora desta política. Trata-se, assim, de uma análise jurídica e política dessa ação do Estado. Além de discutir os instrumentos jurídicos (normativos, regulatórios, administrativos e institucionais) de seu desenvolvimento, o livro avança sobre os conflitos políticos que motivaram e foram consequência da implementação. Nesse sentido, tornam-se objeto inevitável do estudo os principais atores e arenas de decisão.

É um trabalho que se baseia na abordagem Direito e Políticas Públicas (DPP)[4], articulando os campos do Direito (de Estado, Constitucional, Administrativo), Ciência Política, Sociologia da Cultura e Estudos Culturais (já que se trata de um conteúdo eminentemente cultural). Como tal, e no limite, o que busca entender é o

4 Em linha com estudos recentes, como "Método e aplicações da abordagem Direito e Políticas Públicas (DPP)", de Maria Paula Dallari Bucci (2019).

papel do direito na política pública do carnaval em São Paulo e, nessa esteira, a sua função garantidora do direito cultural ao carnaval na cidade.

A análise considera o significado da dimensão institucional da política pública, na qualidade de organização das instituições do Estado para a execução do programa público de cultura determinado. Considera-se, nessa avaliação, um ponto fundamental e inerente à política, que é a própria (ou aparente) contradição em o Estado atuar como garantidor de uma atividade que é originalmente anárquica e libertária.

No curso dessa avaliação, tem peso significativo o movimento das instituições.[5] No livro, as instituições são tomadas como mecanismos (regras e procedimentos) de agregação e combinação de decisões individuais em decisões coletivas (BUCCI, 2015), com a marca da permanência social (OSTROM, 2007) e com papel importante do direito em seu estabelecimento como poder organizado (ROMANO, 2008; HAURIOU, 2009). Na análise da política carnavalesca, empreendida pelo trabalho, decisões e comportamentos políticos são compreendidos no contexto dessas instituições, tornando a agenda institucional (ARRETCHE, 2007, p. 148) propriamente um objeto de estudo jurídico e político.

Parte-se da premissa de que as instituições foram importantes para o processo de formulação e implementação da política pública carnavalesca, cabendo ao trabalho entender o seu comportamento como criadoras e destinatárias da arquitetura jurídico-institucional alicerçada.

Nesse sentido, o livro parte de uma premissa: considera que o direito cultural ao carnaval é garantido constitucionalmente e deve ser provido pelo Estado, até mesmo como elemento constituinte da cidadania, mediante política pública. Partindo dessa premissa, suscita-se uma questão que orienta o livro: É possível afirmar que o carnaval pode ser tutelado (protegido ou promovido) pelo Estado por meio de uma política pública sem ser aprisionado e domesticado ou sem ter mitigada a sua essência conformadora, que é a liberdade? Decorrente desta primeira pergunta, surge outra: Como se processam as linhas de tensão entre a ação governamental prestacional, que garante a atividade, e a omissiva, que preserva a essência anárquica e libertária do carnaval?

---

5 A perspectiva teórica adotada pelo livro está mais detalhadamente desenvolvida no início do capítulo 3.

Em outras palavras, ou como decorrência destas primeiras perguntas: Em que condições pode se estruturar uma política pública de carnaval, como ocorreu na cidade de São Paulo, sem que isso signifique a cooptação da expressão cultural pelo Estado, mas que represente, em sentido inverso, a criação de uma condição para o exercício da cidadania participativa?

Como desdobramento, outras indagações emergem para aprumar o norte do livro. Como se apresenta e como é assimilado o direito cultural ao carnaval de rua (aqui chamado, alegoricamente, de "direito à folia")? Quando, e se assimilado, é ele o próprio objeto da política pública? Como este objeto está relacionado ao direito à cidade? Quais as condições políticas colocadas que possibilitaram a conformação da política pública? E, sobre ela, qual o seu desenho jurídico-institucional? Este garantiu (ou tem garantido) a observância do direito ao carnaval?

Ao fim e ao cabo, o eixo cervical que sustenta o livro é: Como se desenhou a política pública do carnaval de rua na cidade de São Paulo e qual foi o papel do direito para o seu desenvolvimento?

Dessa forma, a investigação incide sobre como se configurou o arranjo jurídico-institucional desta política pública e quais fatores políticos e jurídicos contribuíram para a sua implementação e êxito.

O livro percorre três capítulos. O primeiro é ancorado mais amplamente nas ciências sociais. O segundo, mais detidamente no direito. E o terceiro capítulo é sediado no campo teórico e analítico da confluência entre direito e política pública.

O capítulo 1 trata da relação entre Estado, cultura e sociedade. O abre-alas pretende alicerçar a apreensão do carnaval como fenômeno cultural socialmente relevante, a ponto de se tornar preocupação do Estado e do direito. O capítulo estuda os fundamentos culturais do carnaval na sociedade brasileira. A festa se liga umbilicalmente à construção identitária nacional, assumindo-se que a própria ideia de identidade cultural brasileira é complexa e densa, revelada por meio de narrativas simbólicas, políticas e históricas (ORTIZ, 1994). O carnaval é síntese de símbolos, linguagens artísticas e manifestações culturais, notadamente de caráter festivo, mas é igualmente localizado como espaço de tensionamento político e expressão identitária.

Descreve-se, ainda, o trajeto histórico do carnaval de rua paulistano, que se liga à construção identitária popular e ao alastramento dos gêneros musicais relacionados às culturas afro-brasileiras, mas não apenas. Tais gêneros são bem sintetizados na popularização do samba, em suas diversas formas. O avanço social do carnaval de rua alterna momentos de proximidade e reconhecimento do Estado, com períodos de ausência e de violência institucional por parte deste (MACHINI; ROZA, 2018, p. 5). Essa reconstituição histórica é importante, pois a própria configuração do carnaval como um símbolo nacional, parte da identidade brasileira, passa primordialmente pela ação do Estado (ORTIZ, 1994; OLIVEN, 1983), nesse movimento pendular de rejeição e assimilação.

Analisa-se a excepcionalidade que caracteriza o período carnavalesco, seja como evento "extraordinário" construído pela e para a sociedade, como conceitua Roberto Da Matta (1997), seja como exceção aos padrões normais de trabalho, circulação e ocupação da cidade (ROLNIK, 2017), algo que afeta sobremaneira a forma como se deve desenvolver a política pública de cultura, em compatibilização com as demais.

Ainda neste primeiro capítulo, busca-se uma definição capaz de distinguir o carnaval de rua, como manifestação artístico-cultural, de outras expressões carnavalescas, que com ele dialogam e comungam do espaço urbano, mas que possuem características diferentes. Nesse quadro, é salutar fazer o recorte cultural entre o "carnaval-espetáculo" e o "carnaval-participação", categorias que possuem peculiaridades e guardam, entre si, diferenças nas dinâmicas sociais e territoriais.

O capítulo 2 traz a discussão sobre o direito ao carnaval. A manifestação carnavalesca é protegida constitucionalmente como direito cultural, cristalizado no artigo 215. Em seu parágrafo primeiro, ela surge como manifestação da cultura popular a ser protegida pelo Estado. É também patrimônio cultural imaterial, que compõe a diversidade das expressões culturais brasileiras, igualmente protegido pela Constituição em seu artigo 216 e pela Convenção da Diversidade Cultural, da Unesco, de 2005 – internalizada no ordenamento jurídico brasileiro em 2006[6]. Além disso, o carnaval faz parte do conteúdo programático amplo que deve orientar as políticas públicas de cultura no País, conforme estabelecido pelo Plano Nacional de Cultura (PNC): uma norma constitucional (parágrafo terceiro, do artigo 215), regulamentada pela Lei nº 12.343/2010. Por fim – e apenas citando os enunciados principais –, o carnaval, em todas as suas manifestações, é amparado pela Constituição não apenas como di-

6 O texto da Convenção sobre a Proteção e Promoção da Diversidade das Expressões Culturais, assinada em Paris, em 20 de outubro de 2005, foi aprovado pelo Congresso Nacional por meio do Decreto Legislativo nº 485, de 20 de dezembro de 2006, e promulgado pelo Decreto n. 6.177, de 01 de agosto de 2007.

reito, mas como exercício pleno das liberdades: liberdade de expressão artística e cultural, direito de reunião e, até, como liberdade de ação cultural (SILVA, 2001, p. 55).

O carnaval de rua também é analisado no âmbito do direito à cidade, no capítulo 2. Nessa linha, o livro abarca o carnaval de rua como fenômeno urbano, a ser compreendido igualmente como vetor, ator e vocalizador do conjunto de direitos que compõem o direito à cidade, nos termos de Lefebvre ([1968] 2001) e nas leituras de Harvey ([2008] 2012) e Castells ([1972] 2020). O carnaval de rua, especificamente, é analisado no contexto das grandes manifestações mundiais pelo direito à cidade e no bojo do processo de incorporação de novos atores e movimentos sociais do urbano. Nesse cenário, ele se torna um agente relevante do direito à cidade ao exercitá-lo concretamente por meio da tomada do espaço público. A festa altera a relação dos indivíduos entre si, com e na cidade, e reivindica outro uso do espaço urbano, baseado em valores como convívio, alegria, afetividade, participação, distintos dos que têm se normatizado no atual modelo urbano. Trazendo autores que interpretam o direito à cidade na conjuntura nacional, o capítulo analisa o quanto o carnaval de rua influencia a produção do espaço urbano e é influenciado por ele, além de compreender a festa como plataforma programática de vários direitos do urbano, reunidos sob a ideia-força reivindicatória e mobilizadora do direito à cidade.

É evidente que ainda são incipientes a formulação e o debate acerca da natureza jurídica do direito ao carnaval. Ele é afluente em vários campos do direito cultural, tendo mais centralidade na área do patrimônio imaterial, pelo resguardo às expressões e aos bens imateriais portadores de referência à identidade, à ação e à memória dos grupos formadores da sociedade brasileira. Sua conceituação ainda é crua, carecendo de aprofundamento a respeito das formas de tutela e aplicação e de suas características. É imperativo entender a sua dinâmica como direito subjetivo e como direito objetivo que lhe é correspondente. Na seara das políticas públicas, isso significa a ação prestacional do Estado para garantir as condições do seu exercício. Na mesma seara, porém em âmbito analítico, parece se tratar de um direito que reclama a abordagem DPP, justamente por seu caráter complexo, transdisciplinar, multifacetado e, por tudo isso, de disciplina insolúvel sob a compreensão do pensamento jurídico mais estreito.

A despeito disso, e paradoxalmente, políticas públicas são desenvolvidas Brasil afora buscando a concretização desse direito. Com desenhos e finalidades diversas. Isso leva à necessidade de se discutir, como hipóteses: i) se a melhor elucidação sobre o que seja este direito ao carnaval levaria à maior clareza sobre os papéis do Estado para alcançá-lo, criando condições epistemológicas para a produção de melhores políticas públicas; e ii) se é um direito cuja compreensão apenas é possível em conjunto com outros direitos, relacionados às esferas da cultura e da cidade, como o próprio direito à cidade e os direitos culturais relacionados às culturas populares e tradicionais, ao patrimônio imaterial e à memória e à identidade. O capítulo 2 promove justamente essa reflexão.

Vencido este caminho conceitual, o livro chega ao capítulo 3, encontrando seu objeto empírico central: a política pública do carnaval de rua, implementada em São Paulo a partir de 2013 até 2021. O primeiro ano é o da decisão política de implementação da política do carnaval de rua na cidade de São Paulo pelos gestores. O último, encerra o ciclo destes gestores, ciclo em que se mantiveram as mesmas diretrizes políticas e medidas administrativas que possibilitaram o desenvolvimento da política tal como foi elaborada.

O livro estabeleceu, portanto, um marco referencial e não uma delimitação taxativa. Isso advém da possibilidade de datar o marco inicial (2013), já que antes inexistia uma ação pública coordenada para o carnaval. O que existia era um *antimodelo* de política pública de carnaval de rua, nomenclatura que este livro vai adotar para definir o período de negligência e obstrução à festa acentuadas na primeira década do século XXI. O término da política pública, por sua vez, é impossível de datar, porque não ocorreu: ela se manteve incrementalmente nos anos seguintes (2017 em diante). O que pode ter sofrido alteração são algumas diretrizes políticas e administrativas que mantinham o modelo inicialmente pensado para a política. Essa eventual mudança de orientação política e suas consequências na política pública serão estudadas pelo livro.

Assim, a análise atenta para dois ciclos de implementação da ação governamental: o primeiro ciclo, de 2013 a 2016; e o segundo ciclo, de 2017 a 2021. A ênfase do livro está no ciclo inicial de implementação. É o período da gestão que a desenvolveu, a do então prefeito Fernando Haddad, quando houve o processo de institucionalização da ação governamental, sob as mesmas condições políticas e administrativas – condições que se alteraram no período posterior, sob a gestão de João Doria Jr. (2017-abr/2018) e Bruno Covas (2018-2021)[7]. Em suma, a referência

7 João Doria Jr. venceu Fernando Haddad nas eleições municipais de outubro de 2016. Assumiu em janeiro de 2017 e permaneceu no cargo até abril de 2018, quando o deixou para disputar as eleições para o governo do Estado de São Paulo naquele ano. Seu vice, Bruno

são os quatro primeiros anos da política pública, cujas condições político-administrativas de realização se mantinham preservadas conforme a concepção inicial. Todavia, o estudo considera os anos posteriores e sobre eles avança para compreender os efeitos e a manutenção da política.

Considerando essa continuidade, o livro observa o teste de estabilização da política pública do carnaval de rua. Analisa se a política do carnaval de rua paulistano tem permanecido no tempo com os atributos da institucionalização, da dinâmica coordenada de tarefas, dos meios e recursos, da interlocução social, da efetividade e da eficácia. Investiga-se a manutenção do arranjo jurídico-institucional já despersonalizado, isto é, desligado da autoridade política que o criou.

A partir de 2017, ainda que a tecnologia de gestão[8] tivesse se consolidado e a maioria das bases de sustentação da política pública tivesse sido mantida, algumas decisões políticas alteraram elementos inicialmente formatados. O livro se debruça sobre esse redirecionamento político-programático, e as suas circunstâncias de continuidade e ruptura.

No capítulo 3, o livro também localiza a ação governamental do carnaval de rua paulistano no cenário brasileiro das políticas culturais contemporâneas. Muitas das premissas conceituais, parâmetros de atuação estatal e referências programáticas surgem da influência direta de um novo paradigma de políticas culturais trazido pela gestão do Ministério da Cultura, com Gilberto Gil e Juca Ferreira à frente, a partir de 2003. É um novo marco da relação entre Estado e cultura no Brasil, que valorizou o papel da cultura na gestão pública e da sociedade na formulação das políticas culturais. Um comportamento governamental que foi abandonado a

---

Covas, assumiu a Prefeitura desde então. Foi reeleito nas eleições de 2020 e permaneceu como prefeito até maio de 2021, mês de sua morte. O vice, Ricardo Nunes, então, assumiu a Prefeitura. Assim, para este livro, o período de 2013 a 2016 é considerado o período da gestão Haddad e o período de 2017 a 2021, o período Doria-Covas de gestão do carnaval de rua. A gestão Ricardo Nunes (2017-), pós-Covas, merecerá uma nota, mas não será pormenorizadamente analisada.

8 Tecnologia de gestão é uma expressão que será utilizada algumas vezes no livro para designar, dentro da arquitetura jurídico-institucional, o conjunto de componentes mais operacionais e administrativos, responsáveis pela execução da política pública na ponta. Assemelha-se mais à ideia de técnica de operação carnavalesca de rua, elaborada pela gestão que implementou a política pública do carnaval de rua (2013-2016) e assimilada pela gestão que lhe deu continuidade (2017-2021).

partir de 2016, com o processo de instalação de um Estado anticultural (BRANT; VARELLA, 2020) no País.

Considerando essa conjuntura, o estudo analisa as premissas políticas e culturais balizadoras da política e investiga o quanto foram assimiladas pelas outras áreas com responsabilidades assumidas no programa, como transporte, segurança pública, limpeza e serviços, saúde, comunicação, licenciamento, desenvolvimento urbano etc.

Aparece, então, um ponto importante do trabalho: o estudo detalhado sobre o desenho jurídico-institucional da política. Mais precisamente, o livro investiga os papéis ali desempenhados pelo direito. Com base na literatura de DPP, o capítulo trata das funções que o direito assumiu na implementação da política pública, tanto no aspecto formal quanto como instrumento da construção política.

Avança-se para a descrição das fases da política e o consequente e gradual crescimento do carnaval de rua na cidade. Como se deu o modelo de gestão, o embate com a opinião pública, a cobertura efetuada pela mídia, a sustentabilidade financeira da política, os impactos urbanos e os conflitos sociais: todos estes temas são abordados. Dessas fases são analisados também seus problemas e lacunas, questões frágeis, polêmicas ou de difícil resolução.

No mesmo capítulo, são estudados os vetores de enfrentamento da política pública, cuja narrativa deveria envolver especificamente o setor cultural e a sociedade paulistana, como um todo, além dos próprios órgãos administrativos municipais. Entra nessa análise o olhar sobre os principais atores políticos, as arenas de conflito, a natureza dos tensionamentos e as respostas políticas e jurídicas a todos eles.

Com efeito de pontuação comparativa, serão brevemente comentados os carnavais de rua de algumas regiões do Brasil. A intenção é observar os modelos de políticas públicas decorrentes das algumas acepções de carnaval de rua. A análise, comparativa, mas não exaustiva, identifica peculiaridades – estéticas, identitárias, de linguagens artísticas e de ocorrência urbana – de modelos diversos entre si: Rio de Janeiro, Salvador e Recife-Olinda. As três cidades (na verdade, quatro) terão aspectos comentados, com o intuito de ilustrar contrastes com relação ao formato paulistano.

Por fim, passa-se à perspectiva de estabilização normativa e de manutenção da política pública como expressões de uma ação efetivamente institucionalizada como política de Estado. Essa consolidação definitiva deve responder não apenas aos anseios regulatórios em seu sentido jurídico, de positivação de normas que garantam efetividade e eficácia. Ela deve responder às principais questões políticas que emergem com o crescimento do carnaval de rua paulistano, alçado ao patamar de uma das maiores festas do País (em termos de blocos, público e procura turística). Uma dessas questões diz respeito justamente a quanto o Estado consegue manter uma política que preserve a essência livre dos blocos e cordões, sem cerceá-los (jurídica e espacialmente) no território urbano. A outra, que desta decorre, pode ser vista como um gráfico: Como a exitosa política pública pode manter a linha de ascendência do carnaval sem alcançar o vértice, o ponto que iniciará a curva descendente de sua aceitação, em virtude dos problemas causados pelo hipercrescimento? É possível a continuidade da política pública sem conformar uma parábola de decadência, a exemplo do que já se vê em modelos como o do Rio de Janeiro?

Em seu percurso, o livro encontra e enfrenta algumas questões jurídicas, diretas e indiretas. Uma delas está relacionada à compatibilização (equilíbrio com coexistência) dos direitos culturais (aqui, no sentido estrito de direito ao carnaval) com os demais direitos, exercidos no ambiente urbano e invocados quando há o confronto com a política pública implementada. Alguns dos direitos mais estridentemente reivindicados no embate jurídico são: o direito à segurança pública, à mobilidade, ao conforto acústico e o direito de ir e vir.

Nesta arena de debate há duas camadas.

A primeira diz respeito à "elevação" dos direitos culturais – historicamente relegados ao segundo plano do ordenamento jurídico (até mesmo internacionalmente, no sistema de direitos humanos) (PEDRO, 2011, p. 44) – ao mesmo patamar dos demais direitos invocados no conflito. Tais direitos, mais consolidados, geram políticas públicas igualmente tradicionais no espaço urbano. Políticas que são confrontadas ou têm seus efeitos (serviços, prestações, alcance) mitigados pela necessária superveniência da política pública do carnaval naquele período de excepcionalidade do ano. Na concretude, quando se realiza o direito de blocos de carnaval levarem milhares de pessoas às ruas, e há uma política pública gerando condições para isso, afeta-se o funcionamento ordinário das políticas de transportes, limpeza, segurança. O argumento que, então, surge, é o de que a fruição destes direitos, em certa medida, é mitigada pela dos direitos culturais ali resguardados.

A segunda camada do confronto jurídico está relacionada às instituições. A indagação é se as instituições responsáveis pela política pública estão aptas a assimilar o caráter cultural do objeto a ser implementado, com tudo o que lhe é peculiar: a não institucionalidade dos atores, o caráter espontâneo e pouco previsível, a dinâmica urbana fluida e de difícil regulação, a territorialidade como condição a ser preservada etc. Na esfera da política pública, trata-se de um debate jurídico importante. A "adesão" das instituições – no caso, especialmente dos órgãos da municipalidade – vai influenciar decisivamente a capacidade de o desenho jurídico-institucional proposto gerar efeitos. Muito da efetividade da arquitetura normativa, regulatória e administrativa estruturada depende de quão "convencidas" estão as instituições acerca da importância da política e de sua centralidade cultural. As aspas em "convencidas", aqui, podem ser traduzidas como adesão institucional das instituições, por força normativa, com efeito de despersonalização da política; ou como compromisso político efetivo com a realização da política, aumentando a carga de ação pessoal dos gestores e líderes dos órgãos. São sentidos diferentes, a serem discutidos no livro, levando em conta a literatura de Direito e Políticas Públicas.

Nesse ponto, há uma dimensão imprescindível a ser considerada: a dimensão política. O poder instituído, os tomadores de decisão, o diálogo com a sociedade (representada pelas lideranças culturais dos blocos, de moradores e comerciantes), a subordinação (formal e política) de áreas tradicionalmente mais "fortes" em um governo (como Saúde, Educação, Serviços, etc.) às diretrizes advindas de uma área institucionalmente mais frágil, como a Cultura, o convencimento do funcionalismo sobre alguns imperativos da política pública (como a desburocratização e o diálogo necessário na ponta), a criação de protocolos especiais para os serviços públicos no período do carnaval. Todas as questões são afetas à correlação de poder e ao envolvimento dos tomadores de decisão (mandatários, gestores, políticos e burocratas). E, no seu conjunto, apresentam-se como dilemas políticos da política pública. Como este cenário afeta inevitavelmente a postura das instituições, trata-se igualmente de uma questão que é causa e consequência da própria demanda jurídica da política pública para o carnaval de rua.

Finalmente, o objetivo deste livro é discorrer sobre uma política pública em plena execução: a política voltada ao carnaval de rua de São Paulo. O contexto em que ela foi escrita é o de uma capital que reassumiu seu *ethos* momesco, perdido nas últimas décadas e agora nítido na experiência lúdica e colorida do período carnavalesco. Como uma experiência de integração entre cultura e cidade, a política pública do carnaval paulistano claramente contribuiu para que as ruas fossem ocupadas pelas pessoas, que livre e alegremente têm vestido suas fantasias e vivido outra experiência urbana. Não é pouca coisa, para uma cidade já mal alcunhada de "túmulo do samba", tornar-se aquela com um dos maiores carnavais de rua do Brasil.

O trabalho analisa os préstimos efetivos da política pública do carnaval paulistano, sem os quais não haveria condições jurídicas e administrativas para que o direito à folia fosse exercido atualmente na cidade. Entretanto, o livro, em todo o seu decorrer, pretende deixar claro que o principal responsável pelo carnaval na rua é o povo, os segmentos culturais, os foliões e blocos, que investem seu espírito festivo em criar, espontaneamente, e cada vez mais, seus carnavais pela cidade, acreditando no potencial lírico e lúdico que São Paulo possui.

Algumas considerações metodológicas são relevantes. Destacar a abordagem do livro em Direito e Políticas Públicas é a primeira.

Situar a análise do carnaval, um objeto de estudo precipuamente cultural, no campo jurídico traz, em si, algumas peculiaridades e dificuldades. Traz algo de inusitado também. No primeiro capítulo foram mencionadas algumas afinidades e estranhamentos entre direito e cultura. Será possível observar que se tratam de duas áreas com vetores existenciais diferentes, caminhando quase em direção oposta. Enquanto a compreensão do direito requer a circunscrição e o regramento, a cultura, especialmente por lidar com tão amplo universo simbólico, exige a abertura, a diluição de fronteiras, a necessária transdisciplinaridade e algum grau de ruptura. Encontrar um ponto ótimo de análise para um objeto comum entre os dois campos não é trivial. Para isso contribui pouco a literatura do direito da (ou à) cultura: ainda relativamente escassa e em maturação no Brasil. A produção bibliográfica sobre a perspectiva jurídica do carnaval é ainda mais rarefeita.[9] Há estudos que tangenciam o tema, sobretudo na área do direito à cidade. Mas são poucos os que o trazem no centro.

O fato é que quase inexistem trabalhos dedicados à dimensão jurídica do fenômeno carnavalesco, tão importante à cultura nacional. Felizmente, transbordam os estudos sociológicos, antropológicos, comunicacionais e, mais contemporaneamente, até urbanísticos sobre o tema, inclusive na chave da política pública. No entanto, o estudo do direito ao carnaval, e a sua roupagem de política pública, ainda é um bloco a se por na rua.

9 São raras as exceções: Pipolo (2019) se restringe à análise de algumas demandas judiciais (tipicamente advocatícias) oriundas da festa baiana, em uma abordagem instrumental; Fernanda Machado (2017) traz uma boa leitura sobre a mercantilização do carnaval de rua carioca, sob a lógica jurídica do direito à cidade.

O propósito do livro é caminhar nesse campo animado. É tentar contribuir com o seu desenvolvimento, que se faz com base em dois movimentos simultâneos. O primeiro movimento é do direito, de se tornar mais aberto e permeável ao universo fluido, diverso e imenso da cultura. Outro, é o movimento da cultura, ao se dotar de parâmetros de ordenação, documentação, categorização e análise de seus processos por meio do ferramental jurídico, o que certamente irá beneficiá-la, sobretudo no campo das políticas públicas.

Uma pesquisa da cultura dentro do direito, ou do direito dentro da cultura, deve, portanto, superar essa "incompatibilidade de gênios", como sugere a canção de João Bosco e Aldir Blanc.[10] Realizar a empreitada por meio da abordagem em DPP sofistica ainda mais o desafio. Isso porque, e nesse ponto sendo mais coerente com o que sugere a própria natureza teórica da cultura, trata-se de uma abordagem que é necessariamente transversal, buscando intrinsecamente "a abertura do direito para a interdisciplinaridade" (BUCCI, 2006, p. 2).

Assim, a política pública do carnaval de rua paulistano, como objeto de abordagem em DPP, é sediada em um campo múltiplo. As teorias e os conceitos a embasar a análise vêm do direito, pelas grandes áreas da Teoria do Estado, Direito Constitucional e Administrativo, e pelo campo específico, em formação, do Direito da Cultura. Virão igualmente das Ciências Sociais (no primeiro capítulo) e da Ciência Política – nesta, das diferentes escolas de análise das políticas públicas, que incluem os estudos do urbano, incorporando a cidade como referencial de análise. Esses campos teóricos conjugados conformam o universo teórico deste livro, ou, utilizando a expressão de Bucci e Coutinho (2017, p. 324), um ambiente de "fertilização cruzada" para a análise técnica e política da política pública do carnaval de rua paulistano.

Na dimensão temática, o objeto do livro é essencialmente cultural. Sua realização como fenômeno social se instaura no campo teórico da cultura e isso requer visitar (e o capítulo 1 trata mais detidamente disso) os conceitos advindos, sobretudo, da sociologia, da antropologia e dos estudos culturais.

Outra observação diz respeito à opção pelas seguintes abordagens metodológicas: interdisciplinar (como já se observou); de exposição de linhas teóricas e doutrinárias; empírica (de análise concreta da política pública); de estudo da base

---

10 A canção pode ser ouvida em: https://www.youtube.com/watch?v=OswnCBNO-Rc

documental e de dados institucionais dos órgãos públicos; de fontes bibliográficas diversas, dos diferentes campos contemplados (direito, ciência política, sociologia, estudos urbanos etc.); legislação e; comparativo nacional de modelos (de políticas públicas de carnaval), de forma mais limitada.

Por fim, cabe a última e talvez mais importante consideração. Ela demanda invocar um parêntese em primeira pessoa. Trata-se de uma ressalva metodológica. Esta não é uma pesquisa com o distanciamento clássico que se requer habitualmente nas ciências humanas e sociais.

O livro é escrito por um gestor cultural que participou ativamente de todos os processos de elaboração e implementação da política pública do carnaval de rua, desde a primeira hora de 2013 até março de 2015. Nesse período, atuei como coordenador da Assessoria Técnica e chefe de gabinete da Secretaria Municipal de Cultura (2013 a mar. 2015), chegando a ficar lotado interinamente como secretário municipal de Cultura no momento preparatório do carnaval de 2015.[11]

Exerci o papel de coordenador executivo da política justamente nesse primeiro momento de estabelecimento de suas raízes institucionais e políticas. Coordenei operacionalmente o comitê intersecretarial que foi criado nos primeiros meses da gestão Haddad para a elaboração da política. O comitê tinha a liderança política e institucional de Juca Ferreira, secretário municipal de Cultura, a quem eu estava subordinado. À frente dessa construção, lidei com todos os atores do processo de elaboração e implementação: agentes estatais, como os gestores dos diferentes órgãos da Prefeitura, potencialmente envolvidos na política; representações da sociedade civil, sobretudo blocos de carnaval, mas também representantes de associações (de bairro, comércio, etc.); outras autoridades públicas, em especial, Ministério Público e Polícia Militar, de poder e instância diferentes da municipalidade; agentes de mercado, como patrocinadores; e imprensa, geral e especializada. Também estive à frente do conjunto de normas e atos administrativos que embasaram e revestiram jurídica e formalmente a política pública, de 2013 a 2015. A confecção dos documentos, materiais e conteúdos relacionados ao tema também passavam pelo crivo da Secretaria Municipal de Cultura, nesse meu âmbito de co-

11 Permaneci como secretário municipal de Cultura interino durante o mês de janeiro de 2015, mas já acumulava as funções de secretário e chefe de Gabinete desde dezembro de 2014, com as férias e o afastamento do então titular Juca Ferreira, para assumir o Ministério da Cultura em 1º de janeiro de 2015.

ordenação. Neste primeiro período, mantinha o diálogo direto com os centros de decisão política, em especial, com secretários e prefeito.

Além disso, sou um folião inveterado. Músico, sou um dos fundadores e organizadores de um bloco de carnaval, chamado Saia de Chita, existente desde 2007.[12] Portanto, gosto muito da festa – o verbo gostar, aqui, tem o propósito de comedimento, para não maximizar a contaminação do livro com locuções verbais como ter paixão, fixação ou nutrir demasiado amor pelo carnaval. O sentimento é combustível para a escrita. E obviamente cria uma condição de aproximação entre pesquisador e objeto. Não de distanciamento.

Todavia, é importante fazer a ressalva da ressalva. Se essa condição de contaminação real do pesquisador pelo tema – não apenas pela condição de gestor da política, também pela de folião entusiasmado – é digna de atenção, ela merece igualmente o caráter de potência, se bem empregada. A observação empírica dos fatos foi beneficiada pela posição de executor dos processos e de interlocutor dos principais atores políticos, desde a fase de elaboração até a de implementação da política. O ângulo privilegiado da política e da gestão tem a serventia, neste livro, de uma espécie de estudo de campo avançado, que prioriza a experiência.

A participação no processo de construção da política é a circunstância que me propiciou acessar os meandros de formulação, as discussões internas nos órgãos públicos, a atmosfera de tomada de decisão, os ambientes de diálogo entre gestores e entre estes e os carnavalescos, os conflitos internos e externos, os embates e as negociações, o tratamento com a mídia, os gargalos e erros e até a relação tensa com os patrocinadores. Minha observação dos fatos é empírica e a vivência dos acontecimentos, indiscutivelmente prática. Em vez de negar isso, ou tratar como ônus, opto por valorizar essa peculiar condição de análise na escrita do livro.

Ao estudo acadêmico e científico, portanto, soma-se meu relato pessoal, de um ângulo beneficiado de visão sobre a política. A posição também pode trazer

---

12 O Saia "saiu", pela primeira vez, em São Luís do Paraitinga, depois em Santa Tereza (bairro central do Rio de Janeiro) e, finalmente, pelos idos de 2013 e 2014, no bairro paulistano da Pompeia, onde assentou praça. O bloco seguiu o caminho de dezenas de outros grupos carnavalescos comunitários, que passavam o pré-carnaval na capital e depois, no feriado, seguiam para outras cidades de maior tradição de rua, como Rio e Olinda. Com o início das ações estatais de carnaval, esses blocos e cordões passaram a permanecer na cidade e isso se constituiu em um fenômeno, analisado no final do capítulo 1.

vicissitudes e afetações, que não nego. A honestidade intelectual reside em expor de forma radical e transparente a relação entre pesquisador e objeto de pesquisa. Redigir este estudo, ao mesmo tempo, como pesquisador, gestor e folião, ratifica a própria multidisciplinaridade que caracteriza o objeto da política pública, um objeto cultural, o carnaval. Portanto, essa minha aproximação, a aproximação entre pesquisador e objeto, deve ser encarada menos como um desvio: ela é o próprio sentido da rota.

Maria Isaura Pereira de Queiroz, professora emérita de Sociologia da USP e uma das maiores estudiosas do carnaval, era foliã assumida e apaixonada. Em sua principal obra sobre o tema, afirmou que era importante saber dos "desvios afetivos" dessa condição e dominá-los, corrigindo e ultrapassando os limites que colocam. Nesse sentido, tomo emprestadas as suas "explicações" para o meu caso, dadas logo no início de seu livro: "todo veneno tem o seu antídoto; cabe ao pesquisador diagnosticar o veneno encoberto pela perspectiva adotada, e trazer-lhe um remédio eficaz" (QUEIROZ, 1999, p. 24).

A expectativa é a de que o veneno-remédio surta efeitos.

CARNAVAL, CULTURA E SOCIEDADE

O carnaval é um dos fenômenos mais importantes da vida cultural brasileira. Sem dúvida, é a principal festa popular do Brasil, no que se refere à abrangência territorial e ao alcance social. Roberto da Matta, em seu clássico livro *Carnavais, Malandros e Heróis: para uma sociologia do dilema brasileiro* chega a considerar o carnaval como uma das principais formas de ritualização do mundo brasileiro, por meio do qual é possível "refletir e expressar a estrutura social", configurando-se como um meio fundamental pelo qual "a realidade brasileira se desdobra diante dela mesma" (DA MATTA, 1997, p. 45).

Este trabalho pretende abordar o carnaval como manifestação cultural essencial do País, a ser reconhecido e protegido pelo ordenamento jurídico brasileiro. De origem europeia, sua chegada ao Brasil tem os primeiros registros datados de 1605. Diferentemente do que ocorreu com seus países de origem, como França e Portugal – onde os festejos são pontuais e residuais –, aqui se alastrou plenamente, no decorrer de três séculos, por todo o território nacional, com práticas similares, realizadas tradicionalmente no mesmo período (QUEIROZ, 1999, p. 12).

No Brasil, o carnaval se estabeleceu e evoluiu historicamente em modelos diferentes do brincar, até incorporar os elementos estéticos e musicais de origem africana, notadamente o alicerce musical do samba. Assim se consolidou como manifestação fundamental da cultura brasileira. Enraizada na estrutura social, a festa se tornou onipresente no imaginário do povo brasileiro (MIRANDA, 1997). Por meio de uma dinâmica complexa de apropriação, reapropriação e ressignificação de seus elementos, o carnaval alcançou o *status* de símbolo nacional (OLIVEN, 1983), componente da igualmente complexa ideia de identidade nacional.

Dada a sua importância, o carnaval tem merecido estudos no campo da Sociologia, História, Antropologia e em diversas áreas das ciências humanas e sociais. Autores têm se debruçado sobre o carnaval como objeto próprio de estudo: sua estruturação e transformação, seus elementos sociológicos, sua configuração estética, artística e musical. Além disso, é interessante observar que o carnaval tem servido também de plataforma para os estudos de interpretação do Brasil, sob as mais diferentes perspectivas. É o caso de obras imprescindíveis que trazem o carnaval como: tríade – mito, rito e realidade (QUEIROZ, 1999); conflito sociológico e evolução urbana (SIMSON, 2007); rito de passagem (DA MATTA, 1997); elemento de disputa na dialética cultura dominante *versus* cultura dominada (OLIVEN, 1983); entre várias outras.

A riqueza de possibilidades é tamanha que o carnaval passava a ser visto não apenas como manifestação cultural delimitada para o estudo, mas também como repositório e arsenal de linguagem e comportamento. Trata-se de um imaginário, um modo de expressividade e uma estratégia criativa que extrapolam o fazer carnavalesco *stricto sensu* e atingem o terreno da estética e das artes. Fenômeno que se fortaleceu especialmente com base nos fundamentos dos modernistas brasileiros (MIRANDA, 1997). Nesse campo, fala-se em "carnavalização" como "postura consciente norteadora de uma proposta estética" (MIRANDA, 1997, p. 126).

A este livro interessa: compreender o carnaval, especialmente o carnaval de rua, como fenômeno cultural; apreender a sua significância como elemento identitário nacional; extrair as principais características que fincam o carnaval como expressão totalizante (DA MATTA, 1997; QUEIROZ, 1999) do corpo social brasileiro. E, valendo-se disso, pavimentar o caminho para compreender o fenômeno "jurídico" do carnaval, propriamente dito. Um fenômeno que vai se expressar como direito a vivenciar o carnaval e como o conjunto de condições para que a festa ocorra, por meio das políticas públicas. Entre estas, surge a política pública do carnaval de rua de São Paulo, objeto empírico e específico do estudo.

1.1 O fenômeno cultural do carnaval

> Quem foi que inventou o Brasil?
> Foi seu Cabral!
> Foi seu Cabral!
> No dia 21 de abril
> Dois meses depois do carnaval. (HISTÓRIA..., 2021).

Estes versos são de "História do Brasil", uma das marchinhas mais célebres do cancioneiro carnavalesco. Foi composta por Lamartine Babo e gravada, em 1933, por Almirante. Alegoricamente, com o típico deboche do compositor-folião, ela parece dizer muito sobre o significado do carnaval para o brasileiro.

O carnaval ocupa tamanha importância no corpo social que parece ter precedido a própria "invenção" do Brasil. Trata-se de uma sensação que o coloca como um fenômeno preexistente e transcendente aos próprios indivíduos. A este atributo soma-se uma espécie de aura primordial, com feições culturais permanentes desde os tempos mais remotos. Sua repetição no tempo, conformando uma representação simbólica que oferta sentidos à ideia de nação (ou do nacional), contribui para cristalizar a ideia do carnaval como tradição. Tradição estabelecida com base em elementos exógenos à cultura nacional, reconfigurada sob o prisma desta "nova" cultura brasileira e, de certa maneira, "inventada" por meio de alguns valores e normas de comportamento (HOBSBAWM; RANGER, 2008). Todas essas características, conforme explica Stuart Hall (2006, p. 51-53), são características marcantes da construção discursiva de uma identidade nacional.

Nesse sentido, pode-se dizer que, no Brasil, o carnaval se abastece e é abastecido de sentidos, de símbolos e representações, que são comungados e geram identificação, em um processo contínuo de construção de identidades ou, em termos mais amplos, de uma identidade cultural.

Neste livro, parte-se da premissa da significância empírica que o carnaval adquiriu no seio da sociedade brasileira, a ponto de se configurar, no decorrer da história, simultaneamente como tradição, festa, expressão cultural e artística, linguagem e estética. O significado do carnaval vai além de sua manifestação cultural produzida, vivida, experienciada e interpretada. O carnaval é tomado também como repositório e arsenal de signos e representações que orientam uma postura estética consciente e radical. Assim, fala-se em "carnavalização" como fenômeno estético e comportamental, que molda uma visão de vida e de mundo, e que tem na festa do carnaval um momento importante de expressão (MIRANDA, 1997). Exemplos desta concepção carnavalizada, reivindicada por movimentos culturais importantes como o Modernismo e o Tropicalismo, são vistos nas artes plásticas, na música, no cinema, no teatro e em várias outras linguagens e expressões. O cinema de Glauber Rocha, as obras de Hélio Oiticica e o Teatro Oficina são considerados expressões carnavalizadas, icônicas em suas respectivas áreas.

Ocorre que, se o processo do carnaval, com suas múltiplas dimensões, é fortemente arraigado na dinâmica cultural do Brasil – argumento que será qualificado no percurso do livro –, a compreensão plena do seu significado necessita de uma reconstrução histórica. As origens do carnaval remontam à Antiguidade Clássica, em suas festividades de homenagem aos deuses da alegria, do escárnio, da irreverência e da abundância. Ele se consolida na Idade Média, adquirindo o caráter sarcástico, de culto cômico e de riso como ritual, incorporando-se ao calendário cristão como uma "segunda vida" (BAKHTIN, 1987, p. 5), marcada pela extravagância pré-penitência.

Como manifestação festiva e cultural, o carnaval trespassa os séculos, adquirindo contornos peculiares em diversos países da Europa, como na França[1] e em Portugal.[2] O processo de colonização acabou por polinizar o gérmen carnavalesco em diversos países da América, que assimilaram e desenvolveram seus próprios festejos. Em alguns destes países, aliás, o carnaval se tornou uma festa mais enraizada, expressiva e significativa do que a praticada nos países de origem.

Foi o caso do Brasil. Especialmente a partir de fins do século XIX, o país incrementou seu carnaval sobre a base do entrudo português, moldou-o com os atributos "originais" de seu povo, num denso e complexo processo de tensionamento social (QUEIROZ, 1999; SIMSON, 2007), e sedimentou-o como uma das maiores festas de sua cultura.

A aderência cultural do carnaval no Brasil reflete um dado constitutivo de sua evolução histórica e universal: a sua permanência no curso da humanidade

1 Sobre as origens e história do carnaval francês, é relevante o livro de Emmanuel Le Roy Ladurie (2002): *O Carnaval de Romans: da Candelária à Quarta-Feira de Cinzas* 1579-1580.

2 Para explicar a evolução do carnaval brasileiro desde os tempos de colônia, Maria Isaura Pereira de Queiroz (1999) faz importante reconstrução do carnaval português em seu ensaio "Carnaval português, carnaval brasileiro", um dos capítulos do livro referencial *Carnaval brasileiro: o vivido e o mito*.

(BAKHTIN, 1987; LADURIE, 2002). Só é possível, portanto, afirmar que o carnaval adquiriu importância central na cultura brasileira relacionando-o com o significado dessa permanência histórica. A constância do carnaval faz sentido na existência humana universal, pois ela está intimamente ligada ao próprio sentido de festa, rito e mito na humanidade, de ordem fundante e fundamental. Festa, rito e mito: chaves importantes de compreensão do fenômeno carnavalesco, que, ao lado das ideias de processo identitário e identidade cultural, serão utilizadas neste livro para apresentar o carnaval como objeto cultural a ser analisado sob a ótica do direito e da política pública.

1.1.1 Origens e significado histórico

Desde a origem da humanidade existiam festividades e celebrações que apresentavam características hoje identificadas com o carnaval. Festas que celebravam colheitas, caças, casamentos, vitórias em batalhas, entre outras comemorações, podiam ser marcadas pela alegria coletiva, por excessos, descontroles, bebedeiras, deboches. Certamente, daí surge a ideia de carnaval, não como o nome da festa específica, realizada anualmente até hoje. Mas como um tipo de junção de pessoas, confusão, desordem ou mesmo de celebração abundante e acalorada. Fazer *um* carnaval é ato humano desde os primórdios. Fazer *o* carnaval tem origem datada no tempo, e as circunstâncias deste surgimento fazem pleno sentido para compreender o significado da festa, histórico e atual.

Felipe Ferreira, em suas várias obras (2004, 2013), traz esse alerta e recuperação históricos sobre os germens do carnaval. Em seu *O Livro de Ouro do Carnaval Brasileiro* (2004), há uma remontagem qualificada sobre este histórico da festa, desde os primórdios do congraçamento social humano até o carnaval do século XX. O percurso passa pelos períodos clássicos greco-romanos, Egito antigo, Idade Média, Renascimento, os séculos de disseminação da cultura europeia (XVII, XVIII, XIX) e as conformações locais do carnaval pelos países que o receberam e assimilaram. Sobre este caminho importa desde já a conclusão a que Ferreira (2004, p. 71) chega sobre o significado histórico do carnaval: "um momento e um espaço de tensão". Além disso, para o autor, o carnaval se estabelece historicamente pela influência mútua das diferentes festas, "num movimento dinâmico e contínuo de criação e recriação da folia" (FERREIRA, 2004, p. 70).

Muito do *ethos* carnavalesco é atribuído ao universo simbólico das festas em homenagem aos deuses gregos e romanos. Para o ideário da festa, a atribuição faz sentido. A inversão de papéis, os excessos, o uso de máscaras e fantasias, as bebedeiras e os descontroles marcavam algumas das festividades mais destacadas. Há registros destes ambientes nas festas da Grécia Antiga, em Ática e Esparta; em Siracusa, na Mesopotâmia; e em outras localidades. As celebrações mais famosas eram: as lupercais, que ocorriam em fevereiro e homenageavam Luperco (ou Pã), protetor dos rebanhos; as saturnais, que homenageavam Saturno, deus da agricultura e das sementes, e ocorriam em dezembro; e as dionisíacas, que homenageavam Dionísio (ou Baco, na mitologia romana), marcando também o início do calendário romano, em março (FERREIRA, 2004, p. 16-20).

Como se nota, são festas concentradas por período da passagem do ano, então considerado "propício a vários tipos de festejos por seu caráter limítrofe e ambíguo, marcando o final de um ciclo solar e o início de um novo tempo" (FERREIRA, 2004, p. 20). Todas elas, festividades com as práticas marcantes das "transgressões, exageros e inversões de regras sociais" (FERREIRA, 2004, p. 19).

É na Idade Média, porém, que o carnaval se firma como uma data. Uma festa nascida, como celebração única e peculiar, de uma alteração no calendário cristão. No período medieval, as festas brincantes de início de ano não eram bem vistas pela Igreja, que as considerava demoníacas. Em seu conjunto, recebiam o nome de festas pagãs (FERREIRA, 2004, p. 22). Uma alcunha que permaneceu durante séculos na dicotomia estabelecida entre as festas oficiais e sagradas e as não oficiais, que eram exteriores à Igreja e ao Estado, configurando uma espécie de "dualidade do mundo" (BAKHTIN, 1987, p. 5). O que se altera, nesse cenário, é a imposição de uma regra comportamental pela Igreja, que instaura em definitivo o carnaval como uma celebração específica, em outro patamar social e simbólico.

No século VII, ano de 604, foi o papa Gregório I quem instituiu a necessidade do resguardo de quarenta dias para os fiéis se dedicarem ao cuidado do espírito, afastando-se das práticas cotidianas. Ficava decretada a quaresma. A partir do século XI, a Igreja definiu que esse período teria início no que passou a se chamar Quarta-feira de Cinzas – em referência a um ritual de penitência da época, realizado com cinzas (FERREIRA, 2004, p. 25) – e terminaria no Domingo de Páscoa. Neste período, as pessoas deveriam guardar jejum de carne e dos excessos, além de ficarem longe dos pecados, brincadeiras e relações amorosas.

Para se despedir das festas e da carne, o povo passou, então, a fazer a mais exagerada das celebrações, nos dias que antecediam a quaresma. Era fartura de comida, bebedeiras descontroladas, brincadeiras, cantos e danças, pessoas fantasiadas e muito escracho. Encerrando-se no que se convencionou chamar Terça-feira

Gorda, estes dias eram considerados dias de dar "adeus à carne", que no italiano significava "*carne vale*" ou "*carnevale*". Daí, surge o nome *próprio* do carnaval.

Nesse sentido, da fundação histórica do carnaval na Idade Média, apreende-se um sentido de carnaval como experiência radical de liberdade festiva. Uma característica que parece ser configuradora da festa e que se pereniza na essência desta celebração no decorrer do tempo e nas mais diversas regiões. Porém, como se disse, existiam várias outras festividades que concorriam naquele período de início do ano, com o mesmo caráter libertário como atributo – além, é claro, do exagero, das fantasias e da transgressão.

O que distinguia o carnaval das demais celebrações, como explica Ferreira (2004, p. 28), "era a concentração de brincadeiras no mesmo período, a proximidade com a longa abstinência da Quaresma e o fato de a coisa toda ter dia e hora marcados para acabar". A razão de ser do carnaval seria a preparação para a quaresma, instaurando um momento celebratório que equilibraria a ordem social, marcada pela disciplina imposta pela Igreja (BAROJA, 2006).

Dois apontamentos são importantes a partir da instalação do carnaval: a instauração definitiva da festa, única e peculiar, datada (realizada mundialmente no período definido) e aberta a expressões culturais e artísticas diversas; e a sua compreensão, simultaneamente, como receptáculo e estufa das características celebrativas do excesso, da desordem, da transgressão, do escárnio, da inversão e da fantasia. Considerando estes dois atributos, a literatura passa a analisar o carnaval como festa e expressão (cultural e social), com sua devida importância e registro históricos, mas igualmente como fenômeno produtor de símbolos representativos da sociedade e orientador de comportamentos morais e estéticos (BAKHTIN, 1987; BAROJA, 2006; LADURIE, 2002; HEERS, 1987; QUEIROZ, 1999; DA MATTA, 1997).

Mikhail Bakhtin é uma das maiores referências no que tange à origem histórica e ao significado simbólico do carnaval na história da humanidade. Seu livro *A cultura popular na Idade Média e no Renascimento: o contexto de François Rabelais* (1987), publicado originalmente em 1965, busca compreender o contexto social em que se dá o processo de "carnavalização" na literatura do escritor Rabelais. Tendo vivido no século XVI, o francês utilizava as "fontes populares": risos, festas, farsas e ritos cômicos em suas obras. O sentido das celebrações populares, em especial o significado do carnaval para a sociedade da época, é o principal elemento de análise do intelectual russo, que acaba, assim, por trazer grande contribuição às bases teóricas de análise do carnaval, sob o ponto de vista sociológico e antropológico.

Bakhtin se debruça sobre a cultura cômica popular, dividindo-a em três categorias: formas dos ritos e espetáculos (inclusos os festejos carnavalescos); obras cômicas verbais; e as diversas "formas e gêneros do vocabulário familiar grosseiro (insultos, juramentos, blasões populares etc.)" (BAKHTIN, 1987, p. 4). Para o autor, havia um universo cômico que se contrapunha ao mundo oficial, gerando um "segundo mundo e uma segunda vida" (1987, p. 5). Nessa dualidade, as formas cômicas de expressão são relegadas à posição não oficial, excluída da tutela do Estado e da Igreja. Assim, complexificam-se e se tornam verdadeiramente "as formas fundamentais de expressão popular do mundo, da cultura popular" (1987, p. 5). Portanto, à margem, este "princípio cômico que preside aos tiros do carnaval" (BAKHTIN, 1987, p. 5) é o que garante a sua essência libertária.

Para o autor russo, o carnaval se relaciona com os espetáculos teatrais, mas não se situa propriamente no campo da arte. "Ele se situa na fronteira entre a arte e a vida" configurando-se como a própria vida "apresentada, representada com os elementos característicos da representação" (BAKHTIN, 1987, p. 6). Como representação da sociedade, e não como espetáculo artístico, o carnaval vai se propor horizontalizado, rompendo a barreira entre atores e espectadores, pois o que está sendo ali encenado não é uma obra artística: é a própria vida representada. Uma vida que é vivida pelas leis da liberdade.

O carnaval seria a própria vida, uma outra vida, vivida apenas enquanto durasse a festa. Seria, assim, a "segunda vida do povo, a sua vida festiva" (BAKHTIN, 1987, p. 7). Seria uma vida concreta, real, ainda que temporária e provisória. Um período em que o povo adentrava o mundo dos ideais, experimentava uma existência humana superior, "penetrava no reino utópico da universalidade, liberdade, igualdade e abundância" (BAKHTIN, 1987, p. 8). A realização do carnaval se daria com a abolição das relações hierárquicas, inaugurando um novo contato pessoal e familiar mais livre. Os limites impostos pela vida cotidiana, de cunho financeiro, *status*, posição social, idade, todos eles seriam transpostos pelo e no carnaval. O carnaval, com suas expressões e linguagens, baseia-se, portanto, em uma lógica às avessas, ao contrário, de "um mundo ao revés" (BAKHTIN, 1987, p. 10).

E aqui reside grande contribuição de Bakhtin, fornecendo dois sentidos que serão de usual análise na bibliografia sobre o carnaval: a ideia do carnaval como "inversão"; e a existência não apenas do carnaval como festa, mas como um conjunto de símbolos, formas e representações que configuram propriamente uma linguagem carnavalesca, ela própria também voltada à lógica do avesso. A lógica da inversão carnavalesca estará presente em autores importantes que interpretam o carnaval brasileiro, como Da Matta (1997), que a afirma, e Queiroz (1999), que a contesta. A "carnavalização", por sua vez, será ferramental e guia de um considerável montante de autores e movimentos intelectuais, que a compreendem como postura moral e estética, a exemplo dos modernistas e tropicalistas.[3]

A análise do marco fundacional do carnaval revela, portanto, as seguintes características, digamos, "originais": uma festa de período marcado, de cunho cômico e inversor, atrelada à dicotomia excesso-escassez (ou desordem-ordem), passando a assimilar também as tensões e os conflitos políticos no seio das sociedades que a celebram.

Uma breve análise da continuidade cronológica da festa demonstra que esta última característica adquire relevo com o passar do tempo, em diversas localidades. Uma dimensão específica deste elemento político do carnaval, na verdade, interessa sobremaneira. Trata-se da assunção da importância do carnaval pelos poderes constituídos e classes dominantes, tornando o carnaval um permanente objeto de apropriação e disputa simbólica pelas elites.

No Renascimento, nos séculos XV e XVI,[4] esse fenômeno se evidencia fortemente. Em Florença, berço renascentista, a nobreza promovia desfiles luxuosos, com roupas e carros alegorizados, num espetáculo de afirmação simbólica (e estética) do poderio das elites. Era o denominado "triunfo", a que o povo assistia passivamente, como mero espectador. Outras brincadeiras (troças) ocorriam no período carnavalesco das cidades toscanas, uma arruaça que lembrava os entrudos (forma carnavalesca típica portuguesa, importante na compreensão do carnaval brasileiro[5]). No entanto, são mesmo os triunfos florentinos que passam a ser uma das principais marcas

3 Os dois movimentos serão explorados no tópico sobre carnaval e identidade cultural, neste capítulo.

4 Sobre este período, duas obras trazem análise interessante: Outras obras são importantes para compreender o significado histórico do carnaval e seu significado político no seio social. *Festa de Loucos e Carnavais*, de Jacques Heers (1987), e *O Carnaval de Romans*, já citada neste livro, de Emmanuel Le Roy Ladurie (2002).

5 O entrudo será estudado na evolução do carnaval brasileiro, posteriormente, neste mesmo capítulo. A semelhança se deve ao costume de arremessar ovos coloridos com líquidos cheirosos nas pessoas e estabelecimentos, durante as troças. Nas práticas do entrudo, eram comuns os "limões de cheiro", além de outras substâncias.

do carnaval renascentista, alastrado pela Europa na mesma medida da importância econômica e cultural das cidades toscanas (FERREIRA, 2004, p. 44-45).

Espraia-se a ideia de que o carnaval seria um "um bom momento para os poderosos mostrarem sua força e influência através do esplendor de suas manifestações" (FERREIRA, 2014, p. 43). Como explica Ferreira (2014, p. 43): "[...] uma festa que começou como uma espécie de compensação popular para um período de abstinência foi, pouco a pouco, interessando o poder constituído a ponto de acabar se tornando a própria expressão desse mesmo poder".

O processo de apropriação elitista do carnaval se mantém no período do Iluminismo. No século XVII, o carnaval de Veneza se firma como o emblema da suntuosidade e da sofisticação que vai influenciar as cortes europeias. Seus bailes de máscaras e fantasias nos grandes salões e teatros marcam uma tentativa de distinguir o carnaval refinado e elegante das brincadeiras populares. As expressões carnavalescas do povo passavam a ser consideradas grosseiras pelas elites, tachadas como primitivas, selvagens, rústicas, ligadas, até mesmo, a uma ideia de irracionalidade e loucura pela ordem dominante (FERREIRA, 2004, p. 44-49).

A distinção entre o carnaval popular e o carnaval da elite é uma tônica que se firma através dos tempos, assim como a dicotomia entre as brincadeiras que tomam as ruas (mais relacionada ao carnaval popular) e as festas dos ambientes fechados, os bailes frequentados pelos mais ricos. Contudo, como bem alerta Ferreira (2004, p. 49), não se pode atribuir uma "oposição entre dois 'carnavais'". Há, entre eles, convivência e uma influência mútua. São duas dinâmicas que se aproximam e se afastam pendularmente, a depender do local e da época. Não são estanques e isolados em si, ao contrário, retroalimentam-se, em uma dinâmica também marcada pelo jogo de apropriação e ressignificação cultural entre as classes sociais (OLIVEN, 1983).

Um exemplo de confluência das duas "camadas" do carnaval foi o carnaval de Roma de fins do século XVIII. A festa trazia brincadeiras das camadas populares convivendo com desfiles suntuosos de carruagens, num diálogo entre as expressões simbólicas. Um carnaval que se apresentava "ao mesmo tempo violento e sofisticado" (FERREIRA, 2004, p. 50). Vivido nas ruas, o carnaval romano passou a ser modelo para outras cidades europeias, ao lado de outro modelo, notadamente diferente, o carnaval veneziano: luxuoso, elitizado e privado.

A assimilação e o alastramento do carnaval pelos centros urbanos europeus obedecem a essa lógica de diferenciação cultural no carnaval. Mais ou menos retroalimentadas, a depender do lugar, as dimensões populares e elitistas da festa convivem. O fenômeno não se dá apenas porque as dinâmicas urbanas variam, com maior ou menor segmentação social, mas também, e, sobretudo, porque os tipos de brincadeiras e linguagens que caracterizam a festa também variam a depender das localidades: grandes centros, vilarejos, ruas abertas, logradouros fechados, regiões ricas e pobres.

A tentativa de se imprimir um modelo "próprio" de carnaval, com uma roupagem unificadora, ocorre a partir do século XIX, dentro de um contexto geopolítico, econômico e cultural. Se, naquele século, Londres se firma como grande centro econômico mundial, em razão de diversos fatores advindos da Revolução Industrial, é a cidade de Paris que se firma como a grande referência cultural do mundo ocidental. Na capital francesa, é fortalecida a visão ideológica que marginaliza as expressões populares do carnaval, materializada formal e legalmente, aliás. Diversas normas passam a proibir ou restringir as brincadeiras de rua das camadas populares. Assim, a cisão entre o carnaval burguês e os festejos populares não se dá apenas de maneira simbólica, reforçando a estigmatização e a exclusão dessas manifestações. Instrumentos institucionais passam a ser utilizados para afastá-las da centralidade e tentar reduzir sua relevância social. Tratava-se de medida voltada ao empreendimento parisiense de importar seu modelo próprio e formatado de carnaval (FERREIRA, 2004, p. 58-65).

Este modelo era o do carnaval burguês. Eram os grandes e luxuosos bailes de salão, repercutidos pela imprensa como renovadores da verdadeira tradição carnavalesca parisiense. Às festas de salão podiam se somar também sofisticados passeios e desfiles de rua, desde que chancelados pela elite. O que determinava o verdadeiro carnaval era a aprovação da burguesia, ansiosa por forjar um modelo de exportação para outros países – fenômeno que de fato ocorreu. Ainda que outras festas populares da periferia ocorressem nas frestas do carnaval "oficial", havia um modelo único de carnaval a ser imposto para as camadas populares. E estas ficavam "divididas entre a atração pelos fascinantes eventos que a elite propõe e o saudável impulso da esculhambação" (FERREIRA, 2004, p. 66).

O modelo parisiense do carnaval burguês será largamente importado. Nos países que o receberam, foi assimilado e transformado em graus variados. No Brasil, a ocorrência do carnaval burguês está relacionada à contestação, pelas elites nacionais, da herança cultural da capital portuguesa por meio da assimilação da nova e moderna influência francesa (QUEIROZ, 1999, p. 162).

Importa, como fechamento dessa linha evolutiva, ressaltar como todos esses sentidos extraídos da fundação histórica do carnaval são extremamente úteis para a análise teórica e empírica da presente tese. Compreender que está na essência do carnaval o seu funcionamento anticíclico e anti-institucional é imprescindível para entender o jogo de tensão existente entre os atores que realizam a festa e aqueles instituídos dos poderes, sejam eles públicos ou institucionais. O carnaval nasce como uma espécie de reação festiva à ordem disciplinadora e sua utopia é destituir, inverter ou subverter essa ordem.

A dicotomia carnaval-quaresma é o emblema dessa disputa permanente e insolúvel. No movimento de inverter a lógica mundana, a ordem carnavalesca antes a confirma (QUEIROZ, 1999), o que não significa que seus objetivos não sejam atingidos. A tensão permanente entre abundância e escassez, ordem e desordem, sociedade livre e poder público disciplinador e entre povo e autoridade é o objetivo da festa. O carnaval é a perenização festiva do arroubo libertário e da tensão social ali representada. A sua assimilação como fenômeno cultural, seja para garantir o direito a viver o carnaval, seja para tratá-lo como objeto de política pública, objetivo do Estado em sua relação com a sociedade, exige a compreensão dessas características primordiais.

1.1.2 Evolução do carnaval no Brasil

O carnaval se instala no Brasil desde o início da chegada dos colonizadores portugueses. Aqui se propagou uma forma de carnaval conhecida em Portugal como *entrudo*. A palavra significa "entrada" e a expressão remetia a antigas festas ibéricas, anteriores ao calendário religioso. Com a instituição da quaresma, firma-se como a principal manifestação do carnaval português. Em terras brasileiras, há registros do entrudo desde 1553 (FERREIRA, 2004, p. 78), desde quando se alastrou por todas as capitanias e manteve um "programa" ou um formato parecido por toda a extensão territorial brasileira, com variações regionais mínimas (QUEIROZ, 1999, p. 10-14). Ainda que se diga que este formato era justamente não ter um formato definido (FERREIRA, 2004, p. 78), o festejo possuía algumas características tradicionais.

Remontando à representação medieval, o entrudo tradicionalmente (em sua forma portuguesa) tinha um personagem, um boneco, chamado propriamente de entrudo (ou de João), que era acompanhado de outro: a Dona Quaresma. Um cortejo brincante seguia os bonecos. Iguarias e carnes eram servidos nos festejos.

Havia troças entre os foliões, consideradas muitas vezes violentas, com arremessos de água, farinha, lama e líquidos em geral (mesmo dejetos). Pessoas mascaradas andavam pelas ruas e percorriam vilas (nas chamadas "invasões"), dançando, fazendo barulhos e participando de bailes (QUEIROZ, 1999, p. 30).

No Brasil, o entrudo era um fenômeno majoritariamente urbano, realizado nas vias públicas e nas casas. Havia o entrudo familiar e o popular (FERREIRA, 2004, p. 85-88). O entrudo familiar era brincado no interior das residências. Todos os membros da família participavam, com a fabricação de limões-de-cheiro – bolas de cera preenchidas com líquidos cheirosos – a serem arremessados uns nos outros. Adultos, crianças e escravos, ainda que passivamente, participavam, com algum regramento tácito de proeminência familiar. A brincadeira servia também como flerte entre os jovens (QUEIROZ, 1999, p. 45-49; SIMSON, 2007, p. 19-21).

O entrudo popular tomava as ruas, com mais algazarra e, até, violência. Os arremessos de líquidos e pós eram praticados por indivíduos de todas as camadas sociais, sobretudo as inferiores, que frequentavam mais as ruas que as elites. Era o momento também de os escravos participarem mais ativamente da brincadeira. Trotes, revides, brigas, conflitos eram comuns e a atmosfera era de balbúrdia completa (FERREIRA, 2004, p. 89-98; SIMSON, 2007, p. 19-21).

Maria Isaura Pereira de Queiroz (1999, p. 49) afirma que, apesar de alastrado social e territorialmente, o entrudo não significa efetiva integração social entre as classes, pois as barreiras étnicas, econômicas, geracionais e de gênero eram mantidas.

Nessa conformação social, o entrudo impera como praticamente a única manifestação carnavalesca brasileira até meados do século XIX. Ao mesmo tempo que era extremamente popular, presentemente em praticamente todas as cidades brasileiras, sua dinâmica bárbara passa a ser vista com contrariedade pelas elites, que queriam brincar o entrudo em suas casas, mas eram desgostosas das confusões nas ruas. Na realidade, o desejo das camadas mais abastadas era excluir os setores populares da brincadeira carnavalesca. Para isso, na primeira metade do século XIX, as autoridades públicas passaram a tomar diversas medidas de proibição e restrição dos festejos, condenando, prendendo e multando os entrudistas populares. A obsessão era tamanha, que campanhas sanitárias eram veiculadas atribuindo ao entrudo a causa de diversos malefícios à saúde pública (FERREIRA, 2004, p. 94-99).

Especialmente a partir da chegada da Família Real ao Brasil (1808), diversos fatores contribuem para a transformação do carnaval brasileiro, a partir do processo de derrocada do entrudo – que não termina abruptamente, mas vai se diluindo na convivência com as novas formas carnavalescas até o início do século XX. Trata-se da construção de uma nova etapa do carnaval do País e, propriamente, da modelagem do carnaval de formato, feitio, roupagem brasileira – para se evitar os perigosos termos: "típico", "original" ou "genuíno".

Com a instalação não apenas da Família Real, mas de toda a administração do Império Ultramarino Português, além dos membros da corte – contabiliza-se cerca de 15 mil novos habitantes (FERREIRA, 2004, p. 104) –, o Rio de Janeiro adquire outra dimensão urbana. É alçado à condição de capital deste império e passa a ter uma estratificação muito mais rígida e evidente das camadas socioeconômicas. As novas elites, formadas pelos europeus recém-chegados, alteram a atmosfera cultural local. Acelera-se a passagem do Rio de Janeiro de "antiga condição de burgo de certa importância para a condição de cidade que ambicionava ser tão progressista e refinada quanto as da Europa" (QUEIROZ, 1999, p. 50).

No quadro econômico, a capital passava a aportar mais recursos. Os portos haviam sido abertos desde 1808, posicionando o Brasil como consumidor dos produtos industriais europeus. Em 1818, o café começa a ser cultivado no Vale do Paraíba e torna-se, em pouco tempo, o principal produto nacional, com cultivo sediado no Sudeste do País. Surge uma rica burguesia cafeeira, que desejava refletir no plano cultural sua ascensão econômica, de maneira a exibir novos hábitos e expressões culturais e artísticas, distintivos das camadas sociais inferiores. Começa a se desenvolver "uma cultura urbana de cunho burguês-europeu, que foi se diferenciando da antiga cultura rústica de origem lusitana" (SIMSON, 2007, p. 22). Diversas manifestações costumeiras são dissolvidas, como danças dramáticas, procissões, festas de largo, desfiles: "maneiras antigas de festejar", como lembra Simson (2007, p. 22), que "passaram a ser vistas como impróprias ou bárbaras e acabaram sendo expulsas do centro mais abastado das aglomerações urbanas".

Este fenômeno ocorre de forma acentuada a partir das décadas de 1830 e 1840, não apenas no Rio, mas em outras capitais, como Recife e São Paulo (FERREIRA, 2004, p. 105-106; SIMSON, 2007, p. 23). O entrudo será o principal objeto de perseguição, por ser visto, pelas elites burguesas, como uma prática carnavalesca bizarra, insidiosa e grotesca. Os poderes públicos das capitais e grandes cidades vão se ocupar em proibir a manifestação,[6] como ocorreu em iniciativa da Câmara dos Vereadores

6 Alguns estudos mostram as datas das iniciativas municipais de proibição do entrudo, como nos estados de Minas Gerais (ARAÚJO, 2008) e São Paulo (LEON, 2019).

do Rio, em 1941 (FERREIRA, 2004, p. 106). A imprensa se dividia entre condenar incisiva e editorialmente o entrudo (SIMSON, 2007, p. 24), tachando-o como prática grotesca, e se aproveitar economicamente com a venda de anúncios dos limões-de--cheiro e outros artefatos da brincadeira, já que esta não iria cessar imediatamente com a restrição legal (FERREIRA, 2004, p. 106). O processo que vai ocorrer com o entrudo é o de periferização até o posterior e gradual desaparecimento.

A catálise da transformação carnavalesca se dá com a inauguração de uma nova forma de brincar, mais afeta ao estilo de vida burguês. Os bárbaros arremessos de pós, lama e líquidos fétidos seriam substituídos por confetes e serpentinas. As troças vulgares e violentas, por fantasias, máscaras e danças, tudo com regras de etiqueta. As vias públicas deixariam de ser o palco de algazarra para dar lugar aos elegantes salões e teatros fechados. Esse modelo, o norte que guiava a aspiração da nova burguesia brasileira era Paris, naturalmente, e seu luxuoso carnaval. Era a estreia do carnaval veneziano, com seus ostentosos bailes de máscaras (SIMSON, 2007, p. 22-25; QUEIROZ, 1999, p. 50; FERREIRA, 2004, p. 104-106).

Chamado também de Grande Carnaval ou Carnaval Burguês, este novo formato carnavalesco foi se instalando nas capitais brasileiras especialmente a partir da década de 1840. Nelas, em suas ruas e avenidas principais, desfiles luxuosos de veículos levavam os burgueses fantasiados aos salões e teatros. Carros alegóricos e carruagens carregavam os ricos foliões, que se exibiam pelas avenidas aos passivos populares. Esses desfiles passaram a ser chamados de corsos.

Durante todo o século XIX e nas primeiras décadas do século XX, os bailes de máscaras e corsos predominaram no carnaval. Com apoio determinante da imprensa e do poder público, este carnaval da elite passou a significar o próprio carnaval do Brasil e perdurou até as primeiras décadas do século XX – von Simson (2007, p. 25) adota a década de 1930 como marco. Com o passar do tempo, mesmo os bailes se popularizaram, incorporando outros segmentos sociais, em um espectro que ia dos bailes altamente elitizados dos grandes salões até os bailes públicos, para os mais pobres. Ferreira (2004, p. 127) aponta um acontecimento importante nesse contexto: o surgimento de bailes carnavalescos situados "na fronteira entre a esbórnia dos bailes públicos dos teatros e a sofisticação afetada dos bailes privados nas mansões da elite endinheirada".

Dois movimentos parecem merecer relevo aqui, nas portas de entrada do século XX, justamente por serem os elementos germinais da próxima fase do carnaval brasileiro.

O primeiro é a marginalização e periferização de todas as expressões carnavalescas que não se enquadravam no modelo do carnaval veneziano, de bailes de máscaras e corsos. Pejorativamente chamadas de entrudo (ainda que essa manifestação já tenha sido dissolvida) (FERREIRA, 2004, p. 119), estas brincadeiras[7] foram se transformando pela criatividade popular, adquirindo novos elementos e roupagens, oriundas tanto das formas de brincar das camadas mais baixas quanto do "aprendizado" com o luxo ostentado nos desfiles burgueses. A importância desse fenômeno é anotada por Simson (2007, p. 23, grifos nossos):

> Ora, esse conhecimento do desfile luxuoso como a forma socialmente aceita de divertimento carnavalesco, associado às antigas experiências de cunho religioso das procissões, dos pastoris, dos reisados, dos cucumbis e dos afoxés permitiu a elaboração de uma *nova maneira de as camadas populares brincarem o carnaval*, que fosse socialmente aceita: os zé-pereiras, *os ranchos, os blocos, os cordões.*

Em contraposição ao Grande Carnaval, Queiroz (1999, p. 55) nomeia como "Pequeno Carnaval" a dinâmica de "cantar e dançar nas vielas ou nos quintais durante o Carnaval", na periferia, ao som dos tambores e batuques sincopados de origem africana. A prática surge a partir de 1870 e é realizada especialmente pela população negra e pobre, expandida a partir da abolição da escravatura – esta, marcante tanto na ampliação da quantidade de negros nas periferias das cidades quanto na perseguição que este segmento social passará a sofrer pela polícia, sobretudo no que tange às suas manifestações culturais. Um fenômeno fundamental decorrente do crescimento dessas atividades carnavalescas é o surgimento dos "ranchos", que desfilavam pelas ruas da cidade com membros fantasiados (muitas vezes, de índios e animais). Sua presença musical nas ruas era algo inédito. Diferentemente dos bailes de máscaras, que traziam xotes, polcas e valas, e das sociedades carnavalescas,

---

7 Apesar de os ranchos, cordões e blocos serem as mais conhecidas, outras expressões carnavalescas de rua também conviviam, com variações em determinadas localidades e por segmentos sociais. É o caso do "Zé Pereira", um tipo de cortejo em que jovens tocam bumbos e alguns instrumentos melódicos, como flauta, fazendo brincadeiras e causando alvoroço. Eram grupos menores e menos sofisticados, fantasiados ou vestidos de trapos. Foi uma expressão bastante comum nas ruas do Rio de Janeiro na segunda metade do século XIX (FERREIRA, 2004, 209-214).

que apresentavam marchas de óperas, os ranchos executavam suas próprias composições, de nítida influência africana, compondo o novo gênero da marcha-rancho. Ocupando e até competindo pelo espaço das ruas principais com os desfiles da elite, esses ranchos se popularizaram e seu "triunfo", como conta Queiroz (1999, p. 57), "significava a incorporação das camadas sociais inferiores nas comemorações carnavalescas, trazendo com elas seus complexos culturais específicos".

O segundo movimento é justamente o surgimento das sociedades carnavalescas, que promoviam os bailes das classes "intermediárias". Essas sociedades passaram a se organizar consideravelmente,[8] ampliar sua presença nas capitais e promover desfiles que iam das ruas aos salões de bailes, dos mais simples aos mais nobres. Os cortejos eram indumentados, com os integrantes fantasiados, replicando a atmosfera dos teatros e recintos nas ruas. Com o tempo, essas sociedades passaram a ficar extremamente populares e a ganhar apoio da imprensa, das elites e até auxílio financeiro dos comércios locais. Com seu esplendor (FERREIRA, 2004, p. 130), essas sociedades influenciaram decisivamente a estética do que viria a se tornar uma grande manifestação do carnaval brasileiro: as escolas de samba que passaram a existir a partir da década de 1930. Ademais, a própria inserção do uso massivo da fantasia no carnaval brasileiro advém daí.

Queiroz (1999, p. 164) ressalta que, diferentemente do que ocorreu com a passagem do entrudo para o carnaval veneziano, quando aquele desfaleceu para o surgimento deste, a passagem para o "carnaval popular" conservou "um parentesco indiscutível com o das sociedades carnavalescas que o haviam precedido". Carnaval popular, para a autora, eram os desfiles carnavalescos dos "citadinos das camadas inferiores, que deles foram atores" (QUEIROZ, 1999, p. 165). As principais expressões deste carnaval popular eram os ranchos e cordões carnavalescos: muitos destes, as futuras escolas de samba.

A transição ou evolução "integrativa" do carnaval burguês para o popular tinha características sociológicas e estéticas (além de artísticas e musicais) ainda mais profundas. Conforme explica Queiroz:

8 Ferreira relata o surgimento, em 1851, do Congresso de Sumidades Carnavalescas e da Sociedade Carnavalesca Veneziana, associações que congregavam as sociedades carnavalescas, organizando seus desfiles durante o carnaval (FERREIRA, 2004, p. 129).

> O Carnaval popular demonstra ter havido uma dupla integração: ao nível dos indivíduos, o dos participantes negros e mulatos provenientes das camadas sociais inferiores, finalmente podiam desfilar nas ruas; ao nível dos elementos culturais de origem africana – a música, a dança – se inseriam agora nas atividades festivas na mesma condição dos provenientes da Europa. Porém, a importância dos traços afro-brasileiros é muitíssimo maior; eles se tornaram a verdadeira alma da festa: respondendo ao apelo da música e à cadência dos surdos, o "espírito carnavalesco" se espalha pela festa. (QUEIROZ, 1999, p. 165).

Tem-se notícia de que o primeiro rancho a desfilar no carnaval nasceu em 1893: o rancho Rei de Ouro, fundado por negros imigrantes do Nordeste, que passavam a residir na região portuária do Rio (LIRA NETO, 2017, p. 31). Desde então, cresciam em número alastraram-se pelas cidades País afora. Os ranchos e cordões carnavalescos, com suas nuances e diferenças, com graus diversos de aceitabilidade social, e com composições sociais variadas, passaram a competir pelos espaços urbanos e pela aceitação da população (FERREIRA, 2004, p. 158-159). O embate com o poder público era frequente (LIRA NETO, 2017, p. 12), exemplificada especialmente na necessária negociação com o policiamento local para permitir a saída dos cortejos (SIMSON, 2007, p. 193-194).

Nesse momento, início do século XX, surge um dos elementos mais estruturantes do que se pode considerar o carnaval brasileiro, tal como se conhece hoje como símbolo nacional, no sentido de um modelo estético-musical gestado, forjado e replicado no Brasil. Surge o samba. Fruto da interação da tradição melódica e harmônica europeia, especialmente ibérica, com as síncopes e ritmos africanos, o samba tem no carnaval uma das principais plataformas de criação e reverberação, beneficiando-se do seu crescimento para se tornar a música brasileira "por excelência" (OLIVEN, 1983, p. 12). A partir das décadas de 1920 e 1930, o samba se torna o principal gênero musical de condução das festas carnavalescas.

Em *Uma história do Samba: as origens*, Lira Neto (2017, p. 38) explica que o processo de exclusão, social e cultural, do povo negro nas cidades era acompanhado de "um movimento simultâneo, rico de confluências e assimilações". O historiador relata que a comunidade negra passava a se apropriar das festividades brancas, unido aos instrumentos originários europeus (violões, flautas, sanfonas) os atabaques, marimbas e xequerês africanos.

As rodas ancestrais de batuque e dança formavam a fonte africana do samba: jongo sudestino, tambor de crioula maranhense, chulas baianas, bambelô potiguar, coco cearense, umbigadas e o posterior e produto de todas as outras: o lundu (LIRA NETO, 2017, p. 39). Além disso, o samba nasce com uma forte marca do Recôncavo Baiano, transmitida pelos diversos povos que imigravam para o Rio, muitos deles fundadores dos primeiros ranchos e cordões. Nos terreiros das velhas "tias baianas" – Tia Ciata, Dadá, Perciliana –, que sediavam dias ininterruptos de batucadas e escondiam os batuqueiros pretos tidos como marginais pela polícia, nesses quintais, nasceria o samba (TINHORÃO, 1998, p. 275; LIRA NETO, 2017, p. 41).

Nos anos 1920, o samba era duramente perseguido e reprimido. Isso vinha desde o entrudo e permanecia, convivendo com a sua valorização, nas décadas seguintes (EFEGÊ, 1980). As rodas de samba ficavam circunscritas às periferias das cidades. No Rio, confinadas nos morros. A repressão se dava diretamente pela polícia, em sua função de zelar pela manutenção da ordem pública. Quando não apenas a produção mas também o consumo do samba eram restritos aos morros cariocas – o que iria se alterar com a sua mercantilização radiofônica e fonográfica –, as rodas eram severamente reprimidas. Os músicos, em sua maioria negros, eram tidos como vagabundos e sofriam violência das forças policias. Encontravam refúgio nos terreiros de candomblé, ligeiramente mais aceitáveis (VIANNA, 2002, p. 30).

Segundo Vianna (2002), esse processo de repressão ao samba é extremamente complexo na historiografia social e musical brasileira. Ao mesmo tempo que a repressão é um dado determinante no processo histórico de consolidação do samba como gênero nacional, a transição de manifestação reprimida para valorizada foi pouco desvendada. Passou-se muito rapidamente de um período de extrema repressão ao gênero para outro, de demasiada valorização. Não foi uma transição linear e claramente demarcada. Os comportamentos repressivos do Estado conviviam com estímulos e deferências, por parte de seus membros. "O toque do pandeiro era reprimido por policiais e, ao mesmo tempo, convidado a animar recepções de um senador da República", destaca Vianna (2002, p. 114). E assim o samba se guiou em sua projeção nacional nos anos seguintes.

Na década de 1930, o samba se tornou um produto cultural altamente rentável e consumível. Antonio Candido (1989, p. 198) chegou a escrever sobre o processo de "generalização" e "normalização" da música popular, em que inclua o samba e as marchas, "a partir das esferas populares, rumo às camadas médias e superiores". Hermano Vianna (2002), em seu livro *O Mistério do Samba*, procurou desvendar como o samba pôde passar de um gênero tido como marginal e inferior para o grande produto da indústria cultural brasileira em apenas uma década. Segundo ele, isso não se deu simplesmente por uma "autenticidade" do samba, mas por outros elementos de construção social do samba como música ou como identidade nacional. Isso passa por uma leitura de processo identitário nacional pelos intelectuais, o papel do Estado, que "oficializando" o samba, fortaleceria a unidade nacional, as teorias de mestiçagem racial, etc. Vários desses fatores serão retomados à frente neste livro.

Dois elementos, porém, merecem destaque agora, por conferirem uma nova formatação ao carnaval: o papel do Estado e a influência da imprensa, especialmente o rádio.

O rádio comercial se instalara no País, nos anos 30, ao lado da indústria fonográfica. O samba passava a ser gravado por músicos das classes médias e altas e, por estas, consumido. Os programas de rádio executavam os fonogramas dos sambistas e projetavam o gênero rapidamente para todo o Brasil. As rádios comerciais também passaram a patrocinar os desfiles e a organizar concursos, como o primeiro concurso de escolas de samba do Rio, em 1932. Nas ruas, ao lado das marchas, o samba se consolidava como a principal música de condução dos cordões, ranchos e das escolas de samba. Instaurava-se uma relação simbiótica de crescimento entre o samba e o carnaval, especialmente das escolas (FERREIRA, 2004, p. 320; SILVA, 2015, p. 162).

Com relação ao poder público, destaca-se a oficialização dos desfiles nas ruas das grandes cidades, a partir da década de 1930. Em 1932, no Rio, era inaugurado o carnaval oficial da cidade, contando, além dos desfiles permitidos, com um grande baile no Teatro Municipal – é importante ressaltar que os bailes de máscaras ainda conviviam com o carnaval popular e apenas a partir de 1950 entrariam em decadência.

Todavia, a interferência oficial decisiva, positiva e negativa, se deu por intermédio dos governos de Getúlio Vargas. Hermano Vianna (2002, p. 111-112) destaca que o governo getulista incentivava as rádios a transmitirem a música popular e mesmo a Hora do Brasil passou a fazê-lo. Além de permitir a oficialização do carnaval em 1932, Getúlio subvencionava sociedades carnavalescas, ranchos e as escolas de samba, que ampliavam a sua quantidade a partir das décadas de 1940 e 1950. De outro lado, em 1937, por determinação do Estado Novo, as escolas de samba foram obrigadas a ter enredos de caráter histórico, didático e patriótico. Assim, o modelo e formato das escolas de samba do Rio passaram a ser padronizados para todo o Brasil, num processo de homogeneização do carnaval brasileiro. (VIANNA, 2002, p. 124).

A intenção de Vargas era projetar o samba como símbolo de unidade nacional, de "nacionalismo triunfante" (VIANNA, 2002, p. 125) e mesmo da "vitalidade e do otimismo" (TINHORÃO, 1998, p. 299) da sociedade com relação ao seu projeto político e econômico. De tão estratégico, o empreendimento era coordenado pessoalmente por Vargas que, segundo Tinhorão (1998, p. 300), chegava a determinar pessoalmente as diretrizes de escolha dos artistas populares em sua propaganda política.

O poder público tinha interesse em criar uma atmosfera simbólica positiva, de projeção nacional por meio do carnaval. Mas tinha também o condão de controlar os festejos, para manter sob seu domínio o desenvolvimento do programa carnavalesco, além das próprias condições urbanas de realização. Assim, a partir das décadas de 1940 e 1950, desenvolveu-se um processo de imposição gradativa de regras às escolas que, em troca do financiamento e apoio público, passaram a ceder. O resultado mais sensível disso foi o confinamento dos desfiles, antes pulverizados pela cidade, em grandes avenidas, sob controle público, onde se deu o desfile (ou concurso) das escolas de samba. Esse processo demonstra claramente o risco de domesticação dos grupos carnavalescos quando há exacerbada presença do Estado, desimbuída da premissa de preservação e valorização cultural do carnaval.

A década de 1960 foi de plena ascensão do modelo "fechado" de desfiles de escolas de samba, replicados por outras capitais. Em São Paulo, a oficialização ocorreu em 1968, sendo o ápice, a exemplo do Rio, do processo de adaptação forçada das manifestações carnavalescas. Conforme Simson (2007, p. 28), "a oficialização dos desfiles das escolas de samba, o regulamento imposto pela entidade promotora, os juízes oriundos das classes médias e mais abastadas vão, aos poucos, estreitando esse processo de enquadramento". Em 1984, o Rio inaugura o seu sambódromo, a Marques de Sapucaí (ou Passarela do Samba), para o desfile das escolas. São Paulo estreia o seu, o Anhembi, em 1991.

O modelo das escolas de samba se firma Brasil adentro e afora. A projeção internacional do carnaval das escolas é significativa, especialmente as do Rio. Transmitido e apoiado pela televisão, o carnaval do sambódromo se torna sinônimo midiático de "carnaval nacional", divulgado como "marca" brasileira. Os concursos se transformam em grandes e portentosos espetáculos, em que as classes baixas desfilam em suas escolas para o consumo das classes médias e altas e dos turistas nacionais e estrangeiros. Esse processo se afirma enfaticamente a partir da década de 1980, quando as poderosas organizações de escolas de samba se instrumentalizam para negociar o financiamento (milionário) com o poder público local e os dividendos da radiodifusão. Nas duas capitais surgem a Liga Independente das Escolas de Samba, com siglas diferentes: LIESA, em 1985, no Rio; e LIGA-SP, em 1986.

Um parêntese importante aqui, que é menos um parêntese e mais uma vicinal da estrada do carnaval. Existe o carnaval das demais regiões do País, das outras capitais e estados, de variados formatos estéticos e desenhos socioculturais. O registro é importante, pois não se pode desconsiderar o papel do Rio de Janeiro, capital do País até 1960, e sua própria capital cultural, como "centro propagador de ideias e comportamentos 'modernos' e 'civilizados'" (QUEIROZ, 1999, p. 24). O carnaval se insere nesse quadro de irradiação cultural. Houve quem lesse esse fenômeno como uma espécie de imperialismo carioca. Gilberto Freyre (1941, p. 255) chegou a escrever, em 1941, num contexto de defesa de uma suposta arte e cultura populares autênticas, que "há carnavais regionais genuínos por todo este vasto Brasil, com diferenças regionais de dança popular que resistem bravamente às ofensivas do Rio no sentido de sua uniformização". Contudo, apesar do centro gravitacional carioca, as forças carnavalescas próprias de cada região se mantiveram e se mantêm. E, se até a primeira metade do século XX, a influência carioca foi determinante, a partir da segunda metade ela decai, para as nuances e características regionais do carnaval ganharem relevo. Isso não nega a irradiação do modelo de escolas de samba pelo Brasil, que ocorreu. Mas significa dizer que, para além deste modelo, o carnaval brasileiro se arquiteta como um mosaico mais chamativo de diversidade e diferenciação cultural.

Os casos mais paradigmáticos são Recife-Olinda e Salvador.[9] As cidades pernambucanas desenvolveram duas grandes expressões ligadas, não apenas, mas sobretudo, ao carnaval: o frevo e o maracatu. O primeiro tem origem no final do século XIX, com bandas de sopros, de militares e de trabalhadores urbanos e influência do maxixe, marcha e capoeira. O segundo tem origem em rituais africanos e se estabeleceu no formato de "orquestras" de maracatu rural e urbano. Em

9 Tanto o carnaval de Recife-Olinda quanto o de Salvador serão abordados no livro, no final do capítulo 3, para efeito comparativo dos carnavais de rua.

Recife e Olinda[10] prepondera o carnaval-participação, com presença livre nas ruas. Já em Salvador, o modelo que imperou foi o de trios elétricos, desde as décadas de 1950[11] e 1960, com a ativação da rua como espaço democrático da festa (MIGUEZ, LOIOLA, 2011, p. 287). Com ele, conviviam manifestações carnavalescas de rua ligadas ao afoxé: os blocos "afro", na década de 1970. A partir da consolidação de uma indústria cultural baiana em torno do axé, nos anos 1980 e 1990, vão se firmar, então, os blocos de trio, que passaram a ganhar também uma marcante dinâmica comercial de micaretas e venda de abadás para acesso ao espaço público. Esse desenho geral do carnaval soteropolitano é chamado por Miguez e Loiola (2011, p. 288) de "afro-elétrico-empresarial".[12]

Voltando à estrada, para o seu termo, vale apontar que os antigos bailes de máscaras, dos salões, se mantiveram vivos no Brasil todo durante a primeira metade do século XX. Começaram a apresentar traços de desgaste a partir da década de 1960 e experimentaram a franca decadência a partir de 1980, com a concentração do Estado e da mídia no carnaval oficial das escolas. A queda da quantidade e da popularidade dos bailes está associada a vários fatores, considerando como análise as cidades do Rio e de São Paulo. Os bailes de salão deixam paulatinamente de ser o objeto de consumo cultural das classes médias e altas, substituindo-os pelo espetáculo das escolas de samba, notadamente a partir da década de 1980, no sambódromo e na TV; as formas de lazer se alteram e a TV se firma como grande veículo de recreação; os próprios clubes que sediam os blocos entram em decadência, em razão da especulação imobiliária; com a política de confinamento dos desfiles, os poderes públicos deixam de estimular a ocupação livre dos espaços públicos e os cidadãos passam a ser mais espectadores do que atores da folia (BONDUKI *apud* LEON, 2019, p. 63); a imprensa, sobretudo os jornais, deixa de cobrir os bailes com o destaque que oferecia nas décadas de 1940 e 1950 (SILVA, 2015) e passa a dedi-

10 Junto com o frevo, o maracatu domina a cena carnavalesca de Pernambuco. Na capital, Recife, desfila aquele que é considerado o maior bloco de carnaval de rua do mundo: o Galo da Madrugada, fundado em 1978, e com mais de dois milhões de foliões (GAMA, 2020).

11 A invenção do trio elétrico, por Dodô e Osmar, em 1950 é um marco importante do carnaval baiano.

12 Nos idos dos anos 2010, conforme explica Miguez (2016), surge uma crise do modelo de blocos de trio com estrelas da música baiana ("binômio bloco-estrela"), com a superação gradual da venda de abadás pela de camarotes nos circuitos do carnaval de Salvador.

car um acompanhamento residual e até estigmatizado,[13] nas décadas de 90 e 2000 (LEON, 2019, p. 61-64).

Por fim, sobre o carnaval e as ruas. Como dinâmica urbana, houve uma clara cisão entre o carnaval espetacularizado das escolas de samba e as manifestações de rua que se mantinham espontâneas, organizadas por grupos de amigos, em torno de círculos familiares e afetivos. Nas grandes cidades brasileiras, em maior ou menor grau, os blocos surgiam desde as primeiras décadas do século XX, porém mais acentuadamente a partir da década de 1960, nos bairros periféricos, e também nas vias centrais. Conviviam com as formas mais antigas de ocupação carnavalesca das ruas, como os ranchos e cordões,[14] mas diferenciavam-se destas por serem mais desorganizados, espontâneos, sem muita hierarquia ou ordem de desfile definida. Seu objetivo era tomar o espaço público com instrumentos, fantasias e alegria.

O carnaval de rua não era considerado prioritário na tutela do poder público, a não ser pela recorrente repressão policial, já que os festejos se davam à revelia da institucionalidade municipal, sem a formalização de autorizações ou comunicações prévias. Tampouco estava na centralidade do discurso majoritário, alimentado pela imprensa (especialmente pela TV) e importante para o ideário do produto unificador nacional, que era o discurso de hegemonia do samba e das escolas de samba como signo e modelo do carnaval brasileiro.

---

13 Leon (2019, p. 63-64) traz exemplos de reportagens mostrando a conversão de uma cobertura setorizada dos jornais, que coadunava com a aura de glamour dos bailes de classe média-alta, para uma cobertura "popularesca", bem evidenciada em jornais sensacionalistas. Reportagens e capas desses jornais destacavam e ironizavam a presença de sexo, prostituição e drogas nos bailes de salão das décadas de 1990 e 2000. O autor destaca uma capa de 1997 do jornal *Notícias Populares*, que traz a seguinte manchete preconceituosa: "Descubra se a gata do salão é macho – Perigo do carnaval é levar gato por lebre".

14 Alguns autores (DINIZ, 2008; FERNANDES, 2019) mantêm uma classificação entre os blocos, em geral, como sendo: blocos de sujo, a forma radicalmente mais espontânea e livre de tomada das ruas, sem qualquer tipo de organização formal ou ordem definida; blocos de embalo (ou empolgação), que são os blocos mais organizados, surgidos geralmente em bairros periféricos, guardando sentido com sua região de origem, mas, em virtude de seu crescimento, transferido para as vias centrais e, de alguma maneira, regulamentado pelo poder público. São exemplos de blocos originários de empolgação os clássicos blocos Cacique de Ramos (1961) e Bafo da Onça (1956), no Rio; e os blocos Esfarrapado (1947), um braço da escola de samba Vai-Vai, e a Banda Redonda (1972/1974), em São Paulo. Esses blocos, com as demais manifestações, vão compor o que conhecemos como "carnaval de rua".

Assim, ainda que persistissem no espaço público, a super hegemonia narrativa e a assimilação oficial do carnaval de sambódromo relegavam os blocos a uma posição de subalternidade cultural. Considerando que eram manifestações reais e concretas das diferentes camadas da sociedade brasileira, de cunho artístico e musical, e de importância simbólica e comunitária, essa subalternidade era artificial. O carnaval de rua sofria uma mistura de negligência pública com ofuscação pela ostentosa hegemonia das escolas.

É interessante notar que a relegação do carnaval dos blocos a um segundo carnaval, ou um carnaval de importância social e cultural inferior, refletiu-se de alguma maneira nos intérpretes do carnaval pela academia. Com exceção de alguns intelectuais, como Simson (2007) e poucos outros, as obras de maior referência no assunto (DA MATTA, 1997; QUEIROZ, 1999; FERREIRA, 2004; CAVALCANTI, 1999)[15] não abordam o carnaval de rua contemporâneo com profundidade, voltando seus olhares, no estudo do carnaval da segunda metade do século XX, quase que exclusivamente à dinâmica das escolas de samba. Isso traz alguns desvios de análise, especialmente no tocante ao fenômeno urbano (e urbanístico) do carnaval e na relação entre Estado e atores carnavalescos, temas que serão levantados na presente tese.

A subjugação do carnaval de rua, a despeito de sua força espontânea, se agravou nas décadas de 1960 e 1970. Era nítido o vazio dos espaços públicos para pular o carnaval. "A cidade se torna um espaço de pouca visibilidade para um carnaval que não seja o desfile das escolas de samba" (MACHINI; ROZA, 2018, p. 6). E o resultado chega a ser uma espécie de "perda de memória" do carnaval, que passa a ser visto como um feriado prolongado para se passar em outras cidades (MACHINI; ROZA, 2018, p. 6).

Rita Fernandes (2019, p. 71) nomeia este período, no Rio de Janeiro, como o do "esvaziamento do carnaval de rua". Segundo a autora, não são tão claras todas as razões que levaram ao declínio da festa pública, mas alguns fatores são recorrentes na análise da literatura e nos depoimentos dos carnavalescos. Um deles é o crescente desinteresse de parte da população pelas escolas de samba, a partir de seu confinamento, na década de 1960. Vendo o carnaval como feriado prolongado, muitas pessoas da classe média partiam para destinos rurais ou para outros des-

15 Felipe Ferreira (2004, p. 370), por exemplo, em sua principal obra, literal e assumidamente escreve que "classificar esses novos e inusitados formatos será tarefa dos futuros pesquisadores".

tinos turísticos, com mais folia na rua, como Olinda e Salvador. Outro fator era o sentimento de desolação trazido pela Ditadura Militar (1964-1984), que minava a espontaneidade e a festividade das expressões populares de rua. Nesse mesmo contexto da Ditadura, mais um fator era o caráter político dos blocos de carnaval, que resistiam na cidade aberta. Eles não eram bem vistos pelo regime militar e sentiam a repressão de suas forças policias. O clima de perseguição não estimulava o surgimento de novos blocos e levava medo aos que já existiam. Outra explicação usual é absorção da classe média e alta no processo artístico das escolas de samba. Elas passam a utilizar essa nova "frequência" social como trunfo midiático. Essa "fuga" de agentes artísticos para o sambódromo mitiga o potencial de organização do carnaval na rua, que era baseado nesses mesmos agentes. Mais um fator listado por Fernandes (2019) é a perda de espaço midiático do samba, especialmente na década de 1980, com a emergência do rock e de outros gêneros que disputam espaço nos meios de comunicação. Por fim, uma razão também apontada é a persistência da classe média em ainda frequentar alguns bailes de salão, como alternativa, ainda que residual, às escolas de samba (FERNANDES, 2019, p. 71-81).

A chamada "retomada" do carnaval de rua vai se dar no contexto da redemocratização do País, na década de 1980. As festas nos espaços públicos, os atos e as celebrações serão importantes no ambiente político da época, que clamava por transformações e maior participação social. As festas de rua, nesse quadro, serviam para traduzir "a vontade compartilhada de recuperar o espaço público, que tivera por tanto tempo seu acesso restrito" (FERNANDES, 2019, p. 82). Nas palavras de Rita Fernandes (2019, p. 82): "Nesse novo ambiente, em 1980 os blocos de rua vão ser espaços possíveis de convivência política, mas, acima de tudo, de sociabilidade. Veremos, nos grupos desse carnaval ressurgente, sujeitos movidos por um profundo desejo de desfrutar novamente a liberdade".

No Rio de Janeiro, a retomada tem o marco do movimento das Diretas Já, ambiente em que foram criados alguns blocos emblemáticos, protagonistas da rearticulação dos atores do carnaval de rua, como Bloco do Barba, Simpatia é Quase Amor e Suvaco do Cristo (FERNANDES, 2019, p. 82). Deste embalo, outros blocos surgiriam, a partir da mobilização de agentes da classe média, ocupando sobretudo a zona sul carioca. Nos anos 90, os blocos se proliferaram, apesar de os holofotes ainda estarem voltados às escolas de samba. Nos anos 2000, o carnaval de rua alcança o significativo patamar de adesão social, configurando-se um ativo turístico importante, que passou a disputar com o sambódromo a atenção da mídia e do poder público.

É interessante notar que o Rio de Janeiro "puxa", de alguma maneira, este movimento de ressurgimento dos blocos de rua. Em São Paulo, por exemplo, surgem alguns blocos no movimento de redemocratização, como Vai Quem Quer, em 1984. A retomada do carnaval de rua, propriamente dita, no entanto, tarda um pouco mais na capital paulista, cujo processo também influencia outras cidades, como Belo Horizonte e Porto Alegre.

Na cidade de São Paulo, o processo mais radical de hegemonização do desfile das escolas de samba como principal manifestação carnavalesca ocorre na década de 1990. O sambódromo é instalado em 1991 e é a partir daí que os aparatos instrumentais, do poder público e das escolas, vão se voltar para a operacionalização do desfile das escolas de samba. E isso significa também o investimento pesado na ação midiática para a cobertura do Anhembi, a despeito, mais uma vez, das manifestações espontâneas de rua.

Até o início dos anos 2000, desfilavam cerca de 30 blocos de rua na capital paulista. À exceção de alguns blocos institucionalizados em associações, não havia apoio nem subvenção do poder público, pelo contrário: a reclamação dos blocos era de uma constante repressão policial e imposição de óbices administrativos que impediam os blocos existentes e sufocavam as tentativas de blocos novos. Diferentemente do que aconteceu no Rio de Janeiro, em que a retomada se deu no contexto do governo militar, em meio aos atos pela liberdade e pela redemocratização, em São Paulo a retomada do carnaval de rua vai se dar na conjuntura de um governo progressista recém-eleito, no início de 2013. Houve a coalizão de interesses dos blocos, que queriam "descriminalizar" o carnaval de rua, e do poder público municipal, que almejava implantar uma política de ocupação do espaço público pela cultura. Isso ficará evidente na análise da política pública do carnaval de rua, no capítulo 3.

Figura 1 – Linha do tempo: Evolução histórica do carnaval brasileiro[16]

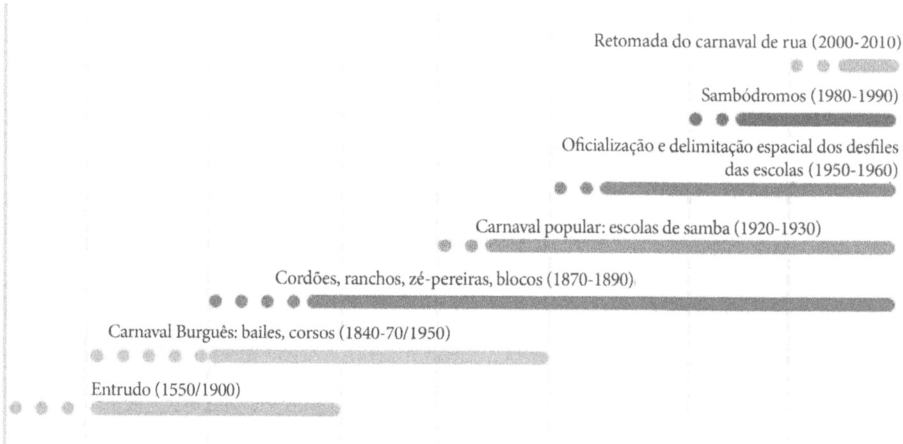

Fonte: Elaborado pelo autor, com informações de Queiroz (1999), Simson (2007) e Ferreira (2004).

1.2 País do carnaval ou carnaval do País?

Por que o Direito deve se preocupar com o carnaval? Essa pergunta, que soa genérica e óbvia, traz, na realidade, um espírito indagativo precioso para este livro. O ponto de partida para a resposta é negativo: não é porque é um feriado nacional. Tecnicamente, o carnaval não é um feriado. Ele é tratado como um ponto facultativo, a depender de decreto que assim o regulamente a cada ano, em âmbito federal, estadual ou municipal. As leis que estabelecem os feriados nacionais[17] não consi-

16 A linha do tempo traz os marcos históricos principais do carnaval em décadas, considerando o carnaval carioca, como eixo principal, e o paulista, por aproximação fenomenológica. São utilizadas as informações de Queiroz (1999), Simson (2007) e Ferreira (2004). As datas que estão duplicadas significam o lapso temporal entre as duas capitais ou a continuidade de uma década para outra. Por exemplo: inauguração do sambódromo no Rio, década de 1980, e em São Paulo, década de 1990; surgimento das sociedades e escolas de samba, que se dá em meados da década de 1920 e avança e se consolida na década de 1930.

17 As leis nº 662/1949 e 6.802/1980 estipulam os feriados nacionais: 1º de janeiro (Confraternização Universal), 21 de abril (Dia de Tiradentes), 1º de maio (Dia do Trabalhador), 7 de setembro (Dia da Pátria); 12 de outubro (Dia de Nossa Senhora Aparecida), 2 de novembro (Dia de Finados), 15 de novembro (Proclamação da República), 25 de dezembro (Natal). Além destes, é feriado a Sexta-Feira da Paixão, que antecede o final de semana da

deram como tal a festa carnavalesca.[18] Em São Paulo, não há outra lei que consagre, em nível estadual ou municipal, o carnaval como feriado.

Ainda que o carnaval fosse feriado. E fosse amparado em seu sentido jurídico de proteção, ao guardar em si, como explica Habërle (2000, p. 75), os "elementos culturais de identidade" e as "fontes emocionais de consenso". Ainda assim não é o feriado que justifica o resguardo do carnaval. Pelo contrário.

A importância do carnaval não parte nem se resume a uma efeméride cívica, pois ele não é uma efeméride cívica. Como se viu no panorama histórico, a festa não faz parte do repertório nem comemora (ou rememora) feitos e personagens históricos da construção da nação. Não é uma data religiosa, apesar de seu surgimento e período de realização guardarem relação estreita com a quaresma católica. Tampouco é marco simbólico a consolidar no calendário processos políticos importantes, assentados normativamente ao se tornarem hegemônicos em determinadas épocas e sociedades: como é o caso da Consciência Negra, em âmbito nacional; e do 8 de março, símbolo internacional da luta feminista.

O carnaval é um processo vívido, que não se pereniza pela memória, mas pela fruição tempestiva e presente de uma manifestação cultural dotada de inúmeras simbologias e representações. A repetição da experiência no tempo conforma a tradição do carnaval: uma tradição empírica moldada pelo que é vivido, não lembrado. Se há um feriado de (ou no) carnaval, trata-se de uma norma de organização, que demarca um período de intensa experiência sociocultural da sociedade a demandar a atenção das instituições. O carnaval não é uma data comemorativa protocolar caracterizada pela figurativa distância da dinâmica do povo. Também não é uma data, de importância política ou simbólica indiscutíveis, cuja "pausa" do cotidiano é imposta mais por uma norma instituidora do que por um fato social arrebatador.

Assim, não é uma imposição normativa que confere o *status* de "data protegida" ao carnaval e não é um feriado que lhe atribui proteção jurídica. A relevân-

---

Páscoa, e é o único feriado (tecnicamente falando) com data móvel no País – incluído pela Lei nº 9.093/1995.

18 O que ocorre é a publicação de uma portaria anual do Ministério da Economia, com um cronograma que combina feriados nacionais e pontos facultativos em âmbito federal. Segunda e terça-feira de carnaval são pontos facultativos integrais e a quarta-feira de cinzas, ponto facultativo parcial (até às 14h) (PIPOLO, 2019).

cia cultural e a aderência social do carnaval é que justificam a sua proteção pelo Direito. Essa é a resposta à pergunta inicial e um dos pressupostos deste livro.

O carnaval se mostra tão evidentemente como aspecto constitutivo de um ser festivo brasileiro, ou de uma cidadania cultural nacional, que se questiona se ele adjetiva o Brasil ou é adjetivado por ele. Ser o carnaval "do Brasil", o carnaval brasileiro, não é apenas a demarcação territorial da festa e sua mera distinção "nacional" dos outros carnavais do mundo. Significa associar à festa as qualidades e vicissitudes do próprio povo brasileiro e de sua conformação sociológica e antropológica, imbricada nos espaços geográficos em que ocorre e determinada programaticamente pelo conjunto de expressões e linguagens de cada região, sobretudo a música.

Ser o carnaval "brasileiro", portanto, é ser o carnaval "do brasileiro", "do povo brasileiro", assimilando as suas famigeradas características primordiais, tão disseminadas quanto contestadas como categorias no debate teórico.[19] Assim, de maneira totalizante, pode-se afirmar que o carnaval brasileiro é o carnaval da cordialidade e da desordem (HOLANDA, 2015), da mistura de raças (RIBEIRO, 2015; FREYRE, 2006), da malandragem (CANDIDO, 1970), do afeto (AZEVEDO, 1964) e, até, da batalha e da ralé (SOUZA, 2012, 2017). Falar em carnaval ("do") brasileiro significa emprestar ao carnaval uma espécie de nacionalidade, ou de atributo nacionalizante, que é própria do povo – ou do indivíduo, que em seu conjunto o compõe.

A nacionalização carnavalesca, contudo, pode não seguir o caminho da totalização, o equívoco de traduzir "sem ambiguidade a totalidade nacional" (ORTIZ, 2013, p. 621). Considerando, como explica Ortiz (2013, p. 621-622), a identidade como "uma construção simbólica que se faz com relação a um referente" e os referentes como variados, múltiplos, étnicos, regionais, de gênero, nacionais, pode-se afirmar que a nacionalidade carnavalesca brasileira é ela própria uma representação simbólica de um universo complexo e multifacetado. E que pode manter, ainda assim, uma unidade na diversidade. Uma identidade híbrida, nos termos de

19 Não se pretende entrar no debate acalorado acerca das categorias definidoras do povo brasileiro em sua formação, trazidas por intelectuais como Sergio Buarque de Holanda (1995), Darcy Ribeiro (2015), Gilberto Freyre (2006), Raymundo Faoro 1958), Antonio Candido (1970), e as respectivas críticas que autores como Carlos Guilherme Mota (2008), Jessé Souza (2019), Dante Moreira Leite (2002) e Renato Ortiz (2013). Apenas serão incorporadas as características que alguns destes autores conferem ao brasileiro para ilustrar um tipo de imagem que se tem do Brasil quando se referenciam povo e carnaval.

Canclini (2011, p. XXVII), pautada pelos processos de "intersecção e transação" e que internalize o confronto, as tensões e o diálogo entre as diferenças.

Nesse sentido, é oportuno falar em "muitos carnavais", como sugere Caetano Veloso em seu álbum de 1977. O disco é um passeio por vários gêneros musicais e por diversas representações simbólicas da experiência regional do carnaval, mantendo, porém, uma mesma atmosfera, uma certa unidade semiótica de conjunto. Alguns autores (MIGUEZ, 2013b; RISERIO, 1995; CAVALCANTI, 2013) compactuam com a abordagem múltipla do carnaval brasileiro, o que apenas reforça a ideia de que o adjetivo ("brasileiro") é menos uma totalização rasante e mais um repositório de diversidade e complexidade. Assim, é tão brasileiro o carnaval do frevo dançado das ladeiras de Olinda quanto o das tendências cosmopolitas dos blocos das grandes avenidas paulistanas; tão brasileiro o carnaval paradoxalmente turístico e comunitário das escolas de samba dos morros cariocas quanto o da afirmação identitária afro dos ijexás, em constante tensão com os trios de abadás, em Salvador.

Na mesma intensidade imagética surge o *slogan* discursivo do "País do Carnaval". A locução adjetiva, aqui, pode significar "carnavalesco": o país que produz, que cria, que realiza, que performa e que experiencia o carnaval. Pode se referir a "carnavalizado", no sentido de um país que absorveu os signos do carnaval em seu comportamento, em sua moral e em sua estética, refletindo nas linguagens (artísticas, sociais, comunicativas) os elementos e valores tidos como carnavalescos (transgressores, alegres, extáticos, efusivos, exagerados, gritantes, barrocos). Pode, enfim, ter o sentido de pertencimento ao carnaval: de um país que pertence ao carnaval, que está sob sua posse, que é apropriado e tomado pela festa. Seja qual for a acepção, ou sobretudo na combinação de todas elas, trata-se da construção identitária do Brasil como o país festeiro e festivo, alegre, alegórico e musical. Uma representação simbólica que tem o carnaval como plataforma agregadora de significados, que confere sentidos sobre a nação, sentidos estes passíveis de gerar identificação (HALL, 2006, p. 50).

O Estado se apercebeu disso e sempre recorreu ao carnaval quando precisou criar uma atmosfera nacionalizante positiva para o País. Na dialética clássica entre o nacional e o popular, ele se manteve como ator preponderante para estabelecer uma "identidade suportada" (ORTIZ, 1994, p. 139) entre essas duas dimensões. Em ação coordenada com a mídia, segundo agente fundamental nesse processo (OLIVEN, 1983, p. 108), chancelava-se a autêntica "manifestação de brasilidade" e o que seria alçado como expressão aceita da cultura nacional (ORTIZ, 1994, p.

140). Assim se deu com o carnaval, por exemplo: na perseguição ao entrudo e aos festejos de rua em favor dos bailes de salão, na virada do século XIX para o XX; no estímulo, institucional e radiofônico, ao samba pelo Estado Novo; e na regulação das escolas de samba, delimitando-as espacialmente para conformar um espetáculo de potencial turístico, apto a se tornar uma marca cultural brasileira, inclusive no exterior. Não se faz um País do Carnaval sem que o Estado, em sua dimensão de poder, compreenda a importância da dinâmica carnavalesca para a sociedade. Mesmo para negar tal dinâmica, é preciso, antes, reconhecê-la.

O Estado brasileiro tem um território – tomado pela festa; um povo – identificado com a folia; e um poder (governo, autoridade ou soberania) – que precisa se importar com esse grande fato social que é o carnaval. As dimensões clássicas do Estado Moderno (DALLARI, 2001, p. 71), na versão tupiniquim alegórica e carnavalizada, apenas reforçam a ideia de que a magnitude do carnaval requer a presença do Estado para conformar a famigerada nacionalidade carnavalesca brasileira.

Este livro se apoia na constatação da magnitude cultural do carnaval no Brasil. A hipótese é a de que o carnaval se situa em um espaço privilegiado da cultura brasileira, justificando a sua apreensão como direito e como objeto de política pública. Uma relevância cultural que será desenvolvida em três chaves: i) o carnaval como festa; ii) o carnaval como processo identitário; e iii) o carnaval como plataforma de intepretação do Brasil.

1.2.1 Carnaval, festa brasileira

Antes do carnaval, a festa.

A festa é vista como ato indissociável do fazer humano desde os primórdios de sua organização social. Tem sentido primário de comemoração e celebração (das colheitas, das caças, das conquistas, dos deuses etc.), mas adquire um adensamento de significados no decorrer da história da humanidade. Ela pode ganhar o sentido de descontrole e de excesso, passando a se compor de "atos de inversão e desafios à ordem estabelecida" (FERREIRA, 2013, p. 51). No mesmo bojo simbólico, também se torna marca característica em momentos de ruptura e transição (MONTES, 1998). No campo social, ela se firma como fenômeno privilegiado de mediação simbólica (AMARAL, 1998), coletiva e epifânica, de transcendência e sociabilidade. É um fenômeno universal, trans-histórico e transcultural (DUVIGNAUD, 1983).

Émile Durkheim possui uma obra determinante para a literatura da festa nas ciências sociais. *As formas elementares da vida religiosa* (1996), publicada originalmente em 1912, traz o "ritual" como categoria de análise da vida religiosa, dimensão fundamental da vida social, expressa por meio dos cultos que intermedeiam os indivíduos e as instâncias sagradas e transcendentais. A ritualização permitiria colocar no mesmo plano simbólico o processo religioso e o festivo.

Na teoria durkheimiana, é por meio da festa que se alcança o "restabelecimento moral" para o retorno à vida cotidiana de fadiga e sujeição ao trabalho. Este é objetivo do "culto positivo", por ele assim chamado. Trata-se do dever ritual que possibilita ao indivíduo a volta à vida profana "com mais coragem e ardor", por ter alcançado uma "fonte energética superior" e experimentado, ainda que temporariamente, "uma vida menos tensa, mais agradável e mais livre" (DURKHEIM, 1996, p. 417). Nesse ponto, há um claro alinhamento com Bakhtin, quando este aplica a noção ritual à explicação do carnaval. O francês fala em vida revigorada pela festa. O russo, em vida ressuscitada pelo carnaval. Ambos querem afirmar uma mesma função do ritual festivo: a suspensão temporária da vida regrada e ordinária para o alcance de uma vida mais livre.

Assim como da religião, a humanidade tem necessidade da festa. No limite, esse é o pensamento de Durkheim quando atribui a ela os atributos da religião tidos como imprescindíveis para a sociabilidade, a transcendência e, até, a transgressão. A festa possibilitaria um "estado de efervescência", que a religião igualmente causa e que é fundamental para a natureza social humana.

Há outra dimensão importante do pensamento de Durkheim sobre a festa: o vetor de coesão social. Sendo uma celebração ritualizada, um rito, ela tem o condão de reanimar periodicamente o sentimento que o grupo tem "de si mesmo e de sua unidade", ao mesmo tempo que permite que os indivíduos sejam "revigorados na sua natureza de seres sociais" (DURKHEIM, 1996, p. 409). Na festa, há uma dissolução do indivíduo no coletivo, o que colabora para "revivificar os elementos mais essenciais da consciência coletiva" (DURKHEIM, 1996, p. 409). Nesse sentido, Rita Amaral (1998, p. 14) explica que "quanto mais festas um dado grupo ou sociedade realiza, maiores seriam as forças na direção do rompimento social às quais elas resistem. As festas seriam uma força no sentido contrário ao da dissolução social".

Discípulo de Durkheim, Marcel Mauss (2018) traz uma categoria importante para a compreensão do fenômeno festivo: a ideia de festa como fato ou fenômeno social "total". Em seu livro *Ensaio sobre a dádiva*, publicado em 1925, o autor analisa um sistema primitivo de trocas de bens e riquezas, que se conforma numa lógica de obrigatoriedade entre os indivíduos e que viabiliza a dinâmica de sociabilidade. Trata-se de um "sistema de prestações totais" (MAUSS, 2018, p. 9), cuja plataforma de ocorrência é uma festa perene, que ele chama de *potlach*. O intuito é o consumo, a "nutrição", por intermédio de banquetes, feiras, que também possuem caráter solene, de ritualização. Analisando este fenômeno, Mauss (2018, p. 9) formula o conceito de fato social total como o fato extremamente complexo, em que "tudo se mistura", constituindo a "vida propriamente social das sociedades". A festa marcaria, assim, um estado de dádiva, a ser celebrado e obrigatoriamente compartilhado.

Além da ideia de dádiva totalizada, celebrada e compartilhada, pode-se deduzir também uma ideia festa como marcação do tempo, como fenômeno de temporalidade. De acordo com Rita Amaral (1998, p. 17), "tudo é festa durante o tempo da festa, o que faz dela um fato social total, no sentido maussiano". Para ela, é o tempo em que converge uma "multiplicidade de relações de diversas naturezas (religiosas, econômicas, artísticas, lúdicas etc.)" que a diferencia de uma cerimônia comum. Com isso concorda Bakhtin (1987, p. 8), para quem "as festividades têm sempre uma relação marcada com o tempo", demarcando "uma concepção determinada e concreta do tempo natural (cósmico), biológico e histórico".

Há outro sentido central para a concepção do fenômeno festivo: o excesso. Para Callois (2015, p. 18), o excesso é propriamente o "objetivo das festas". Segundo o autor, o excesso é necessário para o sucesso das cerimônias e contribui para renovar a natureza e a sociedade.

Para Callois (2015, p. 20), instaura-se o excesso, simultaneamente, como força propulsora e resultante da festa e a festa, propriamente, em seu sentido ritualístico, como a criadora do "caos primordial", "uma atualização dos primeiros tempos do um universo", quando foram criadas as formas definitivas dos seres e das instituições. A festa instauraria um "tempo místico", que tinha o "extraordinário como regra". E assim se estabelece uma das principais ideias-força de interpretação contemporânea da festa: o sentido de festa como fenômeno (do) extraordinário (DA MATTA, 1997).

Há mais uma perspectiva importante, por ser referencial aos autores brasileiros que estudam a festa (e o carnaval) (DA MATTA, 1997; QUEIROZ, 1999; FERREIRA, 2003; SIMSOM, 2007). É a perspectiva da festa como ruptura ou como manutenção da ordem social. Essa acepção está presente em Girard (1990) e, de forma mais radical, em Duvignaud (1983). Nessa acepção, as festas são a "destruição das diferenças entre os indivíduos e, por essa razão, associam-se à violência e ao conflito, pois são as diferenças que mantém a ordem" (AMARAL, 1998, p. 15).

Para Jean Duvignaud (1983), as festas são a total ruptura com ordem social vigente. Comparando o fenômeno festivo a um "transe", o autor acredita que as festas são dotadas da capacidade máxima de subversão. Elas teriam imenso potencial de violência e destruição, não se enquadrando no ordenamento social, mas se opondo radicalmente a ele. Presente em todas as culturas com a mesma condição essencial de rompimento, o ritual festivo traria distorções incompatíveis com o sentido de conservação e reprodução da sociedade (FERREIRA, 2003, p. 4).

Se existe a festa como componente de ruptura, transgressão e negação da ordem, há também o sentido de festa como afirmação, reprodução e reforço da estrutura social vigente. Seguindo a linha proposta por Durkheim (1996), que ressalta a função reagregadora da festa frente ao risco de dissolução social, Maffesoli (1985, p. 20-25) destaca que o sentido regenerador da celebração festiva. Para ele, a vocação coletiva e holística da festa contribui para a superação do individualismo desagregador.

No Brasil, o carnaval, como festa, adquire esse papel sensível de ser plataforma de compreensão da sociedade. Em sua dinâmica de realização, o carnaval é propriamente festa, na qualidade de gênero ritualístico, simbólico e recreativo. E, como tal, absorve todas as suas dimensões essenciais até aqui alinhavadas: transcendência, como necessidade humana; suspensão do cotidiano; mobilização e efervescência coletiva; sociabilidade; dádiva, celebração e troca; tempo especial; extraordinário; excesso; regeneração do tecido social; negação e afirmação da ordem social (em dialética); espacialidade, que incorpora as tensões territoriais dos grupos; processo comunicativo simbólico.

Por tudo isso, o carnaval já deveria ser considerado como uma festividade de "conteúdo essencial", nas palavras de Bakhtin (1987, p. 7), de sentido profundo para expressar uma "concepção de mundo", ou uma concepção da sociedade brasileira. No entanto, no Brasil, a festa carnavalesca adquire um sentido ainda mais denso, não apenas por ser a maior festa nacional, ou por seu alastramento social e territorial maior do que em qualquer outro país. Adquire essa densidade de significados por materializar plenamente e com grande potência uma condição existencial do país, que é a condição festiva.

Paulo Miguez (2012) faz uma interessante recuperação e, sobre ela, um acréscimo acerca dessa condição festiva nacional. Ele cita Nina Rodrigues (1988), que afirma serem a língua e a religião os dois elementos fundamentais de compreensão da vida e da cultura de um povo. Miguez (2012, p. 205) acrescenta, para o Brasil, um terceiro elemento: a festa. Língua, religião e festa constituiriam o que ele chama de "trio elétrico antropológico", em alusão ao veículo carnavalesco soteropolitano, responsável por explicar a sociedade brasileira. Mantendo-se atrás deste trio elétrico, como dizia Caetano Veloso,[20] pode-se afirmar, sem hesitação, que o carnaval, ao exaurir todas as dimensões da festa (simbólicas, políticas, sociais), é o fenômeno cultural que melhor concretiza esse elemento indispensável para a compreensão da realidade nacional.

O carnaval consagra uma característica que parece ser afeita aos diversos grupos formadores da sociedade brasileira desde o alicerçamento do Brasil: a afeição à festa. As práticas festivas, como rituais de celebração e divertimento, constavam na centralidade das culturas indígenas dominantes nas terras brasileiras, desde antes da chegada portuguesa (MIGUEZ, 2012, p. 206). A colonização portuguesa incorporou (e impôs) à verve festiva autóctone o repertório ibérico de festividades, assentado especialmente na simbologia religiosa. As "marés africanas da escravidão" (MIGUEZ, 2012, p. 208) vão encorpar o espírito festivo e adensar esse complexo processo de constituição cultural. Segundo Miguez (2012, p. 208):

> [...] no trabalho, no quilombo e no terreiro, os africanos escravizados vão fazer da festa uma estratégia importante para o enfrentamento dos horrores do cativeiro; vão torná-la um componente fundamental dos seus processos de ressocialização e reterritorialização simbólica e vão assumi-la como um importante território de resistência, de luta.

Segundo Montes (1998, p. 147-148), as festas foram "instrumento de integração obrigatória dos diferentes estoques étnicos e socioculturais" que conviveram no País, sob a égide da autoridade externa colonizadora. Nessa condição, mostraram-se forte ferramenta de controle social, mas igualmente, e em vetor oposto, "poderosa arma de resistência" dos grupos oprimidos, fornecendo-lhes a ocasião de explicar e exercitar sua própria identidade e cultura. Elas também servem para promover a "solidariedade intra e intergrupos sociais" e, em sentido contrário, afirmar a hierarquia e o controle dentro deles.

20 "Atrás do Trio Elétrico", canção do álbum "muitos carnavais...", de 1977. A canção pode ser ouvida em: https://www.youtube.com/watch?v=93KjFl3Fw5A

Nesse sentido, as festas contribuem para conformar os "múltiplos e ambíguos contornos da construção de nossa identidade". Deles, destes contornos, brotam as principais matrizes do que Maria Lucia Montes (1998, p. 144) chama de "cultura da festa". Segundo ela, uma "marca característica" do País, que "impregna em profundidade o fazer e o sentir brasileiro" (MONTES, 1998, p. 144).

Este modo de vida brasileiro, vocacionado à sua diversidade de festas e celebrações como uma "prova dos nove" (MIGUEZ, 2012, p. 209), encontra no carnaval sua epifania conceptiva e seu apogeu de realização. Conforme Maria Isaura Pereira de Queiroz (1999, p. 180): "[...] o 'espírito carnavalesco' é uma das características dominantes do homem brasileiro; por sua natureza é ele um folião. A tendência do povo para se divertir, para enveredar facilmente pelos caminhos da alegria e do prazer, lhe é inerente e o distingue de outros povos".

O carnaval é o dispositivo mais emblemático, efetivo e desenvolvido da cultura da festa no Brasil. É a profusão alegórica de contrastes e tensões sociais realizada em forma de festa. Ele se situa na interface entre a paradoxal constituição cultural e a tensa conformação social brasileira: no epicentro dessa interface. Na festa carnavalesca, o ritual barroco alcança seu ápice, sendo simultaneamente a tela de projeção dos valores (conflitantes) da sociedade, o canal de vazão da efervescência coletiva do povo e a plataforma mais bem acabada de mediação simbólica, convívio, conflito e interpenetração dos grupos sociais. No carnaval, "deixamos de *ser* e passamos a *existir* e *viver* o momento de *comunitas*" (DA MATTA, 1997, p. 121, grifos do autor). Nas palavras de Roberto da Matta (1997, p. 126): "o carnaval pode ser o alvo de todas as projeções sociais. Ele surge, portanto, como uma imensa tela social, onde essas múltiplas visões da realidade social são simultaneamente projetadas".

O carnaval também adquire relevo pelo seu significado temporal. Como aventado, a teoria da festa traz o importante papel da festa como demarcação do tempo: natural, cósmico, mitológico. Para Amaral (1998, p. 17), o tempo – um tempo especial, que altera o sentido social das relações – é o segundo critério de aferição da caracterização de uma festa, ao lado de seu sentido de mediação. Ocorre que, para a festa do carnaval, o atributo "tempo" se torna ainda mais imprescindível, já que nele se instaura o "tempo estrutural" (CAVALCANTI, 1999, p. 77).

De acordo com Maria Laura Viveiros de Castro Cavalcanti (1999, p. 77), o tempo estrutural é um tempo com forte conteúdo simbólico. É diferente do tempo histórico ou diacrônico, baseado na sucessão de acontecimentos. Sincrônico, é um tempo que se repete, com determinados conteúdos de ordem afetiva e cognitiva.

Segundo a autora, "é um tempo social, fortemente ligado à experiência vital e à visão de um mundo de uma sociedade ou civilização".

O carnaval imprime um tempo próprio em sua ocorrência festiva e gera uma expectativa temporal, pela sua frequência calendarizada anual, a que toda a sociedade é submetida. Assim, o tempo sincrônico carnavalesco convive e dialoga com o tempo diacrônico social. Sua "especialização" temporal, diferentemente de todas as outras festas, pela duração e regularidade, e pela perenidade histórica, traz singularidade ao acontecimento do carnaval.

Nesse sentido, de festa coletiva e social, adquire relevância o aspecto público do carnaval. Ainda que diversas manifestações carnavalescas tenham sido incorporadas pela indústria cultural – e isso não diminui a sua importância cultural, ao contrário, serve para incorporar a esta a inevitável ocorrência de uma esfera econômica da festa –, está na dimensão pública o maior ativo sociológico do carnaval. E o termo "público", aqui, possui alguns significados.

Um deles é o sentido de participação. Como festa pública, o carnaval é essencialmente participativo, não trazendo, como regra, cisão entre foliões e espectadores, artistas e público. Como regra, no sentido categórico trazido por Duvignaud (1983), que distingue dois tipos de festas: as de representação e as de participação. A maioria das expressões carnavalescas se insere nessa categoria horizontalizante. Rita Amaral (1998, p. 17), aliás, classifica a participação como um critério para uma festa ser considerada um ato coletivo e diferenciar-se do puro espetáculo.[21]

O sentido público do carnaval também está relacionado à sua realização no espaço público: na definição, ressignificação ou disputa por esse espaço. Como festa expansiva, o carnaval só se realiza com a ocupação do espaço. E sua ocupação, simultaneamente, ocorre sobre o que é público na cidade e ajuda a definir o que dever ser visto como público. As ruas, avenidas, praças, parques, largos, bairros e territórios – todos são espaços propícios a serem "consagrados" ao carnaval, no sentido maussiano de elevação e sacrifício para a celebração da festa. Se tomado como festa de

21 Há exceções ou modelos híbridos de participação. Os desfiles das escolas de samba não são todos acessíveis no sambódromo, porém, os integrantes que desfilam são da comunidade e ela própria é quem estrutura todo o carnaval. Já os trios elétricos baianos, cujo ingresso se dá apenas mediante pagamento, demonstram a existência de uma espécie de privatização da participação, em detrimento do carnaval público. A discussão sobre as modalidades do carnaval será realizada adiante, neste mesmo capítulo.

radical participação, a ocupação realizada pelo carnaval pode significar uma espécie de "imolação" do espaço urbano, sagrando-o e convertendo-o, de espaço cotidiano com pouca propensão ao uso livre e democrático, para um espaço eminentemente público. O carnaval de rua pode ser encarado como um vetor dessa vocação pública.

Márcia Sant'Anna (2013, p. 21) afirma que "as celebrações coletivas são poderosos 'marcadores' de espaços e instituidores de lugares e territórios aos quais memórias, sentimentos de identidade e de pertencimento estão associados". Nesse sentido, como principal celebração coletiva nacional, o carnaval contribui para uma ressignificação nítida e sensível do espaço urbano no sentido de maximização de sua função pública e social.

Por fim, há um significado público que evoca a disputa pública dos atores sociais. O acontecimento da festa carnavalesca deflagra uma disputa simbólica, mas, igualmente, uma disputa espacial e política dos diversos grupos sociais. O carnaval é uma "arena de conflitos" (MIGUEZ, 2012, p. 209), em que os atores sociais agem não apenas economicamente – compreendendo a festa inevitavelmente embebida na indústria cultural –, mas também para "salvaguardar suas posições sociais e seus repertórios simbólico-culturais" (MIGUEZ, 2012, p. 215).

A dinâmica simbólica do carnaval é toda imbricada pelos interesses daqueles que atuam na festa. Isso é fundamental para evidenciar esse aspecto público do carnaval, que é o aspecto político. É de extrema relevância o que Cavalcanti (2013, p. 14) chama de "política da festa":

> [...] em nome de quem e para quem esses eventos são produzidos, e quem são e o que pretendem os sujeitos que, de algum modo, tomam parte nisso, seja como produtores, seja como consumidores e, em muitos casos, ocupando duplamente esses lugares no interior da festa. (CAVALCANTI, 2013, p. 14).

De maneira combinada, todas as dimensões do carnaval configuram a sua importância no corpo social brasileiro, estabelecendo-se como o principal paradigma festivo do País. Este paradigma se evidencia na influência determinante que o carnaval exerce sobre as outras festas do patrimônio nacional, com suas práticas organizacionais e elementos estéticos e artísticos (FERREIRA, 2013, p. 59).

Como síntese do debate sobre a importância do carnaval na chave da festa, vale trazer uma formulação interessante de Rita Amaral (1998, p. 20). Ela nomeia como "festa à brasileira" essa celebração festiva que se construiu historicamente no Brasil e que se mostra com feições construtivas. Analisando os autores brasileiros que se dedicam ao estudo da festa como objeto central, Amaral identifica a predominância da festa como algo positivo e afirmativo. A festa à brasileira teria uma vocação mais edificante que destruidora. Tomando o carnaval como a experiência mais radical e ilustrativa do espírito festivo brasileiro, pode-se dizer que a festa carnavalesca não apenas é parte distintiva como oferece uma contribuição privilegiada para a conformação de uma identidade cultural brasileira. Agora, resta saber que identidade é essa.

1.2.2 Carnaval e identidade cultural

O ano era 1939. O maestro Heitor Villa-Lobos ocupava a função de diretor do Departamento de Música da Secretaria de Educação e Cultura do Distrito Federal. O governo Getúlio Vargas se dava sob a égide do Estado Novo (1937-1945). Em outubro daquele ano, o compositor das "Bachianas brasileiras" chamou ao seu gabinete Zé Espinguela, sambista conhecido nos subúrbios cariocas. Negro alto e magro, com feridas de varíola no rosto, Zé Espinguela, além de sambista, era alufá, sacerdote do culto malê (religião afromuçulmana). Villa-Lobos tinha uma encomenda para ele: montar um cordão carnavalesco que fosse genuinamente brasileiro, tradicional, sem influências estrangeiras, harmonioso e que ressaltasse o "espírito nacionalista" do povo. A proposta do maestro era recuperar os "autênticos" cordões, que estavam sumindo. Desde o início do século XX, havia repressão policial e medidas sanitárias contra os festejos de rua que eram considerados sujos, fétidos e arruaceiros.

Zé Espinguela montou base em Irajá e organizou o "Sodade do Cordão", nome antecipadamente encomendado por Villa-Lobos para garantir a aura ingênua e pacífica do grupo. No carnaval de 1940, o "Sodade do Cordão" desfilou, ordeiro, na Praça Tiradentes e na requintada Avenida Rio Branco. A imprensa nacional foi generosamente elogiosa, com as matérias prontas e encomendadas pelo Departamento de Imprensa e Propaganda (DIP). Meses depois, a sede do "Sodade" foi inaugurada em Madureira, com hino nacional e descerramento do retrato do presidente Getúlio Vargas. Villa Lobos (*apud* LIRA NETO, 2017, p. 18), então, declarou: "Consegui meu objetivo: mostrei que o Carnaval não é uma festa de loucos, mas sim uma das mais sadias manifestações populares".

Esse delicioso e verídico episódio é narrado por Lira Neto (2017, p. 11-18) no prólogo do seu livro *Uma história do samba: as origens*. A historieta é extremamente valiosa para ilustrar o sentido identitário do carnaval e o seu lugar na realidade brasileira. Mais que um retrato de época, estão presentes ali muitos símbolos que sintetizam e auxiliam a interpretação do quadro socioantropológico do carnaval.

Um maestro da música clássica, figura que é símbolo da elite e da cultura erudita. O maestro, um dos maiores da história brasileira, também é modernista, preocupado com a valorização das culturas populares e com a produção de uma cultura brasileira que beba nas matrizes negras e indígenas, deixando de imitar os padrões europeus. Como vários outros, esse grande artista é cooptado pela ditadura varguista e se presta a um empreendimento nacionalista-ufanista. Há o negro sambista e de religião africana, que movimenta o carnaval na periferia. A repressão policial a esse carnaval. A tentativa de domesticar a festa para um sentido ufanista e torná-la uma marca nacional, que também se adapte aos interesses da elite. A busca pelo festejo genuinamente brasileiro, autêntico, folclórico. A ocupação controlada da cidade pelas classes populares. O paradoxo entre a valorização da festa popular e a negação da verve livre e espontânea de uma festa eminentemente do povo. Todos esses signos formam o caldo rico e fervente do processo de conformação do carnaval como identidade cultural brasileira e como espaço privilegiado de compreensão da realidade nacional.

Em *Cultura Brasileira e Identidade Nacional*, Renato Ortiz (1994, p. 8) explica que a identidade é uma construção simbólica, que elimina o requisito da autenticidade. Ela seria fruto da junção de uma "pluralidade de identidades, construídas por diferentes grupos sociais em diferentes momentos históricos". Assim, quando se trata de identificar a construção de um processo identitário brasileiro por meio do carnaval, isso não se refere ao encontro, nesse grande estoque étnico-social, da carga valorativa que lhe atribuirá a chancela, a patente, a marca de "autêntico" nacional. Refere-se, sim, a compreendê-la sob duas chaves de entendimento. A primeira diz respeito a como se "constata" a identidade.

Segundo Ortiz (1994, p. 7-8), há duas dimensões para certificar a existência da identidade: a externa, como distinção; e a interna, como identificação. Tendo como referencial o prisma externo, o autor afirma que "toda identidade se define em relação a algo que lhe é exterior, ela é uma diferença". Contudo, "dizer que somos diferentes não basta, é necessário mostrar em que nos identificamos". O carnaval parece contribuir, como fenômeno cultural, para cumprir devidamente estes requisitos.

A festa carnavalesca brasileira se distingue dos carnavais de outros países por algumas características que, combinadas, tornam-se um conjunto exclusivo: a amplitude e onipresença territoriais, em razão da ocorrência dos festejos em praticamente toda a continental extensão brasileira, em todos estados do País; a persistência no tempo, repetição ininterrupta e perenidade, desde o período colonial, conformando uma tradição ancorada não apenas na antiguidade, como na renovada afeição popular (QUEIROZ, 1999, p. 174); a diversidade estética e artística, com inúmeras linguagens, dinâmicas de representação simbólica e formas de organização, mutuamente influenciadas, formando muitos planos de um mesmo carnaval, conforme Da Matta (1997, p. 90), em uma "fantástica unidade dramática"; a ocupação predominante das capitais e grandes cidades – diferentemente de vários outros países, em que os festejos se mantiveram nas vilas e cidades secundárias; e a tomada da agenda política central do País, tornando-se o imperativo político e o maior fato social no mês de fevereiro, ocupando (ou desocupando) predominantemente as instituições políticas e econômicas, os centros urbanos e a rotina dos grupos sociais. Neste último sentido, talvez mais que em qualquer país, o carnaval se apresenta como um grande "fato social total", na acepção maussiana.

No que tange à dimensão interna, pode-se dizer que há uma identificação popular em torno do carnaval. O carnaval brasileiro, em seu processo de conformação social, se constituiu de um complexo processo de proposição, resistência, ressignificação, apropriação e reconhecimento de elementos culturais de todas as suas matrizes étnicas (europeia, indígena, africana), por meio das expressões dos diferentes estratos sociais. O resultado disso foi a cristalização de um modelo brasileiro de carnaval, que, esteticamente, reflete essa herança multicultural e, sociologicamente, torna-se, de alguma forma, "pertencente" a todo o povo, e não a grupos sociais específicos. O carnaval brasileiro, assim, consolida-se como um carnaval intra e intersetores sociais, perpassando todas as classes. O "povo" se apresenta como elemento agregador do processo cultural do carnaval e seu agente gerador de identificação. Assim, como plataforma de identificação popular, o carnaval passa a ser reconhecido como fenômeno representativo da identidade cultural brasileiro.

Esse processo parece corroborar a ideia de uma identidade suportada entre o nacional e o popular, como propõe Ortiz (1994, p. 138-139). No caso do carnaval, talvez seja uma identidade em que o popular projeta o nacional. Maria Isaura Pereira de Queiroz contribui nessa reflexão, e afirma que foi apenas com o carnaval popular, assentado nos ritmos afrobrasileiros e adensado com as influências das manifestações exteriores, no início do século XX, que a festa adquiriu o caráter nacional (QUEIROZ, 1999, p. 181). A dupla incorporação - social, dos negros, e cultural, dos elementos artísticos africanos - ao carnaval popular foi decisiva para alçá-lo ao patamar de manifestação de "brasilidade" (QUEIROZ, 1999, p. 165). Ainda segundo Queiroz (1999, p. 181), o carnaval brasileiro "foi muito naturalmente elevado à posição de imagem concreta das qualidades do povo" e se tornou uma curiosa representação da nação. Uma representação que possibilitaria expressar o caráter nacional segundo a ótica dos próprios membros desta nação.

Manuel Castells (2018, p. 54), em *O Poder da Identidade*, vai ao encontro dessa ideia. Para Castells, a identidade é a "fonte de significado e experiência de um povo". Segundo ele:

> No que diz respeito a atores sociais, entendo por identidade o processo de construção de significado com base em um atributo cultural, ou ainda um conjunto de atributos culturais inter-relacionados, o(os) qual(quais) prevalece(m) sobre outras fontes e significado. (CASTELLS, 2018, p. 54).

O conceito corrobora a compreensão deste livro, que enxerga a importância do carnaval em sua estruturação essencialmente popular, no sentido de construção histórica e sociológica, e na sua natureza de experiência viva e presente, carregada de significados. Tomando essa acepção, o carnaval pode ser visto como um atributo cultural do processo identitário nacional.

É interessante anotar o lugar do carnaval nessa ideia de estruturação da identidade pelo povo. Com todos os aspectos que um ritual festivo possui, como a transcendência, a catarse coletiva, a sociabilidade, a coesão social e a ruptura com o cotidiano, o carnaval ocupa um espaço de amarração cultural entre os indivíduos, conformando seus grupos, e a sociedade em geral. Isso ocorre por meio da representação simbólica (dimensão do ritual) e da geração de significados que dão sentido, individual e coletivo aos indivíduos participantes da festa. O pensamento de Stuart Hall colabora muito para elucidar esse sentido. Em *A identidade cultural na pós-modernidade*, a identidade preenche o espaço entre o mundo "interior" e o "exterior", sendo formada pela interação entre o indivíduo e a sociedade (HALL, 2006, p. 11). Segundo ele, "a identidade, então, costura (ou, para usar uma metáfora médica, "sutura") o sujeito à estrutura. Estabiliza tanto os sujeitos quanto os mundos culturais que eles habitam, tornando ambos reciprocamente mais unificados e predizíveis" (HALL, 2006, p. 12).

Para Hall, ainda, a representação cria o sentido de pertencimento a uma nação – que ele chama de "comunidade simbólica" (HALL, 2006, p. 49) – e, assim, a capacidade de gerar identidade. A nação seria mais do que um ente político com seus cidadãos legais. Para o autor, a nação é um "sistema de representação cultural" de que as pessoas participam através da forma como lhes é representada em sua "cultura nacional" (HALL, 2006, p. 49). Por esse raciocínio, o carnaval seria um cabedal de sentidos, que, comungados, contribuem para gerar uma ideia de cultural nacional com a qual os indivíduos se identificam.

O delineamento do processo identitário cultural e nacional, considerando a ideia de representação simbólica, pertencimento e geração de significados agregadores dos indivíduos, tem um sensível e inevitável aspecto discursivo. Vários autores (FIORIN, 2009; HALL, 2006; BAKHTIN, 1987) apontam para a necessidade de tratar a ideia de identidade como discurso. Assim sendo, ela é construída dialogicamente, como qualquer outro discurso, como assevera Fiorin (2009, p. 117). E, nesse sentido, é fundamental apreender a cultura nacional "constituindo um dispositivo discursivo que representa a diferença como unidade ou identidade" (HALL, 2006, p. 62).

Para Stuart Hall a ideia de cultura nacional se constrói por uma narrativa, formada pela agregação de elementos discursivos, os quais compõem um repertório para a compreensão da estrutura narrativa de uma identidade cultural. Com base neste arcabouço discursivo se edifica uma concepção de cultura nacional que "atua como uma fonte de significados culturais, um foco de identificação e um sistema de representação" (HALL, 2006, p. 57-58). Segundo o autor, não apenas instituições, mas também símbolos e representações compõem a ideia de cultura nacional, gerando sentidos de identificação com ela.

Outra chave de compreensão do fenômeno identitário, relacionado a quem define a identidade: a mediação. Ortiz (1994, p. 139) destaca que a interpretação das duas ordens de fenômenos distintos (o popular e o nacional), explicitadas acima, é feita pelos intelectuais, que são os mediadores simbólicos. "São eles que descolam as manifestações culturais de sua esfera particular e as articulam a uma totalidade que as transcende" (ORTIZ, 1994, p. 141).

O carnaval passa a ser considerado um fenômeno importante da cultura nacional, emblema de identidade brasileira, a partir de uma transformação discursiva, dentro de um novo processo de mediação simbólica. Isso teve início no despertar do século XX, mas se deu de forma contundente especialmente a partir de sua segunda década. O pensamento social brasileiro passa a olhar para as expressões culturais das classes populares de maneira diversa da tendência até então hegemônica. Os "intérpretes" intelectuais do Brasil[22] empreenderiam a passagem de um folclorismo, de certa maneira, redutor e estigmatizador, para uma ideia mais densa e complexa de cultura nacional. Seriam efetivamente assimiladas, com ela, as raízes populares da formação cultural brasileira.

A festa carnavalesca não era considerada tradicional, tampouco símbolo nacional, nas suas primeiras fases de realização no Brasil: com o entrudo e o carnaval burguês (QUEIROZ, 1999). É a mudança de mentalidade acerca da própria ideia de identidade nacional que alça o carnaval a expressão significativa do processo identitário, do ponto de vista sociológico e cultural. Conforme Queiroz (1999), até fins do século XIX os estudiosos se dividiam em dois grupos: o que julgava impossível se formar uma identidade nacional; e o que acreditava ser questão de tempo. Tanto a impossibilidade quanto o tempo para a formação identitária eram tributados aos traços culturais formadores da nação. Muito variados, esses traços comporiam, no pensamento folclorista vigente, uma "fisionomia disparatada, pouco condizente com a harmonia que se acreditava indispensável para o surgimento de uma identidade nacional" (QUEIROZ, 1999, p. 169).

De fato, o pensamento brasileiro imprimia um caráter conservador às expressões culturais das classes subalternizadas. Segundo Ortiz (1994, p. 70-71), mesmo em autores como Câmara Cascudo (1967) e Gilberto Freyre, com seu *Manifesto Regionalista* (1926), isso se mantinha. As expressões culturais oriundas do povo, ou relacionadas à sua dinâmica social, eram localizadas como "tradicionais" amparadas na ideia de tradição como "presença do passado", o que, pelo inverso, levava consequentemente à formulação de que o "progresso" implicaria a "dessacralização da sabedoria popular".

O Movimento Modernista (1922) teve importância central nesse processo. Com ele, surgem as primeiras interpretações do Brasil que propõem a formação da identidade pela absorção de todas as influências culturais e da mistura dos ele-

22 Como exemplos, podem ser citados: Sergio Buarque de Holanda (1995), Darcy Ribeiro (2015), Gilberto Freyre (2006), Raymundo Faoro (1958), Antonio Candido (1970), entre vários outros.

mentos originários de suas três fontes étnicas (indígena, africana, europeia). Oswald de Andrade tem papel fundamental como líder deste movimento e vocalizador do primeiro enunciado antropofágico. No emblemático *Manifesto Pau-Brasil* (1924), e sua poesia que mescla cubismo e primitivismo psicológico (NUNES, 2011, p. XIX), Oswald traz uma espécie de síntese dos "materiais" da cultura brasileira, propondo uma educação da sensibilidade e uma libertação dos olhos do artista para valorizar tudo o que circunscreve a cultura brasileira, sem exceção dos materiais etnográficos e populares, que "melhor exprimem a originalidade nativa" (NUNES, 2011, p. XX).

O Modernismo defendia o processo de devoração antropofágica dos elementos culturais, nacionais e internacionais, da elite e do povo, gerando uma cultura nova, diferente das suas matrizes, que não se restringe a elas e que as ultrapassa em diversidade e riqueza. A Antropofagia adquire importância indiscutível no enfrentamento do dilema brasileiro, justamente por encará-lo sob duas perspectivas: sociocultural e artístico-estética. Tratava-se de um novo paradigma a contaminar o pensamento social brasileiro e as diversas linguagens artísticas, como um "magma criativo de profunda renovação" (MIRANDA, 1997, p. 126). Segundo Miranda (1997, p. 149), a Antropofagia traz a própria "carnavalização" como "postura e visão de mundo". No ideal antropofágico carnavalizado, o "genuinamente brasileiro significa que tudo pode ser estética e festivamente reaproveitado" (MIRANDA, 1997, p. 137).

De maneira específica, para o carnaval, o pensamento modernista foi extremamente relevante. Primeiramente, porque a Antropofagia valorizou a festa como símbolo e como atributo da cultura brasileira, nessa chave de uma originalidade resultante de todas as suas matrizes, e diferente de todas elas. Depois, por atribuir ao carnaval maior importância, como plataforma de significados, no debate intelectual da época.[23]

O debate intelectual das décadas 1920 e 1930 trazia dois movimentos simultâneos, que representavam "a mesma reação operando em estratos diferentes" (QUEIROZ, 1999, p. 171). Isso rebatia no pensamento sobre o carnaval. Enquanto a intelectualidade das camadas superiores definia os contornos da brasilidade, a

23 Estes trechos de Oswald de Andrade, extraídos, respectivamente do *Manifesto Pau-Brasil* (1924) e do *Manifesto Antropófago* (1928), são ilustrativos e alegóricos sobre essa projeção: "O Carnaval no Rio é o acontecimento religioso da raça. Pau-Brasil. Wagner submerge ante os cordões de Botafogo. Bárbaro e nosso. A formação étnica rica. Riqueza vegetal. O minério. A cozinha. O vatapá, o ouro e a dança"; "Nunca fomos catequizados. Fizemos foi o Carnaval. O índio vestido de senador do Império. Fingindo de Pitt. Ou figurando nas óperas de Alencar cheio de bons sentimentos portugueses" (ANDRADE, 1976).

alta burguesia começava a adotar o samba e iniciar a tolerância com os folguedos das camadas inferiores. Junto com isso, também surgia a "umbanda", religião tipicamente brasileira que mostrava a força de uma identidade que incorporava elementos africanos, indígenas e europeus nos seus cultos (QUEIROZ, 1999, p. 171). Como explica Queiroz (1999, p. 172), na nova teoria da "brasilidade" que surgia, passou-se a aceitar os "complexos culturais autóctones", por muito tempo repudiados como grosseiros e ignaros. Também se observava, nas camadas inferiores, novas associações entre negros e mulatos e novas relações entre "seres humanos e supra-humanos" (no que se refere às religiões de matriz africana). No mais, o nacionalismo brasileiro passava a expressar a "exaltação da mestiçagem étnica e cultural" (QUEIROZ, 1999, p. 172), ao contrário do que se passava na Europa, na mesma época, com o arianismo. A combinação destes movimentos contribuiu para o reposicionamento do carnaval na intelectualidade e no debate público.

A projeção do carnaval a uma marca da identidade nacional passou também pela ideia de mestiçagem e pela atuação do Estado.

Em *Imagens do Brasil*, Renato Ortiz (2013) explica que, até o início do século XX, preponderavam as teorias raciológicas e racistas no pensamento brasileiro. Duas raças inferiores (negra e indígena) seriam subalternas à raça superior branca. A heterogeneidade de raças era vista como um impasse, agravado pela noção de que o meio geográfico moldava o comportamento destes povos. Nina Rodrigues, Silvio Romero e outros intelectuais defendiam o "ideal do embranquecimento". A mestiçagem era vista, predominantemente, como algo a conduzir o País a uma "subalternidade intransponível" (ORTIZ, 2013, p. 615).

A noção de mestiçagem é ressignificada com a Revolução de 1930, a industrialização e a modernização do País (ORTIZ, 2013, p. 615). Nesse contexto, *Casa "Grande & Senzala"*, de Gilberto Freyre, lançado em 1933, contribuiu sobremaneira para converter o aspecto negativo da mestiçagem em positivo, trazendo, nesse bojo, uma espécie de "carteira de identidade" ao brasileiro (ORTIZ, 2013, p. 615). Como explica Renato Ortiz (2013), a mestiçagem, na ótica gilbertiana, trazia a capacidade de conciliar as contradições políticas, econômicas, sociais e culturais. Seria um hibridismo apto a dotar o espírito nacional de virtudes que antes eram inconcebíveis, especialmente de desenvolvimento e modernização. Agora, estas virtudes poderiam ocorrer, desde que houvesse a coordenação do Estado. Sob a sua batuta, símbolos como a mulata e o samba, maculados pela inferioridade da interpretação raciológica, são alçados à categoria de brasilidade (ORTIZ, 2013, p. 615).

Hermano Vianna (2002) também identifica na mestiçagem um fator importante de ressignificação da brasilidade. O autor enxerga na mestiçagem um dos fatores de conversão positiva e impulsionamento do samba. Para Vianna, (2002, p. 19-32), ocorre a elevação de *status* do samba neste esteio da "nova" e benéfica mestiçagem,[24] formulada por Gilberto Freyre. O samba também teria se aproveitado da colocação da música em uma posição central no pensamento brasileiro da época, sendo elemento importante das análises sobre cultura nacional de autores fundamentais da época, como Antonio Candido e Mario de Andrade. Isso tudo no contexto de pós-revolução varguista, quando o papel do Estado foi fator determinante para forjar o samba como a principal música brasileira.

Assim, ocorre uma retroalimentação entre samba e carnaval, no catapultamento recíproco à condição de símbolo nacional: o carnaval se aproveita da "promoção" do seu principal gênero musical para ganhar importância; o samba passa a ser consumido por toda a sociedade brasileira justamente pelo crescimento do carnaval (OLIVEN, 1985, p. 12).

Se, para a conformação do carnaval como símbolo da identidade nacional, a mediação simbólica dos intelectuais foi importante, o papel do Estado, em outra dimensão, foi igualmente fundamental. Na relação entre Estado e carnaval, importa destacar dois momentos.

O primeiro é o de fundação do carnaval como expressão apoiada oficialmente. Como ressaltado acima, isso se deu no contexto do Estado Novo de Getúlio Vargas, dentro de um contexto de apropriação oficial da cultura para sedimentar as ideias de unidade social e homogeneização nacional. Segundo Ortiz (2013, p. 619), nesse período, a "esfera da cultura é um elemento vital de propaganda política, é preciso difundir uma versão de brasilidade que vincule os diferentes setores da sociedade em torno dos rumos da revolução de 30". Nesse contexto, o carnaval ganha apoio político, midiático (via Departamento de Imprensa e Propaganda e das rádios) e, até, financeiro, por meio de subvenções aos desfiles das primeiras escolas de samba, em 1932. Para Getúlio Vargas, o triunfo do carnaval era imprescindível para forjar uma aura de otimismo na sociedade, coadunando com o projeto de modernização e desenvolvimento nacional que tentava empreender.

---

24 É importante registrar que a ideia de "democracia racial", baseada em Gilberto Freyre, é considerada contemporaneamente como um expediente de negação do racismo, por ocultamento.

O outro momento é da ditadura militar, a partir de 1964. O contexto era de autoritarismo político e, segundo Ortiz (2013, p. 620), a tentativa era a de construir uma política cultural de escala nacional baseada na reinterpretação das ideias de sincretismo e mestiçagem. O Estado pretendia modelar uma imagem "convincente de um Brasil autóctone, sem influências estrangeiras (o comunismo), harmônico e cordial" (ORTIZ, 2013, p. 620). Deste quadro se deduz a importância de incensar elementos nacionalizantes, como o samba e o carnaval, de caráter agregador e que perpassam os vários segmentos sociais. No carnaval, especificamente, é o momento em que as escolas de samba são hiper-reguladas, aceitando o confinamento de seus desfiles em troca de um (cada vez maior) apoio financeiro público, acompanhado de visibilidade midiática.

A imprensa, aliás, é fator decisivo para o soerguimento do carnaval como símbolo de brasilidade, segundo Ruben George Oliven (1983). Ao lado do estatal, o papel da imprensa se coloca como fundamental no fenômeno de apropriação de manifestações culturais popular e colocá-las na chave de compreensão do que é o nacional, em uma lógica de tensa disputa cultural entre as classes dominantes e as classes dominadas.

Para Oliven (1983, p. 108), há um processo de apropriação, ressemantização e ressignificação dos códigos, de maneira que, alcançando o todo social, tornem-se símbolos nacionais e se incorporem à identidade brasileira. Utilizando a ótica da cultura dominante *versus* cultura dominada, o autor lança a hipótese de este processo se dar por meio de dois movimentos. O primeiro tem as classes dominantes se apropriando das manifestações das camadas populares, reelaborando-as e imprimindo-lhes o caráter de símbolos nacionais, ainda que tais manifestações tenham sido reprimidas pelo Estado. O segundo movimento é inverso, com as classes populares se apropriando e ressignificando as manifestações das classes dominantes. Neste movimento, elas se tornam símbolos nacionais, com a exclusão das marcas de distinção que originalmente as caracterizavam.

No que toca especificamente ao carnaval, o autor ilustra os dois movimentos, considerando a participação do Estado e da imprensa.

No primeiro movimento, de apropriação da cultura dominada pela dominante, o autor traz essa sucessão de fatos: especialmente a partir da década de 1930, o samba, gênero típico das camadas populares negras e periféricas, passa a ser absorvido pelas classes superiores; o Estado passa a criar regras ou, ao menos, monitorar os cordões carnavalescos, em um movimento que culminou na sua total regulação e confinamento espacial, por meio das escolas de samba; o rádio, principal meio de comunicação, começa a transmitir o samba nacionalmente e as próprias emissoras passam a ser patrocinadoras de desfiles dos cordões, em processo de passagem para o que (re)conhece contemporaneamente como escola de samba (OLIVEN, 1983, p. 113-115).

O segundo movimento, de apropriação da cultura dominante pela dominada, baseia-se na característica geral e germinal de o carnaval ter sido trazido ao Brasil pela elite europeia. Era uma manifestação cultural basicamente europeia, em sua configuração social e estética, e assim se manteve por séculos. Isso é alterado quando os elementos carnavalescos são apropriados e ressignificados pelas camadas populares, especialmente negras, na década de 1930, com o samba e as escolas (OLIVEN, 1983, p. 113-115). Tanto o samba como o carnaval, já nesse novo formato popular e "abrasileirado", como se disse, mereceram atenção e apoio do Estado e da imprensa.

Com base na formulação de Oliven (1983, p. 115), portanto, pode-se dizer que o carnaval teria passado pelo duplo processo de apropriação e reelaboração, de uma classe pela outra, concomitantemente. Isso torna a construção do símbolo nacional carnavalesco um fenômeno extremamente complexo. O carnaval, ademais, seria emblema de uma característica da sociedade brasileira que é estrutural, extrapolando o âmbito da cultura e gerando nítida diferenciação de outros países. Nestes, há certa equalização econômica e social, mas se mantém as fronteiras culturais bem demarcadas. No Brasil, signos das culturas dominadas, que poderiam ser vistas como "fronteiras étnicas" e potenciais ameaças (FRY, 1977, p. 47 *apud* OLIVEN, 1983, p. 117), foram alçados à condição de símbolos nacionais, elementos de afirmação da nacionalidade. Esse fenômeno, segundo Oliven (1983, p. 117-118), gerou uma "crença num *ethos* próprio originado a partir de um processo de apropriação e reelaboração de símbolos culturais". Nesse sentido:

> O que parece caracterizar o Brasil é justamente o fato de ser uma sociedade de imensas diferenças sociais e econômicas, na qual se verifica uma tendência de transformar manifestações culturais em símbolos de coesão social, que são manipulados como formas de identidade nacional (OLIVEN, 1983, p. 118).

Esse quadro não deixa de guardar relação com o que Néstor Garcia Canclini (2008) chama de "hibridismo" ou de conformação identitária baseada em processos de hibridação. O carnaval é propriamente um produto cultural híbrido, que assimila as influências culturais das diversas matrizes brasileiras, sem negar suas intercorrências históricas, seus conflitos e suas tensões, pelo contrário, assimilando-as como atributos indispensáveis à conformação de sua manifestação como símbolo da cultura nacional. Se a identidade cultural brasileira é uma identidade híbrida, ela tem no carnaval não apenas um emblema simbolicamente relevante, gerador inevitável de identificação social, mas um catalisador perene deste processo de hibridação, por meio de suas formas, de suas dinâmicas sociais e expressões estética, artística e cultural.

Resta, então, compreender o significado profundo do carnaval no seio da sociedade brasileira. E interpretar essa própria sociedade tomando o carnaval como rito, mito e experiência.

1.2.3 A interpretação do Brasil pelo carnaval

A interpretação da sociedade brasileira pelo prisma do carnaval é tardia no meio acadêmico. Durante todo o século XX, o pensamento social brasileiro, como se viu, ocupou-se em tratar da música, do samba e do carnaval como elementos importantes de observação do fenômeno identitário da cultura nacional. Ao carnaval, especificamente, era destinado sobretudo um tratamento histórico,[25] até a década de 1960. É apenas na década de 1970 que o carnaval se torna objeto específico de análise teórica, extrapolando o aspecto descritivo do fenômeno antropológico ou histórico.

A festa carnavalesca passa, então, a ser analisada em seus aspectos artísticos e estéticos e, mais detidamente, sob a perspectiva da sociologia da cultura e da antropologia urbana. Como o carnaval movimenta os grupos sociais, como se conforma na convergência e nas tensões entre os diferentes atores, quais os sentidos por detrás da festa para os indivíduos e comunidades, como se consolida como vetor e resultado de transformações sociais e quais os seus diferentes significados

25 Nessa área, algumas obras são importantes: *A histórica do carnaval carioca*, de Eneida Moraes (1958); *O Dicionário do Folclore Brasileiro*, publicado em 1954, de Luís da Câmara Cascudo (2012); *O carnaval carioca através da música*, de Edigar de Alencar (1979); *Ameno Resedá: o rancho que foi escola*, de Jota Efegê (1965); *Antologia do Carnaval*, de Moraes Filho (1945); *Do batuque à escola de samba*, de Muniz Filho (1976); entre outras.

culturais (simbólicos, afetivos, identitários) nas diversas regiões e agrupamentos. Todas essas investigações passam a ser pertinentes. Em síntese, inicia-se um aprofundamento fundamental sobre como o carnaval se apresenta como plataforma complexa de compreensão da realidade brasileira: uma alegoria multicultural e multifacetada para explicar importantes fenômenos sociais.

A discussão socioantropológica mais contemporânea do carnaval se desenvolve por meio de algumas categorias importantes, como ritual, mito e experiência. Alguns autores contribuíram para ela, tomando o carnaval como centro do objeto socioantropológico (CAVALCANTI, 1999; FERREIRA, 2004; SIMSON, 2007; URBANO, 2006; SILVA, 2015). O debate teórico principal pode ser resumido entre a compreensão do carnaval como ruptura e transgressão da ordem social e o entendimento do carnaval como afirmação desta mesma ordem. E os principais expoentes destas visões, cujas obras, referenciais, têm influenciado fortemente o pensamento sobre o carnaval brasileiro, são respectivamente: Roberto Da Matta, com seu *Carnavais, malandros e heróis: para uma sociologia do dilema brasileira* (1997); e Maria Isaura Pereira de Queiroz, com *Carnaval brasileiro: o vivido e o mito* (1999).

O antropólogo Roberto da Matta lançou seu livro em 1979. Nele, aborda o carnaval sob a perspectiva estruturalista, ritualística e simbólica. Como tese geral, a festa carnavalesca se desenvolve sob a lógica da "inversão" da sociedade, em alinhamento teórico com Mikhail Bakhtin (1987). Nessa angulação, Da Matta vê o carnaval como um "reflexo complexo, um comentário complicado sobre o mundo social brasileiro e não um reflexo direto de sua estrutura social" (DA MATTA, 1997, p. 90).

Considerando a abordagem de Marx e Lévi-Strauss sobre ideologia, Da Matta (1997, p. 89-91) afirma que o carnaval reflete a sociedade, mas de maneira invertida, como uma câmara escura (usando a analogia de Marx, em *A Ideologia Alemã*). O autor não utiliza a teoria do reflexo direto, em que o carnaval é mero reprodutor do quadro dos conflitos da sociedade brasileira. Lança mão da teoria do reflexo invertido e das dramatizações múltiplas, por meio da qual o carnaval não nega esses conflitos, mas os reflete, de maneira invertida. Da Matta compreende que a festa carnavalesca inventa seu espaço social, com suas próprias regras e lógica. Ela não reproduz o mundo de forma direta e automática, mas, ao contrário, e de maneira dialética, traz uma reprodução com "muitos autorreflexos, circularidades, nichos, dimensões e planos" (DA MATTA, 1997, p. 90).

O fenômeno da inversão é desenvolvido por Da Matta com base na ideia de ritual (rito) e de dramatização.

De acordo com o antropólogo, os rituais servem para promover a identidade social e construir o caráter de uma sociedade complexa. "É como se o domínio do ritual fosse uma região privilegiada para se penetrar no coração cultural de uma sociedade, na sua ideologia dominante e no seu sistema de valores", afirma Da Matta (1997, p. 27). O ritual seria um domínio privilegiado para manifestar aquilo que se deseja perene e eterno numa sociedade. Interpretando esse pensamento, pode-se dizer que os ritos seriam elementos de cristalização da própria identidade cultural.

O ritual se dá por intermédio da dramatização, seu traço distintivo. A dramatização seria o processo pelo qual algum aspecto, elemento ou relação são colocados em destaque para adquirirem um novo significado. Nessa chave, de acordo com Roberto Da Matta, o carnaval é um rito simbólico, oriundo de um forte processo de dramatização, que se funda no princípio social da "inversão"; segundo ele (1997, p. 100-103), essa inversão é resultado de um processo de deslocamento dos domínios simbólicos.[26]

Os deslocamentos simbólicos geram os princípios do "exagero" (reforço de qualidades), de "neutralização" (diminuição ou apagamento de qualidades) e de "inversão" (disfarce de qualidades pela troca de posições).

Com base nisso, Da Matta (1997, p. 176, grifo nosso) define o carnaval como rito de inversão:

> [...] a inversão carnavalesca brasileira se situa como um princípio que suspende temporariamente a classificação precisa das coisas, pessoas, gestos, categorias e grupos no espaço social, dando margem para que tudo e todos possam estar deslocados. É precisamente por pode colocar tudo fora de lugar que o carnaval é frequentemente associado a uma grande 'ilusão', ou 'loucura'. A transformação do carnaval brasileiro é, pois, aquela da hierarquia cotidiana na igualdade mágica de um momento passageiro.

---

26 O deslocamento se dá quando um objeto ou papel social passa de seu domínio de origem para outro.A atenção se volta a este objeto e ela é tanto maior quanto mais distantes forem esses domínios, isto é, quanto maior for o seu descolamento. Este deslocamento ou passagem, para Da Matta (1997), é a base do processo de simbolização. Os símbolos seriam elementos ou objetos deslocados de seu domínio de origem. E os ritos seriam o conjunto de ações sociais que sofreram esse deslocamento simbólico por meio da dramatização.

O ritual carnavalesco damattiano rompe, transgride e suspende a realidade. E possui algumas características. É uma festa sem dono, sem um elemento central em torno do qual orbitam os participantes (DA MATTA, 1997, p. 122). Baseia-se na dicotomia "rua e casa", de maneira que a ocupação carnavalesca "domestica" a rua, transformando o sentido habitual do espaço físico urbano, mediante um "deslocamento consciente, ritualizado e invertido" (DA MATTA, 1997, p. 115). Configura-se como um espaço especial, que fica "fora da casa e acima da rua", por conjugar aspectos públicos (desfiles, expressões, danças) e privados, ações que só seriam, em tese, realizadas no âmbito particular e doméstico, como sexo, certos diálogos e comportamentos, vestimentas etc. No mais, o carnaval se conforma como um rito uno, porém com planos e espaços múltiplos, que permitem "o exercício de uma criatividade social extrema" (DA MATTA, 1997, p. 115).

Por tudo isso, interpretar a realidade brasileira pelo prisma do carnaval, segundo Da Matta, seria vê-la com sua ordem social invertida e suspensa. Isso porque, para ele, o carnaval, concilia alguns sentidos: o sentido extremo de *communitas, de* "inclusividade e comunalidade" (DA MATTA, 1997, p. 125); o de campo social aberto (DA MATTA, 1997, p. 64), situado fora da hierarquia, com a minimização das leis e sem a sujeição de pertencimento social restritivo; e o de tempo especial, típico, "cósmico", quando "o instante supera o tempo e o evento passa a ser maior do que o sistema que o classifica e lhe empresta um sentido normativo" (DA MATTA, 1997, p. 121).

Pela inversão, o carnaval assimilaria todas as projeções sociais e todas as múltiplas visões da realidade social. Surgiria, com isso, uma resposta social, coletiva, no campo cultural e dos valores, que "permite juntar o ritual com os movimentos de mudança social, as revoltas populares e os atos que visam libertar o homem do jugo de regras de outros homens" (DA MATTA, 1997, p. 37). Nesse sentido, há a "invenção de um momento especial que guarda com o cotidiano brasileiro uma relação altamente significativa e politicamente carregada" (DA MATTA, 1997, p. 39). No limite, para Da Matta, o carnaval vem trazer um ideal de libertação e igualdade.

Maria Isaura Pereira de Queiroz traz uma interpretação social diferente acerca do fenômeno carnavalesco. A socióloga pensa o carnaval como reforço e afirmação da ordem social vigente. Herdeira dos intelectuais franceses da formação da USP, a autora publicou sua obra referencial sobre o tema em 1992, porém, são do início da década de 80 as pesquisas e artigos que a sustentam. Ou seja, o pensamento de Queiroz surge em pleno diálogo com os estudos de Da Matta, bifurcando, assim, a linha teórica de abordagem carnavalesca em dois cursos: que correm em separado, ora se cruzam (em determinados pontos), mas vão desaguar na mesma foz, que é a sociologia do carnaval brasileiro.

Queiroz (1999, p. 194-195) baseia sua análise do carnaval na tríade mito-rito-realidade. Segundo a autora, o carnaval reside simbolicamente para a sociedade na dimensão do mito. O mito "dá as ordens" para a festa, com seus valores e costumes. A cada ano a festa se organiza com seus ritos, que é a forma de operação do mito na realidade. Porém, a realidade, com suas instituições cotidianas, impõe-se e pode fortalecer ou enfraquecer o mito, conforme sua relação com os ritos operados. Diferentemente de Da Matta, a socióloga afirma que, no carnaval, "as estruturas do cotidiano estão sempre presentes, agindo até mesmo, às vezes, com mais força do que no período rotineiro" (QUEIROZ, 1999, p. 194).

Para a autora, o mito carnavalesco brasileiro desencadeia nos participantes comportamentos que buscam ou que creem revirar "ao contrário a organização social habitual" (QUEIROZ, 1999, p. 195). Mas isso não ocorre. O rito, que opera o mito na realidade, não anula nem temporariamente o quadro social, alterando apenas este quadro no pensamento dos que vivenciam os festejos. Segundo ela, "o rito imprime neles o sentimento de que a festa substitui por outra a realidade cotidiana, mas esta continua a comandar todas as decisões" (QUEIROZ, 1999, p. 195).

O mito carnavalesco se liga às faculdades psicológicas e ao imaginário. Por meio dele, as pessoas fantasiam, valendo-se do real, noções que fogem a ele. Elas tentam mudar o curso habitual do real, nesse período temporário. Neste período do ano, os indivíduos "encontram o prazer de uma existência alegre e livre, oposta à penosa aceitação das ilusões do cotidiano" (QUEIROZ, 1999, p. 195). Mas isso não se concretiza e é apenas uma imagem. As estruturas sociais continuam imutáveis "sob a desordem aparente" (QUEIROZ, 1999, p. 196).

Queiroz (1999, p. 197) critica a abordagem sobre o carnaval em que o mito se impõe sobre a realidade. Para ela, ocorre principalmente o contrário: a dominação da realidade sobre o mito. Não seria possível destacar o carnaval de "toda e qualquer conjuntura", mantendo apenas sua "essência invariável". Analisá-lo fora de seu contexto socioeconômico lhe tiraria a complexidade, que é justamente que torna cada festa única. A associação de mito e realidade seria, portanto, indispensável para compreender o carnaval em sua totalidade.

A compatibilização entre as duas dimensões carnavalescas é imprescindível, pois permite a transformação e a diferenciação do carnaval. O mito, fonte transcendente geradora do carnaval, permanece sempre o mesmo, ocupando o mesmo lugar na ordem simbólica da sociedade. O que se altera é justamente o quadro socioeconômico, que, em sua constante mudança, vai alterando a forma dos festejos (QUEIROZ, 1999, p. 199-200). Para Queiroz (1999, p. 218), as mudanças da festa são sempre as mudanças verificadas na sociedade. Mesmo com relação à hierarquia, ela não é alterada ou invertida: mantêm-se as posições sociais vigentes e as relações de dominação e superioridade.

Em suma, para Maria Isaura Pereira de Queiroz (1994, p. 43), e sua perspectiva sócio-histórica, instala-se, no País, uma "ordem carnavalesca" que não rompe com a ordem vigente, antes a afirma. Em sua síntese:

> A ordem carnavalesca, no Brasil, não contraria a ordem habitual da sociedade existente. Também não oferece embasamento para a construção de uma coletividade totalmente outra, que seria rebelde, igualitária, fraterna, além de fugitiva e ilusória. A ordem carnavalesca define posições e papéis sociais inteiramente dentro das hierarquias socioeconômicas existentes, de acordo com as relações sociais básicas. Nem revolucionária, nem destrutiva, a ordem carnavalesca é mimética da ordem de todos os dias, sobre a qual se apoia. (QUEIROZ, 1994, p. 43).

Uma observação pode ser feita no cruzamento entre as acepções de Queiroz e Da Matta. Ambos empreendem sua interpretação da realidade brasileira contemporânea com base, sobretudo, no modelo de carnaval que evolui dos cordões carnavalescos para as escolas de samba. Os grandes desfiles das escolas tornam-se o paradigma de análise, com algum olhar residual aos bailes de carnaval, em detrimento do carnaval livre de rua. É compreensível, pois as duas obras foram realizadas no momento de crescimento e conformação do modelo, por meio da formatação pública, midiática e espacial, nas décadas de 1960 e 1970, e, enfaticamente, no início de 1980, com a construção do sambódromo do Rio de Janeiro. O carnaval de rua, como se discutiu anteriormente, sofreu considerável retração nesse período, em razão de diversos fatores, como a sujeição dos grupos de samba às severas regras da competição e ao confinamento espacial; o crescimento da TV como forma de entretenimento, ampliando o lazer doméstico e retirando as pessoas das ruas; o envolvimento dos atores culturais, que antes organizavam os blocos de rua, na dinâmica das escolas de samba, etc.

A leitura da sociedade brasileira com foco privilegiado nas escolas de samba inevitavelmente amplia a lente sobre suas características carnavalescas específicas: elementos do desfile, espaço e tempo de ocorrência e dinâmica social envolvida. Assim, a leitura sobre o ritual carnavalesco, sua dramatização simbólica e seu significado social, está relacionada às alegorias, temáticas, sambas-enredo, alegorias, fantasias; à dinâmica midiática, econômica e regulatória do espetáculo, no ambiente fechado do sambódromo; e à mobilização da comunidade, a identificação e o pertencimento afetivo à escola, a pregnância do cotidiano da comunidade fora do período do carnaval; e, até, às ligações mais obscuras e, ao mesmo tempo, orgânicas com dinâmicas ilegais como o jogo do bicho e, na virada do século XXI, com o tráfico de drogas. Maria Laura Viveiros de Castro Cavalcanti (1999), ao analisar todos estes aspectos, reivindica serem elementos do "pensamento social", termo utilizado nas ciências sociais para designar os estudos sobre a "maneira de ser da sociedade brasileira" (CAVALCANTI, 1999, p. 27).

Contudo, essa leitura focada nas escolas marginaliza, desconsidera ou subdimensiona o pensamento social atinente ao carnaval de rua. Mais uma vez, acentua-se que é natural a negligência, pois somente nas décadas de 2000 e 2010 observa-se que os blocos e cordões disputam a primazia urbana do carnaval com o modelo das escolas. Disputa aqui, frise-se, não no sentido de competição (pelo mesmo público e financiamento), mas por um lugar de destaque como lente de observação da sociedade e de objeto de política pública. Isso fica evidente no crescimento do carnaval de rua de São Paulo, objeto da presente tese, que passou a disputar a centralidade da agenda política e social a partir de 2013.

No nascer da década de 2020, pode-se dizer que o carnaval de rua é o modelo em maior expansão, com arranjos econômicos e urbanos em processo mais robusto de estruturação. O formato de sambódromo, apesar de consolidado, mantém-se pela arquitetura institucional de forte financiamento público e apoio midiático, e tem constantemente perdido espaço para a folia de rua. Do ponto de vista da mobilização social, o carnaval de rua é a modalidade que mais tem angariado foliões e turistas, em virtude de seu caráter público, gratuito e sua vivência mais democrática no espaço público. Se antes o carnaval de rua era tido como residual, frente à onipresença das escolas, sendo igualmente residual sua análise sociológica, as primeiras décadas do século XXI têm mostrado a importância de incluí-lo como objeto próprio do pensamento social brasileiro.

Essa observação faz sentido, pois traz um alerta teórico para esse item do livro e para ele, como um todo. Mesmo os dois grandes referenciais do estudo do carnaval não se ocuparam – mais uma vez, por intempestividade – do carnaval de rua. Quando o fizeram, para aplicar suas ideias voltadas ao ritual de inversão (em Da Matta) ou à ordem carnavalesca (em Queiroz), abordaram pontos que podem ser contestados.

Queiroz (1994) dedicou artigo para comprovar que a tese da manutenção da hierarquia social e da ordem de posições se mantém nos desfiles de rua. Fez isso nos carnavais de rua de Tatuí, Piracicaba e São João Del Rei, no início dos anos 90. Com relação à folia nas ruas, a autora constatou que nas três cidades: as brincadeiras se limitam às ruas centrais, sem festejos nas bordas; o festejo acontece sempre nas noites;[27] há uma separação muito nítida entre atores (que tomam o leito das ruas) e espectadores; existe delimitação clara dos lugares de contemplação da festa (inclusive por arquibancadas), diferenciando as posições sociais; e as ruas não são tomadas livremente pelas pessoas.

Ora, a análise do carnaval de rua na década de 2020 demonstra claramente que, na grande maioria das cidades (capitais, cidades médias e pequenas), se não todas, a maior parte destas constatações caiu por terra: há cortejos de blocos em todas as regiões da cidade, sobretudo nas capitais, ainda que a concentração seja maior nos bairros centrais; o carnaval de rua tem acontecido majoritariamente de dia, pelas manhãs e tardes, havendo, até mesmo, regulações municipais que impedem os blocos de irem noite adentro; não há separação entre foliões e público nas vias públicas, apenas delimitação de carros de som ou proteção de instrumentos; não existe "reserva" de lugares conforme a posição social nas ruas, tampouco colocação de arquibancadas: as ruas são tomadas livremente para a folia – as regras gerais nem tratam sobre a forma de ocupação do público no espaço urbano.

Da Matta (1997, p. 60), por sua vez, defende que a festa carnavalesca se desenrola invertendo ou neutralizando suas posições sociais no decorrer da festa. Apesar de objetivarem o encontro, não necessariamente as posições sociais são neutralizadas ou invertidas no carnaval. Se as alegorias das escolas de samba, em

27 Da Matta também usa a noite como argumento. Defende que a realização da festa carnavalesca no período noturno é mais um argumento para considerá-la um ritual de inversão (DA MATTA, 1997, p. 55). Isso não tem correspondência com a realidade no século XX, pois a maioria das festas do carnaval de rua ocorre durante o dia, especialmente pela necessidade de compatibilização com outras dinâmicas urbanas.

tese, permitem isso – ao trazerem o povo para a posição de destaque do espetáculo a ser consumido pela classe alta –, a sua própria dinâmica de realização já é cerceadora, por separar pobres e ricos nos desfiles e arquibancadas. No carnaval de rua, também há pouco dessa neutralização, pois se trata de um fenômeno majoritariamente de classe média, que reproduz na sua massa de participantes a sua composição social. A população negra tem sido minoria e ocupando a posição de trabalhadora e prestadora de serviços para os blocos acontecerem e não de partícipe (foliã ou organizadora).

Enfim, feita essa ressalva teórica, é imperativo dizer que o carnaval se consolida no Brasil como sua maior festa e, assim, como plataforma privilegiada de leitura da sociedade. Quando a literatura acentua o seu aspecto transgressor e libertador, significa menos uma alienação social da festa, ou uma utopia deslocada. Significa, sim, a ênfase no sentido contestador do carnaval, que afirma valores, comportamentos e estéticas que contrariam a ordem vigente. De alguma maneira, é uma afirmação de rebeldia, alegórica e temporária, mas que, pela insistência regular no tempo, ganha imensa carga simbólica e se converte em vetor de conscientização social.

No caso do carnaval de rua, é também uma bandeira política de defesa do espaço público. Como se verá adiante,[28] voltar o pensamento social ao carnaval significa compreender que a leitura da sociedade pelo seu prisma compreende a disputa pelo uso da cidade e pela cultura como elemento transversal de ressignificação da cidade. Parece oportuno considerar o conceito de "lugar festivo", trazido por Ferreira (2003), que internaliza a tensão como atributo da própria festa, considerando os atores, a disputa pelo espaço físico da cidade e a dualidade do privado *versus* público. Para Ferreira (2003, p. 8-9), "festejar é lutar pelo poder de se definir o que é e o que não é festa".

O carnaval, na rua, determina qual será o espaço simbólico do ritual, da celebração do mito, da efervescência coletiva, da transcendência, do conflito e do convívio. Ele permite também a leitura da sociedade por uma perspectiva mais pública do que privada, mais coletiva do que privatista. E, assim, oferece chaves de compreensão da dinâmica social com base no significado da experiência festiva (alegre, lúdica e artística) do espaço público.

---

28 O estudo do carnaval de rua como direito à cidade será realizado no capítulo 2.

1.3 A cidade no carnaval: modalidades da festa

Um fenômeno importante a ser observado diz respeito a como as cidades assimilam e desenvolvem suas formas carnavalescas. O carnaval de rua se integra mais organicamente à dinâmica urbana das cidades, por transformar seu fluxo, ocupação das ruas e espaços urbanos, horários, frequência de estabelecimentos e prestação dos serviços públicos durante os dias que compõem o feriado e algumas semanas que o antecedem. Como fenômeno sociológico e cultural, Roberto Da Matta (1997, p. 47) insere o carnaval na categoria de "extraordinário constituído pela e para a sociedade". Nessa categoria, o carnaval faz parte do rol de eventos marcados pela "brincadeira, diversão e/ou licença", isto é, "situações em que o comportamento é dominado pela liberdade decorrente da suspensão temporária das regras de uma hierarquização repressora" (DA MATTA, 1997, p. 47).

Este fenômeno, do ponto de vista sociológico, significa a expressão menos racional e mais espontânea da sociedade como manifestação ritualística, configurando, até mesmo, uma espécie de "tempo cósmico" (DA MATTA, 1997, p. 53), excepcional, extraordinário, diametralmente oposto ao tempo "histórico", formal. É igual e justamente por essas características que o carnaval, especialmente o carnaval de rua, exige, na qualidade de objeto de política pública, uma ação específica do Estado para compatibilizá-lo ao restante da dinâmica urbana. E, mais do que isso, para que, no âmbito dessa própria dinâmica urbana, complexa e ininterrupta, o carnaval ocorra e se organize da melhor maneira possível, como manifestação espontânea da cultura e como direito cultural da sociedade.

É justamente pela característica da excepcionalidade, cultural e urbana, que as manifestações carnavalescas de rua transformam o período deste que é o maior feriado do ano para os brasileiros em um período, ao mesmo tempo, típico e atípico. Típico, por se tratar de um evento comemorativo já absorvido na vida cultural das pessoas, ano após ano, que o vivenciam direta ou indiretamente. E atípico, porque imprime à dinâmica urbana uma espécie de excepcionalidade, já que são milhares (às vezes, milhões) de pessoas nas ruas, espontaneamente e nos horários os mais diversos, obrigando o poder público a tratar o fenômeno com a especificidade necessária, uma vez que ele altera a normalidade da cidade.

Nesse sentido, deve-se encarar o carnaval de rua sob duas premissas: a de que se trata de um fenômeno essencialmente *cultural*, localizado no rol dos direitos culturais da sociedade brasileira, e que, por isso, exige do Estado uma ação prestacional (SILVA, 2001, p. 48) no campo da cultura, mais especificamente, na seara das políticas culturais; e a de que se trata de um fenômeno *urbano*, que interfere, temporariamente, no cotidiano da cidade, em seus fluxos e serviços e, que, concomitantemente, faz parte da compreensão contemporânea de direito à cidade, e da visão desta como espaço público democrático para a plena convivência e fruição pelos seus cidadãos.

A interferência na dinâmica ordinária do urbano, simultaneamente à sua capacidade de potencializar e "alegorizar" a convivência na cidade, coloca o carnaval, ao mesmo tempo, em lugar de comunhão e conflito.

Essa tensão é explorada por urbanistas que estudam a influência dos processos culturais no desenvolvimento das cidades. Raquel Rolnik (2017), por exemplo, traz importante reflexão acerca do movimento de ocupação da cidade pelos blocos carnavalescos. Segundo ela, o mote "a cidade é nossa", utilizado pelos blocos, tem um aspecto inclusivo, de agregação às demandas por direitos na cidade pela potente e diversa cena cultural.

Nabil Bonduki (2018) também trata de processos urbanos que catalisam a cidade como apropriável pelas pessoas. Citando o fechamento do Minhocão para os automóveis e o crescimento do carnaval de rua paulistano, ele afirma que ambos são "resultados de um processo de disputa sobre a cidade que queremos".

Assim, e com base nas premissas do carnaval como fenômeno cultural e urbano, é importante estabelecer uma distinção entre as diferentes modalidades da festa no espaço urbano. São basicamente duas.

A primeira modalidade está relacionada aos grandes eventos organizados do carnaval, com caráter eminentemente turístico, providos de arranjos comerciais mais consolidados e voltados à apresentação de atividades carnavalescas por agremiações institucionalmente organizadas, com público consumidor interessado na contemplação dos desfiles. A grande característica territorial dessa modalidade é a realização de seus desfiles em locais predeterminados, preparados para tanto e fechados, com acesso apenas ao público pagante. É o caso dos desfiles de escolas de samba, que ocorrem nos sambódromos e suas derivações.

Alguns autores trazem uma tipologia diferente. Bruno Cavalcanti (2013, p. 15) chama de "forma social desfile" a festa que distingue os "participantes diretos da audiência que os observa". Seria o modelo "espetacular por excelência", em que os atores devem ser admirados e aplaudidos. Nessa categoria, ele inclui os desfiles das escolas de samba no sambódromo e a passagem dos trios elétricos, em Salvador.

Na modalidade "participação", o carnaval é um evento espontâneo, proposto e vivenciado pela própria população, que se auto-organiza em cordões, bandas e blocos, cujos desfiles acontecem nas ruas, vias e espaços públicos, com livre acesso de todos aqueles que quiserem participar. Trata-se do que se convencionou chamar carnaval de rua e que está justamente na origem das manifestações carnavalescas no País, juntamente com os bailes de salão: mesmo as escolas de samba tiveram sua origem em blocos e cordões que saíam às ruas do bairro em várias cidades brasileiras, como Rio de Janeiro, São Paulo e Belo Horizonte.

Cavalcanti (2013, p. 16-17), em sua nomenclatura, modalidade chama essa modalidade carnavalesca de "forma social praça pública", porém, concebe-a de forma diferente. Ele mescla os aspectos "público" e "território" para definir pela categoria. Assim, na forma social praça pública, há o "confusional festivo do vaivém" e a não distinção entre brincantes e espectadores. Todavia, há também a conformação de uma área precisa, delimitada, geralmente circular, configurando um "polo". Algo que se distingue dos desfiles retilíneos e unidirecionais. Assim, sob o aspecto de concentração de público, a categoria se assemelha ao carnaval-participação. Já sob a configuração espacial, elas se distinguem.

Rita Amaral (1998) menciona e reforça a categorização de Duvignaud (1983), para quem as festas (e não apenas o carnaval) se dividem entre "festas de representação" e "festas de participação". Na primeira haveria clara distinção entre "atores" e "espectadores". Na segunda, há ciência do ritual e da participação de toda a comunidade. Para o autor, os carnavais, em tese, estariam representados na segunda categoria, a participativa. No entanto, Amaral (1998, p. 17) reforça que há uma categoria intermediária entre as duas, em que se incluiriam o Círio de Nazaré, o São João e o carnaval: todos com participação em nível local, mas com a dimensão da representação satisfeita pelos veículos de comunicação, que geram os espectadores.

> É preciso mencionar, contudo, um modelo de carnaval "participação" que desvirtuou o acesso público e ganhou características de carnaval "espetáculo", tornando-se um híbrido: um carnaval de rua, porém com as vias públicas predeterminadas, restritas aos pagantes que acompanham as bandas nos trios elétricos. Ele conforma-se mais em produto de entretenimento do que propriamente em processo cultural. Como exemplo principal está o eixo central do carnaval de Salvador, Bahia, baseado no modelo comercial e turístico das "micaretas", com circuitos de ruas restritas ao acesso de

pessoas que compram os abadás – ou, a partir da segunda metade dos anos 2010, compram os camarotes (MIGUEZ, 2016). Trata-se, contudo, de uma exceção, já que, de forma difusa, em todo o país, predomina o carnaval de rua aberto, público, gratuito e espontâneo.

Vale anotar também as opções diferentes que fizeram São Paulo e Salvador, com relação ao uso privado do espaço público. Enquanto a capital baiana, no momento de formalizar a regulação urbana, ainda na década de 90, optou pelo fechamento das ruas com cordas, para a comercialização privada de abadás e camarotes; a paulista, a partir de 2013, fez a escolha radical por um carnaval essencialmente público, sem nenhum tipo de privatização das vias, com predominância de blocos de rua e com fruição completa de todos os eventos pela população. As escolhas geraram consequências distintas: Salvador vê ruir, nos anos 2010, o sistema de circuitos-micareta (DUARTE, 2017), entrando em um processo de camarotização (MIGUEZ, 2016), e São Paulo registra o maior crescimento proporcional do carnaval no Brasil, sendo a primeira cidade em número de blocos (SOARES, 2017).

1.4 O carnaval de rua de São Paulo

O carnaval de São Paulo não foge à herança histórica do entrudo português. Como já apresentado,[29] o entrudo era expressão carnavalesca das brincadeiras de rua, que consistiam basicamente em dançar, cantar e provocar as pessoas arremessando água, líquidos e objetos cheirosos. No final do século XIX e início do XX, essa manifestação evoluiu para folguedos de ruas, marcadamente presentes nas periferias da cidade, especialmente pela afirmação oposta de um tipo de festa mais elitizado, de influência europeia (veneziana), que a burguesia paulistana mantinha nos salões, com os bailes de máscaras e desfiles de carros enfeitados, os corsos e préstitos carnavalescos.

Havia os dois tipos de carnaval presentes em São Paulo: o carnaval de origem mais popular, de cordões, blocos, ranchos e, posteriormente, de escolas de samba; e o carnaval burguês, da alta sociedade. Esse resumo sumário do caminho carnavalesco até o início do século XX serve para registrar que, de maneira geral, o carnaval paulistano seguiu o curso histórico do carnaval brasileiro, por sua vez, orientado pelo carioca, com algum lapso temporal. A partir do final do século XIX,

29 No primeiro tópico deste capítulo.

alguns elementos vão enriquecer o caldo de formação do carnaval paulistano e diferenciá-lo, em alguns aspectos, dos demais carnavais brasileiros.

O objetivo, aqui, será delinear panoramicamente o curso do carnaval paulistano no século XX e destacar, nele, alguns pontos caros à construção da ideia do carnaval de rua como direito e como objeto de política público. Adquirem relevo, assim, os aspectos históricos do carnaval paulistano associados à relação entre as manifestações carnavalescas e o poder público e à evolução urbana do carnaval de rua. Em torno destes dois aspectos será feita a reconstituição histórica e a caracterização do carnaval paulistano.

1.4.1 Construção histórica do carnaval paulistano

A evolução do carnaval brasileiro, do entrudo, introduzido no início da colonização, até o carnaval popular do início do século XX, foi exaustivamente desenvolvido nesse capítulo primeiro do livro. O carnaval paulistano, de modo geral, acompanhou esse curso. Em recorte mais específico, é possível inseri-lo em um conjunto evolutivo que abarca os Estados da região Sudeste (SIMSON, 2007), que se apresentaram dentro do mesmo quadro de conformação histórica e cultural do carnaval no País. Cabe desenvolver, agora, a linha evolutiva do carnaval paulistano no século XX, que requer, todavia, compreender alguns aspectos da festa na segunda metade do século XIX. Na cidade e no Estado, há características do contexto socioeconômico que resultaram em algumas diferenciações na estruturação de seu carnaval.

Olga Von Simson (2007) divide o carnaval do Sudeste em três períodos cronológicos: I) da colônia até meados do século XX; II) de 1870 a 1930; e III) de 1930 até a atualidade. O primeiro período teve o entrudo como manifestação carnavalesca praticamente exclusiva, com seu caráter familiar e comunitário. O segundo período foi marcado pelo carnaval burguês, de influência veneziana e francesa, com seus bailes e corsos de luxo que afirmavam uma distinção cultural da elite. De outro lado, estavam os festejos de rua das camadas inferiores (blocos, cordões, zé-pereiras), tidos como pitorescos, folclóricos e inferiores, e que passaram a ser perseguidos e reprimidos pelo poder público. O terceiro período é o do surgimento dos cordões mais organizados que culminaram nas escolas de samba. Nesse período ocorre o aumento da aceitação do samba e sua consolidação como gênero musical nacional. Também é determinante o apoio do poder público e da mídia para formatar o modelo de enquadramento espacial dos desfiles das escolas em forma de competição.

Naturalmente, conviviam com esse modelo os blocos e cordões que permaneciam soltos na rua, afastados dos holofotes centrais, e os bailes de máscaras da elite, que perderam gradativamente a importância no decorrer do século, entrando em franca decadência a partir das décadas e 1970 e 1980.

Em São Paulo, alguns aspectos trouxeram diferenciações desse quadro geral. Um deles diz respeito à própria formação demográfica de São Paulo, que influenciou a dinâmica social e o arranjo musical e estético do seu carnaval. Os fluxos migratórios paulistas são um processo determinante nesse quadro. E há dois elementos importantes nesse processo: a participação dos negros e a variação de suas expressões culturais ligadas à música, que influenciaram o carnaval; e a participação dos imigrantes europeus, árabes e de outras regiões do mundo, vindos especialmente para a cidade de São Paulo.

Discutiu-se, até aqui, como o samba e o carnaval estabeleceram uma espécie de simbiose cultural, que resultou na projeção simultânea de ambos. A partir da década de 1930, o samba se potencializa com o crescimento do carnaval, e este se aproveita da elevação do samba ao *status* de marca brasileira, de gênero nacional por excelência. Em sua gênese, o samba é fruto de expressões rítmicas africanas, como lundu, chula, cucumbis, coco, jongo e do maxixe, este último numa relação mais próxima, quando se configura pela interação com os instrumentos harmônicos ibéricos. A execução do samba na forma ancestral das rodas de batuque vem especialmente do Recôncavo Baiano, de onde se espalhou por todo o Brasil, através dos fluxos migratórios nos negros escravizados e após a abolição. Foi assim que se deu a perpetração do samba no Rio de Janeiro, em seus consagrados terreiros, onde os negros do Recôncavo e os africanos de origem mantinham protegidas as suas expressões culturais. No Rio, o samba se converteria em marca nacional e ganharia subgêneros, como o samba-canção, o samba de breque, o partido-alto e, mais ligado ao universo carnavalesco, o samba de enredo (MANZATTI, 2005, p. 15-18; LIRA NETO, 2017, p. 38-39).

Em São Paulo, foi um pouco diferente. Os negros, escravos e libertos, faziam suas rodas de batuque nas fazendas de diversas cidades do interior do Estado. De forma original, em comparação com as rodas de samba cariocas e baianas, incorporaram o bumbo (que vem de bombo ou zabumba), instrumento de percussão ibérico e, assim, criaram um novo formato de samba. Mario de Andrade foi um dos precursores no mapeamento e registro dessa manifestação, a que ele dedicou seu estudo *O samba rural paulista*, publicado em 1937.

A expressão também recebeu outros nomes. Manzatti,[30] que o chama de Samba de Bumbo, explica que, a depender do período e da região, já recebeu a alcunha de: "Samba Antigo, Samba Caipira, Samba Campineiro, Samba de Pirapora, Samba de Terreiro, Samba de Umbigada, Samba Lenço, Samba Paulista, ou entre seus participantes, simplesmente Samba" (MANZATTI, 2005, p. 18).

Havia uma espécie de centro irradiador do samba paulista pelo Estado: era a cidade de Pirapora de Bom Jesus, cujo centro sediava a festa religiosa desde o século XVIII (ALMEIDA; FRUGIUELE, 2016, p. 127). Nos arredores, as rodas de samba de bumbo atraíam grandes contingentes de pessoas, especialmente os negros trabalhadores das fazendas. Essa concentração se deu até o início do século XX, quando se aprofunda a perseguição de cunho moral e racista aos batuques. Aliado a isso, há o crescimento da relevância de São Paulo como centro econômico cafeeiro. Isso produzirá um fluxo migratório que vai alterar o itinerário do samba e torná-lo fato gerador importante da dinâmica carnavalesca na capital. Os negros oriundos do interior, carregando as variedades do samba paulista, vão se assentar nas periferias da cidade e constituir os seus primeiros cordões carnavalescos (MACHINI; ROZA, 2018, p. 3).

As primeiras agremiações carnavalescas da cidade de São Paulo foram moldadas pelo samba paulista. A própria acomodação dos novos habitantes na cidade, oriundos do fluxo migratório negro, desenhava a geografia das expressões populares de rua na capital.Os principais agentes mobilizadores dos blocos e escolas eram os sambistas que transitavam pela cena do samba paulista, entre capital e interior, e que integravam a comunidade local em torno das rodas. Em torno delas ia se delineando o primeiro itinerário sociocarnavalesco da cidade,[31] em redutos negros, como Bexiga e Barra Funda.

30 Manzatti (2005) tem um estudo sobre as raízes e a evolução antropológica do samba em São Paulo, suas variações musicais e componentes sociais e territoriais, na esteira dos precursores Mario de Andrade e Edison Carneiro. No estudo de Manzatti fica constatada uma diferenciação instrumental e rítmica entre os sambas carioca e paulista, de maneira que em São Paulo é inserido o bumbo, também conhecido como zabumba, que se torna o seu elemento original e distintivo. Seu uso é intenso, assim como da caixa e do chocalho, formação que se diferencia do samba do recôncavo e dos subgêneros cariocas. É com base na sua condução grave e marcada que o samba paulista e as marchas dos cordões paulistanos vão se desenvolver.

31 Manzatti (2005, p. 23) trata disso: "Até a década de 1930, da mesma forma realizava-se o Samba em todos os redutos negros da capital paulista como o Bexiga, Barra Funda, região do Lavapés, Glicério, Liberdade, Brás, Belém, Mooca e Penha, além dos bairros do Jabaquara e

Jongo e batuque de umbigada foram outras duas expressões, advindas da herança africana, importantes para constituir a base estético-musical do carnaval paulistano. Com o samba paulista (samba de bumbo ou samba de Pirapora), elas formarão a trilogia das manifestações negras preservada nos terreiros desde o tempo da escravidão, ainda praticadas no século XXI, em São Paulo. A elas se somaram expressões ibéricas e indígenas, como os zé-pereiras, boizinhos e caiapós, além dos germinais cordões, constituindo o conjunto de manifestações matriciais do carnaval de São Paulo (MANZATTI, 2005, p. 24-25).

Dessa maneira, pode-se dizer que o diálogo do samba foi um fenômeno fundamental para o surgimento e a consolidação do carnaval paulista. Trata-se do diálogo "interno", ou intraestadual (intrapaulista), em que os negros transitavam entre as cidades do interior e a capital, passando a residir nesta em um segundo momento, carregando as variações locais do samba para engendrar o universo musical carnavalesco paulista e paulistano. Mas também o diálogo "externo", ou interestadual, estabelecido especialmente entre São Paulo e Rio de Janeiro. Sambistas paulistanos tomaram contato com a cena carioca e beberam de sua influência, especialmente na introdução do gênero musical nos blocos, cordões e escolas, mas igualmente na organização social destas formas de fazer o carnaval. A literatura (MANZATTI, 2005; MACHINI, ROZA, 2018; SIMSON, 2007) relata, por exemplo, como Dionísio Barbosa, um artífice importante na capital, foi influenciado pelo samba e pelo carnaval carioca após temporada no Rio de Janeiro.

Além disso, os bailes de máscaras e corsos luxuosos, que eram expressões carnavalescas típicas da elite branca, influenciaram também o carnaval realizado pelas comunidades negras (SIMSON, 2007, p. 234; QUEIROZ, 1999, p. 165). Fantasias, alegorias, elementos de desfiles, comissões, enfim, vários aspectos do carnaval burguês passaram a ser incorporados, em graus diversos, pelos cordões

---

da Saúde. Algumas das personalidades ligadas ao nascimento dos cordões carnavalescos em São Paulo frequentavam os barracões de Pirapora e promoviam sambas do gênero em suas casas e vizinhanças, como Dionísio Barbosa, fundador do cordão e, posteriormente, Escola de Samba Camisa Verde e Branco; Geraldo Filme, liderança dos cordões Campos Elísios e Paulistano da Glória; madrinha Eunice, fundadora do Lavapés (1937); e, Da. Sinhá, do Cordão e, posteriormente, Escola de Samba Vai-Vai. Esse blocos carnavalescos também se apresentavam na festa de Pirapora, desfilavam sob a cadência da Zabumba, com as mesmas marchas sambadas características do Samba de Bumbo."

e escolas de samba lideradas pelos segmentos populares negros. Assim, com essa última característica, evidencia-se, segundo Marchini e Roza (2018, p. 4), uma espécie de tripé formador do carnaval paulistano no início do século XX: o samba do interior, o carnaval burguês e a influência carioca.

O segundo movimento migratório relevante culturalmente para o carnaval paulistano foi o dos europeus. Roger Bastide (1940) descreveu a participação destes imigrantes como essencial para trazer um sentido social orgânico ao carnaval, um significado de amarração étnico-comunitária, sendo vetor importante para a integração cultural em torno da festa. Simson (2007) aprofunda esse aspecto e salienta que, segundo suas pesquisas sobre o carnaval paulistano, a presença dos imigrantes nos diversos territórios levou a composições diferentes da festa, do ponto de vista demográfico e urbanístico.

Nas últimas décadas do século XIX e durante toda a primeira metade do século XX, São Paulo passava por um processo de crescimento econômico, provocado por diversos fatores, como a expansão cafeeira, o desenvolvimento da indústria e a urbanização. A população da cidade crescia, contando sobretudo com as massas de imigrantes que aportavam. Italianos, espanhóis, alemães, sírios e libaneses, entre outros povos, vinham para o trabalho no colonato das fazendas de café ou nas incipientes indústrias. Simson (2007, p. 36) destaca que muitos dos colonos da zona rural, tempos depois de seu período agrícola, assentavam-se definitivamente na capital, formando com o operariado imigrante o conjunto demográfico de diversos bairros. No início do século, as populações negras e indígenas já eram inferiores numericamente, em comparação com os contingentes imigrados. Estima-se que 90% dos operários da capital eram estrangeiros em 1901, e, em 1913, estavam na faixa de 82% (SILVA, 1976, p. 98 *apud* SIMSON, 2007, p. 37).

Os bairros cuja população tinha expressiva presença de imigrantes tiveram seu carnaval configurado de forma diversa daqueles que possuíam maioria negra. Essa foi a constatação de Simson (2007), que, com base nela, dividiu o carnaval popular paulistano em "carnaval negro" e "carnaval branco". Os bairros do Brás, Água Branca e Lapa formavam o circuito do carnaval branco. Nesses bairros, o carnaval apresentava algumas características (SIMSON, 2007, p. 87-89): ocorria nas regiões operárias, baixas e entrecortadas pela malha ferroviária urbana, e se caracterizavam demograficamente por serem zonas mistas (de operários e da pequena e média burguesia); era voltado ao divertimento das famílias e colocado no bojo de um calendário de festas do ano, sendo a mais lucrativa delas para os clubes de bairro; seguia o modelo do carnaval burguês, de bailes de salão, corsos e desfiles de carros; tinha apoio financeiro do comércio local; sua organização e montagem artesanal eram realizadas pelos próprios operários do bairro; e sua organização era comunitária e baseada em grupos de vizinhança. É interessante anotar que a crise e o desaparecimento do carnaval branco estão intimamente ligados ao processo de expansão urbana, que transformou os bairros, encareceu a moradia, mudou o perfil demográfico, levou moradores a procurarem outras regiões e extinguiu a essência geradora da festa: o vínculo familiar e comunitário.

Alguns detalhes são interessantes nesse processo relacionado ao carnaval dos bairros mais brancos. São relatados por Simson (2007, p. 88-89). Um deles é o fato de o carnaval do Brás ser o mais diversificado e democrático, com participação de diversos segmentos sociais. Também foi o que primeiro desapareceu, em virtude do crescimento do bairro, da proximidade do centro e expulsão da população operária. O carnaval da Lapa, bairro comercial e polo urbano, foi a primeiro a ser plataforma para o carnaval do tipo "espetáculo", com clara distinção entre espectadores e agremiações, vindos de vários locais da cidade. A Água Branca, por sua vez, mantinha um carnaval diferenciado hierarquicamente, com bailes da classe alta e desfiles de rua pela classe baixa. O carnaval de rua desapareceu com a mudança de perfil do bairro a partir dos anos 1950, quando deixou de ser um bairro operário para se transformar em uma região de classe média. Permaneceram os bailes de salão dos grandes clubes.

Se o carnaval branco se organizou em torno dos corsos realizados nos bairros de imigrantes, bem como na Avenida Paulista e Triângulo Central (SIMSON, 2007, p. 233), o carnaval negro trouxe os cordões carnavalescos e se originou nos três principais redutos negros da cidade de São Paulo: Barra Funda, Bexiga (ou Bela Vista) e Baixada do Glicério. Os primeiros cordões surgiram entre 1910 e 1920, a "fase heroica" dos folguedos (SIMSON, 2007, p. 198), obtendo maior crescimento na década de 1930. O primeiro cordão de São Paulo foi fundado em 1914: era o Grupo Carnavalesco da Barra Funda, que depois se chamaria Camisa Verde e se converteria na escola de samba Camisa Verde e Branco na década de 1970. Durante praticamente toda a primeira metade do século XX, há um intenso processo de aparecimento e desaparecimento de cordões carnavalescos (MACHINI; ROZA, 2018, p. 4). Os cordões carnavalescos surgem da reunião dos agrupamentos negros mais pobres, que se reuniam para tocar samba e jogar capoeira (chamada de "tiririca") no Largo da Banana (Barra Funda), na Praça da Sé e dos Correios. Esses grupos eram duramente perseguidos pela polícia e não tinham espaços de ensaio e organização. Por isso, aproveitam-se de outro elemento importante da constituição do samba paulistano: os salões da raça. Grandes salões mantidos por negros mais abastados, que reuniam sambistas dos bairros em bailes e festas. Os salões da raça recebiam os mais diversos cordões carnavalescos, dando-lhes espaços de apresentação e organização.

Em um primeiro momento, a lógica que se estabelecia no desenvolvimento do carnaval negro era a de "brincar entre iguais", a de ajuda mútua comunitária entre o povo negro, ainda que de estratos econômicos diferentes. Apenas mais tarde, as expressões carnavalescas negras vão ser disseminadas pela cidade, com a presença de agremiações carnavalescas em todos os bairros. Isso é acompanhado pelo forte e gradativo processo de institucionalização dos desfiles, a partir de 1930, que levou ao surgimento das escolas de samba paulistanas e da reconfiguração da relação dos blocos e cordões com o poder público.

1.4.2 A relação entre o carnaval de rua e o poder público municipal

No Rio de Janeiro, capital da República até 1960, a evolução dos blocos e cordões carnavalescos de rua para o sistema regulado de desfiles de escola de samba se deu com forte participação do Estado. O processo não foi diferente em São Paulo, apenas guardou um lapso temporal.

É possível dizer que o Estado atuou historicamente no carnaval, e especificamente no carnaval paulistano, de duas maneiras: apoiando e reprimindo. Ambos os modos tinham como objetivo final alguma forma de controle público sobre o carnaval. Entenda-se aqui o termo controle não apenas do ponto de vista pejorativo, no sentido de restrição, interferência e comando. Mas igualmente com o propósito de regulação positiva, por meio de política pública, que buscasse gerar condições para a festa e coordenar as demandas carnavalescas com a dinâmica urbana.

O Estado se apresentou majoritariamente sob a dimensão mais repressora durante a primeira metade do século XX, alternando momentos de apoio oficial. Tratava-se basicamente de uma ação de segurança pública, voltada à perseguição e ao sufocamento dos festejos carnavalescos de rua, sobretudo de origem negra. Simultaneamente, estímulos para a projeção do carnaval e do samba eram realizados, aproveitando-se do seu capital simbólico para a projeção nacionalista. A partir de 1950, o movimento institucional se dá no âmbito regulatório, na tentativa de manter a restrição espacial dos desfiles no espaço urbano. Isso se mantém nas décadas de seguintes, quando a essa dimensão regulatória se soma o aspecto econômico, de apoio financeiro, fundamentalmente às escolas de samba. Apenas nas décadas de 2010, o carnaval recebe do poder público municipal o tratamento como objeto de política pública ampla e intersetorial, mesclando mecanismos financeiros, administrativos, regulatórios e de segurança pública. Além disso, a articulação entre Estado e mídia (rádio, jornais e, depois, TV) também era elemento componente desse quadro.

Essa síntese tem o condão de antecipar analiticamente o que os fatos históricos irão contar acerca da relação construída entre o poder público municipal e o carnaval na cidade de São Paulo.

Quadro 1 - Marcos importantes para o carnaval de rua paulistano no século XX

Período/Ano	Marco
1870-1930	Início e permanência do carnaval burguês (bailes de salão, corsos, desfiles de luxo)
1910-1920	Surgimento dos primeiros cordões e blocos
1914	Primeiro cordão de São Paulo: Grupo Carnavalesco da Barra Funda (que passaria a se chamar Camisa Verde e Branco)
1935/1936	Primeiros desfiles de cordões, organizados pela Prefeitura
1930-1940	Rádio passa a cobrir o carnaval e organizar concursos
1937	Surgimento da primeira escola de samba: Lavapés
1940-1950	Crescimento do número de escolas de samba
1940-1960	Institucionalização gradativa dos blocos e cordões
1954	Concurso de blocos e cordões no Parque do Ibirapuera, organizado pela Prefeitura
1967	"Lei do Carnaval" (Lei nº 7.100/67), de Faria Lima: formalização das escolas de samba e confinamento dos desfiles
1968	Oficialização dos desfiles: primeiro desfile das escolas de samba institucionalizadas, no Vale do Anhangabaú
1970-2000	Esvaziamento do carnaval de rua
1989	Criação da ABBC e da ABASP
1990	"Lei do Carnaval" (Lei nº 10.831/90), de Luiza Erundina: subvenção para escolas de samba para as duas associações de blocos
1991	Inauguração do Sambódromo do Anhembi
2000-2010	"Criminalização" do carnaval de rua
2012-2013	Manifesto Carnavalista
2013	Início da Política Pública do Carnaval de Rua de São Paulo
2014	Primeiro Decreto do Carnaval de Rua (Decreto nº 54.815/14): carnaval de rua livre, público e gratuito

Fonte: Elaborado pelo autor.

Na linha histórica, é a partir da década de 1930 que surgem os primeiros desfiles das agremiações carnavalescas em São Paulo, ainda sob a forma de cordões e blocos. Datam de 1935 e 1936 os primeiros desfiles promovidos pela Prefeitura. O prefeito era Fabio Prado, que tomou a decisão de realizá-los como aceno à intelectualidade modernista, atenta à valorização das festas populares, e por influência de medida parecida da prefeitura carioca, que já apoiava algumas manifestações de rua desde 1932 e viria a oficializar o desfile em 1936. Os desfiles ocorriam nas ruas Libero Badaró e Largo de São Bento e contaram, em suas edições, com 46 cordões, organizados na Federação das Pequenas Sociedades Carnavalescas (SIMSON, 2007, p. 175).

Zélia Lopes da Silva (2015) traz um panorama interessante de como as rádios foram importantes nesse processo A radiofonia começou a surgir na década de 1920 e teve uma explosão de crescimento na Era Vargas, a partir de 1930. Desde sua fundação, as emissoras acompanhavam os carnavais de rua, dos salões, dos corsos. Os jornais dividiam a cobertura do carnaval com as rádios e o assunto alcançou tamanha relevância que, desde 1936, havia sido fundado o Centro Paulista dos Cronistas Carnavalescos[32] (CPCC), para dar maior foco e especialização às reportagens. Com o abandono dos desfiles dos cordões pela Prefeitura, no fim da década de 1930, e a partir de consórcio do CPCC com as rádios, estas passaram a organizar as competições. Eram promovidos desfiles de cordões, blocos, ranchos, mas também, outras comemorações carnavalescas: batalhas de confetes nas ruas; bailes carnavalescos pagos com os artistas das rádios; concursos de rainhas e princesas do carnaval etc. Geralmente, os desfiles dos cordões eram realizados na frente das sedes das emissoras,[33] como mecanismo de publicidade e autopromoção (SILVA, 2015, p. 25-30; SIMSON, 2007, p. 175-176).

Entre 1910 e 1920 ainda eram pouco numerosos os cordões e blocos de rua, concentrados na região da Barra Funda – os precursores foram Camisa Verde (antigo Barra Funda, de 1914), Campos Elíseos, Flor da Mocidade, Geraldino, todos por volta de 1918. Já nas décadas de 1930 e 1940, a quantidade era maior e a sua disposição pelos bairros da cidade era mais diversa, mantendo-se, como caracterís-

---

32 O CPCC foi fundado por representantes dos jornais *A Gazeta*, *Correio Paulistano* e *A Platéia*. Seu funcionamento ocorreu até 1955, quando foi substituído pela Associação Paulista de Imprensa Carnavalesca (SILVA, 2015, p. 26).

33 Exemplos de emissoras que participavam da organização dos festejos: Rádio São Paulo; Alvorada; Kosmos; Bandeirantes; Record, entre outras (SILVA, 2015, p. 27-28).

tica geral a sua presença em bairros majoritariamente negros. O Bixiga – onde nasceu o Vai-Vai (1930) e sua versão mais desorganizada, o bloco Esfarrapado – concentrava grande parte deles e mantinha com a Barra Funda um clima de rivalidade que chegava a se materializar em conflitos e brigas entre os integrantes dos grupos (SIMSON, 2007, p. 120). Na década de 1940, já existiam muitos blocos e cordões. Além dos já citados, outros exemplos são: Baianas Teimosas, Paulistanos da Glória, Lavapés, Desprezados, Bloco das Caprichosas, Som de Cristal, entre muitos outros.

Estes e outros blocos chegavam a desfilar em alguns espaços privados, em eventos fechados e pagos, organizados pelo comércio e pela imprensa. Parque Dom Pedro II e Parque do Ibirapuera foram alguns deles. O principal, porém, foi o Parque Antártica que, durante a década de 1940, se firmou como grande recinto fechado que servia à realização do carnaval, sendo denominado "Cidade da Folia" ou "Cidade do Carnaval".

A década de 1940 é marcada por uma relação paradoxal entre Estado e carnaval. Se por um lado, na conjuntura política mais ampla, o Governo Federal impulsionava o samba, e consequentemente o carnaval, para se tornarem símbolos do espírito nacional, por outro, praticava rígida censura e repressão às manifestações. Silva (2015, p. 28-29) explica que o Estado Novo (1937-1945) endureceu as normas relativas ao carnaval, ampliou as exigências para os festejos, reforçou o policiamento e imprimiu uma séria perseguição política e moral às expressões carnavalescas, notadamente de rua. O governo chegou a veicular, a partir de 1939, vários comunicados oficiais nomeados "O carnaval e a polícia", em que listava os itens e comportamentos proibidos e não recomendados (SILVA, 2015, p. 30). O acossamento do carnaval foi enrijecido, ainda, no período da Segunda Guerra Mundial (1941-1945), sob o pretexto do País estar em "estado de guerra" (SILVA, 2015, p. 29).

Nesse contexto, várias medidas restritivas[34] ao carnaval foram impostas por Getúlio Vargas. Exigências burocráticas e fiscalizações estatais de várias ordens

34 A título de ilustração, segue trecho da Portaria da Divisão de Turismo e Diversão Pública do Departamento de Imprensa e Propaganda de Vargas, reproduzido por Silva (2007, p. 57), válido para o carnaval de 1944: "1) A realização de bailes carnavalescos, de préstitos, passeatas de blocos, cordões, ranchos ou outros agrupamentos carnavalescos depende de alvará desta Divisão, que exigirá a prova de idoneidade de seus responsáveis por documento hábil quando não se tratar de estabelecimentos nela registrados; 2) A exibição de estandartes e insígnias por parte de agrupamentos carnavalescos depende de censura prévia e alvará

também se estabeleceram: alvarás, autorizações, controle de horário, controle de bebidas, racionamento de combustível aos corsos etc. Além disso, instalou-se a censura prévia a trajes, estandartes, músicas e mesmo a "assuntos políticos" (SILVA, 2015, p. 29).

Olga von Simson (2007, p. 193-198) relata que a repressão policial aos cordões e blocos carnavalescos de rua era uma constante desde o seu surgimento, no início do século, e se manteve acentuadamente até a década de 1960. A relação com a Prefeitura e com o poder policial passava por ações formais, como o registro do cordão na Seção de Divertimentos da Prefeitura, para autorizar o desfile "carimbando" o estandarte, e consulta aos delegados locais. Mas incluía também medidas informais, que se faziam imprescindíveis para evitar a repressão violenta, como homenagear autoridades com "visitas carnavalescas especiais" às suas casas e até desfiles informais em frente a órgãos públicos. Os integrantes deveriam desfilar com trajes dignos durante o período do carnaval e, fora dele, restava completamente proibido fazer folia, sob pena de duro castigo policial. Simson (2007, p. 196) destaca que havia distinção de tratamento ao carnaval negro, perseguido, em detrimento do branco, beneficiado:

> Portanto, embora houvesse uma aceitação oficial e controlada da existência dos agrupamentos negros por parte das autoridades, isso não se traduzia em um reconhecimento formal dos mesmos, nem na concessão de um

---

requerido à Divisão, sujeitos os responsáveis, quando não se tratar de entidades registradas, à prova de idoneidade requerida no item anterior; 3) Os bailes carnavalescos não poderão começar antes das 21 horas e só serão licenciados até as 4 horas da manhã; 4) São proibidas as canções ofensivas ao que quer que seja e as orquestras, ranchos, cordões e grupos carnavalescos só poderão executar músicas cujas letras tenham sido censuradas; 5) Os interessados na promoção de vesperais infantis deverão apresentar a prova de consentimento do Juiz de Menores. De qualquer modo, carecem desse consentimento as vesperais e os bailes onde tenham acesso os menores; 6) Os salões de bailes cujas vistorias fixarem um determinado máximo de lotação deverão cumprir rigorosamente a determinação; 7) Os alvarás a que se referem os diversos itens desta Portaria deverão ser requeridos com um mínimo de 5 (cinco) dias de antecedência; 8) É obrigatória a celebração de contratos com as orquestras e seus músicos, os quais deverão ser arquivados na Divisão; 9) Os carros de propaganda ou de anúncios de qualquer natureza, quando feitos com o caráter alegórico ou de feição carnavalesca bem assim quando realizados por propagandistas em trajes característicos ou fora do comum, dependem de censura prévia por parte da Divisão e de autorização; [...]".

> espaço na cidade especialmente reservado para os folguedos da população negra, como existia para os préstitos da região central e corsos da Paulista e do Brás.

Nesse contexto paradoxal de apoio e repressão, na relação com o Estado, os cordões carnavalescos se transfiguram em escolas de samba a partir de 1940, com a sua formatação definitiva e institucionalizada ocorrendo na década de 1960. Em paralelo, é importante anotar que os bailes de carnaval dos clubes privados se mantinham firmes e com grande sucesso, com tratamento prioritário da imprensa. A cobertura do final da década de 1950 e início da década de 1960 narrava um carnaval exitoso dos grandes salões e cinemas e as ruas vazias em grande parte da cidade (SILVA, 2015, p. 154), em razão do movimento oficial, já iniciado, de restrição espacial dos desfiles dos cordões e escolas em avenidas delimitadas e controladas pelo poder público, a partir de 1954. Essa é a data do 4º centenário da cidade de São Paulo, quando a Prefeitura passa a organizar os desfiles no Parque do Ibirapuera, junto com a rádio Record.

Eram três os espaços da cidade destinados a estas expressões carnavalescas de rua naquele momento: a avenida São João, sem presença significativa de foliões; bairros da Mooca, Brás e Vila Esperança, com o carnaval mais tradicional; e o Parque do Ibirapuera, em evento organizado pela Prefeitura (SILVA, 2015, p. 154). Desfilavam vários cordões e os agrupamentos já reunidos sob a forma de escola de samba: Lavapés (tida como a primeira, de 1937), Nenê de Vila Matilde, Unidos do Morro de Vila Maria, Unidos da Casa Verde, Coração de Bronze, Unidos da Gavião, Jóqueis Unidos, Garotos do Ipiranga, entre outros.

De fato, preponderava nas décadas de 1950 e 1960, na cidade de São Paulo, o carnaval dos recintos fechados, com o esvaziamento das ruas. Isso se dava em um contexto de crescimento populacional e modernização da cidade de São Paulo, em virtude de um processo de décadas de industrialização. As transformações urbanísticas já começavam a ser sentidas. Os bairros se valorizavam e tinham seus perfis populacionais transformados. Diversas intervenções urbanas eram realizadas, com o intuito de acomodar a expansão da cidade à lógica de reprodução do capital, "preocupando-se com o espaço físico em detrimento do espaço social" (FRANGIOTTI, 2007, p. 75). A visão modernista/funcionalista, calcada na centralização pelo Estado, na racionalidade, na eficiência e no progresso linear (MARICATO, 2000, p. 125-128), orientava o planejamento urbano. Para o carnaval, o resultado seria a retirada das principais manifestações carnavalescas das ruas do bairro e controle espacial da festa.

Assim, o fenômeno importante a se anotar, a partir da década de 1960, é o processo de conversão de expressões de rua, majoritariamente negras, espontâneas e comunitárias, em escolas de samba formalizadas, restritas a um espaço regulado. Este processo se deu sob a forte condução do Estado que, para garantir o apoio (inclusive financeiro) aos grupos carnavalescos exigiu o cumprimento de uma série de requisitos formais e de regras de realização para os desfiles. Sem subvenção financeira pública desde as últimas décadas, e mobilizados para encontrar uma solução que servisse a todos (BELO, 2008, p. 42), os grupos se sujeitaram ao intenso processo de institucionalização e confinamento urbano.

Nesse contexto, a interferência decisiva do poder público ocorreu em 1967, quando houve a regulação e o disciplinamento dos desfiles carnavalescos na cidade. O prefeito era o carioca José Vicente Faria Lima, que importou o modelo carioca de competição das escolas em espaço pré-definido. A Lei nº 7.100, de 29 de dezembro de 1967, disciplinou o processo de regramento da participação das escolas, que deveriam se institucionalizar e acatar as exigências para obter a subvenção pública. Ocorre a uniformização dos desfiles, sob o formato do Rio de Janeiro. Os elementos, alegorias, estruturas rítmicas, base instrumental e vários traços que até então distinguiam o carnaval de rua paulistano cederam lugar aos padrões impostos pelo regulamento. Vários blocos e cordões não sobreviveram à imposição estética e se dissolveram. Outros a assimilaram e se institucionalizaram. Cresceram em disciplina e organização os desfiles. Cada vez mais luxuosos, ganharam, a partir de então, maior visibilidade da mídia, incorporaram-se à lógica da indústria turística e fonográfica e se tornaram um espetáculo de consumo nacional.

Sob o novo formato, o primeiro desfile das escolas de samba aconteceu em 1968, no Vale do Anhangabaú. Dezoito[35] escolas desfilaram. O Decreto nº

35 As escolas de samba que aceitaram o regulamento da Prefeitura e desfilaram, conforme lista elaborada por Vanir Belo (2008, p. 45), foram: Escola de Samba Nenê de Vila Matilde; Sociedade Esportiva, Recreativa e Beneficente Unidos do Peruche; Sociedade Recreativa, Beneficente e Esportiva do Lavapés; Grêmio Recreativo Mocidade Camisa Verde e Branco; Cordão Carnavalesco e Esportivo Vai-Vai; Cordão Carnavalesco Fio de Ouro da Bela Vista; Escola de Samba Acadêmicos do Ipiranga; Grêmio Recreativo Mocidade Alegre; Sociedade Príncipe Negro de Vila Prudente; Grêmio Recreativo Estrela Brilhante; Escola de Samba

7.348, de 11 de janeiro de 1968, regulamentou a Lei e criou a primeira Comissão Organizadora do Carnaval Paulistano, composta de autoridades e membros da imprensa. Ficou estabelecido também que, para a relação dos carnavalescos com o poder público, seria preciso uma instância representativa formalmente constituída. A Federação das Escolas de Samba, Blocos e Cordões Carnavalescos, criada em 1958, mas com pouca representatividade (BELO, 2008, p. 45), foi reativada. Mais tarde, em 1973, seria substituída pela associação vigente até o século XXI: a União das Escolas de Samba Paulistanas (UESP). Em 1986, ocorre uma divisão de representatividade, com o surgimento da Liga Independente das Escolas de Samba (LIGA-SP). Em uma dinâmica que se iniciou nesse período e se mantém até a segunda década dos anos 2000, – é por intermédio destas organizações que a subvenção financeira da Prefeitura se transmite às escolas e serve à estruturação da competição.

Os desfiles foram crescendo gradativamente. As escolas incorporavam mais integrantes e atraíam mais espectadores a cada ano. Problemas de trânsito e infraestrutura já se apresentavam. Com isso, a competição mudou algumas vezes de local: passou a ser realizada na Avenida São João, em 1973; depois, na Avenida Tiradentes, de 1977 a 1990; e, em 1991, no Sambódromo, inaugurado no Anhembi, reduto dos desfiles desde então.

Essa reconstrução é importante para entender o lugar que restou ao carnaval de rua. As escolas já não faziam o carnaval nas respectivas comunidades, apenas organizavam durante todo o ano o momento do desfile no Sambódromo. As ruas passaram a ficar estéreis de manifestações carnavalescas. A população que apreciava o carnaval passou a acompanhá-lo pela televisão ou adquirindo o ingresso para o Sambódromo (para os mais abastados). Pode-se dizer que uma dupla segmentação começou a operar no carnaval paulistano: a segmentação econômica, separando aqueles que podiam aderir ao espetáculo das escolas daqueles que não podiam ou não queriam; e a segmentação urbana, haja vista o desaparecimento, salvo poucas exceções, das brincadeiras espontâneas, livres e comunitárias de rua, que caracterizam os blocos de carnaval. Longe dos suntuosos desfiles, instaura-se

---

Império do Cambuci; Grêmio Recreativo Unidos de Vila Maria; Grupo Folclórico Irmãs Ibejy; Escola de Samba Acadêmicos do Peruche; Grêmio Recreativo Acadêmicos do Tatuapé; Folha Azul dos Marujos; Sociedade Carnavalesca Morro da Casa Verde; e Escola de Samba Primeira de Santo Estevão.

um vazio carnavalesco na cidade de São Paulo, razão pela qual se dava como correta a caracterização da cidade como avessa ao carnaval ou sem vocação para a festa.

1.4.3 Do vazio carnavalesco à ocupação das ruas

Machini e Roza (2018, p. 6) acertam ao dizer que a supremacia do modelo "privado" das escolas de samba "pode ter operado certa dissolução na memória coletiva da interação íntima entre memória e folia". Segundo eles:

> Nesse contexto, a cidade de São Paulo se torna um espaço de pouca visibilidade para um carnaval que não seja o dos desfiles oficiais das escolas de samba. Com o passar das gerações, moradores sem a memória do carnaval aproveitam a semana para sair da cidade. Um grande feriado prolongado que tornava as rodovias e aeroportos repletos, último momento das férias de verão que marcava o carnaval como um momento de fluxo – para fora da cidade aos que tinham essa possibilidade (MACHINI; ROZA, 2018, p. 6).

Como regra, portanto, pode-se dizer que houve um esvaziamento do carnaval de rua na cidade de São Paulo de 1970 a meados dos anos 2000. Confirmando-a, obviamente existem as exceções: blocos que permaneceram saindo em cortejo nas próprias comunidades ou que se criaram antecipando um movimento que viria na virada do século XXI. São exemplos: a bloco Esfarrapado, ligado à escola de samba Vai-Vai, no Bexiga, que existe desde 1947; a Banda Redonda (1972/1974), na região da Sé; o bloco Vai Quem Quer (1980), na Vila Madalena; a Banda do Candinho (1981); Bloco da Ressaca (1984), no Cambuci, entre outros.

No final da década de 1980 e início de 1990, ensaia-se uma nova relação entre blocos e poder público municipal. Na gestão da prefeita Luiza Erundina (1989-1992), mesma gestão que inaugurou o Sambódromo paulistano, é promulgada uma lei para tentar disciplinar o carnaval de rua. É a Lei nº 10.831, de 4 de janeiro de 1990. Ela surge num contexto de organização de alguns blocos de rua que, para usufruir da subvenção estipulada, criaram, em 1989, duas organizações de blocos: a Associação de Bandas, Blocos e Cordões Carnavalescos do Município de São Paulo (ABBC);[36] e a Associação das Bandas Carnavalescas de São Paulo

36 Fizeram parte da composição original da ABBC: Bloco do Baiúca, Sociedade Harmonia de Tênis, Bloco Cascavel, Bloco Unidos do Paulistano, Esporte Clube Pinheiros, Banda dos Jardins e São Paulo Futebol Clube.

(ABASP).[37] A lei,[38] curta e objetiva, não estabelece formalmente a subvenção, mas permite contratar os representantes formais dos blocos mediante orçamento direto da Prefeitura. E delega à São Paulo Turismo - Empresa de Turismo e Eventos da Cidade de São Paulo (SPTURIS) a função de realizar a contratação – papel que também lhe fora atribuído na relação com as escolas de samba.

A ABBC tinha caráter mais elitista. Partiram dela algumas tentativas de formatar o desfile dos seus blocos em um evento comercial na década de 1990 e 2000. O "Pholia na Faria", como relata Leon (2019, p. 72), apesar de proclamar a "negação do conjunto de regras que ditam o carnaval das escolas de samba" e o "resgate das características populares e folclóricas brasileiras", simulava, com os blocos, o mesmo formato do desfile das escolas de samba. Os grupos se alinhavam em cortejo, um após o outro, na avenida Faria Lima – uma das maiores de São Paulo, cortando alguns dos seus bairros mais ricos. Atraindo foliões da classe alta, o interesse, afirmado explicitamente pelos organizadores, era captar recursos da Prefeitura e ter visibilidade na mídia. Assim, o evento ocorreu desde 1991, na Faria Lima. Depois, por pressão dos moradores, foi mudando de endereço: Anhembi, avenida Dumont Vilares (Santana), Memorial da América Latina e, finalmente, Parque da Luz, em 2009, quando entrou em decadência.

O evento, que ocorria no domingo que antecedia o feriado do carnaval, sempre contou com vultosa subvenção pública, por meio da SPTURIS. Apesar de reunir muito público nas primeiras edições, nunca representou significativa mobilização popular, para além dos segmentos elitizados (LEON, 2019, p. 74-75). Como outros eventos similares – como o CarnaSampa, que imitava as micaretas de Salvador – ocorridos nos anos 1990 e 2000, esse evento também nunca foi reivindicado pelo conjunto dos blocos carnavalescos da cidade como uma manifestação carnavalesca de rua. O exemplo do "Pholia na Faria" representava o estado-da-arte do carnaval de rua de São Paulo: um carnaval de rua privado, que não era comunitário nem espontâneo, tampouco popular – um não carnaval de rua.

---

37 Fizeram parte da ABASP: Banda Redonda, Banda Grande Família, Banda do Candinho e as Mulatas, Banda Bantantã, Bloco Classe A, Bloco da Ressaca, Bloco Barracão Folia, Banda Grone's, A Banda do Fuxico, Bloco UMES Caras Pintadas, Banda do Trem Elétrico e Bloco Esfarrapado.

38 A análise mais detalhada da lei será realizada no capítulo 3 do livro, em sua relação com a política pública municipal para o carnaval paulistano.

Se no Rio de Janeiro, o ponto de mutação para a retomada do carnaval de rua livre e público foi o movimento das Diretas Já, da década de 1980, e a consequente organização dos blocos na década de 1990 (FERNANDES, 2019), em São Paulo precisou esperar aproximadamente 20 anos. Em meados dos anos 2000, alguns fatores contribuíram para o que pode se chamar de retomada do carnaval de rua paulistano. Eles podem ser divididos em duas ordens: uma relacionada ao desdobramento e à reação ao esvaziamento do carnaval de rua nas décadas anteriores; a outra, referente à conjuntura política municipal.

Com relação à primeira ordem, um fator foi a própria consequência da desertificação do espaço público no período do carnaval, em virtude da ausência das festas de rua. Os festejos estavam circunscritos ao sambódromo e o que havia, para além dele, tinha três características: era residual (como os blocos da ABASP), impróprio (não tinha a natureza da espontaneidade gratuita do carnaval de rua, como os eventos da ABBC) ou resistente, a exemplo de blocos de ligação afetiva, interpessoal e comunitária, como o Vai Quem Quer e alguns outros. Assim, a imagem que se tinha de São Paulo no período carnavalesco era a de terreno estéril para a folia. Em uma imagem, era um deserto carnavalesco. Essa era a percepção, a memória coletiva e a sensação que tinham o próprio paulistano que gostava de carnaval ou o folião que queria participar mais efetivamente da organização carnavalesca.

Para sair da aridez de alegria, portanto, o que se dá é a fuga dos habitantes da cidade. O destino são as outras localidades, de maior tradição no quesito participação carnavalesca. Os rumos comuns eram Rio de Janeiro (cujo carnaval de rua crescera desde o início de 2000), Olinda e Recife (com tradição de festejos de rua), São Luís do Paraitinga (carnaval tradicional de rua, histórico, relativamente próximo à capital), cidades históricas de Minas Gerais (que criam, a partir dos anos 90, um arco turístico-carnavalesco). Para os que não gostavam de carnaval, o destino era o restante do Brasil, já que se tratava do mais extenso feriado brasileiro a ser aproveitado.

Desse cenário decorrem dois desdobramentos. O primeiro é o início de uma organização do carnaval paulistano antes do feriado do carnaval. Se, do ponto de vista temporal, isso pode ser chamado de "pré-carnaval", sob o ângulo programático, pode-se nomeá-lo como "protocarnaval". Era um carnaval de rua que começava a ser gestado, preparado, ou reformulado, nos anos 2000 e 2010, com suas próprias características culturais (como a diversidade de gêneros musicais e a transversalidade), e que viria a se apresentar como programa carnavalesco consolidado anos depois. Muitos blocos surgem se apresentando antes e (mesmo depois) do feriado e, depois, se firmam como blocos durante o período carnavalesco.

O segundo fator, em alinhamento com a constatação de Machini e Roza (2018, p. 6), é a própria influência destas outras cidades que receberam foliões paulistanos. A forma de organização dos blocos, seus elementos musicais, as estratégias de mobilização de público, tudo isso é, de alguma maneira, aprendido e apreendido fora, trazido e adaptado na capital. Um dado importante se relaciona com a composição racial e econômica dos indivíduos que conduzem esse processo. São majoritariamente pessoas de classe média e brancas. Em São Paulo, esses foliões vão, aos poucos, conseguindo organizar os blocos, sofrendo menos repressão que os negros. No entanto, vai se conformando um carnaval predominantemente branco e de classe média, o que gera o fenômeno do embranquecimento do carnaval de rua (MARCHINI; ROZA, 2018, p. 7) – fenômeno observado não apenas em São Paulo, mas nas festas de outras capitais, como Belo Horizonte, Porto Alegre, entre outras.

Ainda na ordem da consequência do esvaziamento do carnaval de rua, Machini e Roza indicam um elemento mais relacionado ao samba e à dinâmica das baterias. Segundo eles (2018, p. 7-8), as rodas de samba que buscam resgatar o samba paulista vão influenciar os organizadores do carnaval paulistano. Alguns blocos surgiriam com o intento de recuperar tradições musicais dos antigos blocos e cordões, remontando à identidade formadora do carnaval da capital. Além disso, muitos ritmistas de escolas de samba vão entrar em contato com organizadores de blocos, até mesmo por intermédio das baterias universitárias – um fenômeno da década de 2000 que contribuiu para aumentar a proximidade da juventude com os instrumentos e ritmos do carnaval. Muitos integrantes de blocos de rua são oriundos de baterias das universidades.

A esses fatores relacionam-se os outros, da ordem da conjuntura municipal. Na segunda porção da década de 2000, a capital teve um governo municipal com forte acento na política de segurança pública: a gestão Serra-Kassab (2005-2012). No último período, aliás, o uso das forças policiais e militares extrapolava as ações de policiamento típicas e se dava também no âmbito da administração pública, como na zeladoria urbana (a exemplo da chefia das subprefeituras) e na gestão (SOUZA, 2015, p. 208). Alguns episódios ficaram famosos e tornaram-se emblemáticos, nesse período, como a "Operação Sufoco", na Cracolândia, bairro da Luz, região central da cidade de São Paulo. Em janeiro de 2012, por ação policial e de fiscalização municipal, coordenada entre Prefeitura e Governo Estadual,[39] houve a violenta repressão aos usuários de drogas da região, que foram removidos a força, presos, tendo seus pertences retirados e suas residências derrubadas. Seguiram-se dias de repressão, o que causou indignação pública nacional, chegando-se a nomear, pela imprensa e pelos movimentos de direitos humanos, a operação de "Operação Dor e Sofrimento" (MAGALHÃES, 2017). No mesmo período, uma decisão do STF proibiu a Marcha Mundial da Maconha, que ocorreria em maio de 2011. Isso levou a uma grande mobilização nacional, cujo epicentro era a cidade de São Paulo, que resultou na Marcha da Liberdade, organizada em 28 de maio do mesmo ano, em mais de 40 cidades do País (SAVAZONI, 2014, p. 89). Estes e outros episódios foram sintomáticos acerca de uma política de segurança pública mais repressora, que passava a ser respondida com a presença cada vez mais constante da juventude e dos movimentos culturais nas ruas.

Na cultura, a Virada Cultural – que paradoxalmente era organizada pela Prefeitura – ocupava a posição de maior evento livre, público e gratuito do País. Criada em 2005, o evento mantinha 24h ininterruptas de atrações musicais no centro histórico da cidade, contribuindo para a sua ressignificação afetiva e para a ocupação pública fora do cotidiano. Vários outros eventos, espontâneos, não institucionais, convocados por grupos e coletivos, passavam a pipocar pela cidade. Um dos mais simbólicos foi o festival #BaixoCentro (PRETTI, 2012). Com o ilustrativo, provocativo e convidativo lema – "As ruas são para dançar" –, o festival se estruturou via financiamento coletivo (*crowdfunding*) e ocorreu em agosto de 2012. Promoveu uma série de atrações artísticas e culturais no Minhocão, um dos viadutos mais icônicos de São Paulo, símbolo da urbanização voltada aos veículos e da especulação imobiliária do centro. O evento[40] é exemplificativo da criação dessa atmosfera reivindicatória da época.

---

39 O governador era Geraldo Alckmin (gestões 2002-2006; 2011-2018).

40 O texto de apresentação do #FestivalBaixoCentro demonstra essa aura de reivindicação por outro uso da cidade: "São Paulo é uma megalópole. É uma cidade horizontalmente vertical. As ruas parecem ser as únicas veias para que o ar flua e o vento faça com que a cidade respire e continue funcionando. Em uma vista panorâmica, se tem a ideia de que há um povo esquecido no meio de tantos projetos urbanísticos e condomínios de luxo. São Paulo, devido a suas proporções, tornou-se um emaranhado de construções, de obras, de prédios. Como pensar em uma identidade coletiva quando o cinza é o nosso vizinho, quando não se tem

Como elementos externos, vale mencionar que ocorriam o "*Occupy Wall Street*", nos Estados Unidos, em setembro de 2011, e a "Primavera Árabe", de 2010 a 2011, uma onda de protestos que eclodiu em vários países árabes: Egito, Tunísia, Líbia, Síria, Iêmen, Bahrein, Marrocos e Jordânia. Esses movimentos reverberaram intensamente no Brasil, influenciando fortemente a mobilização da juventude por grandes pautas agregadoras, como democracia, paz, igualdade econômica, direitos humanos e defesa da liberdade. Diversos países tiveram pontos de mobilização, especialmente na Europa e na América Latina, consolidando um movimento de mobilização internacional que tinha como ponto comum a articulação em rede, por meio da Internet. Na cidade de São Paulo ocorreu uma amostra importante deste novo poder mobilizador. Um mês depois do *Occupy* americano, instalava-se o "Ocupa Sampa" (ou 15-O) (BRAZ, 2011). Diversos manifestantes, que passaram a ser conhecidos como "indignados", acamparam durante meses embaixo do Viaduto do Chá no Vale do Anhangabaú.

Todos esses eventos produziam a atmosfera cultural e política da virada da primeira para a segunda década do século XXI. A eles se soma um quadro específico da política cultural, que se torna relevante para o contexto do carnaval e da cultura paulistanos. O Ministério da Cultura havia sido dirigido por Gilberto Gil (2003-2008) e Juca Ferreira (2008-2010). Nesse período, houve um salto paradigmático na gestão pública da cultura, com marcos essenciais que mobilizaram todo o setor cultural. Estabeleceu-se uma política nacional baseada na tridimensionalidade cultural (dimensão simbólica, cidadã e econômica). O Plano Nacional de Cultura havia sido recentemente aprovado, em dezembro de 2010. O Programa Cultura Viva, que criou os Pontos de Cultura Brasil afora, era a referência no tratamento das culturas populares e tradicionais por intermédio desses Pontos de Cultura. E dois intensos processos de conferências nacionais de cultura (2005 e

---

ideia de comunidade, mas apenas de pequenas bolhas fechadas às influências de fora? [...] O Festival BaixoCentro demonstra que a vida cultural urbana não é feita apenas de instituições. Nosso intuito foi o de exemplificar que as leis já garantem o direito de ocupação, que não é necessário pedir autorização para órgãos públicos para organizar uma oficina de estêncil, um cinema ao ar livre ou um show em horário comercial em uma praça pública. Legalmente, as ruas e praças já nasceram como palcos para arte, como lugares de encontro e expressão. E isso é um direito do cidadão, só cabe a ele usá-las para dançar. [...] O Festival BaixoCentro é um espaço para experimentar essa humanização urbanística. Vamos dançar?" (CARRAPATOSO, 2012, grifos nossos).

2010) haviam deixado um forte legado de participação social e articulação dos atores de todas as áreas (linguagens artísticas e expressões culturais), por todo o País. Em suma, era um momento de grande efervescência cultural e o setor da cultura, artífice de grande parte das manifestações da época, estava fortemente mobilizado.

A despeito disso, na cidade de São Paulo não havia resposta institucional à altura. Apesar de iniciativas interessantes sobre o uso cultural da cidade, como a já mencionada Virada Cultural, a reivindicação principal não era atendida: a utilização da cultura com o intuito de contribuir para o alcance pleno do direito à cidade.

Nesse quadro, a disputa em torno do direito à cidade atinge seu ápice nas eleições de 2012. E, mais uma vez, um movimento da sociedade civil é determinante para incrementar a atmosfera política e cultural que se instalava. No meio do processo eleitoral, quando a disputa político-ideológica se acirrava entre Fernando Haddad (candidato do PT, pelo campo progressista), José Serra (PSDB, pela centro-direita) e Celso Russomano (candidato do PRB, pelo campo mais conservador), uma grande manifestação ocorreu na Praça Roosevelt. A praça havia se tornado símbolo da ocupação do espaço público, por sediar uma série de atos e debates de ativistas e universitários. Como continuidade de um primeiro evento, que protestou contra Russomano – #AmorSimRussomanoNão –, o grande ato se chamou #ExisteAmoremSP. Sem patrocínio, sem autorização policial, apartidário, organizado inteiramente por grupos ativistas e convocado pelas redes, o evento contou com grandes artistas brasileiros, como Criolo, Emicida, Gaby Amarantos e Karina Buhr. A cor eleita pelo movimento foi o rosa, para representar a diluição do vermelho e do azul, cores dos partidos em disputa do segundo turno eleitoral (PT e PSDB). Milhares de pessoas (FESTIVAL..., 2012) lotaram a Praça Roosevelt trajando roupas e pintando os corpos de cor-de-rosa. Além do protesto contra um possível candidato conservador, o manifesto do #ExisteAmoremSP pregava a mudança de consciência e de postura da sociedade paulistana, por meio da "ocupação dos espaços públicos, como forma de lutar pelo direito à cidade e à cidadania" (EXISTEAMOREMSP, 2012 *apud* SAVAZONI, 2014, p. 106).

Essa nova postura e consciência acerca do uso da cidade parecia ser encarnada pelo também novo prefeito eleito. Fernando Haddad encampou, durante todo o período eleitoral, a bandeira de uma nova forma de ocupação urbana. O eixo programático de sua campanha baseava-se no "Arco do Futuro", uma delineação geográfica do território urbano, que vai do centro expandido às periferias, em torno do qual se estabeleceriam as "políticas públicas de inclusão social e redução drástica das desigualdades e da segregação territorial" (PARTIDO DOS TRABALHADORES, 2012, p. 14). Um novo modelo urbano de desenvolvimento era central no programa e a cultura era vista como um aspecto importante para alcançá-lo, especialmente como vetor de democratização e ocupação do espaço público.

É nesse contexto cultural e político que surge a demanda pelo fortalecimento do carnaval de rua. Quando a demanda pelo "direito à folia chega, encontra um ambiente político e um plano programático completamente favoráveis à adesão da municipalidade. Em 24 de janeiro de 2013, uma comitiva de cerca de 30 blocos se reuniu com o recém-empossado secretário municipal de Cultura Juca Ferreira e solicitou, justamente, que a relação entre a Prefeitura e os blocos se alterasse. Reivindicavam a "descriminalização" dos festejos de rua e o apoio da Prefeitura a esta que é a principal manifestação festiva da cultura brasileira. O carnaval de rua era tratado, até então, por um misto de negligência e repressão pelo Executivo.

Não havia uma criminalização formal da festa. No entanto, a exigência desproporcional de alvarás, autorizações, documentos e licenças tornava o desfile proibitivo para foliões cujas características eram justamente a espontaneidade e a desinstitucionalidade. Além disso, a repressão policial era intensa e sufocava as manifestações não autorizadas, que eram praticamente todas. Para superar isso, ouvindo a demanda dos blocos, a partir de 2013 a Prefeitura iniciou uma política pública que criou uma arquitetura jurídico-institucional voltada a conciliar as condições para os cortejos com as outras dinâmicas da cidade.

Com a implementação da política pública, os blocos de carnaval de rua, que eram em torno de 40 em 2013, cresceram gradativamente a cada ano. Em 2020, as ruas de São Paulo já recebiam mais de 600 blocos e 15 milhões de foliões de todo o Brasil. Foi criada uma tecnologia de gestão para o carnaval de rua da capital, voltada para a abordagem do carnaval como direito cultural e como objeto de política pública. Resta a este livro, agora, aprofundar como essas duas dimensões, de direito e de política pública, foram combinadas e implementadas no carnaval de rua paulistano. E entender, no limite, se o resultado foi e continua sendo exitoso.

DIREITO AO CARNAVAL DE RUA

A folia é um direito? Este segundo capítulo tenta qualificar esta pergunta e respondê-la. Até aqui, o livro demonstrou o quanto o carnaval é relevante para a cultura brasileira e o quanto ele é enraizado na estrutura social do País. Passar a ser visto como um direito significa dizer que o ordenamento jurídico nacional assimilou a importância cultural e a força social da festa, convertendo-a em bem jurídico a ser protegido, tutelado e promovido. Quando isso ocorre, o direito compreende e responde positivamente a um movimento histórico de formação cultural, obedece a seu imperativo identitário, reconhece sua significância simbólica e consagra uma inevitável dinâmica social brasileira. Ele, o direito, não estabelece o carnaval de forma normativa, legal ou institucional. Tampouco a Constituição "funda" um direito. É ela quem reage, como repositório de normas, princípios e valores regentes da sociedade brasileira, ao absorver o (já posto) carnaval em sua ordenação.

A folia do carnaval é, então, um direito. Um direito conquistado pela sociedade, agregado às demais espécies de direitos culturais, ineditamente previstos como matéria autônoma em uma Constituição brasileira. Todavia, é necessário reconhecer que a disciplina constitucional do carnaval ainda se encontra em estado bruto. Torna-se imprescindível desvendá-la, lapidá-la, explicitar seus significados e traçar as conexões possíveis no tecido constitucional. Ainda que vários dispositivos da Constituição sirvam para acolher o processo carnavalesco em dimensão normativa, é preciso evidenciar a formação da malha de amparo constitucional ao carnaval e identificar as formas de propulsão do Estado para a sua garantia.

A partir de agora, portanto, o fenômeno legal do carnaval passa a ocupar a atenção do estudo. O objetivo é o aprofundamento do carnaval como direito e a sua conseguinte cristalização no ordenamento, por meio da explicitação de suas diferentes formas de proteção, de seu assentamento nos diversos campos constitucionais e de seus princípios, garantias e normas principais. Mas a intenção é alcançar também outra esfera dessa discussão. Trata-se de esclarecer se e como o direito ao carnaval potencializa a compreensão do papel do Estado na promoção da festa. A hipótese aqui trabalhada é a de que a maior compreensão sobre o direito ao carnaval pode levar à mais efetiva elucidação dos papéis do poder público nessa seara e à otimização das políticas públicas responsáveis pela sua efetivação.

A segunda investigação é sobre a possibilidade de tomar este direito cultural ao carnaval de maneira independente. O livro busca discutir se há uma autonomia conceitual possível ou se o entendimento sobre o direito ao carnaval só é possível de forma conjugada com outros direitos. Direito ao patrimônio imaterial; à diversidade cultural; à memória e à preservação das identidades; consumo e fruição culturais; direito de reunião; liberdade de expressão artística; e o próprio direito à cidade. Todos estes constituiriam o conjunto legal no qual o direito ao carnaval se insere. O debate recai justamente sobre a necessidade de compreender globalmente esse conjunto como condição para o entendimento estrito do direito ao carnaval.

O propósito, assim, é trazer os elementos eminentemente jurídicos que possam contribuir para elucidar a questão orientadora deste livro, que é a possibilidade de o Estado interferir no carnaval (notadamente por intermédio da política pública) sem ferir a essência dessa manifestação cultural, que é a liberdade. Em específico, refere-se a compreender o quanto o direito pode contribuir para que a tutela do carnaval forneça condições para o exercício de uma cidadania, nesse caso, baseada no exercício dos direitos culturais, sem limitar a livre expressão cultural e artística dos foliões. O caso de São Paulo, a ser estudado detidamente no capítulo 3, é o objeto prático da aplicação dessas hipóteses.

Tratando de São Paulo, em sua complexidade urbana, o livro encara como imperativo trazer essa discussão também pela chave do direito à cidade, que absorve, envolve e implica vários direitos em disputa no espaço urbano, manifestando-se como "forma superior de direitos", nos termos de Lefebvre (2001, p. 134).

Cabe, ainda, ressaltar que, para essa empreitada, é fundamental adentrar a discussão sobre conflito de direitos. A consecução do direito ao carnaval, em sua plenitude, requer que a política pública produza mais do que as simples condições de fruição da festa na cidade. Requer que – e, nesse sentido o direito é imprescindível – ela funcione como uma espécie de instrumento de equilíbrio de direitos no espaço urbano. Ao mesmo tempo que a ação do Estado vai estabelecer dispositivos potencializadores do direito (subjetivo) à folia, ela deve também oferecer medidas redutoras do impacto que a fruição deste trará aos demais direitos, igualmente gozados pela sociedade. Nesse quadro, evidencia-se o clássico debate dogmático sobre o sopesamento dos princípios, das regras e dos direitos em conflito, que será trabalhado no capítulo.

2.1 O direito e a cultura

Para discutir a forma como a ordenação constitucional aborda o carnaval é preciso recuar um pouco e tratar da cultura e dos direitos culturais na Constituição. O carnaval, como uma das maiores manifestações culturais do País, está inserido no arcabouço das normas constitucionais referentes à cultura, que aparece sob suas mais diferentes feições: memória, patrimônio, artes, liberdade de expressão, proteção das identidades. Como a festa perpassa todas estas, e várias outras dimensões culturais, é preciso compreender o plexo cultural na Constituição e empreender um processo de dedução do que seriam as normas, princípios e direitos diretamente relacionados à manifestação carnavalesca.

Só se pode iniciar este debate relacionando cultura e direito.[1] E esta é uma relação intensa. Intensidade tamanha que Michel Prieur (*apud* SILVA, V., 2007, p. 7) chega a afirmar que existe uma espécie de "relação amorosa" entre direito e cultura. Aqui, o autor faz um empréstimo do sentido afetivo da palavra "relação", marcado por um movimento simbiótico em que a cultura obriga o direito a evoluir

---

1 Cabe registrar que parte da pesquisa bibliográfica sobre a relação entre direito e cultura e sobre direitos culturais, constante deste item, foi elaborada desde o projeto de mestrado. Entende-se que a continuidade desse estudo no doutorado, perfazendo uma linha evolutiva da pesquisa, seria coerente e essencial para demonstrar o aprofundamento do estudo jurídico da cultura. Portanto, esta seção dialoga com o segundo capítulo do livro *Plano Nacional de Cultura: direitos e políticas culturais no Brasil* (VARELLA, 2014), resultado da dissertação de mestrado concluída em 2013, no Departamento de Direito de Estado da Faculdade de Direito da USP (VARELLA, 2013, p. 52-107).

enquanto este a recompensaria ao torná-la mais democrática e universal. Além disso, a intensidade também é visível na instabilidade da relação e na sua própria natureza, de estar sempre em evolução.

Essa interface entre direito e cultura é caracterizada pelo entendimento de que a cultura é objeto do direito, de suas normas e princípios. Mas é, ao mesmo tempo, o substrato do direito: o repositório valorativo que desencadeia, sustenta e legitima a ordem jurídica. Quando explica que o conteúdo do direito extrapola a substância meramente jurídica, pois é propriamente um conteúdo cultural, José Afonso da Silva (2001, p. 34) afirma peremptoriamente que "direito é também cultura". O fenômeno jurídico é um fenômeno cultural, que apresenta um sistema normativo a reger a organização social de um povo, dentro de uma rede de significações tecida sobre um determinado conjunto de valores.

A concepção do direito como fenômeno ou expressão cultural é importante, pois demonstra como os valores, elementos advindos essencialmente do campo da cultura, produzem e moldam o direito. Mais do que isso, está nesse elo valorativo o potencial de o direito se abrir aos movimentos oriundos dos processos culturais. Isso forja não apenas sua própria estrutura normativa, com base em premissas culturais, mas igualmente a sua interpretação e aplicação em determinado ordenamento jurídico.

Nesse sentido, fala-se em "cultura do direito", nos termos de Peter Häberle (2000, p. 73): o direito visto como fenômeno cultural, cuja análise depende de instrumentos próprios das ciências da cultura. A visão se alinha, em alguma medida, às ideias do culturalismo jurídico, trazida por Miguel Reale (1977, p. 265), para quem a apreciação integral do direito depende de uma compreensão valorativa, que considera os pressupostos históricos e culturais da sociedade. Por essa ótica, todos os direitos seriam culturais, por nascerem da essência cultural de todo o direito.

Pelo raciocínio acima, falar em "direitos culturais", portanto, seria uma espécie de tautologia (CUNHA FILHO, 2011, p. 117). No entanto, é preciso tomar a cultura como objeto *stricto sensu* de tutela do direito. É preciso que se diferencie a "cultura do direito" do que seria o "direito da cultura": este, a apreensão dos fenômenos culturais pelas metodologias próprias das ciências jurídicas.

Pontier, Ricci e Bourdon (1990), autores cuja obra é uma referência no aprofundamento teórico e conceitual do campo, colocam o direito da cultura no contexto da instauração do Estado Social. A concepção deste direito se daria pelo acionamento do Estado em novas funções, prestacionais, relativas aos domínios da vida social, econômica e cultural. Assim, é um direito que responde às crescentes e novas demandas da sociedade em matéria cultural, ligando-se, intimamente, à noção contemporânea de política pública. Cria-se a necessidade de normas jurídicas capazes tanto de disciplinar as novas relações jurídicas da cultura quanto de amparar legalmente o aprimoramento institucional do Estado, que passava a ter que responder efetivamente pelas condições de consecução dos direitos relativos às dinâmicas culturais emergentes.

Nesse sentido, o direito da cultura pode ser visto como uma base legal sólida que sustenta a atuação do Estado na cultura e que se assenta, em especial, no texto constitucional que propõe, justifica e autoriza essa atuação. O constitucionalista português Vasco Pereira da Silva (2007, p. 141) assevera que o direito da cultura parte, mas não se esgota na Constituição, sendo transversal a todos os ramos da ordem jurídica, pública e privada. José Afonso da Silva atribui ao sistema normativo da cultura, com suas advindas instituições culturais e relações jurídicas específicas, a formação deste direito da cultura.

Em outra oportunidade,[2] foi possível estabelecer uma síntese da ideia de direito da cultura:

> Em suma, pode-se considerar, para efeitos deste estudo jurídico, o direito da cultura como uma reação do ordenamento jurídico, formando um sistema normativo próprio para a cultura. A intenção de absorver, inclusive com o aprimoramento do quadro institucional do Estado, as demandas e litígios surgidos com o desenvolvimento de políticas públicas e especialmente com a atuação do Estado em sua função prestacional nos serviços públicos de cultura. Enfim, um conjunto normativo, que abrange as relações jurídicas públicas e privadas no campo da cultura, dando origem a uma disciplina jurídica autônoma que compreende doutrina, jurisprudência (do contencioso cultural) e legislação específica. (VARELLA, 2014, p. 25).

Todo esse debate de caráter preliminar é importante, pois calça a discussão mais ampla acerca de como a relação entre direito e cultura se realiza no âmbito constitucional. Se cultura e direito se unem pela perspectiva valorativa (sendo o direito um fenômeno cultural e a cultura, a estufa de valores que vai abastecer a ordem jurídica), é na Constituição que se dá o grau máximo de consolidação dessa relação. É aí que

2 Este assunto também foi estudado na dissertação de mestrado (VARELLA, 2013).

ocorre a sistematização jurídica, de ordem principiológica e normativa, dos processos culturais e onde é possível se ter a contextualização cultural como "aspecto crítico da análise jurídica", nos termos de Cliford Geertz (1997, p. 271).

A visão haberleana trata o direito constitucional como ciência da cultura. Em seu livro *Teoria da Constituição como Ciência da Cultura* (2000), Habërle defende um Direito Constitucional Cultural, argumentando estar sediado na cultura "o contexto de qualquer texto legal de qualquer ação relevante juridicamente significativa num Estado constitucional" (HABËRLE, 2000, p. 26). Nesse sentido, o Estado estaria arquitetado sobre um alicerce cultural.[3] Ele próprio é tido como "Estado Cultural", para Habërle, sendo a Constituição seu maior emblema. Ela seria uma "Constituição Cultural", nos seguintes termos:

> [...] a Constituição não se limita a ser um conjunto de textos jurídicos ou um mero compêndio de regras normativas, mas é antes a *expressão de um certo grau de desenvolvimento cultural, um modo de auto-representação próprio de um povo, espelho de seu legado cultural* e fundamento da sua esperança e desejo. (HABËRLE, 2000, p. 34, grifo nosso).

Vasco Pereira da Silva explica que a decorrência deste entendimento é uma compreensão constitucional da cultura que busque a "valorização não apenas do texto, mas também da realidade que lhe está subjacente, compreendendo simultaneamente a constituição formal e a material" (SILVA, 2007, p. 12-13).

A proteção constitucional da cultura, portanto, é resultado de uma compreensão mais complexa: i) da relação imbricada entre direito e cultura; ii) da noção de abertura dialética do direito para o movimento valorativo da cultura, e da cultura para a conformação do direito; e iii) da Constituição como principal dispositivo que representa e materializa essa relação, criando e operando a ordenação regente da sociedade.

---

3 Para Habërle (2000, p. 34), os princípios jurídicos são princípios culturais e os próprios pilares de sustentação dos Estados sociais e democráticos, alicerçados em constituições, são pilares oriundos do universo da cultura. Liberdades individuais, pluralismo, liberdade de expressão e de imprensa, divisão de poderes e vários outros preceitos fundantes dos Estados democráticos de direito seriam, portanto, elementos culturais a compor um modelo que é resultado da herança e do legado da cultura ocidental.

A cultura, como objeto do direito no ordenamento pátrio, é protegida pela Constituição nesse prisma. E os direitos culturais, que emergem como princípios e normas no texto constitucional, são resguardados sob a mesma perspectiva. Como bem explica Cunha Filho (2018, p. 29-30), os direitos culturais seriam a conexão prática do direito com a cultura. Eles pressupõem a especificação, a categorização e a listagem de direitos cujo núcleo concreto é a cultura. Neste livro, o conteúdo nuclear do direito cultural a ser estudado é o carnaval.

2.2 A presença constitucional da cultura

A Constituição Federal de 1988 apresentou os direitos culturais de forma autônoma pela primeira vez na história constitucional brasileira. Ainda que isso se conjugue com uma normatização esparsa da cultura em todo o texto constitucional, adquirindo alguns aspectos protetivos dos temas com o quais se conecta (educação, comunicação, liberdades individuais, direitos autorais, direitos indígenas etc.), é essencial destacar que a autonomização da cultura como matéria constitucionalizada contribuiu para uma compreensão jurídica mais orgânica e assertiva dos direitos culturais.

É relevante mencionar como se deu esse processo de absorção e explicitação da cultura como matéria especificamente positivada na Constituição vigente. O processo constituinte brasileiro e a opção programática do texto são fatores importantes para essa análise.

O constitucionalista indiano Upendra Baxi, ao analisar os processos constitucionalistas de Índia, África do Sul e Brasil, identificou entre eles algo em comum: o fenômeno do "constitucionalismo transformador". São países cuja conjuntura moldou constituições pós-liberais marcadas pela necessidade de transformação e pelo que se pode chamar de insurgência constitucional. Nelas, tornava-se evidente e contundente, como um elemento propriamente definidor, o reconhecimento da democracia, dos direitos humanos, do desenvolvimento social e da convivência pacífica (BAXI, 2013, p. 22). Trata-se de uma profunda mudança de cultura constitucional, com forte motivação política e grande aspiração social. John Elster, que estudou as ondas de elaboração constitucional em vários países, identifica que essa mudança só ocorre com as condições reunidas em momentos de crise e na sequência de algum quadro de excepcionalidade (ELSTER, 1995, p. 394; 370). Foi exatamente o caso brasileiro.

A Assembleia Constituinte se instala num contexto de efervescência política, direcionada à superação de vinte anos de regime militar. A expectativa era enorme, tão grande quanto a movimentação política dos setores, por um texto que pudesse abarcar todas as demandas sociais reprimidas, sem espaço institucional para diálogo e proposituras. Muitos temas não possuíam ou deixaram de ter reconhecimento constitucional pelo autoritarismo da ditadura. A instalação da Constituinte, em 1987, ocorria em meio a um quadro de acentuada expansão do movimento pela redemocratização, a partir da Lei da Anistia (1979) e do malogro do Movimento das Diretas Já (entre 1983 e 1984). Como aponta Oscar Vilhena (2013, p. 75-76), havia um crescimento do exercício da cidadania a partir da liberação gradativa da participação. Elemento que se somava à grave crise econômica do período, com altos índices de inflação e instabilidade monetária.

Nesse contexto, a Constituição aprovada em 1988 incorpora, acentuada e radicalmente, o constitucionalismo transformador. Seu texto interfere profundamente na estrutura política do País; evoca princípios humanistas e sociais, como a sociedade igualitária e a erradicação da pobreza; consolida o pluralismo político; e traz objetivos de desenvolvimento social, por meio de um "projeto ótimo", nas palavras de Baxi (2013, p. 21-25), de governança eficiente. Marta Arretche (2018, p. 412) chega a afirmar que a Constituição Brasileira "representou o resultado de um processo bem-sucedido de transição democrática, pelo qual uma sociedade altamente desigual produziu uma promessa de inclusão social". Segundo ela, foram incluídos os "*outsiders*", maioria da população brasileira sem acesso aos direitos sociais, em um fenômeno que gerou efeitos futuros de redução de desigualdades e contrabalanceamento da crise econômica brasileira. Foram objetivos importantes, que acompanharam o de institucionalização do processo democrático (STUCHI, 2004).

É uma Constituição densa, prolífica, extensa, programática e materialmente dirigente. Contribui, assim, decisivamente não apenas na afirmação de direitos, como no estabelecimento daquilo que Maria Paula Dallari Bucci (2006, p. 25) chama de "programas de ação" a movimentar o Estado de Bem-Estar Social que ela consagrava.

Conrado Hubner Mendes (2008, p. 138, grifo nosso) sintetizou acertadamente o reflexo da atmosfera sociopolítica daquele momento no texto constitucional:

> A Constituição de 1988 nasceu com uma pretensão maior do que qualquer uma das anteriores. Produto de uma assembleia constituinte com participação popular sem precedentes, lançou-se sobre uma *pluralidade de as-*

> *suntos incomuns para um texto constitucional.* Tentou realizar um acerto de contas com um passado autoritário e de injustiças sociais. (MENDES, 2008, p. 138, grifo nosso).

Pluralidade de assuntos incomuns para um texto constitucional. O destaque neste trecho é justificado pela evidência de uma característica fundamental do processo constituinte, certamente essencial para o setor da cultura. Essa característica foi a assimilação de diversos grupos de interesses, até então alijados das instâncias institucionais de formulação constitucional, fator tido como imprescindível para o êxito de uma constituinte, na visão de Elster (1995, p. 378).

Nessa linha, Oscar Vilhena *et al.* (2017, p. 234) ressaltam que a Constituição brasileira de 1988 nasce com um "compromisso maximizador". Segundo os autores, com a "[...] audácia de abrigar tantos interesses, direitos e metas ambiciosas para a sociedade [...]" (VILHENA *et al.*, 2017, p. 225).

A cultura foi um destes segmentos, com demandas absorvidas no debate do texto constitucional. Para a cultura, este "compromisso maximizador" era fundamental. Diferentemente de outras áreas sociais de escopo legal mais consolidado (como saúde, educação, trabalhismo etc.), a área cultural tinha pouca tradição institucional, especialmente no diálogo com o Estado; representação política fluida e de pouca representatividade parlamentar; baixa densidade de formulação normativa; e incipiente amadurecimento jurídico. O compromisso maximizador possibilitou a superação destes entraves e abriu espaço para a defesa das reivindicações culturais na Constituição.[4]

Assim, a cultura ganhou uma "autonomização conceitual", que lhe conferiu a tutela constitucional como "manifestação própria da realização do Estado de Direito e da Democracia" (SILVA, V., 2007, p. 55). Isso trouxe consequências importantes. A primeira delas é o tratamento não subalternizado a outras áreas, a quem esteve historicamente ligada, especialmente a educação. Isso foi importante para consagrar

4 Francisco Humberto Cunha Filho (2004, p. 89) destaca que estavam entre as principais reivindicações do setor cultural para o texto constitucional: I) a positivação dos direitos intelectuais como direitos fundamentais; II) os direitos de natureza trabalhista e previdenciária; III) a liberdade para as atividades culturais, com incentivo público; IV) o acesso de produções locais aos veículos de comunicação; V) a participação da cultura em conselhos, como o de comunicação; VI) a ampliação do direito de antena para sindicatos e organizações populares e sindicais.

a cultura como objeto de políticas públicas sob a responsabilidade do Estado. Os artigos 215 e 216 trazem esse caráter dirigente da Constituição à área da cultura.

A segunda consequência é simbólica, mas não menos importante. A Constituição, ela própria, é um símbolo (CORWIN, 1936, p. 107), para além de um instrumento legal. Como símbolo, sua presença é carregada de significados, quando perpassa a ordem social e quando influencia a cultura jurídica. Estar presente de forma orgânica e autônoma na Constituição, explicitamente como direito constitucional, fornece à cultura uma carga simbólica que interfere na sua assimilação pelos operadores da ordem jurídica e pelos próprios segmentos que reivindicam o usufruto deste direito. Ademais, esta demarcação simbólica é também uma equiparação hierárquica. Eleva-se a matéria cultural ao mesmo patamar de presença normativa alcançada por outros direitos sociais,[5] de maneira que, em uma situação judicial de balanceamento e sopesamento de disposições conflitantes, possa haver maior equilíbrio entre as matérias.

Essa foi, portanto, a trajetória de inserção da cultura como conteúdo especificamente normatizado na Constituição. Os direitos culturais foram assim conformados, unindo o capítulo específico que os consagra, nos artigos 215 e 216, e os dispositivos esparsos pelo texto constitucional. A malha abrange as normas jurídicas com núcleo cultural estrito; os direitos fundamentais do campo da cultura; os princípios advindos do universo cultural, que adquiriram dimensão jurídico-normativa; as garantias culturais; e os objetivos programáticos (dirigentes). Nesse arcabouço estão: livre expressão intelectual e artística (art. 5º, IX); direitos autorais (art. 5º, XXVII); propositura de ações de proteção ao patrimônio histórico e cultural (art. 5º, LXXIII); proibição da censura artística e intelectual (art. 220, § 2º); direito da criança e do adolescente à cultura (art. 227); direitos indígenas (art. 213), entre muitos outros. Importa dizer que é dentro desta ordenação, voltada à "garantia de acesso à cultura, liberdade de criação e difusão cultural, igualdade no gozo dos bens culturais", que se situa o direito ao carnaval na Constituição.

---

5 Maria Paula Dallari Bucci (2006, p. 5-6) explica que a partir da Constituição mexicana de 1917, da Constituição de Weimar de 1919, e, no Brasil, da Constituição de 1934 foram consagrados os direitos sociais, típicos do século XX. Tais direitos, entendidos como de segunda geração, são considerados pela autora como "direitos-meio", englobando os direitos econômicos, sociais e culturais, e têm como principal função "assegurar que toda pessoa tenha condições de gozar os direitos individuais de primeira geração".

2.3 Direitos culturais

Em seu artigo 215, a Constituição estabelece que o "Estado garantirá a todos o pleno exercício dos direitos culturais e acesso às fontes da cultura nacional, e apoiará e incentivará a valorização e a difusão das manifestações culturais". Por esta previsão, os direitos culturais passam a ter dupla dimensão (SILVA, 2001, p. 48): de direito objetivo, que requer ação positiva do Estado; e subjetivo, de faculdade individual de agir com base nesses direitos. Sem exaurir completamente o conteúdo dos direitos culturais, o dispositivo traz os principais núcleos substantivos de ação do Estado na cultura: acesso, apoio, valorização e difusão da cultura (CUNHA FILHO, 2011, p. 119).

A Constituição, por meio deste artigo, dispondo esses núcleos, encampa normativamente o que Pontier, Ricci e Bourdon (1990) traziam em teoria: o fato de comungarem do mesmo processo de gênese, o direito da cultura e o Estado assentado nos direitos sociais. Direitos estes que trazem efetivamente "uma ação positiva do Estado", nas palavras de Norberto Bobbio (2004, p. 9).

A discussão sobre a proteção constitucional da cultura não deve, contudo, tomar o enunciado do artigo 215, e os objetivos dele extraídos, como ponto de partida. Eles são o ponto de chegada. Os direitos culturais são ponto de chegada a ser alcançado quando se parte da própria cultura e de suas manifestações. O carnaval é uma delas, consagrado como realidade social e multifacetada expressão cultural. A sua existência concreta é que vai requerer a proteção constitucional como direito cultural e a consequente ação do poder público.

É importante reforçar essa "nota de inversão", pois a Constituição, com sua matéria cultural normatizada, mesmo devidamente dotada de autonomia, não funda o processo cultural que protege. Ela, antes, o reconhece. Isso tem o sentido, já bem explicitado no primeiro capítulo, de absorção da cultura como fenômeno socioantropológico e como dado da realidade social a ser amparado. No entanto, há outro ângulo de compreensão, este jurídico, que diz respeito à própria definição e delimitação dos direitos que advêm da cultura, os direitos culturais. Se estes partem da cultura, como dispositivos de fruição da vida cultural, é dela também que herdam um problema "ontológico": a dificuldade de cravar seu conceito.

Os direitos culturais padecem da falta de parâmetros teóricos advinda não da ausência, mas do excesso de insumos conceituais de seu fenômeno-mãe: a cultura. Nesse sentido, Yvonne Donders (2011, p. 75) afirma que "a dificuldade em determinar a abrangência dos direitos culturais é causada principalmente pela complexidade do conceito de 'cultura'".

No mesmo sentido vai Francisco Humberto Cunha Filho (2018, p. 12), em sua obra *Teoria dos Direitos Culturais*: "O que é ilimitado, pluriforme e multissubstancial é, por natureza, indefinível, daí a conclusão, um tanto desoladora para quem tem ambições universalistas, de que somente a partir de recortes e congelamentos é possível definir a cultura e os direitos dela decorrentes".

Para apreender os direitos culturais, portanto, seria preciso manejar a própria noção de cultura, para que, na realidade prática, na concretude social, chegue-se ao extrato dos direitos culturais. Há momentos em que se deve escolher a definição mais limitada de cultura e outros, em que se deve ampliá-la (CUNHA FILHO, 2018, p. 25). Sem negar a importância de se ter parâmetros teóricos para os direitos culturais, o que o autor defende é o conhecimento dos direitos culturais menos por sua teoria e mais pela sua *práxis* e instituições (CUNHA FILHO, 2018, p. 10).

Diversos autores (LAAKSONEN, 2011, p. 50; SEMPERE, 2011, p. 62; DONDERS, 2011, p. 76; CUNHA FILHO, 2018, p. 10-12) reconhecem a ausência de parâmetros teóricos pacificados sobre os direitos culturais e mesmo lacunas conceituais nos tratados e convenções que os assentam no sistema internacional de direitos humanos. Nesse quadro, o que se defende é a existência "de fato" dos direitos culturais, frutos da extração dos núcleos culturais essenciais nos documentos internacionais de direitos humanos e nas constituições nacionais. Por meio deste processo, empreende-se uma espécie de dedução do teor dos direitos culturais, percorrendo um trajeto que se estende dos direitos humanos e fundamentais até os direitos relativos à cultura constitucionalmente reconhecidos.

2.3.1 Construção de sentido nos direitos humanos

Há um curso histórico importante de surgimento, alastramento e consolidação dos direitos culturais internacionalmente. Quatro momentos históricos são relevantes como marcos deste processo, conforme Cunha Filho, Botelho e Severino (2018, p. 28-29).

O primeiro deles é o surgimento jurídico inédito dos direitos culturais, com a Constituição Mexicana, de 1917; a emblemática enunciação na Declaração Universal dos Direitos Humanos, em 1948; a onda de promulgações das constituições contemporâneas, de que fez parte a Constituição Federal Brasileira de 1988; e a Declaração da Diversidade Cultural, de 2001. O destaque principal está na

Declaração Universal dos Direitos Humanos, plataforma irradiadora do constitucionalismo cultural mundo afora (2018, p. 28). Uma propulsão que alcançou muitas constituições nacionais, absorventes das proposições normativas sobre cultura e direitos culturais internacionalmente inauguradas.

Pode-se dizer, portanto, que é do sistema internacional de direitos humanos que surgem os núcleos primários de constituição dos direitos culturais. Extraído do artigo 27 da Declaração Universal surge o núcleo que Teixeira Coelho (2011a, p. 8) reputa como formador do principal direito cultural: o direito de participar da vida cultural. Com o Pacto Internacional de Direitos Econômicos, Sociais e Culturais (Pidesc), de 1966, somou-se o núcleo de sentido contíguo, a configurar o direito de "acesso" à vida cultural. Ambos configuram o que Laaksonen (2011, p. 50) define como as "duas partes fundamentais dos direitos (humanos) culturais": o acesso à cultura e a participação na cultura. Conjugadas, essas dimensões estruturariam a "espinha dorsal" dos direitos humanos no campo da cultura (LAAKSONEN, 2011, p. 50-52). A respeito deles, duas notas aqui são importantes.

A primeira diz respeito ao direito de acesso à cultura. Ele seria o abre-alas para todos os demais direitos culturais. Precede a estes, e sua garantia é um imperativo para que sejam atendidos os requisitos de fruição dos demais direitos na área cultural. Por essa razão, autores importantes como Pontier, Ricci e Bourdon (1990) o nomeiam apenas, e diretamente, como "direito à cultura". Não raro, também, este "direito dos direitos culturais", mesmo sendo uma espécie, é confundido com o gênero "direitos culturais". Essa sinédoque conceitual deve ser evitada: ainda que o núcleo (acesso) seja fundamental para a compreensão dos demais direitos, ele permanece como parte de um todo muito maior, o dos direitos cujos núcleos residem de formas diferentes no campo cultural.

A participação é um destes núcleos, e aqui segue a segunda nota. O direito de participar da vida cultural deve ser entendido como maximizador das possibilidades do sujeito cultural, sobretudo nos contextos de diversidade cultural e interculturalidade (TEIXEIRA COELHO, 2007, p. 16). Assim, quem participa da vida cultural não participa apenas da sua própria, mas tem o direito de participar da vida cultural alheia, diversa, diferente da sua, de uma outra vida cultural. Trata-se de uma ideia capaz de conectar o sentido de proteção de identidades com o de promoção e exercício de direitos, gerando uma acepção qualificada de "cidadania cultural". Uma abordagem normativa que viria a ser adotada por vários ordenamentos pátrios, inclusive o brasileiro.

Compartilhar a gênese normativa (no sistema internacional de direitos humanos) levou estes dois núcleos (acesso e participação) a alcançar também afinidade semântica em seus objetos. A cultura, a ser acessada, pode ser compreendida como dimensão ativa, podendo se confundir com a própria vida cultural. Participar da vida cultural, por sua vez, só é possível se a cultura, como dimensão posta, passiva (patrimônio e meio ambiente culturais), for acessada. E, assim, participar da vida cultural é, antes, participar dessa cultura. No limite, o acesso é prerrogativa para a participação e esta pode ser entendida, também, como uma forma de acessar a cultura ou a sua dimensão "ativada": a vida cultural.

Essa combinação nuclear e semântica permite que se chegue a uma formulação de síntese sobre o "direito à cultura" como "a materialização dos meios de acesso a ela em todas as suas manifestações e formas de participação, componentes da vida cultural a ser gozada por todos, especialmente por meio da criação e fruição" (VARELLA, 2014, p. 74).

A agenda da diversidade cultural foi um fator preponderante para alicerçar os direitos culturais internacionalmente. A Convenção da Diversidade Cultural, de 2005, foi o emblema maior dessa agenda. Ela foi resultado de alguns anos de discussão internacional sobre a essencialidade dos bens culturais, desde o advento da Declaração Universal sobre a Diversidade Cultural, também da Unesco, de 2001. O debate se travou em torno da necessidade de proteger os bens jurídicos oriundos dos direitos culturais (os bens culturais), que guardavam em si as reservas simbólicas e identitárias dos países, frente à agenda comercial ostensiva que dava ênfase em sua dimensão proprietária e comercial. Protegendo e promovendo a dimensão simbólica e imaterial dos bens culturais, a Convenção da Diversidade Cultural reequilibrava uma relação que pendia internacionalmente para a lógica do direito autoral e da propriedade intelectual (SOUZA, 2010, p. 68). E, assim, os direitos culturais se fortaleciam como instrumentos assecuratórios da diversidade cultural – um ativo fundamental de vários países, dentre eles o Brasil, que assumiu posição de protagonista na articulação e aprovação da Convenção.

Um último fator a se destacar é a orientação de que toda a lógica internacional dos direitos humanos se volta à consecução da dignidade humana. Os direitos culturais, assentados no rol dos direitos humanos, não teriam vocação divergente. Por essa lógica, predominante a partir da segunda metade do século XX, os direitos culturais, assim como todos os outros direitos humanos, configuram-se como mecanismos voltados à consecução das bases para a dignidade, como a integridade física e moral e a liberdade. No campo da cultura, tais objetivos são almejados de duas maneiras.

A primeira diz respeito à preservação da própria diversidade cultural, que, dialogando com a universalidade dos direitos humanos, na esfera coletiva, gera maior potencial de respeito mútuo e paz social (TEIXEIRA COELHO, 2011b, p. 18). A segunda maneira se relaciona com o âmbito individual da identidade. Por meio dela, o sujeito se reconhece no mundo, toma consciência de suas capacidades e mune-se de ferramentas que lhe vão possibilitar o exercício (ou a conquista) de outros direitos indispensáveis. Direitos cujo caminho de conquista se tornaria mais distante e espinhoso sem a assunção identitária do indivíduo e sem o "efeito desencadeador" (MEYER-BISCH, 2011, p. 38) propiciados pelos direitos culturais.

Todos estes fatores foram fundamentais no percurso de consolidação dos direitos culturais, conferindo maior visibilidade aos seus núcleos programáticos e atrelando-os a agendas importantes de desenvolvimento econômico e social. Parte desse quadro o entendimento sobre a "conversão" dos direitos culturais em direitos fundamentais nos ordenamentos pátrios.

2.3.2 *Fundamentais, constitucionais e culturais*

Quando um direito é essencial para garantir a vida digna e o exercício da cidadania, ele deve ser considerado um direito fundamental. Este entendimento é de Paulo Bonavides (2010, p. 562), que vincula o sentido dos direitos fundamentais aos valores históricos e filosóficos da dignidade e da liberdade. José Afonso da Silva traz essa perspectiva para a esfera institucional do ordenamento jurídico, identificando os direitos fundamentais como "aquelas prerrogativas e instituições que ele concretiza em garantias de uma convivência digna, livre e igual de todas as pessoas" (SILVA, 2003, p. 178).

Por essa conceituação, a tendência é se tomar como sinônimos direitos humanos e direitos fundamentais. Ao trabalho em curso não cabe entrar nesse debate, tampouco esmiuçar as convergências e discrepâncias dessa relação "fraternal". O que cabe é encontrar o ponto de salto de um direito (ou uma norma) da plataforma mais ampla e generalista dos direitos humanos para o pavimento mais circunscrito e específico dos direitos fundamentais. Esse ponto de salto parece estar na área direta da incidência normativa. Isto é: se a motivação axiológica de ambos vem do mesmo lugar (a proteção de valores como a vida, a dignidade e a liberdade), assim como a sua natureza constitutiva (indivisível, integral e universal), o que os difere é a instrumentalização normativa no ordenamento nacional.

O salto está na própria assimilação constitucional, que dota os direitos fundamentais de prerrogativas e garantias especiais. É uma espécie de conversão, do plano internacional para o nacional, que capacita tais direitos para a incidência efetiva na concretude da realidade social interna. Usando uma analogia química, trata-se do transporte ativo de normas e valores, que migram de um gradiente jurídico menos concentrado, em razão do vasto espectro internacional dos direitos humanos, para um gradiente de alta concentração jurídica, a ordenação constitucional dos países, assumindo os atributos próprios deste novo ambiente.

Esta "conversão" dos direitos humanos para os direitos fundamentais é importante para a cultura, pois, como delineado anteriormente, o surgimento dos direitos culturais advém dos primeiros núcleos estabelecidos pelo sistema internacional de direitos humanos. Partindo dos tratados, das convenções e dos documentos internacionais, o movimento foi de irradiação para as constituições nacionais, que, de forma simbiótica e complementar (CUNHA FILHO, 2018, p. 36), assimilaram os direitos culturais como direitos fundamentais.

Compreender este movimento é constatar que os direitos culturais podem ser considerados direitos humanos e direitos fundamentais. Dos direitos humanos, eles herdam seu espírito universalizador e a vocação de integralidade e indivisibilidade. Também se inserem no patamar especial de proteção, de direitos resguardados de forma conjugada, como malha inter-relacionada em âmbito global. Nesse bojo, como explica Donders (2011, p. 87), "se a ideia de indivisibilidade, interdependência e inter-relação de todos os direitos humanos for levada a sério, os direitos culturais devem receber a mesma atenção que os outros direitos humanos".

Ao se "tornarem" também fundamentais, os direitos (humanos) se acrescem de outros atributos. Aqueles que lhes imprimirão a fundamentalidade, a ser formalmente reconhecida, concreta e materialmente efetivada (SILVA, 2003, p. 178). Trata-se da característica que se configurará como marca e maneira de sua positivação constitucional. Os direitos fundamentais, assim, somam aos aspectos de direitos humanos que possuem outros requisitos definidores, como: a imprescindibilidade; a relevância na ordem social; a absorção efetiva no ordenamento constitucional, explícita ou implicitamente;[6] a condição reivindicatória inata de reconhecimento, concretude e efetividade (VARELLA, 2014, p. 52).

---

6 Nem sempre os direitos fundamentais são formalmente positivados como normas. Muitos dos princípios dos direitos fundamentais são imprescindíveis para a efetivação dos objetivos

Esse cabedal de características relevantes insere a garantia dos direitos fundamentais como tarefa precípua do Estado constitucional moderno, algo que se conecta com a própria estruturação do Estado de bem-estar social (NEVES, 2011, p. 61-62).

E, aqui, retorna-se ao apontamento inicial deste capítulo, o enunciado do artigo 215 da Constituição Federal. Nele, lê-se que cabe ao Estado garantir a todos o pleno exercício dos direitos culturais e acesso às fontes da cultura nacional. Corroborando as já aplicadas ideias de Bobbio (2004) e Pontieur, Ricci e Bourdon (1990), o que parece se observar nesse dispositivo é justamente a instauração conjunta de um direito fundamental (à cultura) e de um preceito programático (de ordem prestacional) do Estado, típica previsão constitucional de um Estado de bem-estar social.

Por todo esse processo de dedução, o resultado lógico é a constatação – e, agora, o reforço – de que os direitos culturais são direitos fundamentais. Porém, seguindo o mesmo curso dedutivo, permanece pendente a qualificação dessa afirmação, ou, a investigação sobre a forma de identificação da fundamentalidade dos direitos culturais.

Francisco Humberto Cunha Filho (2018, p. 42-44) traz contribuição nesse sentido. Segundo ele, alguns métodos são úteis para o reconhecimento dos direitos culturais como fundamentais.

Um deles é a internalização dos documentos internacionais. Geralmente, são tratados e convenções de direitos humanos ratificados pelo País e assimilados ao ordenamento por aprovação qualificada[7] do Congresso Nacional. Quando dentro da ordenação constitucional, essas normas possuem status de emendas constitucionais, com hierarquia superior às leis. É o caso, por exemplo, da Convenção da Diversidade Cultural (2005, internalizada em 2006[8]) e da Convenção para a Salvaguarda do Patrimônio Cultural Imaterial (de 2003, internalizada por meio do Decreto nº 5.753 de 2006). As normas estabelecidas em ambas as convenções possuem caráter de direito fundamental no Brasil.

---

que tais direitos preceituam (como a consecução da dignidade, cidadania, liberdade etc.). Muitas das vezes, tais princípios estão implícitos ou difusos (SILVA, 2003, p. 179).

7 Aprovação do texto legal por dois terços dos membros das duas Casas (Câmara e Senado), em dois turnos de votação.

8 Por meio do Decreto Legislativo nº 485, de 20 de dezembro de 2006, ratificado pela promulgação do Decreto nº 6.177, de 1º de agosto de 2007.

O direito cultural também é reconhecido como fundamental quando é assim positivado na Constituição. O título que versa sobre os direitos e as garantias fundamentais traz expressamente essa condição às normas que estabelece. Sobretudo o artigo 5º lista os direitos individuais e coletivos que adquirem o status de fundamentais. Literalmente formalizados como direitos fundamentais estão, como exemplos, os seguintes direitos culturais, constantes do artigo 5º em seus incisos: liberdade de expressão artística (IX); proteção do patrimônio histórico e cultural (LXXIII); proteção autoral das obras artísticas (XXIX); entre outros.

Por fim, o direito cultural é fundamental se comungar dos mesmos princípios dos direitos fundamentais, compartilhar o seu regime e se assemelhar a eles (CUNHA FILHO, 2018, p. 42). O método serve para os direitos que estão em outra seção que não aquela inicialmente reservada pela Constituição aos direitos fundamentais (artigo 5º e afins). No caso da cultura, os direitos constantes no campo dos fundamentais são espelhados na seção autônoma da cultura (artigos 215 e 216), como a liberdade artística, o patrimônio e a pluralidade culturais. Todavia, devem ser reconhecidos também os direitos culturais estabelecidos fora da Constituição. Nesse caso, conforme Cunha Filho (2018, p. 44), "a sua existência deve ser tão significativa a ponto de ser abraçada pelos princípios que informam o conjunto de direitos fundamentais, em seu aspecto material e substancial".

Há outro expediente importante para a fixação da cultura no rol dos direitos fundamentais: a ideia de cidadania. A Constituição brasileira recebeu de seu próprio relator, Ulysses Guimarães, uma de suas alcunhas: a de "Constituição Cidadã". A razão é a centralidade sem precedentes que conferia aos direitos fundamentais e por sua formulação contar com intenso processo de participação social. Por estes atributos, segundo Maria Paula Dallari Bucci (2013, p. 119), estabeleceu-se um "novo patamar coletivo da dignidade humana" e uma "nova concepção de civilidade" no Brasil.

Nesse quadro, a busca de condições para o exercício da cidadania estabeleceu-se como objetivo programático da Constituição, no bojo de seu compromisso maximizador (VILHENA *et al.*, 2017, p. 234). Trata-se de uma missão de cidadania constitucional. Um processo deflagrado em sintonia com a inauguração do que Marcelo Neves (2011, p. 77) chama de "Estado de bem-estar" como "inclusão política realizada", associado ao "Estado de direito" como "inclusão jurídica realizada". Segundo o autor, a cidadania se beneficia dos direitos fundamentais sociais, instituídos constitucionalmente, a provocarem a "institucionalização real dos direitos fundamentais referentes à liberdade civil e à participação política" (NEVES, 2011, p. 77).

Na cultura, a ideia de cidadania passa a criar uma atmosfera positiva para a afirmação dos direitos culturais. Marilena Chauí, quando gestora da Secretaria Municipal de Cultura de São Paulo, na gestão da prefeita Luiza Erundina (1989-1993), chegou a posicionar a cidadania cultural[9] como eixo central de seu programa de gestão cultural. Formulando sobre esse conceito, Chauí afirmou que uma política cultural baseada na cidadania cultural se assenta justamente sobre a cultura como "direito de todos os cidadãos" (CHAUÍ, 2006, p. 138). Nessa perspectiva, o núcleo principal que consagra o direito cultural é o acesso à cultura, como possibilidade democrática de exercício da cidadania. Segundo a autora, a cidadania cultural se perfaz com base na convergência das ideias de direitos culturais universais, de democratização da cultura, de assunção do papel do Estado na área e de participação social nas decisões culturais.

O que importa, a este livro, é compreender que a cidadania cultural coroa a pavimentação dos direitos culturais em seu itinerário jurídico. Um caminho que parte do ideal mais universalista e abstrato dos direitos humanos para a concretude de sua fundamentalidade no corpo social, o que considera inevitavelmente as tensões e os conflitos da sociedade real em que serão vivenciados tais direitos.

Nesse curso, cuja foz é a Constituição Federal, os direitos culturais podem ser considerados, em síntese: instrumentos essenciais para a consecução da dignidade, da liberdade e da cidadania; dispositivos para o cumprimento dos objetivos constitucionais programáticos no campo da cultura; objetivos a serem alcançados pelo Estado ao se movimentar por meio das políticas públicas; expedientes absorventes e impulsionadores das demandas por participação social nas decisões sobre as políticas culturais; e mecanismos que contribuem para o desenvolvimento social, na medida em que carregam consigo o propósito da identidade, da integridade e do desenvolvimento humano, individual e coletivo.

---

9 Chauí (2006, p. 72) prescreve quatro perspectivas para a instauração da cidadania cultural: I) a definição alargada de cultura, extrapolando linguagens artísticas, segmentos culturais e classes sociais; II) a definição política de cultura, alicerçada no ideal democrático acesso pleno dos cidadãos à cultura; III) a definição de cultura como trabalho da criação, da sensibilidade, do intelecto, da memória etc.; e IV) a definição dos sujeitos sociais como sujeitos históricos, inserindo a cultura na perspectiva da luta de classes e do materialismo histórico.

Todos esses escopos dos direitos culturais se fazem presentes na malha constitucional da cultura, em que constam as normas próprias de cada segmento, linguagem ou expressão cultural. Por dedução, o entendimento se estende ao direito ao carnaval. Nessa perspectiva, e de forma ainda preliminar, ele deve ser visto, assim como todos os demais direitos culturais, como um direito fundamental, por ser posto como tal constitucionalmente (como expressão e como liberdade) e por carregar em si os princípios de direitos fundamentais, cujo objetivo é garantir valores essenciais como a vida, a liberdade, a cidadania e a busca da dignidade.

2.3.3 Malha constitucional da cultura e a identificação do carnaval

Este livro não pretende exaurir todos os direitos culturais presentes na Constituição Federal. A intenção do trabalho é compreender o território semântico da cultura no texto constitucional para, nele, identificar o carnaval como direito cultural. Identificando-o, qualificar o seu enquadramento e sua natureza. Entretanto, mais do que tudo isso, o objetivo do livro é compreender o alcance do direito ao carnaval, sobretudo quando em conflito com outros direitos igualmente fundamentais.

Há um caminho lógico a se percorrer. Nele, a principal via é o processo de dedução do que é válido, nos direitos culturais, para o carnaval.

A ordenação constitucional da cultura descreve o arco delimitador do conteúdo cultural a ser legalmente protegido. Há um critério pelo qual os diversos fenômenos da ordem da cultura passam a ser tomados como direitos culturais. Parece consolidado o entendimento (SILVA, 2001; CUNHA FILHO, 2010; COSTA, 2012; SOARES, 2009) de que este critério é o da referenciabilidade. Isso significa dizer que os bens de natureza material e imaterial passam a compor o patrimônio cultural brasileiro, e assim estarem sob o manto de proteção constitucional, se fizerem referência à identidade, à ação e à memória dos diversos grupos formadores da sociedade brasileira.

O critério da referenciabilidade é extraído do artigo 216 da Constituição Federal, cujo *caput* preceitua: "Art. 216. Constituem patrimônio cultural brasileiro os bens de natureza material e imaterial, tomados individualmente ou em conjunto, *portadores de referência* à identidade, à ação, à memória dos diferentes grupos formadores da sociedade brasileira" (grifo nosso).

O dispositivo tem a função primária de estabelecer uma definição do que seja patrimônio cultural, apta a ser contemplada pela guarida constitucional. No entanto, ele vai mais longe. É por essa definição que se delimita a noção de cultura a ser abarcada pela ordenação constitucional: um recorte que restringe a vastíssima acepção antropológica e consolida uma orientação valorativa (SILVA, 2001, p. 35). Explicando essa concepção, Silva (2001, p. 35) defende que a interpretação constitucional da cultura deve considerar os bens que possuam uma "significação referencial", que sejam repositórios de valores e sentidos da cultura nacional. Estes estariam impregnados nas formas culturais, sobretudo por intermédio da simbolização, dessa capacidade de comunicação inter-relacional dos indivíduos que os insere na ordem simbólica em que vivem. Para Silva (2001, p. 34), trata-se de uma visão semiótica que enriquece a compreensão constitucional da cultura, contribuindo para forjar o que ele denomina "concepção culturalista da cultura".

Ainda de acordo com Silva (2001), no bojo dessa concepção, a ordenação constitucional da cultura possui duas ordens de valores ou dois sistemas de significações: I) as próprias normas jurídico-constitucionais (direitos e garantias culturais, liberdades culturais); e II) a matéria cultural normatizada (formas de expressão, criações artísticas, edificações de valor cultural, modos de criar, fazer e viver etc.).

Cunha Filho (2018) procura uma definição exaustiva com base na referenciabilidade valorativa. Considera que o artigo 216 praticamente iguala os conceitos de patrimônio cultural brasileiro e cultura brasileira, já que toda a cultura brasileira se compõe propriamente na forma de seu patrimônio, material e imaterial. Falar em patrimônio cultural de um país significa falar em sua própria cultura. Com base nisso, o autor elabora seu conceito de direitos culturais, como sendo: "[...] aqueles relacionados às artes, à memória coletiva e ao fluxo de saberes que assegurem a seus titulares o conhecimento e uso do passado, interferência ativa no presente e possibilidade de previsão e decisão referentes ao futuro, visando sempre à dignidade da pessoa humana" (CUNHA FILHO, 2018, p. 28).

Claramente, esse conceito tenta fundir os sentidos que possuem os direitos culturais na qualidade de direitos humanos, fundamentais e constitucionais, incluindo a dimensão de cidadania e de transtemporalidade geracional, que se expôs.

Outros autores seguem por outro caminho, importando-se menos com uma definição certeira ou abrangente dos direitos culturais e mais com sua dinâmica jurídica de interpretação e aplicação. Há quem prefira organizar os direitos culturais por vetores independentes. Allan Rocha de Souza (2010, p. 100) é um deles, para quem existem três vetores organizacionais dos direitos culturais no ordenamento: direito da cultura; deveres prestacionais; e direito à cultura. José Afonso da Silva, por sua vez, optou por não ter uma definição, tampouco lançar diretrizes normativas para reconhecimento dos direitos. Preferiu criar um rol de direitos culturais, baseando-se em categorias[10] que foram extraídas dos núcleos culturais da Constituição. Assim, estabeleceu uma lista objetiva de direitos culturais:

Essas definições e sistematizações são importantes para alicerçar o caminho investigativo sobre os direitos culturais na Constituição. Contribuem para a própria apreensão da cultura como matéria constitucionalizada, de forma explícita ou implícita, literal ou principiologicamente deduzida. Para a dedução dos direitos culturais, incorporar *princípios* que norteiem o reconhecimento e a produção das normas relativas à cultura é fundamental. Sendo "noções radicais" (BANDEIRA DE MELLO, 2008, p. 88) a informar o sistema normativo e a orientar sua interpretação, os princípios culturais são imprescindíveis para que as próprias normas relativas à cultura partam deles e os contenham.

Tal lógica é fundamental, pois nem todas as matérias culturais estão formal e literalmente presentes na Constituição, ainda que guardem indubitavelmente a significação referencial valorativa que é pré-condição para o seu abraço jurídico. Além disso, nem sempre os bens culturais a serem protegidos são imediatamente identificados no rol expresso dos direitos fundamentais ou na seção autônoma que coube à cultura (artigos 215 e 216). Os direitos culturais, na Constituição, muitas vezes precisam ser reconhecidos, apurados, depurados e conectados à malha semântica da cultura.

Alguns processos se prestam a esse objetivo. Um deles é nomeado pelo constitucionalista português Vasco Pereira da Silva (2007, p. 67-94) como processo de "recomposição". Apesar de referir-se aos conteúdos culturais da Constituição portuguesa, ele vale para além-mar. Para dar unidade de sentido à dispersa malha de direitos culturais no texto constitucional, e abrigá-los sob uma ótica de dupla tutela

10 "(a) liberdade de expressão da atividade intelectual, artística e científica; (b) direito a criação cultural, compreendidas as criações artísticas, científicas e tecnológicas; (c) direito de acesso as fontes de cultura nacional; (d) direito de difusão das manifestações culturais; (e) direito de proteção as manifestações das culturas populares, indígenas e afro-brasileiras e de outros grupos participantes do processo civilizatório nacional; (f) direito-dever estatal de formação do patrimônio cultural brasileiro e de proteção dos bens de cultura – que, assim, ficam sujeitos a um regime jurídico especial, como forma de propriedade de interesse público." (SILVA, 2001, p. 51-52).

jurídica (subjetiva e objetiva), Silva afirma ser necessário recorrer a um processo de recomposição dos diversos direitos sob o guarda-chuva de uma espécie de direito maior à cultura: o "direito fundamental à cultura". Sob este, uma espécie de direito gênero, várias modalidades de direitos são encontradas e cabíveis.

A lógica se baseia na ideia de que este amplo direito fundamental à cultura é "conceito-quadro", nos termos de Bauer (*apud* SILVA, V., 2007, p. 87). Neste abrangente conceito se guardam a unidade e a identidade da matéria fundamental constitucionalizada, essencial por resguardar uma "vertente da dignidade da pessoa humana" (SILVA, 2007, V., p. 87). A cultura seria uma dessas vertentes. Diante da sua indiscutível diversidade e complexidade, buscar uma interpretação constitucional de "recomposição" contribui fundamentalmente para que se abram espaços para novas realidades e sujeitos dos direitos culturais. Novidades que, amparadas na coerência semântica e jurídica do conceito-quadro "recomposto", terão espaço para virem à tona como questões futuras e emergentes da cultura como objeto do direito. Como bem explica Bauer (*apud* SILVA, V., 2007, p. 88), deve-se ter um "conceito-quadro aberto, necessitado de preenchimento em concreto e susceptível de diferentes variações de conteúdo". Nas palavras de Vasco Pereira da Silva (2007, p. 88), trata-se de "uma tentativa doutrinária de encontrar uma noção de direito fundamental à cultura, que seja constitucionalmente adequada, mas seja também capaz de dar resposta aos problemas culturais dos modernos Estados de Direito democráticos".

O processo de recomposição pode servir ao Brasil, cuja malha constitucional da cultura é igualmente extensa e difusa. E pode servir à investigação específica deste livro, que é o direito ao carnaval. Mantendo a coerência com o conceito-quadro do direito fundamental à cultura, e especialmente partindo dele, é possível identificar, extrair e sobretudo propor (como nova realidade jurídica insurgente) as normas que compõem o arcabouço do direito ao carnaval.

Algumas normas constitucionais relativas à cultura estão nesse escopo carnavalesco, tanto na zona constitucional específica, quanto distribuídas no decorrer do texto magno, sobretudo nos dispositivos de direitos fundamentais.

A seção autônoma da cultura na Constituição será tomada primeiramente. Seus dois artigos trazem previsões que alcançam a proteção do carnaval como direito. É interessante decupá-los para identificar o que concerne ao carnaval.

"Art. 215. O Estado garantirá a todos o pleno exercício dos direitos culturais e acesso às *fontes da cultura nacional*, e apoiará e incentivará a valorização e a difusão das *manifestações culturais*" (grifos nossos). Neste caput, primeiro se afirma a função programática do Estado de garantidor dos direitos culturais, deixando subentendida a sua obrigação de implementar políticas públicas na área cultural. Estabelece-se aí a face de direito objetivo à cultura, que se volta também ao carnaval, como festa, dinâmica e expressão culturais a serem reconhecidas e impulsionadas por meio de políticas públicas.

O direito de acesso às fontes da cultura nacional surge também acoplado à obrigação respectiva do Estado. O nascedouro é conjugado, o do direito fundamental em tela e o da correspondente função estatal, típica do Estado de Bem-Estar Social, como vários autores defendem (PONTIER; RICCI; BOURDON, 1990; NEVES, 2011; BUCCI, 2006). O núcleo de sentido do direito está nas "fontes da cultura nacional", que devem poder ser acessadas indistinta e democraticamente.

Pode-se interpretar, de maneira alargada, que as fontes seriam tudo o quanto faz brotar cultura, tudo o que cria patrimônio e tudo o que constitui o meio ambiente cultural brasileiro. Também pode se entender que todos os cidadãos e as cidadãs devem ser aptos a acessar todos os bens culturais que compõem e de que dispõem a cultura brasileira.

O direito de acesso à cultura parece ser o primeiro a se afirmar no enunciado do artigo de estreia da seção específica da cultura na Constituição de 1988. Parece ser, também, o referido "conceito-quadro" (chamando-o apenas de "direito à cultura") que dá coesão e unidade de sentido a todos os demais direitos culturais que surjam, dentro ou fora do texto constitucional.

Nessa linha, o carnaval é indubitavelmente elemento advindo das fontes da cultura nacional. É um bem imaterial – uma festa, uma expressão popular multi-identitária e um conjugado de linguagens artísticas que se performam publicamente nas ruas – que compõe o patrimônio cultural, cria e é constantemente recriado pelo meio ambiente cultural brasileiro, conformando-se em ativo caracterizador de uma representação simbólica e valorativa do Brasil. Por tudo isso, o carnaval, e o carnaval de rua, por extensão, é um bem cultural cujo acesso e fruição devem ser compreendidos como direito a exigir ação positiva do Estado para o seu cumprimento.

Mais. O carnaval é, em si, uma manifestação. Uma manifestação cultural brasileira, ainda nos termos do *caput* do artigo 215, que agora estreita a enunciação jurídica do acesso à cultura. Apoiar, incentivar, valorizar e difundir são os verbos de ação do Estado. O objetivo é garantir que todos eles recaiam sobre as manifestações culturais, especialmente sobre as que a própria lei reivindica proteção especial, no seguimento do artigo 215: "§ 1º O Estado protegerá as manifestações das culturas populares, indígenas e afro-brasileiras, e das de outros grupos participantes do processo civilizatório nacional".

Por manifestação, pode-se entender a "exteriorização de fatos e atividades culturais" (SILVA, 2001, p. 74). É uma noção necessariamente elástica, pois deve abarcar não apenas as manifestações relacionadas às linguagens artísticas (concertos, shows, espetáculos, mostras etc.), mas igualmente aquelas que se ligam à diversidade das expressões culturais do povo de forma geral – já que é o próprio artigo 215 que anuncia o quão democrático deve ser o acesso à cultura. Muitas vezes, uma manifestação, especialmente aquela oriunda das culturas populares e tradicionais, ou mesmo das comunidades etnicamente constitutivas da sociedade brasileira (quilombolas, indígenas, ribeirinhos, povos de terreiro), não tem como vetor principal a linguagem artística, mas uma dinâmica estética, ritualística ou simbólica importante. Por guardar o significado referencial à formação cultural brasileira, esse tipo de expressão também deve ser considerado uma manifestação cultural protegida pelo Estado – e pela Constituição.

A manifestação cultural é tudo aquilo que se manifesta *pela* cultura e tudo aquilo que manifesta *a* cultura. Atos culturais, expressões, criações artísticas, modos de fazer e viver, dinâmicas de memória, bens do patrimônio material e imaterial, todos são elementos que se constituem, ao mesmo tempo, como vetores de produção e de comunicação de uma dinâmica cultural estabelecida. Criam e comunicam cultura, considerando esta como uma ordem simbólica por meio da qual os indivíduos interagem entre si e com a realidade.

Pelo dispositivo constitucional em análise, é interessante anotar que a lei protege e incentiva todas as manifestações culturais brasileiras. Porém, ela indica a necessidade de atenção especial às manifestações das culturas populares, indígenas e afro-brasileiras, e das de outros grupos participantes do processo civilizatório nacional. Conforme Silva (2001, p. 74, grifos nossos), "Aqui, não se trata apenas de apoiar e incentivar; quer-se mais, exige-se proteção, ações positivas no sentido de defender a existência, a valorização e a difusão dessas *culturas especiais*".

O carnaval se insere perfeitamente nessa categoria de "culturas especiais". Deduz-se desta que são as manifestações criadas e desenvolvidas por um ou por mais grupos formadores da matriz cultural brasileira. A festa carnavalesca brasileira contemporânea, como bem apurado no primeiro capítulo deste livro, é justamente o produto das interações tensas, complexas, multiétnicas e transculturais de alguns desses grupos, em especial dos segmentos afro-brasileiros e europeus. Se sua origem e aporte no Brasil remete à ação europeia, seu desenvolvimento estético e sua consolidação social são devidos à atuação dos negros. Assim, conclui-se peremptoriamente que o carnaval deve ser elevado à condição de manifestação especial da cultura brasileira, que demanda tratamento diferenciado e acurado pelo poder público, a fim de resguardá-lo como direito cultural.

Continuando na seção específica da cultura na Constituição, seu segundo enunciado, o artigo 216, trata do patrimônio cultural brasileiro. Como já salientado, trata, na prática, do próprio conjunto de bens que vão conformar o que será a "cultura brasileira" preservada e promovida pelo ordenamento jurídico. Esses são *caput* e incisos da norma:

> Art. 216. Constituem patrimônio cultural brasileiro os bens de natureza material e imaterial, tomados individualmente ou em conjunto, portadores de referência à identidade, à ação, à memória dos diferentes grupos formadores da sociedade brasileira, nos quais se incluem:
> I - as *formas de expressão*;
> II - os *modos de criar, fazer e viver*;
> III - as criações científicas, artísticas e tecnológicas;
> IV - as obras, objetos, documentos, edificações e demais espaços destinados às manifestações artístico-culturais;
> V - os conjuntos urbanos e sítios de valor histórico, paisagístico, artístico, arqueológico, paleontológico, ecológico e científico. (grifos nossos).

Já tendo sido bem trabalhada a ideia do carnaval como manifestação de referência inexorável à constituição identitária da cultura brasileira, é preciso avançar sobre os atributos específicos que tornam o carnaval uma forma de expressão cultural e um modo de criar, fazer e viver que se enquadram plenamente no arco protetivo do patrimônio imaterial.

2.4 O carnaval como direito ao patrimônio imaterial

No artigo 216, fica estabelecida a proteção do patrimônio cultural brasileiro, material e imaterial. Tomando-se por base o referido artigo, a tutela constitucional da cultura estaria relacionada a todos os processos sociais com referência simbólica à identidade, à ação e à memória.

Nesse sentido, de tutela constitucional, o carnaval – e a sua forma de rua, o carnaval de rua – surge como direito cultural protegido, na dimensão subjetiva, de possibilidade de exercício do direito de "pular o carnaval" pelos indivíduos, e na dimensão objetiva, de uma responsabilidade consequente do Estado de garantir as condições para tanto. Como parte constituinte da identidade cultural brasileira e patrimônio essencial da cultura nacional, e como fenômeno simbólico e expressão histórica das matrizes culturais brasileiras, o carnaval, em todas as suas manifestações, notadamente como bem imaterial, deve ser protegido e promovido pelo Estado brasileiro, sobretudo por intermédio de políticas públicas.

Em sua gama de manifestações – gêneros, linguagens, ritmos, expressões e variações regionais – o carnaval de rua é um ativo importante da diversidade cultural brasileira, especialmente por estar umbilicalmente relacionado às culturas populares e tradicionais. A Convenção da Diversidade Cultural, aprovada em 2005, reafirma a necessidade de amparo legal dessas manifestações. Ratificada pelo Brasil, com sua internalização na forma constitucional, em dezembro de 2006, a Convenção corroborou e ampliou a proteção constitucional das expressões da diversidade cultural brasileira, entre as quais se encontra o carnaval.

Todavia, é preciso compreender as bases de proteção do carnaval como patrimônio imaterial e a qualificação dessa proteção. Importa adensar o que se entende por patrimônio, enquanto conceito jurídico que abarca as expressões culturais, inclusive o carnaval.

O primeiro sentido, já desenvolvido, é o que equivale cultura e patrimônio cultural. A Constituição faz a opção pela confluência dos conceitos, tomando cultura por patrimônio. Também na essência do conceito, destaca-se o critério valorativo para a diferenciação dos bens. Passam a fazer parte da cultura brasileira (ou do patrimônio cultural brasileiro) os bens que fazem referência à identidade, à ação e à memória dos grupos que conformam a identidade cultural brasileira. É o critério da referenciabilidade.

Esse atributo do bem (portar um valor de significação identitária) serve também para alimentar, se não, caracterizar a diferenciação entre patrimônio material (físico e tangível) e patrimônio imaterial (intangível). Na verdade, trata-se de uma desdiferenciação. O que tem se consolidado (SANT'ANNA, 2007; TELLES, 2018; FONSECA, 2009; MENESES, 2009) é a inexistência de dicotomia entre patrimônio material e patrimônio imaterial. Não apenas para o amparo jurídico, mas igualmente na esfera antropológica (que, aliás, lhe empresta alicerce), o patrimônio cultural é uno. Um patrimônio único com duas dimensões: material e imaterial. Simbióticas, elas não cindem o conceito. Pelo contrário, elas conferem ao patrimônio uma dualidade constitutiva cujo amálgama é justamente a convergência entre valoração e suporte.

Como totalidade, o patrimônio cultural, quando materializado (físico), só é patrimônio se for dotado de um vetor imaterial (valor, símbolo, sentido) que o confere significação, diferencia-o dos demais bens e o referencia como elemento de memória e identidade; quando imaterial, ou intangível, o bem só é caracterizado como patrimônio quando encontra projeção em algum vetor material, um suporte no qual se realiza e é evidenciado. Nesse ponto, Telles (2018, p. 36) anota que essa materialidade do patrimônio imaterial está em diferentes veículos e suportes das linguagens artísticas e das expressões culturais, mas pode estar também no próprio corpo dos indivíduos. Um parêntese que serve muito bem para reforçar a ideia de que a referenciabilidade do carnaval é carregada nas próprias pessoas, aquelas que comungam da festa, ano a ano, como agentes da celebração.[11]

A dimensão imaterial do patrimônio alcançou importância a partir de debates dos anos 60 e 70, vocalizados por movimentos políticos e culturais que demandavam o reconhecimento de bens ligados grupos étnicos até então negligenciados na seleção do que fosse patrimônio cultural. Tratava-se especialmente dos segmentos afro-brasileiros e indígenas e, num primeiro momento, dos bens físicos, móveis e imóveis, referentes à sua memória e identidade: locais de antigas senzalas, terreiros, centros de umbanda, sedes e espaços de memória, entre outros. Mais à frente, no processo constituinte da década de 1980, a reivindicação passa a mirar a ampliação da ideia de bens culturais, de modo a alcançar justamente os bens intangíveis, essenciais para estes grupos identitários nacionais. O resultado positivo se evidencia na absorção da visão ampliada de patrimônio pela Constituição Federal de 1988 (RODRIGUES, F. L. L., 2018, p. 324).

Nesse sentido, conferir ao patrimônio imaterial um conceito operacionalizável significa trazer-lhe maiores condições de eficácia. Significa invocar sua aura de direito fundamental e imputar cumprimento imediato à sua prescrição. Porém, mais do que isso, operar o conceito de patrimônio imaterial é dar concretude jurídica à sua efetivação como política pública, com base na movimentação progra-

11 O livro retornará a este ponto mais adiante.

mática do Estado. A própria atmosfera dirigente da Constituição recai sobre o patrimônio imaterial nessa operação, de maneira que suas ordens de realização da justiça social, democracia e cidadania também passem, necessariamente, pela ideia de proteção dos bens intangíveis da sociedade brasileira.

Nesse quadro de incorporação jurídica do patrimônio imaterial, destaca-se o esforço de alargamento conceitual da cultura e, assim, dos bens culturais patrimonializáveis. A intenção é fortalecê-los como direito exequível, de modo a caberem efetivamente no escopo de assimilação pelo Estado como objeto de políticas públicas. Aos já tradicionais e consolidados bens físicos potencialmente aptos a se tornarem patrimônio (edificações, objetos, documentos, espaços, conjuntos urbanos, sítios arqueológicos) somam-se as novidades intangíveis. Abrigadas de forma inédita na história constitucional brasileira, surgem as formas de expressão e os modos de fazer, criar e viver, além das próprias criações artísticas.

É possível conectar a ampliação do espectro do patrimônio, passando a incorporar os bens imateriais, com a própria assimilação das manifestações e dos segmentos culturais subalternizados. Há duas chaves de compreensão desse fenômeno: a primeira reside no entendimento de que o patrimônio cultural imaterial é, acima de tudo, um conceito político (TELLES, 2018); a segunda chave consiste em localizar no centro do fenômeno a importância das ideias de memória e identidade.

Mario Pragmácio Telles (2018, p. 42-44) reputa como fundamental a afirmação do patrimônio imaterial como conceito político. Segundo ele, sediá-lo assim significa analisá-lo como fricção, espelhamento e disputa, três movimentos em cadeia. A fricção seria o tensionamento com a visão memorialista e eurocêntrica de patrimônio, que leva à subdivisão do campo em material e imaterial. Coexistindo as duas dimensões, elas se espelhariam, em projeção invertida. O espelhamento seria a projeção reversa do modelo teórico do patrimônio material na dimensão imaterial. Contrapondo-se à dimensão material, o patrimônio imaterial quer negá-lo, para obter autonomia de realização jurídica e institucional, mas, para isso, precisa afirmá-lo antes. Tal espelhamento seria também normativo: para ser o avesso do patrimônio material, o patrimônio intangível precisa ter suas próprias normas, instrumentos e instituições. Por fim, a disputa. A disputa seria o coroamento da concepção política de patrimônio imaterial, configurando-se como um campo de negociações e conflitos, "onde há disputa de memória entre os diversos grupos sociais que utilizam e manejam o patrimônio, de forma discursiva" (TELLES, 2018, p. 44).

A segunda chave para compreensão do patrimônio imaterial diz respeito aos sentidos de memória e identidade. Parte-se do pressuposto de que determinados valores, quando projetados nos bens (materiais e imateriais), geram a referência que estes necessitam para se configurarem como patrimônio. No entanto, tais valores requerem balizas de conteúdo. Memória e identidade são justamente os predicados dos valores cuja referenciabilidade tornam determinado bem integrante do patrimônio cultural brasileiro. O artigo 216 da Constituição crava esse entendimento, que também foi reforçado pela Convenção para Salvaguarda do Patrimônio Cultural Imaterial, da Unesco, de outubro de 2003[12] – internalizando no ordenamento jurídico brasileiro por meio do Decreto nº 5.753/2006.

Para a devida clareza sobre a proteção da face imaterial do patrimônio é preciso buscar a interpretação que associe o texto da Convenção com o ditame constitucional. Nela, fica evidente o caráter de participação e legitimação social da escolha do bem intangível. O seu reconhecimento se dá pelos próprios grupos que vivem o processo cultural e o transmitem geracionalmente. É primordialmente uma ação comunitária. E isso carrega inevitavelmente o senso de pertencimento que a própria noção de identidade produz. Na lógica do patrimônio imaterial, a identidade é projetada como valor em um processo cultural que se pereniza, sobretudo, pelo sentido de continuidade temporal aliado ao senso de preservação cristalizado pela memória. Memória e identidade se tornam dispositivos socioafetivos de reconhecimento e de perenização do patrimônio imaterial.

---

12 A definição trazida pelo artigo segundo da Convenção demonstra esse entendimento: "1. Entende-se por "patrimônio cultural imaterial" as práticas, representações, expressões, conhecimentos e técnicas – junto com os instrumentos, objetos, artefatos e lugares culturais que lhes são associados – que as comunidades, os grupos e, em alguns casos, *os indivíduos reconhecem como parte integrante de seu patrimônio cultural.* Este patrimônio cultural imaterial, que se *transmite de geração em geração*, é constantemente recriado pelas comunidades e grupos em virtude de seu ambiente, de sua interação com a natureza e de sua história, gerando um sentimento de *identidade e continuidade* e contribuindo assim para promover o respeito à diversidade cultural e à criatividade humana. Para os fins da presente Convenção, será levado em conta apenas o patrimônio cultural imaterial que seja compatível com os instrumentos internacionais de direitos humanos existentes e com os imperativos de respeito mútuo entre comunidades, grupos e indivíduos, e do desenvolvimento sustentável" (UNESCO, 2003, grifos nossos).

No contexto brasileiro, de inconteste hibridismo cultural e evidente processo vivo de interculturalidade,[13] a afirmação e a preservação da identidade, especialmente por meio do expediente da memória, passam a ser um atributo inexorável do direito ao patrimônio imaterial. De acordo com Sandra Cureau (2015, p. 111), "o direito à própria identidade, à sua manifestação e valoração positiva, tanto individual quanto de grupo, apresenta-se assim como uma das questões mais significativas da interculturalidade".

É nesse contexto, e nesse quadro teórico de proteção jurídica, que se insere o direito ao carnaval como patrimônio imaterial.

O carnaval se investe da verve política do próprio conceito de patrimônio cultural imaterial, tal como foi absorvido pelo ordenamento. A consolidação da ideia de patrimônio intangível atendeu a reivindicação de que a proteção jurídica se estendesse aos bens portadores de referência aos segmentos negligenciados pela visão de "pedra e cal"[14] do patrimônio (físico) tradicional. Com a Constituição de 1988, emergiram os processos culturais intangíveis que passariam a ser reconhecidos, valorizados, preservados e promovidos.

O Plano Nacional de Cultura (PNC) incrementou essa proteção constitucional ao patrimônio imaterial.[15] O PNC,[16] explique-se, é o principal instrumento normativo de orientação do Estado na formulação e implementação de políticas públicas de cultura em todas as áreas, servindo como suporte jurídico, arcabouço programático e conjunto de diretrizes de execução (VARELLA, 2014). Possui 53

13 Definido como processo de interpenetratação ativa de diferentes culturas, nos termos de Canclini (2011).

14 Tônica desde a fundação do Sphan (atual Iphan - Instituto do Patrimônio Histórico e Artístico Nacional), em 1937, essa ótica privilegiava a proteção dos bens ligados às classes dominantes, priorizando o patrimônio edificado da elite branca e católica (TELLES, 2018, p. 43). A visão "pedra e cal" perdurou dominante até a ascensão da acepção inclusiva do patrimônio imaterial, consagrada na Constituição Federal de 1988.

15 Foi possível tratar sobre o assunto em artigo específico: "O patrimônio imaterial no Plano Nacional de Cultura" (VARELLA, 2018).

16 O Plano Nacional de Cultura tem caráter plurianual e foi incorporado ao artigo 215 da Constituição Federal pela Emenda Constitucional nº 48, de 2005. A lei que o regula (Lei nº 12.343/10) é resultado do Projeto de Lei nº 6.885, de 2006. Tendo sua vigência inicial vencida em dezembro de 2020, o PNC foi prorrogado por mais dois anos, por meio da Medida Provisória nº 1.102, de 2 de dezembro de 2020.

metas para as políticas culturais nacionais no período de 10 anos. O artigo 3º, VI,[17] do Plano, normatizou a extensão da proteção para além do patrimônio edificado ou obras de arte e alcançou a imaterialidade dos bens tidos como referenciais para a cultura brasileira. Além disso, previu estratégias de atuação do Estado nesse campo específico, além de trazer quatro metas[18] específicas para o patrimônio imaterial.

O carnaval reside no âmbito dessa proteção legal ao patrimônio imaterial. Como exaustivamente desenvolvido no primeiro capítulo deste livro, o carnaval é uma festa, uma expressão e uma dinâmica social que se associa constitutivamente à identidade e à memória cultural brasileiras. Conforma-se como tal mantendo uma alta carga política, já que o seu assentamento no corpo social brasileiro é resultado de um processo histórico secular, complexo e denso, de tensões, apropriações e reapropriações entre os setores da sociedade. Sua modelagem como expressão da cultura popular é fruto da resistência social e cultural dos segmentos negros e pobres, assimilando e reinventando uma manifestação europeia das classes médias e altas. Aqui, essa manifestação ganhou estética e contornos sociais próprios, com nuances regionais, variedades de gêneros e linguagens artísticas (na música e na dança) e diferentes tipos de relação comunitária e com o espaço doméstico e público. No Brasil, o carnaval se consolidou propriamente como uma forma de expressão (plural e multifacetada) e como um modo de fazer, criar e viver (profundamente arraigado no tecido social brasileiro). Portanto, seus atributos atendem, de forma simultânea, aos incisos I e II do artigo 216 da Constituição.

Tomando a identidade como fonte de significado e experiência de um povo, nos termos de Castells (2018), o carnaval é uma festa que carrega um conjunto de atributos culturais, de matrizes diversas, que, inter-relacionados, ajuda a compor uma significação consistente de uma identidade cultural nacional. É uma expressão que conecta o indivíduo ao seu agrupamento, comunidade, território, especialmente quando se trata da forma de organização coletiva e comunitária do carnaval

---

17 "Art. 3º - Compete ao poder público, nos termos desta Lei: VI - garantir a preservação do patrimônio cultural brasileiro, resguardando os bens de natureza material e imaterial, os documentos históricos, acervos e coleções, as formações urbanas e rurais, as línguas e cosmologias indígenas, os sítios arqueológicos pré-históricos e as obras de arte, tomados individualmente ou em conjunto, portadores de referência aos valores, identidades, ações e memórias dos diferentes grupos formadores da sociedade brasileira."

18 Metas 3, 4, 5 e 6 do PNC.

– sobretudo o carnaval de rua. Nesse sentido, corrobora a ideia trazida por Stuart Hall (2006), para quem a identidade é o elemento que costura ou sutura o indivíduo à estrutura, estabilizando os sujeitos em seu mundo cultural.

Além disso, entendendo a identidade, como sugere Ortiz (1994), como uma construção simbólica, que é fruto de uma pluralidade de identidades e grupos sociais no curso histórico, o carnaval é um referencial valorativo pulsante de uma identidade cultural brasileira. Conforme o autor, trata-se de uma identidade que é suportada entre o nacional e o popular, mas que, como tem constatado a presente tese, vai além disso. O carnaval é produto dessa identidade cultural híbrida e assim a valora e referencia, como um emblema de identificação social e como plataforma de diversidade estética, artística e cultural.

Como festa e celebração, o carnaval conforma uma identidade que possui "múltiplos e ambíguos contornos", citando Maria Lucia Montes (1998). Nesse sentido, quando o direito o protege, na qualidade de manifestação intangível, está protegendo também a própria integração dos diferentes "estoques étnicos" que compõem o País, ainda nos termos de Montes. Como fenômeno de mediação simbólica, a festa do carnaval (não apenas ela, outras também) atinge o ápice da epifania, transcendência e sociabilidade (AMARAL, 1998). E como tal, o vetor de geração de sentidos, significações e valores são as próprias pessoas que comungam desse ritual. Por isso, não é equivocado falar que proteger a expressão cultural imaterial do carnaval é proteger o direito das pessoas de brincarem a festa, pois são seus corpos os suportes materiais que serão impregnados de todos aqueles sentidos e valores referenciais da cultura brasileira.

O carnaval também se liga à memória e é protegido, como direito, por esse viés. Uma celebração coletiva, nos termos de Márcia Sant'Anna (2013), tem o importante papel de demarcar espaços e territórios que vão conectar memórias, sentimentos de identidade e sensos de pertencimento. É o que faz o carnaval. Não apenas empreendendo a ressignificação afetiva, simbólica e estética do espaço urbano (e demais territórios de festa). O carnaval é bem referencial da cultura brasileira também como memória ativada, que conecta passado e futuro, produzindo imagens memoriais para a perenização da expressão cultural e permitindo a continuidade temporal da existência carnavalesca. Como memória, portanto, o carnaval, nos termos de Hall (2006), ajuda a construir os sentidos em torno do qual haverá a identificação coletiva. Proteger juridicamente o carnaval como direito é proteger o direito à memória cultural brasileira.

Como se disse anteriormente, a proteção do patrimônio imaterial tem força de exequibilidade imediata, pelo seu caráter de direito fundamental e por imposição de ação prestacional ao Estado. Para José Afonso da Silva (2001, p. 116), as formas de expressão e os modos de fazer, criar e viver recaem justamente nessa categoria de patrimônio imaterial que, pela sua natureza, dispensam a classificação instrumental (se são objeto de registro, inventário, etc.) para serem protegidos.

As formas de expressão seriam "modos de exteriorização das manifestações culturais" (SILVA, 2001, p. 101), como música, dança, festas, língua, literatura etc. O carnaval é uma das mais completas formas de expressão por abrigar em si imensa variedade de linguagens, gêneros e processos artísticos e culturais, com acentuadas variações regionais. Encaixa-se perfeitamente no inciso I, do artigo 216, como também reforça José Afonso da Silva, para quem o carnaval é a "grande festa popular do Brasil", quando o País "não para, porque brinca, canta e dança numa explosão de alegria" (SILVA, 2001, p. 109).

Os modos de fazer, criar e viver, como a própria nomenclatura indica, são dinâmicas próprias de comunidades, grupos culturais, territórios, espaços (maiores ou menores), que se identificam por fazeres específicos relacionados a comportamentos, regras sociais e de comunicação, gastronomia, técnicas de criação e produção (não apenas artísticas), uso da língua, vestimentas, costumes, práticas religiosas ou espirituais peculiares, entre outras. Nesse quadro, o carnaval é um modo de fazer, criar e viver com nuances territoriais, apresentando formatos e modelos diversos em cada região do País. A consequência são dinâmicas socioculturais próprias, ligadas à cultura carnavalesca e à própria produção da festa. Por exemplo, o carnaval das escolas de samba cariocas, sua economia comunitária, sua forma de produzir as fantasias e alegorias, sua dinâmica de composição dos sambas de enredo e rotina de ensaios – tudo isso é objeto de um modo específico de vida e criação carnavalescas. Outro exemplo é o carnaval das ruas do centro histórico de Salvador, onde a rítmica dos tambores afro, no ijexá, é outra forma de expressão peculiar. No carnaval do Maranhão, Pará e regiões do Amazonas, a confecção dos bois e a forma de seus desfiles também podem ser consideradas um fazer comunitário gerado especificamente para o carnaval.

Ainda que a proteção generalizada ocorra, os bens intangíveis sempre careceram de instrumentos específicos de ação concreta, para incrementar a efetividade prática da preservação. Tardiamente surgiu o Decreto nº 3.551, de 4 de agosto de 2000, que regulamentou a previsão constitucional do artigo 216, criando os institutos do "registro" e do "inventário". O primeiro instrumento recebeu o nome de Registro[19] de Bens Culturais de Natureza Imaterial, ao passo que o segundo: Inventário[20] Nacional de Referências Culturais. Pelo Decreto, ambos passaram a fazer parte do Programa Nacional de Patrimônio Imaterial (PNPI). Algumas manifestações que integram carnavais de rua pelo Brasil, especialmente os elementos musicais, já foram registradas como patrimônio imaterial pelo Iphan:[21] frevo, samba de enredo, maracatu, samba do Recôncavo baiano, jongo, entre outros.

2.5 Carnaval: direito e liberdade

O carnaval é uma manifestação cultural que é um direito e uma liberdade. Ambos fundamentais. Até aqui, o livro se preocupou em traçar o percurso dos direitos culturais para localizar neles o direito ao carnaval. A dimensão do direito, ora explicitada, é a do direito que requer a ação prestacional do Estado para se realizar, como condição para a dignidade humana e para a cidadania (como direito fundamental). Também se trata da dimensão jurídica na perspectiva de acesso à cultura, em sua expressão de festa popular, bem cultural intangível e manifestação identitária do povo brasileiro. Viu-se que essa dimensão conforma o carnaval como um direito fundamental e, simultaneamente, como um bem de titularidade individual (o direito de cada um pular o carnaval), coletiva (o direito de os grupos culturais

---

19 O Registro tem o condão de reconhecer um bem intangível como parte do patrimônio cultural brasileiro, dando a ele a devida documentação e visibilidade. O objetivo é que toda a sociedade tenha conhecimento sobre sua origem, importância, agentes, território de realização, transformações etc. Baseando-se na ideia não de conservação (permanência do bem tal como se encontra), o registro foca em sua constante mutação e continuidade histórica. Pelo registro, também se evidencia o caráter coletivo e comunitário do processo cultural, atribuindo responsabilidades de preservação ao Estado e aos grupos responsáveis pela manifestação.

20 O Inventário é uma metodologia de documentação e investigação mais complexa. Trata-se de um procedimento com etapas diferentes (levantamento, identificação, documentação), cujo resultado apontará para outras medidas de proteção. Dentre elas estão os planos de salvaguarda, que organizam as ações que contribuem para o aprimoramento das condições de produção, reprodução dos bens culturais inventariados e também registrados.

21 Os bens registrados pelo Iphan estão listados em seus quatro Livros de Registros: Saberes, Celebrações, Formas de Expressão e Lugares (INSTITUTO DO PATRIMÔNIO HISTÓRICO E ARTÍSTICO NACIONAL, 2021).

viverem seus processos carnavalescos) e difusa (o direito de toda a sociedade brasileira ter o carnaval como seu patrimônio).

Agora, cabe desenvolver a outra esfera de proteção jurídica do carnaval: o carnaval como exercício da liberdade de expressão artística e cultural. Para tanto, antes de tudo, é preciso estabelecer minimamente essa relação entre direito e liberdade.

Em *A Era dos Direitos* (2004), Norberto Bobbio extrai das declarações de direitos humanos duas ordens de direitos: poderes e liberdades. Por poderes, o autor compreende os chamados direitos sociais, aqueles direitos que "só podem ser realizados se for imposto a outros (incluídos aqui os órgãos públicos) um certo número de obrigações positivas". As liberdades seriam os direitos individuais tradicionais, que "exigem da parte dos outros (incluídos aqui os órgãos públicos) obrigações puramente negativas, que implicam a abstenção de determinados comportamentos" (BOBBIO, 2004, p. 14-15). Para Bobbio, os poderes requerem a intervenção do Estado para serem efetivados, ao passo que as liberdades exigem justamente o contrário: para serem garantidas, precisam que o Estado se abstenha e não intervenha.

Robert Alexy, em sua *Teoria dos Direitos Fundamentais* (2008, p. 218-237), adensa os sentidos de liberdade para a proteção jurídica. Para circunscrever o campo de análise e incidência específica do direito, destaca do conceito mais amplo de liberdade uma manifestação especial, o que ele denomina "liberdade jurídica". Por esta, entende-se a liberdade cujo objeto é uma "alternativa de ação". A liberdade jurídica seria uma "liberdade negativa", que se difere da "liberdade positiva" por esta referir-se à possibilidade ou permissão para apenas uma ação. A liberdade negativa seria, portanto, aquela que traz a alternativa de fazer ou não fazer algo, sendo o direito aquele que garante essa prerrogativa. Na linha de Bobbio, Alexy afirma que, para a criação da liberdade jurídica, é necessária apenas a abstenção do Estado, sua ação negativa. "Para a garantia da liberdade não é necessário um direito a prestações, apenas um direito de defesa" (ALEXY, 2008, p. 223).

As liberdades jurídicas são subdivididas em duas categorias, segundo Alexy (2008). Existem as liberdades não-protegidas, que consistem em permissões gerais de se fazer ou não fazer algo. A alternativa de ambas ocorrerem sem empecilhos configura esse tipo de liberdade. Em nível constitucional, tais liberdades podem encontrar uma permissão "explícita", com uma norma que as estabeleça claramente; ou "implícita", quando ocorre a inexistência de normas proibitivas ou mandatórias contrárias à permissão. Sendo explícita ou implicitamente garantidas constitucionalmente, as liberdades não admitem normas infraconstitucionais que as contrariem. Além de não contrariarem, existe a situação em que essas normas infraconstitucionais podem positiva e objetivamente garantir as liberdades. Nesse caso, está se falando das "liberdades protegidas".

Afirmar o carnaval como direito e como liberdade significa assumir a sua existência jurídica alicerçada no ponto ótimo da interface entre o direito prestacional e a liberdade negativa. Assumindo propriedades de ambos, o carnaval se impõe no ordenamento ora como direito, ora como liberdade. Todavia, e isso se verá adiante neste livro, na relação entre direito e política pública, o carnaval deve se impor simultaneamente como direito e como liberdade.

Trazendo Bobbio e Alexy para o carnaval, pode-se dizer que quando o carnaval é revestido de seu caráter de poder, enquanto direito social a ser garantido, trata-se de um direito cultural que exige a ação comissiva, prestacional e positiva do Estado. Quando assume sua feição de liberdade, o carnaval é uma liberdade cultural a ser garantida pela postura omissiva, negativa e abstencionista do Estado. Essa última situação se justifica, porque o carnaval se afirma tanto como uma liberdade não-protegida quanto como uma liberdade protegida. No primeiro caso, o carnaval é uma permissão ampla para que as pessoas, individualmente ou em grupo, tenham a alternativa de pular ou não o carnaval, prerrogativa que se deduz do artigo 5º, IX, e se afirma explicitamente pelo artigo 216 e seu parágrafo primeiro, na Constituição nacional. No segundo quadro, como liberdade protegida, o carnaval é objetivamente garantido por um arcabouço infraconstitucional, que, entre outras normas, abrange: a Convenção da Diversidade Cultural (2005); a Convenção para a Salvaguarda do Patrimônio Cultural Imaterial (2003); o Plano Nacional de Cultura – Lei nº 12.343/2010; o Decreto nº 5.510/2000; além das diversas outras leis e decretos estaduais e municipais que protegem e promovem regional e localmente as expressões carnavalescas.

Nesse contexto jurídico, o carnaval é protegido como liberdades, no plural. Elas são conectadas: a liberdade de expressão artística e cultural e a liberdade de ação cultural.

2.5.1 Carnaval como liberdade de expressão e de ação culturais

"Art. 5º, IX - é livre a expressão da atividade intelectual, *artística*, científica e de comunicação, independentemente de censura ou licença". Nesse artigo a Constituição descreve o arco protetivo da liberdade de expressão. Como ensina

José Afonso da Silva (2001, p. 58), ela surge como "um sistema complexo, que constitui um leque de faculdades constitucionalmente garantidas". Dentro deste leque, ao lado de outras (intelectual, científica, de comunicação), surge a liberdade artística como direito fundamental.

A primeira nota a se fazer é preambular, antes do mérito dessa liberdade. Ainda que seja uma observação de nomenclatura, não é apenas metodológica: refere-se à própria circunscrição do objeto da liberdade de expressão.

Este livro entende que o escopo da liberdade em tela se estende da atividade artística, em sentido estrito, para a atividade cultural, em sentido amplo. Algumas são as razões para tanto.

Primeiramente, parte-se da ideia de que as artes fazem parte de um determinado patrimônio cultural e são caracterizadas como tal por atributos e circunstâncias desse próprio meio ambiente cultural. Conforme Coli (1995, p. 11), a arte não parte de uma definição abstrata do conceito, "mas de atribuições feitas por instrumentos de nossa cultura, dignificando os objetos sobre os quais ela recai". E, assim, ela "instala-se em nosso mundo por meio do aparato cultural que envolve os objetos: o discurso, o local, as atitudes de admiração, etc." (COLI, 1995, p. 11-12).

A segunda razão é a necessidade de se imprimir uma interpretação constitucional culturalista da cultura (SILVA, 2001, p. 34), de maneira que a apreensão dos sentidos em matéria de cultura na Constituição se oriente pelos valores culturais e pela própria dinâmica e processos do campo cultural.

Derivado desta, o terceiro motivo se relaciona à assimilação do que é cultura para o texto constitucional. Deve haver uma leitura conjugada da malha normativa da cultura na Constituição e, esta, como se demonstrou anteriormente, possui um referencial importante, que é seu artigo 216. Pelo dispositivo, a cultura, para tratamento jurídico, tem uma acepção ampla, que se refere a todas as manifestações referenciais e valorativas da identidade, ação e memória dos grupos formadores da sociedade brasileira. Destilando esse conceito, Cunha Filho (2018, p. 28) afirma que essa concepção orienta os direitos culturais para servirem "às artes, à memória coletiva e ao fluxo de saberes" de todos os titulares.

Por fim, como última razão, que considera todas as anteriores, é o diagnóstico de que o legislador constitucional, no decorrer do extenso cabedal de conteúdos culturais na Constituição, utiliza-se de nomenclaturas diferentes para iguais fenômenos da cultura. Com isso, o operador cultural do direito (ou o operador jurídico da cultura) deve considerar os termos não isoladamente, mas em alinhamento com o todo, com o conjunto integrado e orgânico da ordenação constitucional da cultura.

Dessa forma, trata-se propriamente de uma liberdade de expressão artístico-cultural. O que significa dizer que, quando se fala em liberdade artística, tem-se uma espécie de sinédoque jurídica: toma-se a parte (fazer artístico) querendo significar o todo (fazer cultural – que, em si, inclui o próprio criar artístico). Assim, é correto, alinha-se à boa doutrina (SILVA, 2001; CUNHA FILHO, 2004), e este livro também o fará, utilizar o termo "liberdade cultural", de forma mais abrangente. Liberdade de expressão artística e liberdade de expressão cultural ocuparão o mesmo lugar semântico neste trabalho.

Feita a nota metodológico-programática, interessa desenvolver a ideia de que a repressão à liberdade de expressão carnavalesca significa séria reprimenda ao direito fundamental à liberdade. Trata-se da liberdade de expressão dos grupos culturais que são condutores históricos da manifestação cultural (identitária, social e cultural) do carnaval. Mas se refere igualmente à liberdade de expressão artística, no sentido de que o carnaval se expressa por meio de seus recursos simbólicos e estéticos, integrantes de seus gêneros e linguagens, como a música, dança, adereços e rituais.

O artigo 5º, IX, supramencionado, inclui inequivocamente a liberdade artística (cultural) no conjunto de liberdades fundamentais protegidas. José Afonso da Silva (2001, p. 34) relaciona essa liberdade de expressão a outro mecanismo de exercício da liberdade na área da cultura: a liberdade de ação cultural. Para ele, seria a faculdade de agir culturalmente com toda a liberdade possível, nos limites da legalidade. Para o jurista, é a própria aplicação do artigo 5º, inciso II ("ninguém será obrigado a fazer ou deixar de fazer alguma coisa senão em virtude de lei"), ao campo da cultura.

Para além da restrita operação legal, entretanto, a compreensão da cultura como liberdade relaciona mais organicamente as ideias de agir e se expressar. Liberdade de expressão e de ação cultural são conceitos convergentes. E podem até ser compreendidos como sinônimos se a base de compreensão se pavimentar na ideia de cultura como qualificativo da liberdade. Teixeira Coelho (2011a, p. 8) traz essa noção, afirmando que ela, a liberdade, é a base da ideia de vida cultural.

Vida cultural que, segundo o autor, seria "um complexo de proposições e relações que dão pleno sentido à liberdade 'humana'" (TEIXEIRA COELHO, 2011a, p. 8). A cultura conformaria, portanto, o ambiente valorativo que imprime o sentido social e humano ao exercício da liberdade. Isso permite dizer que a ideia de liberdade está incutida na noção de vida cultural. Só há vida cultural se ela for vivida com liberdade. Compreendendo a cultura como uma ordem simbólica e valorativa por meio da qual as relações dos indivíduos, entre si e com o poder, se expressam (CHAUÍ, 1984, p. 45), é possível afirmar que a liberdade se conforma como vetor indispensável para a plena projeção e para a consolidação dos atributos culturais na sociedade. Algo ainda mais indispensável frente às potenciais e eventuais restrições do Estado (no sentido de poder instituído). A liberdade garante, assim, a plenitude da vida cultural.

Na mesma intensidade, o inverso é verdadeiro, perfazendo um ciclo que se retroalimenta. É a manutenção de uma vida cultural saudável – com seus valores, símbolos, proposições e relações – que abastece, qualifica e fortalece a liberdade, cujo exercício só é completo se amparado e contextualizado no meio social culturalmente constituído.

A liberdade se afirma, então, como elemento indispensável da vida cultural. Esta cria as condições para que aquela exista e a qualifique. O viver cultural reivindica os movimentos da expressão e da ação. Na prática, o que faz a liberdade é ser uma fonte garantidora e conectora de ambos. A liberdade constitucional (como direito humano e fundamental) permite tanto que se haja quanto que se expresse no campo cultural. É nessa chave que se anunciou, previamente, a liberdade de agir e de se expressar culturalmente como equivalentes. Isso se baseia no fato de que a "expressão cultural" pode ser tomada em dois sentidos.

O primeiro é o sentido geral, amplo, de expressão das ideias que vão se moldar no campo da cultura, adentrá-lo e nele circular, assim como deve existir a livre expressão de ideias políticas, acadêmicas, jornalísticas, científicas. O segundo sentido é o estrito, a expressão cultural entendida como vetor ou veículo de projeção dos valores referenciais da cultura brasileira por meio das manifestações artísticas, linguagens, performances, ritos, festas, fazeres e demais processos culturais específicos. É neste último sentido que, na prática, a expressão cultural é o próprio fazer cultural, a ser protegido constitucionalmente como liberdade.

A guarida à liberdade cultural se dá em ambos os sentidos, geral e específico, e o carnaval deve ser protegido nas duas dimensões. O carnaval é, em si, uma plataforma de projeção de ideias e opiniões. Trata-se de um ambiente privilegiado de exercício da liberdade de expressão, por contar com a criatividade, com os recursos estéticos (linguagens e formas artísticas) e com a própria disposição das pessoas, em posição individual ou de grupo, para a projeção das mensagens. Como expressão cultural *stricto sensu*, é festa popular, conjunto de manifestações artísticas e manifestação do patrimônio cultural brasileiro cuja efetivação depende essencialmente da concretização plena da liberdade de expressão cultural dos atores responsáveis pela dinâmica carnavalesca: artistas, músicos, produtores, agremiações, blocos e cordões, comunidades etc. Cercear a liberdade individual, de cada um desses agentes, ou coletiva, dos grupos e segmentos sociais, significa minar na origem a realização do carnaval como direito cultural. E, para o alcance do carnaval como direito cultural, o carnaval como liberdade é um pressuposto.

Assim, tem relevo a forma como a liberdade de expressão cultural é protegida. O assento, e também o acento, estão nos princípios da liberdade e da legalidade. Relacionando esses princípios, o professor José Afonso da Silva entende que a liberdade de expressão cultural só pode ser restrita por normas jurídicas, preceptivas (que impõem condutas) ou proibitivas (que impõem abstenção), que sejam "qualificadas como leis", editadas por processo legislativo, a partir da Constituição e da "soberania do povo". Ou seja, não seriam "quaisquer normas". "A liberdade de ação cultural, como qualquer outra liberdade, só pode ser condicionada por um sistema de legalidade legítima", completa o professor (SILVA, 2001, p. 55). Toda lei que restringe a liberdade deve ser normal, moral e legítima, ou seja, consentida por aqueles que terão a liberdade cerceada por meio de seus legítimos representantes.

É um entendimento de que a restrição da liberdade ocorre somente pela estrita legalidade. Entendimento que advém também do Pacto Internacional sobre Direitos Civis e Políticos (PIDCP), da ONU, aprovado em 1966,[22] e internalizado pelo Brasil por intermédio do Decreto nº 592, de 6 de julho de 1992.

---

22 O Artigo 19 do PIDCP assim estabelece:

"1. Ninguém poderá ser molestado por suas opiniões.

2. Toda pessoa terá direito à liberdade de expressão; esse direito incluirá a liberdade de procurar, receber e difundir informações e ideias de qualquer natureza, independentemente de considerações de fronteiras, verbalmente ou por escrito, em forma impressa ou artística, ou por qualquer outro meio de sua escolha.

3. O exercício do direito previsto no parágrafo 2 do presente artigo implicará deveres e responsabilidades especiais. Consequentemente, poderá estar sujeito a certas restrições, que devem, entretanto, ser expressamente previstas em lei e que se façam necessárias para:

a) assegurar o respeito dos direitos e da reputação das demais pessoas;

b) proteger a segurança nacional, a ordem, a saúde ou a moral públicas."

José Afonso da Silva (2001) afirma ainda que o próprio artigo 215, enunciado dedicado à cultura no texto constitucional, é em si uma garantia da liberdade de expressão cultural. Se respeitado o dispositivo, manifesta-se "a mais aberta liberdade cultural, sem censura, sem limites: uma vivência plena dos valores do espírito humano em sua projeção criativa, em sua produção de objetos que revelem o sentido dessas projeções da vida humana" (SILVA, 2001, p. 60).

A liberdade como mecanismo de conquista da própria vida projetada valorativamente pela cultura. Nesse delineamento da liberdade cultural, percebe-se o movimento de expansão conceitual de cultura,[23] saindo da acepção meramente jurídica, que requer algum tipo de constrição, para invocar os elementos mais totalizantes das definições antropológicas e filosóficas. Não é um movimento inoportuno ao direito. Pelo contrário. Especialmente na seara da liberdade, o direito precisa identificar que valor se está protegendo quando ela é exercida no campo da cultura. No prisma específico deste livro, é uma forma de compreensão jurídica (transdisciplinar, aberta, permeável), indispensável à abordagem de Direito e Políticas Públicas.

Para Silva (2001, p. 54), proteger a liberdade é, no limite, garantir as condições para a busca da felicidade. Segundo ele, a liberdade pode ser tomada em seu sentido negativo, como resistência, como objeto de cerceamento. Mas também no sentido positivo, como poder de atuação do homem em busca de sua realização pessoal. Trata-se da própria "possibilidade de coordenação consciente dos meios necessários à realização da felicidade pessoal" (SILVA, 2001, p. 54).

Interessa notar que a afirmação da liberdade cultural nesses termos não exclui nem nega o poder. Para Silva (2001, p. 55), é ele quem vai possibilitar essa coordenação dos meios para o atingimento do objetivo máximo da liberdade: a vida e a felicidade.

Coordenar os meios, nesse caso, refere-se, primeiramente, à não intromissão indevida no fazer e na expressão culturais. Como ensina Michele Anis (1991), a intervenção do Estado na cultura deve servir fundamentalmente para torná-la livre. Quando se trata de garantir a liberdade cultural, a postura abstencionista é a que predomina. Não apenas por parte do Estado, mas sobretudo por ele. É o que Bobbio (2004), já citado aqui, definiu como obrigação puramente negativa.

23 O debate acerca dos diferentes conceitos de cultura foi realizado no capítulo 1 do livro.

Trata-se de uma postura estatal condizente com a própria natureza do "direito à liberdade": um direito humano de primeira geração (ou dimensão). Como explica Paulo Bonavides (2010), um tipo de direito predominante no século XIX, que surge para proteger o indivíduo frente às arbitrariedades do Estado. As liberdades individuais passariam a ser um dos principais alicerces do Estado Liberal que se consolidava.

No campo cultural, Jesus Prieto de Pedro (2011, p. 45) identifica tais liberdades como as "liberdades de criação e comunicação, escolha e transmissão cultural". Em síntese, elas constituem a prerrogativa de livre exercício da vida cultural. Como conjunto, tais liberdades se referem à liberdade de criação artística, propriamente dita, mas igualmente o direito ao exercício livre dos processos e dinâmicas culturais da sociedade, em ato individual ou coletivo. Referem-se à liberdade religiosa, que tem o componente cultural inexorável; à liberdade de manifestação do pensamento por meio dos diferentes formatos e veículos culturais; à livre ocupação dos espaços públicos pelas manifestações e expressões culturais do povo; à liberdade de eleger, no leque de possibilidades integrantes do ambiente cultural, a forma utilizada para a expressão; e, à livre escolha dos bens, serviços e produtos que serão fruídos e consumidos.

Um destaque se faz necessário nessa pavimentação da liberdade como direito fundamental de primeira geração. Considerando a natureza histórica destes direitos humanos, há o risco de se tomar a liberdade apenas como titularidade individual. É preciso afastar esse risco. Quando se trata de manifestações culturais, a titularidade coletiva do direito à liberdade é indiscutível. O exercício da livre expressão cultural tem na força comunitária (de grupo ou segmento) um de seus maiores motores de profusão. Quando ela é cerceada, sem dúvida a violação recai sobre cada membro do grupo reprimido. Mas recai também e sobretudo na essência da manifestação, que é a realização e/ou celebração coletiva.

O sentido de uma manifestação cultural coletiva, claramente visível em expressões das culturas tradicionais, nas culturas indígenas, nas performances de coletivos artísticos e nas festas populares, é justamente a sua construção, realização e celebração coletiva. A horizontalidade passa a ser mais proeminente que o protagonismo individualizado. O sentido étnico e identitário, tão caro à referência valorativa do bem cultural, é forjado justamente pelo senso de pertencimento comunitário. Mesmo o processo ritualístico e a performance artística que conduzem a manifestação são, muitas vezes, resultado da ação coletivizada – os exemplos vão desde baterias de escola de samba até cantos de trabalho das zonas rurais.

No carnaval, isso é patente, configurando-se como sua grande força de mobilização e aderência social. Nas palavras de Inês Virginia Soares (2018, p. 58), se as liberdades culturais são o "xodó" dos direitos culturais, elas se justificam se preservadas como exercício de indivíduos e também de grupos.

2.5.2 *Carnaval sem censura e moralismo*

O artigo 220 da Constituição Federal acaba por completar o sentido de liberdade cultural que traziam os demais dispositivos constitucionais elencados até aqui: artigo 5º, IX (em consonância com o artigo 5º, II); artigo 215; e artigo 216. Ele estabelece que a manifestação do pensamento, a criação, a expressão e a informação, sob qualquer forma, processo ou veículo, não sofrerão qualquer restrição nem serão objeto de censura (§ 2º).

Pela interpretação associada desse dispositivo com os demais, infere-se que a liberdade de expressão cultural é enfaticamente protegida contra a censura. Linguagens artísticas (música, dança, teatro, cinema, literatura, artes plásticas e visuais etc.) e processos culturais (festas, rituais, transmissões orais, fazeres comunitários etc.) são veículos e vetores de pensamento e opinião. São, portanto, objeto de proteção constitucional contra a restrição prévia não apenas de seus conteúdos, mas igualmente de suas formas de manifestação.

O carnaval é um vetor cultural de manifestação do pensamento, individual e coletivo. Ele projeta valores referenciais da cultura brasileira e, assim, apresenta-se como um bem significativo do patrimônio cultural, a ser protegido pelo ordenamento. Como elementos constitutivos desta festa popular, patrimônio cultural e conjunto artístico, todos esses vetores (ou veículos) que constituem o carnaval devem ser preservados em sua máxima liberdade de ocorrência. E, sobretudo, devem ser protegidos contra qualquer forma de censura prévia ou controle cultural[24] pelo

---

24 Utiliza-se "controle cultural" significando ingerência indevida do Estado no conteúdo da manifestação cultural, com viés autoritário, direcionador ou repressor. Isso deve ser diferenciado do sentido regulatório ou prestacional de ação do Estado, quando age para criar as condições de realização do carnaval como direito, até mesmo preservando sua liberdade de expressão individual e coletiva. A ação positiva do Estado, nesses termos, é importante objeto de análise, que volta para a compreensão do seu papel como formulador e implemen-

Estado. Compreendendo-se, aqui, a censura como a "interferência do censor na manifestação, ou no modo de ser de sua apresentação intrínseca, ou no modo de ser do veículo de sua divulgação" (SILVA, 2001, p. 64).

Quando se afirma o amparo ao seu livre exercício está se falando na proteção do indivíduo que é agente do carnaval contra a opressão do poder público. Folião, foliã, músico, artista, produtor, organizador, liderança comunitária e de grupo: cada uma dessas figuras é agente do carnaval e não pode ser censurada em sua expressão cultural de caráter individualizada. Bloco, cordão, rancho, agremiação, escola de samba, orquestra de maracatu: com outras tantas formas de organização, os agrupamentos carnavalescos devem ter sua liberdade de expressão preservada, sem qualquer tipo de censura.

Ao repelir a censura ao carnaval, a lei dá guarida a três liberdades presentes no *caput* do artigo 220, todas constitutivas do fazer carnavalesco: pensamento, criação e expressão. As três se erigem de forma complementar e interdependente no fazer carnavalesco. A censura a uma das liberdades fere potencialmente as demais. É possível visualizar um exemplo em cadeia: impedir um compositor de bloco ou carnavalesco de escola de samba de vocalizar seu pensamento sobre a conjuntura política bloqueia a criação artística das marchinhas, sambas-enredo, alegorias e fantasias, o que, por consequência, fere fatalmente a expressão do coletivo carnavalesco na rua ou no sambódromo.

Na prática, a censura tem se dado por meio da judicialização de algumas manifestações carnavalescas. Um exemplo emblemático, não ligado ao carnaval de rua, mas às escolas de samba, é o da Beija-Flor, em 1989.

Naquele ano, a Beija-Flor, escola de samba de Nilópolis, Rio de Janeiro, trouxe para a Sapucaí o desfile "Ratos e urubus, larguem minha fantasia". O carnavalesco era Joãozinho Trinta, que tinha a proposta de montar um desfile inteiro baseado em materiais do lixo, contrastando com o luxo típico dos desfiles, para evidenciar a miséria da população. O samba de enredo se estruturava na dicotomia entre luxo e lixo e as fantasias e alegorias eram montadas com sucatas e farrapos. Como narra Boechat (2020, p. 823-824), o carro abre-alas iria ostentar o Cristo Redentor vestido como mendigo.

---

tador de políticas públicas de cultura para o carnaval, com vistas à concretização do direito cultural. Isso será debatido no capítulo 3 do livro.

A Arquidiocese do Rio entrou na Justiça e obteve uma liminar proibindo a alegoria, às vésperas do carnaval. Para cumprir a decisão, a solução do carnavalesco foi colocar um plástico preto por cima do Cristo, com os dizeres "mesmo proibido, olhai por nós". O "remendo artístico" deu ainda mais repercussão que a própria ideia original e a Beija-Flor foi vice-campeã daquele carnaval. Esse exemplo é sintomático não apenas pela judicialização baseada na tentativa de restringir a liberdade de expressão cultural com base no argumento do respeito à religião, mas especialmente pelo embate jurídico ter se dado um ano depois da promulgação da Constituição de 1988.

Pelo ordenamento constitucional, em nenhuma hipótese pode haver censura prévia. Qualquer restrição à liberdade de expressão cultural deve estar prevista em lei. E mesmo quando houver confronto, ou potencial confronto, com outros direitos, ainda assim a censura deve ser completamente afastada. A solução jurídica deve vir *a posteriori*, com a manifestação cultural publicizada, tendo cumprido a sua vocação de acesso à cultura. Essa garantia serve a duas orientações nitidamente estabelecidas pela Constituição: "toda manifestação artística deve ter sua existência assegurada. [...] E mais, a todo cidadão deve ser garantido o direito ao acesso às ideias e expressões artísticas" (OLIVIERI; NATALE, 2018, p. 56).

A vida pública do bem cultural é imprescindível para a saúde democrática da cultura de uma sociedade. Restringir aprioristicamente a existência de um bem cultural sob a justificativa de seu potencial dano viola a Constituição, mina a essência libertária da manifestação.

É importante destacar também que mesmo a solução *a posteriori* deve ser ponderada. A judicialização desmedida de processos culturais possui dois problemas significativos e interligados: i) a dificuldade de estabelecer o que é arte e cultura; ii) a arena desapropriada da esfera penal para julgá-las. No primeiro caso, considerando a complexidade do milenar debate estético sobre o que é (ou não) arte, é irrazoável atribuir ao campo jurídico (ou à operação judicial) a inglória tarefa de cravar se determinada expressão se configura como artística ou cultural. Dar a um juízo a prerrogativa de conceder ou não a "liberação" de uma manifestação cultural ao público é assumir o risco de a Justiça deixar de julgar para fazer curadoria.

A segunda dificuldade reside na própria judicialização do processo artístico-cultural na seara penal (ou criminal). Com valores diversos dos que sustentam a cultura, o direito penal não é a arena ideal para reprimir a arte. O receio é que o processo artístico tenha seu julgamento contaminado por fatores que diuturnamente contaminam os julgamentos criminais. O principal exemplo é a percepção moral da comunidade e a necessidade de se dar uma espécie de "resposta" para o clamor público da população (SOARES, 2018, p. 67).

Por óbvio, não está sendo dito, aqui, que uma manifestação artístico-cultural é isenta de judicialização. Menos ainda que seja alheia à limitação por outros direitos e liberdades. A liberdade de expressão cultural, que compreende a liberdade carnavalesca, não é um direito absoluto e ilimitado. Como não o é qualquer direito fundamental. As restrições à liberdade de expressão estão postas pela Constituição Federal, como pelo artigo 5º, X, que protege a intimidade, a vida privada, a honra e a imagem das pessoas, assegurando seu direito à indenização moral ou material pelo dano causado. Mais uma vez, aqui, o legislador deixa clara a preferência pela remediação *a posteriori* a qualquer possibilidade de censura prévia.

José Afonso da Silva (2001, p. 66) explica que outros valores constitucionais podem colidir com a liberdade de expressão cultural. Neste conflito, segundo ele, não pode haver uma solução que beneficie um valor constitucional eliminando outro. A construção da solução não pode ser contraditória com um valor constitucional. Nesse sentido, processos de sopesamento das normas constitucionais devem ser realizados.[25] Importa afirmar que algumas restrições à liberdade cultural estão claras na Constituição e levam ao surgimento de zonas de penumbra, em que há controvérsias jurídicas sobre a caracterização de censura. É o que ocorre no caso da proteção da criança e do adolescente. Para garanti-la, mecanismos de regulação e controle foram dispostos no próprio texto constitucional, exigindo atuação do Estado. Um dos mecanismos está no parágrafo terceiro do artigo 220, que estabeleceu a regulação das faixas etárias conforme a natureza do espetáculo público. O objetivo é garantir a dignidade deste segmento vulnerável que tem no Estatuto da Criança e do Adolescente (ECA) seu maior diploma de proteção legal. Outro mecanismo é o próprio poder de polícia, para garantir o cumprimento das leis em geral. Sua legitimidade é do tamanho da extensão que lhe é autorizada pela lei. Fora disso, conforme Silva (2001, p. 65), é arbítrio.

Compreendidas essas limitações devidas, é fundamental destacar e evidenciar as limitações indevidas à expressão cultural, as restrições que não encontram

25 Isso será analisado mais adiante neste capítulo.

respaldo na lei. E a principal delas, que afeta inescapavelmente o carnaval, é a tentativa de limitação moral da manifestação cultural.

José Afonso da Silva (2001, p. 69) é taxativo ao afirmar que "a Constituição não agasalha, como limite à liberdade de expressão, a exigência de respeito aos bons costumes nem à ordem pública. Portanto, tais conceitos não podem ser erguidos como limitações à liberdade de expressão". Para o autor, a moral não pode ser um valor que se sobrepõe aos demais, ferindo o equilíbrio entre os valores constitucionais. E não pode significar justificativa para restrição de liberdades. Considerando a liberdade como um dos valores que a Constituição tem como supremos, ante o moralismo, sempre "prevalece a liberdade de expressão cultural, sujeita apenas às limitações expressamente previstas na Constituição" (SILVA, 2001, p. 69).

A ressalva é imprescindível, pois um dos principais argumentos contrários às manifestações culturais de caráter mais contestador é a preservação da moral. O carnaval se enquadra nessa categoria, por ser uma expressão essencialmente disruptiva, ao romper com a normalidade do cotidiano social e urbano, ao usar os corpos com mensagens políticas, ao pregar a libertação criativa e, de certo modo, até sexual, e pode defender, sobretudo no carnaval de rua, a ocupação livre e democrática do espaço público. A ofensiva conservadora que tem assolado o Brasil desde a eleição do presidente Jair Bolsonaro (2019-2022), em 2018, elegeu a cultura como alvo.[26] Na agenda conservadora, expressões ligadas à afirmação identitária, às mi-

26 Tem crescido significativamente, desde a eleição do presidente Jair Bolsonaro (2019-2021), os episódios de censura, aparelhamento institucional da cultura, perseguição à classe artística, autoritarismo, discursos de ódio direcionados ao setor cultural. A ofensiva tem se dado especialmente contra manifestações culturais identitárias (LGBTQIA+, negros, mulheres, indígenas etc.) e contra artistas com posicionamento político-ideológico contrário ao governo. A imprensa tem noticiado exaustivamente os casos, que têm acometido grandes e pequenos artistas, individualmente ou em seus coletivos. Alguns exemplos podem ser vistos nas seguintes matérias: https://www1.folha.uol.com.br/colunas/monicabergamo/2021/02/governo-bolsonaro-arquiva-projeto-de-peca-sobre-ditadura-na-rouanet.shtml?utm_source=whatsapp&utm_medium=social&utm_campaign=compwa;https://www1.folha.uol.com.br/colunas/monicabergamo/2021/02/governo-bolsonaro-reprova-projeto-do-instituto-vladimir-herzog-na-rouanet.shtml;https://congressoemfoco.uol.com.br/governo/tv-brasil-censura-clipe-de-arnaldo-antunes-que-cita-milicianos/;https://g1.globo.com/politica/noticia/2019/07/19/se-nao-puder-ter-filtro-nos-extinguiremos-a-ancine-diz-bolsonaro.ghtml; https://www1.folha.uol.com.br/ilustrada/2019/08/edital-com-series-lgbt-criticadas-por-bolsonaro-em-live-e-suspenso.shtml

norias e manifestações mais politizadas têm sido alvo de perseguição de setores mais conservadores, justificada pela defesa da honra, da família e da moral.

O carnaval, como exemplo típico de expressão cultural que carrega bandeiras progressistas, tem sido vítima preferencial da ação conservadora na opinião pública. O próprio presidente da República, eleito em 2018, Jair Bolsonaro, em uma de suas primeiras ações midiáticas, criticou o excesso de liberdade do carnaval. Julgou ser impróprio à boa moral. Na festa carnavalesca de fevereiro de 2019, veiculou em suas redes sociais um vídeo com cenas de um casal gay masculino dançando e fazendo uma performance de cunho sexual,[27] durante um desfile de bloco carnavalesco. Em vez de solicitar medidas reparativas por eventual dano moral, o presidente apenas inflou a opinião pública criminalizando o carnaval como expressão que fere a moral e os bons costumes.

A despeito disso, a proteção constitucional é alheia ao fanatismo moralista, que acaba por prejudicar a própria concepção do significado de proteção moral da sociedade. É o que ensina Silva (2001, p. 68-69), para quem

> [...] o moralismo como fanatismo moral e puritanismo, que consiste em privilegiar o valor moral contra outros valores, em tratar o valor moral como se ele devesse substituir a todos os outros valores, constitui uma espécie de autoritarismo abstrato, e, longe de beneficiar a Moral, a corrompe.

2.5.3 *Carnaval como direito de protesto e de manifestação política*

A liberdade de expressão carnavalesca pode contar, ainda, com outra atmosfera de proteção jurídica: a proteção da livre manifestação política.

Ao considerar o carnaval um ato político, aqueles que brincam o carnaval estão também expressando bandeiras e opiniões. "Também", pois, antes de tudo, o carnaval é um acontecimento cultural, em que os indivíduos se somam precipuamente em torno da festa, da música e da folia. Todavia, a festa, a música e a folia, além de vetores de projeção de valores referenciais da cultura nacional, são igual-

27 Conforme noticiado na imprensa: https://g1.globo.com/politica/noticia/2019/03/06/apos-postar-video-com-pornografia-bolsonaro-pergunta-o-que-e-golden-shower.ghtml;https://www1.folha.uol.com.br/cotidiano/2019/03/foi-ato-politico-nao-fervo-de-carnaval-diz-dupla-do-golden-shower-criticado-por-bolsonaro.shtml;https://oglobo.globo.com/brasil/bolsonaro-apaga-tuites-sobre-golden-shower-apos-acao-no-stf-23541714

mente veículos condutores de visões políticas e ideológicas. Analisando a natureza e a evolução histórica do carnaval, essa sempre foi uma tônica existencial. Quando isso ocorre, e o carnaval se apresenta simultaneamente como manifestação cultural e política, é preciso resguardá-lo como direito de protesto e de manifestação.

O início deste livro explorou exaustivamente o curso histórico do carnaval brasileiro e paulistano. Ficou demonstrado que o carnaval carrega forte viés político desde o seu nascedouro. O comportamento político se manteve como característica permanente através dos tempos, em diferentes proporções e dimensões.

Na formação do que se pode chamar de "carnaval brasileiro" (QUEIROZ, 1999), o traço do tensionamento social foi marcante, sobretudo na assimilação do costume europeu, processado pelos segmentos negros, ressignificado e devolvido à sociedade em outras bases (simbólicas, estéticas, sociais). Isso foi um acontecimento cultural, mas foi igualmente um fenômeno acentuadamente político, a partir da virada do século XIX e início do século XX. Houve (e há) aí uma tensão constante entre a afirmação e a preservação da cultura afrobrasileira num processo complexo de retroalimentação de influências culturais.

A presença caracterizadora do samba como gênero musical e paradigma rítmico, especialmente no Sudeste, é outro traço político importante. Instituir e manter o samba como tal foi um processo histórico de resistência dos grupos carnavalescos periféricos, em especial nas décadas de 1920, 1930 e 1940.

Em todas as regiões brasileiras, as temáticas politizadas e tons satíricos das músicas de conduções das agremiações sempre significaram uma forma de posicionamento político. No reinado das escolas de samba, a partir da década de 1960 e 1970, muitos sambas de enredo trazem um posicionamento político forte das agremiações. Nas décadas de 1990, 2000 e sobretudo nos anos 2010, isso se acentuou e se tornou inescapável a cada ano de sambódromo. O posicionamento, a crítica e a postura política ficam demarcadas ludicamente nos carros, alegorias, fantasias, coreografias e, com maior nitidez, nas letras dos sambas.

Ademais, como característica importante do carnaval de rua dos anos 2000 e 2010, está a ocupação livre do espaço público. É uma postura política de disputa pelo direito à cidade, que se dá materialmente com a tomada das ruas pelos blocos convocando a maior convivência entre as pessoas. Reivindica-se o uso público, cultural e democrático dos espaços urbanos. Este não deixa de ser um fenômeno altamente político.

Do ponto de vista cultural, o carnaval pode ser entendido como festa (ritual, celebração), como fenômeno identitário e como expressão artística conjugada (que une diversos gêneros, linguagens e formatos). Em todas essas dimensões de ocorrência – festa, identidade e expressão artística –, o carnaval também se apresenta como fenômeno político.

Como festa, o carnaval é, em si, um processo de ritualização. É uma festa popular, de massas, com espaço e tempo para acontecer, vivenciada com regras, códigos e condutas próprios que oferecem aos indivíduos um sentido experiencial diferenciado, individual e coletivo. O carnaval se encaixaria no conceito de Marcel Mauss (2018) como uma festa de dádiva, de plenos sentidos de troca e vivência: um fato social total. Nessa chave, ela teria o sentido político de comunhão e, de alguma forma, de arrebatação coletiva. Para Durkheim (1996), a festa tem o importante condão político de manter a coesão social e o senso de coletividade. É uma celebração ritualizada que anima periodicamente o espírito de grupo, evitando a fissura social. Esse movimento se energiza, segundo o autor, quando o corpo coletivo encontra seu "estado de efervescência", de transe, transcendência e de descolamento do cotidiano – reside aí outra função política exercida pela catarse da celebração.

Autores definem a festa[28] com o sentido de transgressão e de excesso, como Callois (2015); ruptura e transição social, em Montes (1998); destruição e dissolução, em Girard (1990); e subversão e libertação, em Duvignaud (1983). Todos esses, sentidos políticos de afetação da ordem social e de alteração do comportamento coletivo.

Essas visões consagram o carnaval como uma festa de sentido e conteúdo existenciais acentuadamente políticos. Ainda que em dimensões diferentes, a festa carnavalesca é configurada socialmente como um momento especial da cultura nacional, que estabelece uma relação "politicamente carregada" com o cotidiano nacional, como já afirmara Da Matta (1997, p. 39).

Como acontecimento identitário, o carnaval brasileiro carrega consigo as tensões de sua moldagem histórica. Oliven (1983) destaca que a elevação do carnaval a símbolo da identidade nacional se deu sob a égide de um tenso e complexo processo de apropriação, reapropriação e ressignificação de seus elementos. Como totem da cultura brasileira, o carnaval foi forjado em um processo de embate per-

28 Conforme foi aprofundado no capítulo 1 do livro.

manente entre cultura dominante e cultura dominada. Os segmentos populares e subalternizados se apropriaram de uma festa da elite dominante, de origem europeia, e a remodelaram por intermédio de seus próprios paradigmas culturais, especialmente étnicos (afro-brasileiros). A elite também incorporou o maior emblema da criação musical popular, o samba. Por meio deste retroprocessamento, firmou-se dialeticamente o carnaval nacional que, por sua vez, no decorrer do seu curso histórico, internalizou essas tensões sociais entre classes (elite, pobres), raças (brancos, negros) e segmentos sociais urbanos (residentes das regiões centrais e periféricas).

Mas a dimensão política da brasilidade carnavalesca tem mais elementos. Nela, o Estado sempre foi ator preponderante, fazendo as vezes de incentivador e de repressor das manifestações populares, em um movimento pendular histórico, que tinha como reação processos de resistência e acomodação dos grupos carnavalescos. Foi assim com o estímulo ao samba (via rádio), o incentivo formal e também a perseguição aos sambistas com Getúlio Vargas. O movimento gradativo de confinamento dos ex-blocos de rua e recém-escolas de samba para aplacar a perseguição e se obter algum apoio financeiro para os desfiles, nas décadas de 50 e 60. Isso em troca de maior controle pelo poder público. A obstrução administrativa ou a própria repressão direta à folia de rua, residual e resistente, nas décadas que se seguiram, até a resposta incisiva dos blocos pressionando os governos para serem reconhecidos como manifestações culturais legítimas, dignas de políticas públicas, nas primeiras décadas de 2000.

Junto a isso, houve a própria participação da mídia em todos esses processos, por meio do rádio, TV, apoio e crítica dos jornais e veículos de comunicação, incensando algumas manifestações e recriminando outras, em todas essas fases. Assim se compõe o quadro de tensionamento político entre foliões e poder público, que leva à compreensão do carnaval necessariamente como ocorrência embebida de diversos fatores de natureza política.

Em sua dimensão artística, o carnaval também apresenta um forte componente político. As linguagens que o compõem se desenvolvem em meio a contextos de intensa politização, como demonstrado acima nos aspectos identitários e de relação com o poder público. Seja por essa razão, seja pelo fato de a arte carnavalesca nascer no seio de movimentos coletivos ou comunitários, cuja existência (ou resistência) é em si uma afirmação política. Ou, ainda, pela circunstância de os próprios elementos artísticos se investirem, de forma inata, de uma vocação política. Por tudo isso, o carnaval traz em seu conjunto de linguagens (música, dança, performance, dramaturgia, arte de rua) uma ação artística politizada, uma "arte-ação", nos termos de Mario de Andrade.[29]

Nesse sentido, no território das escolas, um exemplo marcante foi o samba da Mangueira, de 2019, intitulado "História para ninar gente grande", cujo enredo chamava a atenção para a História do Brasil "não-oficial", a dos oprimidos e subalternizados, com ênfase nas mulheres e no povo negro. Era o carnaval imediatamente seguinte à eleição do presidente Jair Bolsonaro, ex-capitão do Exército e ferrenho defensor da Ditadura Militar. Bolsonaro é crítico histórico das minorias (negros, LGBTQIA+, mulheres), dos direitos humanos, e defensor incisivo da agenda moralista conservadora e de pautas como o armamento da população e o recrudescimento da ação policial. Ele e a família são investigados por suspeita de relação com milícias cariocas.[30] Alguns milicianos, como Adriano da Nóbrega, morto em fevereiro de 2020 em ação policial, com comprovada relação com a família Bolsonaro (FILHO, 2019; JUCÁ, 2020), são suspeitos de terem assassinado Marielle Franco, defensora dos direitos humanos e vereadora do PSOL, em março de 2018. O samba de enredo[31] da Mangueira, quase um ano após o assassinato, trazia crítica política ferrenha à atuação militaresca: "Salve os caboclos de julho/ Quem foi de aço nos anos de chumbo/ Brasil, chegou a vez/ De ouvir as Marias, Mahins, Marielles, malês".

No carnaval de rua são igualmente infindáveis os casos. A título de exemplo, dois podem ser citados.

---

29 Teixeira Coelho (1997, p. 52), analisando a proposição sobre "arte-ação", de Mario de Andrade, explica que o modernista atribuía à arte essa missão de ser necessariamente uma "arte suja", que "reconhecesse o contexto histórico como elemento de produção, [...] uma arte comprometida com seu tempo, que não recusasse servir-se de tudo que lhe pudesse ser útil como instrumento de afirmação cultural".

30 Conforme tem noticiado amplamente a imprensa, com base nas investigações, nos inquéritos e processos judiciais movidos contra os filhos do presidente e amparada na própria atuação parlamentar e política da família: https://congressoemfoco.uol.com.br/congresso-em-foco/dez-fatos-que-ligam-a-familia-bolsonaro-a-milicianos/;https://theintercept.com/2019/01/22/bolsonaros-milicias/;https://exame.com/brasil/the-economist-destaca-ligacoes-e-simpatia-do-cla-bolsonaro-com-milicias/.

31 Os compositores do samba de enredo são: Deivid Domênico, Tomaz Miranda, Mama, Marcio Bola, Ronie Oliveira, Danilo Firmino, Manu da Cuíca e Luiz Carlos Máximo.

Vai Quem Quer. Um dos blocos mais antigos de São Paulo, resistente aos tempos de ostracismo do carnaval de rua, o Vai Quem Quer nasceu em 1980, na Vila Madalena. Nas suas letras, algumas das principais questões políticas do País eram comentadas, de forma peculiarmente irônica, como na marchinha "Fome Zero", de 2003, primeiro ano de governo do presidente Luís Inácio Lula da Silva.[32] O bloco Suvaco de Cristo traz outro exemplo. Em 1987, juntava em sua marchinha o processo da Constituinte com as toneladas de maconha que apareciam em latas nas praias cariocas, levando aquele verão a ser apelidado popularmente de "verão da lata".[33]

O direito à manifestação política por meio da "arte carnavalesca" merece destaque em uma peculiaridade do carnaval de rua. Nele, a expressão artística se faz contestadora não apenas pelo conteúdo, mas pelo fato de ser realizada no espaço público, aberto, sujeita ao crivo público direto e à ingerência das autoridades públicas. Assim, a marchinha, o samba, o desfile do carnaval de rua constituem, em si, uma performance artística que agrega a interação com os elementos da rua (foliões, transeuntes, trânsito, patrimônio histórico, abordagem policial, áreas verdes, ponto de ônibus, comércio etc.) como ferramental cênico, estético e simbólico. O sentido artístico das linguagens do carnaval de rua se completa com a interação di-

32 "Tô com fome. Quero comer / 23 anos de um bloco canibal. / Bispo Sardinha, foge da lata / E vem cair no Carnaval. Eu dou a picanha, / Você dá a maminha. / Eu mato sua fome, / você mata a minha. [...] Vai, vai, vai/ Vai Quem Quer / Entra bicha, entra homem, / entra velho, entra mulher" (PAPATERRA, 2020, p. 112).

33 Rita Fernandes (2019, p. 176-178) conta a história da marchinha do bloco carioca Suvaco de Cristo, de 1988. O processo da Constituinte estava em plena realização. Pouco antes do carnaval, no verão de 1987, começaram a aparecer nas praias cariocas latas e mais latas de maconha prensada, despejadas no mar por um navio cargueiro panamenho, perseguido por tráfico internacional. Estimaram-se 22 toneladas de maconha em 15 mil latas parecidas com as de leite em pó. O episódio ficou conhecido por "verão da lata" e o bloco foi certeiro ao conectar o inusitado da curtição ao inusitado da Constituição. Assim cantaram os foliões-compositores do bloco Lenine e Bráulio Tavares, em sua liberdade de expressão e direito à manifestação política, reivindicando, desde aquela época, a legalização das drogas: "Vai decolar/Cristo Redentor abençoou/Esse ano que entrou e entrou bonito/Que 88 aconteça/Veio o bigodão cagou na constituição/E nego ainda que a gente esqueça/Que aqui no Brasil/Tem Marajó e faraó/Cada um atrás do seu pedaço/Me descolei e não decolei/Mas hoje sou piloto do Suvaco [...] Tá lá, tá lá/88 tá lá pra decolar/Quando chegar o dia/Tá lá, tá lá/A lata que vem do mar/É presente de Iemanjá/Pra esse ano que inicia".

reta e sem filtros com o espaço urbano. A própria reação dos grupos carnavalescos a essa interação também faz parte da sua expressão artística.

Nessa linha, por exemplo, é comum que, no meio das marchinhas, os blocos entoem gritos de guerra, palavras de ordem, refrões de brincadeira com os foliões, pedestres e vizinhança, mensagens de resistência contra abusos etc. Essa atmosfera, em sua completude, é resultado da conjunção da liberdade de expressão artística e do direito à manifestação política dos blocos de carnaval de rua.

Ademais, no carnaval de rua, blocos são ativadores políticos de massas. Ainda que tomados pela irreverência do espírito festivo, os grupos carnavalescos mobilizam multidões nas ruas em torno de bandeiras políticas. As próprias convocações dos foliões, realizadas pelos blocos, são carregadas de teor político. Os temas, as gradações, os formatos e as reivindicações são os mais diversos e mudam conforme a natureza do bloco. Em São Paulo, por exemplo, há o Bloco da Ursal (União das Repúblicas Sambalísticas Soviéticas), que brinca com a grande teoria conspiratória – aventada por um ex-candidato à presidência da República em 2018, Cabo Daciolo – de que haveria um plano de poder da União das Repúblicas Socialistas da América Latina (daí, Ursal). A Ursal desfila falando de temas dos movimentos sociais e de grandes líderes progressistas, como Lula, Mojica e Fidel Castro. Existe o bloco PAGU, formado apenas por mulheres, que levam às ruas as bandeiras feministas e da equidade de gênero. Há o tradicional bloco feminino Ilu Obá de Min, que desde 2004 promove desfiles de celebração das religiões africanas. Outro exemplo é o Bloco do Água Preta, que todo ano percorre o itinerário do Córrego da Água Preta, soterrado pela pavimentação urbana na Pompeia e, assim, faz uma crítica ao crescimento urbano desenfreado, sem planejamento, e à especulação imobiliária.

São inúmeros os exemplos de blocos com forte acento político. Independentemente da "pauta" que cada um assuma, é inegável que a mera tomada da rua, em si, com pessoas unidas para brincar, pular e dançar em torno de um reclame, é um ato político. Os(as) puxadores(as) de blocos e cordões (músicos, organizadores) ficam à frente dos microfones, carros de som, naipes de metais e turbas de percussão. Conduzem a multidão de foliões e foliãs pelas ruas. Entoam as letras críticas das marchinhas e fazem falas incidentais de engajamento, mobilização e energização da massa. Ao fazer isso, esses agentes carnavalescos se tornam verdadeiras lideranças políticas. E a massa, respondendo às ordens festivas, torna-se também uma multidão de cidadãos e cidadãs exercendo seu direito de protesto.

O direito de protesto é garantido pela Constituição. Seu artigo inaugural já deixa implícito esse direito ao listar a cidadania (inciso II) e o pluralismo político (inciso V) como fundamentos da República Federativa do Brasil. Mas é no artigo 5º, principal sede constitucional dos direitos fundamentais, que residem as previsões garantistas dos direitos relacionados à liberdade de protesto e manifestação política: a liberdade de expressão, a liberdade de reunião e a liberdade de associação.

A liberdade de expressão está prevista no inciso IV, que enuncia como "livre manifestação do pensamento, sendo vedado o anonimato". Combinado com o inciso IX, já tratado anteriormente neste livro, tem-se a ampliação da liberdade de expressão aos campos intelectual, artístico, científico e de comunicação, com vedação expressa de censura ou licença. Valendo-se, ainda, do inciso VIII, o direito à manifestação se fortalece com o impedimento de se privar direitos de algum indivíduo por sua convicção política.

A liberdade de reunião é protegida pelo inciso XVI, do artigo 5º, que prescreve que todos podem se reunir pacificamente independentemente de autorização.

Por fim, é o inciso XVII que prevê a liberdade de associação, com fins lícitos e proibindo sua conformação paramilitar.

Com esse combo de normas constitucionais, o direito de protesto fica legalmente amparado, em alinhamento com os documentos internacionais de direitos humanos, como os artigos 20 a 22, da Declaração Universal dos Direitos Humanos; artigos 15 e 16 da Convenção Interamericana de Direitos Humanos; artigo 21, do Pacto Internacional dos Direitos Civis e Políticos; e o artigo XXI da Declaração Americana dos Direitos e Deveres do Homem.

Alexandre de Moraes (2007, p. 169), ao tratar de um desses elementos, o direito de reunião, explica que é simultaneamente um direito individual e um direito coletivo, em virtude de seu exercício conjunto. Ou, um direito individual expresso coletivamente, imprescindível ao estado democrático de direito (SANTOS; GOMES, 2017).

A despeito disso, o carnaval de rua de São Paulo chegou a ver efetivamente violado seu direito de protesto por ação policial. No ano de 2019, dez denúncias de diferentes blocos carnavalescos foram formalizadas na Defensoria Pública. Conforme amplamente noticiado pela imprensa,[34] os foliões relata-

34 Cf.: https://www1.folha.uol.com.br/cotidiano/2019/03/defensoria-recebe-dez-denuncias-de-violencia-policial-durante-carnaval-de-rua-em-sp.shtml; https://g1.globo.com/sp/sao-

ram abordagens autoritárias e desproporcionais da Polícia Militar. Arremessos de bombas de gás lacrimogênio, tiros de bala de borracha, agressão direta a um cantor, agressão contra uma organizadora de bloco e golpes de cassetete. As medidas ocorreram em blocos da Vila Madalena, Barra Funda e Centro da cidade. Em uma das ocorrências, relatou-se a quebra dos instrumentos musicais dos artistas pela Polícia Militar.

2.6 Carnaval de rua como direito à cidade

O carnaval é uma manifestação cultural essencialmente urbana. O desenvolvimento histórico da festa carnavalesca mostrou que o seu gérmen, o entrudo português, foi incorporado às festas das vilas brasileiras desde os primórdios da Colônia. O festejo foi tomando forma e corpo, e diferenciando-se regionalmente, com o crescimento dos aglomerados urbanos, séculos adiante. O carnaval já seria uma fusão da brincadeira de rua europeia com os elementos culturais trazidos pelos povos africanos nas principais cidades brasileiras nos séculos XIX e XX, como Rio de Janeiro, São Paulo, Olinda. A profusão carnavalesca acompanhava as trocas entre as cidades, os fluxos migratórios e as condições urbanas que elas proporcionavam para cada amoldamento próprio da festa.

Maria Isaura Pereira de Queiroz, em um de seus estudos paradigmáticos sobre o carnaval brasileiro, chega a afirmar que "a coletividade urbana na qual está implantada a festa permanece seu componente fundamental, determinando a forma que tomarão os folguedos" (QUEIROZ, 1999, p. 200). Pela abordagem sócio-histórica, que Queiroz (1999, p. 217) reputa como o melhor caminho de interpretação do carnaval, "o conjunto urbano, sua configuração, suas transformações exercem influências sobre a configuração e as transformações do Carnaval".

Era no tensionamento intra e interurbano que ocorria a disputa entre as elites e as classes baixas, na virada de século. Os emblemas, respectivos, eram os carnavais de salão dos centros e as brincadeiras de rua dos bairros. Nesse tensionamento se mantinha o movimento pendular de assimilação e repulsa dos atributos culturais negros do carnaval. O samba era especial, paradoxal e simultaneamen-

-paulo/carnaval/2019/noticia/2019/03/07/pm-usa-balas-de-borracha-e-bombas-de-gas-para-dispersar-bloco-de-carnaval-na-zona-oeste-de-sp.ghtml;https://g1.globo.com/sp/sao-paulo/carnaval/2019/noticia/2019/03/08/defensoria-recomenda-que-pms-usem-megafone-para-dispersao-de-folioes-no-carnaval.ghtml

te absorvido e contestado pelas classes dominantes, pelo Estado e pela mídia nas primeiras décadas do século, até ser consagrado o gênero nacional do carnaval a partir dos anos 1930. Urbanisticamente, esse era também um movimento de aceite e negação da cultura produzida nas franjas e periferias da cidade, nas suas regiões pouco valorizadas. A tensão também se via na complexa apropriação de componentes tipicamente elitistas pelos segmentos negros e populares na configuração de seus desfiles, o que foi culminar na própria estética das escolas de samba, proeminente a partir da década de 1950.

A própria tendência de confinamento do carnaval, misto de imposição e negociação, retirou espaço público e livre da cidade em troca de um espaço restrito e exclusivo (privado) de desfile. Essa tendência, em si, é um elemento fundamental de compreensão da questão urbana como incisiva na dinâmica cultural carnavalesca. Rebote disso foi a marginalização do carnaval de rua na segunda metade do século XX. A resistência de seus blocos e cordões em permanecerem na "cidade aberta", ansiando pelo potencial das ruas livres, é um dado urbano importante. Tanto é assim que o movimento, que se pode dizer político, pela retomada do carnaval de rua nas décadas de 2000 e 2010 era uma reação à tônica privatista – na economia, na segurança pública, na cultura – vigente até então nas grandes cidades. Constituiu-se numa grita pela abertura das imensas comportas urbanas, para se permitir a inundação das ruas pelas vivências e pelos eventos culturais públicos.

Assim, o processo político-cultural de "ressurgimento" do carnaval de rua pode e deve ser lido também sob a perspectiva do direito à cidade. Nessa chave, o carnaval de rua é fator e é resultante das transformações urbanas contemporâneas, no caso em tela, da cidade de São Paulo. Ele influencia o cenário político urbano e é por ele influenciado. Sob a perspectiva jurídica, significa dizer que sua avaliação não requer apenas considerá-lo direito e liberdade no campo da cultura, mas como elemento indissociável do grupo de direitos em disputa no espaço urbano, desta espécie de forma superior de direitos que Lefebvre ([1968] 2001) convencionou chamar "direito à cidade".

2.6.1 O direito à cidade

Henri Lefebvre cunhou o termo direito à cidade em 1968. O ano é digno de nota por ser paradigmático, marcado por intensas manifestações sociais em todo o mundo. Na França não foi diferente. Bianca Tavolari (2016), que estudou a história conceitual do direito à cidade, salienta que este contexto é fundamental para explicar a gênese da obra de Lefebvre. Era o momento em que os protestos adentravam também as universidades e estas, por sua vez, inevitavelmente participavam deles. Em vez de um conceito fechado e acabado em si, nessa atmosfera de ebulição social, o direito à cidade surge aberto, inacabado, em construção. Nasce, assim, como uma "faceta teórico-conceitual e outra prática-reivindicativa" (TAVOLARI, 2016, p. 94).

À ordem urbana capitalista se dirige a principal crítica de Lefebvre, moldada sob a plataforma conceitual do direito à cidade. O intento é questionar a lógica da produção urbana baseada no valor de troca e não do valor de uso das mercadorias na cidade, em termos marxistas.[35] Nessa perspectiva, a organização social da cidade deveria se orientar não para a acumulação capitalista, mas para constituir um espaço de experiência e fruição plena de seus bens pelos indivíduos. Para tanto, como plataforma de vivência democrática, a cidade não pode ser segregadora, e a crítica ferrenha de Lefebvre, nesse ponto, dirige-se à urbanização excludente que teve Paris no século XIX, afastando os pobres da região central da cidade. Ele ataca a intenção de apartar as pessoas dos seus espaços de centralidade, onde se situam os potenciais de fruição.

Assim, o direito à cidade seria uma plataforma que reivindica outro uso, outra lógica e outra organização da cidade. Seria, portanto, a possibilidade de acesso à "vida urbana, à centralidade renovada, aos locais de encontro e de trocas, aos ritmos de vida e empregos do tempo que permitem o uso pleno e inteiro desses momentos e locais" (LEFEBVRE, 2001, p. 139).

Para Lefebvre (2001, p. 118), o direito à cidade só pode ser concebido como "direito à vida urbana, transformada, renovada". Segundo ele, trata-se da busca de um modelo que extrapola a problemática urbana como mera e tecnicista gestão do espaço e da organização territorial para a moradia. A reivindicação contida na formulação é de que a cidade cumpra as necessidades sociais e, assim, desenvolva-se para além das garantias à segurança e à propriedade. O objetivo só seria alcançado

35 Na obra de Karl Marx, valor de troca e valor de uso são categorias importantes. São duas dimensões da mercadoria como unidade de riqueza ou à forma específica que a riqueza assume no sistema capitalista. De maneira extremamente sintética, o valor de uso seria a propriedade da mercadoria em satisfazer as necessidades humanas, quaisquer que sejam. O valor de troca, por sua vez, seria a propriedade que a mercadoria possui de ser trocada por uma distinta dela própria ou servir para a compra de outras (MARX, 2008).

com a mobilização social, a participação direta nas decisões urbanas e com o sentido efetivo de apropriação do espaço público.

É importante a ressalva de que o termo cunhado por Lefebvre não se refere a um direito específico. Como explica Edésio Fernandes (2007), o alastramento político e filosófico do conceito de direito à cidade não foi acompanhado de seu amadurecimento jurídico. Da visão lefebvriana, Fernandes (2007, p. 208) critica justamente a ausência de se considerar também o direito como produtor de exclusão urbana. A ordem legal seria uma reprodutora das desigualdades urbanas, gerando formas de organização e desenvolvimento das cidades produtoras de segregação espacial, degradação urbana e ambiental, exclusão territorial e apartamento das camadas mais pobres.

Outros autores foram importantes no adensamento da ideia do direito à cidade, sob a perspectiva da nova sociologia urbana, que passaria a ser chamada de estudos urbanos críticos (TAVOLARI, 2016, p. 95). Tavolari (2016) mostra que em meio à literatura do urbano, teve grande relevância, e sobretudo aceitação no Brasil, a obra de Manuel Castells e David Harvey.

Em *A questão urbana*, de 1972, Castells (2020) concorda com a aproximação, que empreende Lefebvre, entre a literatura urbana e o arcabouço conceitual marxista. Porém, ele critica o autor de *Direito à cidade* por expressar uma concepção assaz utópica e abstrata nessa formulação. A visão estruturalista de Castells (2020) compreende a cidade como reprodução da força de trabalho e como espaço do consumo coletivo. O autor traz o Estado para o centro da questão urbana, apresentando-o, com suas políticas públicas (saúde, moradia, transportes), como ator fundamental para interferir estruturalmente no espaço da cidade. Ao Estado caberia dotar a cidade das condições do uso ou consumo coletivo cotidiano, algo que o mercado não teria condições de fazer. Apesar da importância da inserção do elemento estatal, Pedro Arantes (2009, p. 108) chama a atenção para o fato de Castells promover uma análise insuficiente sobre a ideologia urbana, que deixa de fora a importância da imagem, da cultura e dos demais capitais urbanos que interferem na conformação da cidade. Para Castells, a questão urbana é "apenas o produto material (como qualquer outro) de uma determinada formação social", de maneira que o urbano se equivale imediatamente ao "consumo coletivo do urbano, não restando um significado intermediário, mediado, em que o urbano seja ele próprio produzido e reproduzido" (ARANTES, 2009, p. 109).

David Harvey (2010) escreve *Social Justice and the city*, em 1973. No livro, a expressão "direito à cidade" não aparece. O autor se preocupa com a descrição do fenômeno urbano como permeado pela luta de classes e do espaço urbano simultaneamente como causa e solução de seus problemas: no sistema capitalista, a urbanização passa a criar valor, mobilizar investimentos, trabalho e gerar crises que ela própria, cidade com acumulação de recursos, estaria apta a resolver (TAVOLARI, 2016, p. 97).

O emprego do "direito à cidade" como ideia-força é trazido por Harvey em 2008. No artigo que leva o conceito no título, o autor questiona a supremacia dos "direitos de propriedade privada" e da "taxa de lucro" sobre todos os outros direitos. E propõe, como resposta a isso, que se consolide um "outro tipo de direito humano", que seria o direito à cidade. Harvey passa a incorporar a camada cultural de análise do urbano, da conformação do espaço por meio da interação das pessoas com outros elementos (ambientais, tecnológicos, afetivos, estéticos) que se produzem e se reproduzem no urbano.

Para Harvey (2012, p. 74, grifos nossos):

> A questão de que tipo de cidade queremos *não pode ser divorciada do tipo de laços sociais, relação com a natureza, estilos de vida, tecnologias e valores estéticos que desejamos*. O direito à cidade está muito longe da liberdade individual de acesso a recursos urbanos: é o direito de mudar a nós mesmos pela mudança da cidade. Além disso, é um direito comum antes de individual já que esta *transformação depende inevitavelmente do exercício de um poder coletivo de moldar o processo de urbanização*. A liberdade de construir e reconstruir a cidade e a nós mesmos é, como procuro argumentar, um dos mais preciosos e negligenciados direitos humanos.

O pensamento de Harvey carrega o sentido de direito e de mobilização coletiva para a transformação do espaço urbano. Há uma espécie de espírito convocatório no conceito, de maneira que ele se impregne não apenas no delineamento do estudo urbano crítico, mas igualmente no seio da sociedade. Os atores sociais passam a fazer parte e se imbuir da ideia de direito à cidade, que se alastra mundialmente como um imperativo de mobilização pelos direitos no espaço urbano nas décadas de 1970 e 1980.

Pela própria força simbólica do conceito e pela atuação conjugada da intelectualidade com os movimentos sociais, o direito à cidade toma o imaginário social, firma-se transdisciplinarmente (em virtude de sua conexão com vários campos do saber) e passa a ser pauta reivindicatória imprescindível da luta social urbana (TAVOLARI, 2016, p. 98) – o que se constata nitidamente nas primeiras décadas do século XXI, no Brasil.

2.6.2 *Onde entra a cultura: novos atores e movimentos pelo direito à cidade*

Bianca Tavolari (2016, p. 98) explica a conexão brasileira do paradigma conceitual do direito à cidade com o seu fenômeno de manifestação social:

> Houve, no Brasil, uma combinação de concepções aparentemente pouco conciliáveis: um amálgama entre o direito à cidade, de Lefebvre, e a noção de luta por acesso a equipamentos de consumo coletivo por parte de movimentos sociais urbanos, desenvolvida por Castells. Essa hipótese ajuda a entender como um conceito pensado a partir do diagnóstico de uma nova miséria urbana, em que a satisfação de necessidades básicas já não aparecia como problema central, pôde encontrar tanta aceitação no contexto brasileiro.

Os movimentos sociais urbanos passam a se enxergar na ideia de direito à cidade e a tê-la como energia fundacional e força motriz de reivindicação mobilizatória. Esse fenômeno se reflete na intensa mobilização que tomou a Constituinte nacional, em 1987-1988, exercida pelo agrupamento de diversos movimentos sociais em torno do Movimento Nacional pela Reforma Urbana (MNRU). Como explica Ermínia Maricato (2010), o MNRU compunha-se de movimentos ligados a habitação e moradia, transporte, saneamento, entidades representativas de arquitetos, sanitaristas e assistentes sociais, e a alas cristãs ligadas à Teologia da Libertação. Ele não teve todas as suas demandas assimiladas no texto constitucional, mas conseguiu emplacar os artigos 182 e 183 na Constituição, garantindo a função social da propriedade urbana e da cidade. A continuidade da luta, anos adiante, possibilitou a conquista do principal regulamento sobre o direito urbano no País: O Estatuto da Cidade – Lei nº 10.257, de 10 de julho de 2001. Com base no Estatuto da Cidade passavam a ser previstas normas para regular a propriedade urbana em favor do bem coletivo, da segurança e do bem-estar dos cidadãos (TRINDADE, 2012, p. 146).

O direito à cidade como ideia-força de mobilização dos movimentos sociais representaria, no início do século XXI, a expressão motivadora de uma nova configuração dos atores de transformação urbana. Um marco importante, no cenário político destes movimentos, é lembrado por Bethânia Alfonsin (2014). Trata-se da "Carta Mundial pelo direito à cidade", formulada no Fórum Social Mundial, em Porto Alegre, em 2002, e aprovada na mesma cidade, depois de rodar o mundo por alguns anos, no Fórum de 2005. Segundo a autora, a Carta constitui uma "plataforma internacional de luta pelo direito à cidade" (ALFONSIN, 2014, p. 30) e coloca a sua reivindicação em outro patamar jurídico e cultural.

O marco da Carta serve mais simbolicamente para constatar que, naquele início de anos 2000, o direito à cidade passava a incorporar novos atores de luta pela transformação urbana, incluindo movimentos relativos a novas e outras pautas, para além das tradicionais – moradia, habitação e transporte. Tal fenômeno ficou evidente nas manifestações ulteriores, de junho 2013, como bem analisam Alonso (2017) e Alfonsin (2014). O direito à cidade passava também a se dotar programaticamente novos conteúdos. E, em ambos, como ator e como programa, a cultura surge como um elemento importante no contexto do direito à cidade.

Ana Fernandes (2010, p. 24) anota que o próprio Lefebvre, voltando a ele, trazia a ideia de mensuração da cidade não pelo seu valor de troca, mas pelo de uso. Isso significa dizer que devem ganhar proeminência os processos urbanos capazes de gerar simbolização, sociabilização, criação e urbanidade. Angelo Serpa (2010) afirma que a centralidade, conceito igualmente trazido por Lefebvre, passa a ser uma categoria importante para compreender a cidade como fenômeno cultural. Com base nele, o espaço urbano deveria ser capaz de articular diferentes ideias de cultura, que precisam necessariamente se manifestar no espaço público.

Para Lefebvre (2001, p. 132), é necessário pensar a cidade como "centralidade lúdica". O espaço lúdico deveria coexistir com os espaços de troca e de circulação e com o espaço político. O pensamento lefebvriano confere à cidade o sentido de obra de arte, que requer que o tempo tenha prioridade sobre o espaço. A cidade deveria ser espaço complexo articulado, "acentuando-se diferenças e contrastes, impulsionando na direção da qualidade que implica e sobredetermina as qualidades". Consolidar a atmosfera lúdica da cidade – de que os diversos elementos culturais e artísticos são constitutivos –, segundo Lefebvre (2001), significa a retomada do tempo urbano e a afirmação do habitar acima do habitat.

Na dimensão fundamental da cultura, portanto, o direito à cidade é empunhado especialmente pelos setores que reivindicam o espaço urbano como plataforma de ocupação artística e apropriação cultural. Nesse sentido, alcançam relevo os atores culturais que se relacionam com as artes de rua, a arte urbana, as expressões culturais de tomada do espaço público (ruas, praças, parques) e as manifestações culturais que demandam o espaço público e a plena interação social. Os direitos culturais, nesse bojo, passam a se incorporar efetivamente no rol dos direitos agrupados sob o guarda-chuva do direito à cidade. E o carnaval, sobretudo o carnaval de rua, passa a ser um dos principais casos de realização do direito à cultura sob a perspectiva do direito à cidade.

2.6.3 *Carnaval de rua como ator, vetor e vocalizador do direito à cidade*

Vários estudos passaram a analisar a importância dos atores e expressões culturais no cenário da luta pelo direito à cidade no Brasil, especialmente na segunda década do século XXI.

Paolo Colosso (2019) debruçou-se sobre o cenário das insurgências urbanas da década de 2019 para localizar o surgimento de novos atores a disputar a centralidade e a produção urbanas. Analisa os feitos de manifestações e movimentos sociais importantes das cidades rebeldes, nos termos de Harvey (2014). No contexto demarcado pela Primavera Árabe (2011/2012), os Occupy mundo afora (2012) e, no Brasil, os movimentos puxados pelo Passe Livre (especialmente junho de 2013) e contra a Copa do Mundo, Colosso mostra como novos atores, advindos especialmente da juventude e da cultura, incorporaram-se aos atores tradicionais de disputa do espaço urbano, como os movimentos de moradia.

Laura Sobral Rodrigues (2018) faz uma análise interessante relativa à ocupação cultural do Largo da Batata, região cobiçada da zona oeste de São Paulo, como forma de chamar a atenção para a especulação imobiliária que passa a dirimir as condições de fruição do direito à cidade no território. Trazendo exemplos de manifestos, performances artísticas, debates temáticos, agricultura urbana, o estudo do movimento "Ocupe a Batata" mostra como os artistas, ativistas urbanos (como ciclistas e permacultores), pesquisadores, arquitetos e urbanistas mantiveram um centro cultural a céu aberto e autogerido durante os anos de 2013 e 2014. Na prática, demonstrava-se, ali, "como os habitantes se apropriaram de espaços públicos urbanos, tornando-se seus coprodutores a partir do uso e da manifestação cultural" (SOBRAL RODRIGUES, 2018, p. 18).

Carlos Eduardo Frankiw de Andrade (2019) empreendeu uma avaliação similar à de Sobral, tendo Belo Horizonte (MG) como cenário e usando o direito à cidade como fator de conexão das novas formas e atores do embate pelo espaço urbano. No estudo, Andrade chama de "desvios do espaço" os usos que estes novos atores trouxeram às espacialidades urbanas, ressignificando seu uso coletivo e contribuindo para uma nova produção do território. A retomada do carnaval em Belo Horizonte, a partir de 2010, é um dos casos analisados, mostrando como os blocos, perfazendo "desvios festivos" na cidade, geravam "fatores a impulsionar a democratização e diversificação de usos dos espaços voltados a permanências e convívios nas comunidades em que se inseriam" (ANDRADE, 2019, p. 319).

No Brasil todo, o carnaval de rua parece se firmar como um fator concreto e efetivo de reorientação da produção do espaço urbano. Na dimensão proporcional que São Paulo lhe atribui, o carnaval de rua paulistano se constitui simultaneamente como um vetor significativo e um ator preponderante do direito à cidade, por algumas razões.

A primeira é a sua incisão lúdica no território urbano, que possibilita a ressignificação dos espaços tidos habitualmente como lugares de passagem. As ruas, praças, parques, monumentos, vilas, passarelas, calçadões, largos, enfim, a plataforma física do cotidiano de trabalho e moradia se converte em lugares de lirismo, criatividade, liberdade e afeto. A alegorização festiva do espaço público urbano pelo carnaval de rua possibilita, na prática, a vivência dos elementos urbanos não pelo seu valor de troca, mas pelo seu valor de uso, como reivindica o conceito-manifesto de Lefebvre.

O segundo motivo é a ocupação cultural plena, livre e espontânea da cidade. Ainda que haja, e é necessário haver, alguma regulação pelo poder público, os adjetivos servem nessa afirmação, pois a forma e o programa cultural por meio dos quais os blocos sairão às ruas não são determinados pelo Estado. A determinação se dá pela própria interação dos agentes carnavalescos com o espaço urbano. Onde, como, quando, com o que e com quem ocupar as ruas é decisão autônoma dos blocos, que deflagra um movimento com alto grau de espontaneidade e liberdade preservado. O resultado é a ruptura com a lógica racionalista, em geral também tecnicista e privatista, de uso e ocupação do espaço urbano. No carnaval de rua, o uso cultural da cidade se apresenta propriamente como um choque de uso urbano, pela alteração radical da normalidade e das funções originalmente pensadas para os espaços, por meio da intensa mobilização e interação de pessoas em um período concentrado de tempo, da modificação imagética dos lugares e da inserção massiva de elementos cênicos e musicais de forma inusitada, em locais não preparados para tanto.

Este último ponto leva à terceira razão de o carnaval se constituir um vetor de direito à cidade: a alteração do *ethos* urbano. Lefebvre (2001, p. 134) afirma que "a arte pode se tornar *práxis* e *poiesis* em escala social: a arte de viver uma cidade como obra de arte". O carnaval de rua contribui efetivamente para que, especificamente naquele período de celebração, a cidade seja reconhecida não pelos seus atributos típicos, geralmente icônicos – a cidade do trabalho, a cidade da velocidade, a cidade do capital. No período carnavalesco, que é intenso mas fugaz, a cidade passa a ser reconhecida pelo estado em que se encontra, um "estado de efervescência", nos termos de Durkheim. Durante o carnaval, e sobretudo pela tomada da cidade pelo carnaval de rua, a cidade passa a ser reconhecida como em "estado de carnaval", "estado de festa", em "estado de folia".

Para uma cidade como São Paulo, que é comumente identificada com símbolos opostos aos da alegria, essa alteração do *ethos* urbano mostra-se muito relevante para o próprio sentido de pertencimento afetivo à cidade; contribui para a "descoberta" de uma capacidade de vida urbana mais lúdica e festiva – o que inclui necessariamente o adensamento do convívio social; contribui sensivelmente para a afirmação da cultura paulistana como parte efetiva de uma cultura nacional carnavalesca – e não descolada de um todo que tem no carnaval um marco de identidade cultural; e faz emergir valores relacionados à festa, à celebração, ao convívio, à vivência pública, à sociabilidade, à liberdade, à democratização do espaço urbano que passam a disputar hegemonia com valores fortemente incrustrados na *persona* mais conhecida da cidade, como o privatismo, o proprietarismo, o securantismo, o economicismo, todos parte da lógica da cidade como dispositivo de diferenciação social.

A alteração do *ethos* urbano pelo carnaval de rua é claramente evidenciada pela transformação da paisagem urbana e pela mudança do comportamento social dos indivíduos. A tomada da cidade pelas cores, fantasias, adereços que caracterizam os blocos e cordões forma, no conjunto, um cenário urbano muito diferente do habitual, marcado pelo padrão da normalidade. Um outro espaço leva a outro comportamento social dos indivíduos, a outra interação entre si e com os elementos urbanos. Nos poucos dias de carnaval, os trajes sóbrios dão lugar às fantasias. Pontos de ônibus, metrô, restaurantes, lojas, calçadões são compartilhados pelos cidadãos em estado habitual e em estado de folia. O crescimento do carnaval de rua, nos anos 2010, propiciou justamente a sensação social de ser "normal" viver a cidade sob as vestes da irreverência e da alegria. Ou: viver a cidade sendo ela própria um lugar de irreverência e alegria.

Nesse sentido, outro elemento importante de reivindicação do direito à cidade por intermédio do carnaval de rua é a tomada do espaço urbano pelos corpos. Ana Fandri Alessandri Carlos (2014) realizou estudo interessante sobre o poder do corpo no espaço público e a sua relação com o urbano e com o direito à cidade. A autora sustenta que o corpo é "a expressão de relações sociais assentadas na dialética subordinação/subversão" (CARLOS, 2014, p. 474) e que o corpo é a fonte e o suporte de toda a cultura (PEREC, 1974 *apud* CARLOS, 2014, p.475) e a mediação necessária do indivíduo com o mundo. É em virtude do corpo que as relações sociais adquirem o caráter de "existência espacial concreta". Segundo a autora, o corpo impõe uma subversão quando se apropria do espaço público, por meio da negação da realização da vida cotidiana apenas "em acessos normatizados como produtos das cisões que marcam a vida em espaços diferenciados, submetidos à coação da propriedade privada do solo urbano" (CARLOS, 2014, p. 474).

O carnaval de rua se manifesta sobremaneira pela interferência libertária dos corpos do espaço urbano. Como manifestação política de rua, a festa traz a característica de uso dos corpos para a reivindicação do direito à cidade na própria cidade, como as demais mobilizações sociais o fazem. No entanto, o carnaval radicaliza e, até, extrapola esse atributo. Como nas demais manifestações, também no carnaval de rua os corpos se põem no espaço-tempo urbano como elemento de protesto físico, insatisfação, indignação, demonstração corpórea dos problemas vividos. Alteram a normalidade espacial ao mesmo tempo que realizam muitos dos conteúdos do urbano que a cidade racionalizada e normatizada não permite (CARLOS, 2014, p. 479). Especialmente, a corporeidade nas ruas instala um mal-estar, um incômodo, um problema – até e sobretudo de ordem física – que precisa se resolver.

Tudo isso o carnaval de rua faz, mas o faz radicalmente, ao executar a reivindicação corpórea da cidade com uma carga lúdica e lírica e descomunal, ampliando a própria capacidade de mediação simbólica que os corpos possuem. A festa também extrapola tudo isso porque subverte a própria presença corporal. No carnaval, os corpos são vetores de mensagens carregadas de valores como a liberdade, a empatia, a alegria, a crítica e a transgressão. Os corpos estão fantasiados, pintados, carregando estandartes, mas, em especial, os corpos se mostram mais desnudos, com a pele exposta. Com roupas que reivindicam em si a autonomia de trânsito livre, alegre e seguro dos corpos nas cidades – uma questão fundamental sobretudo para o exercício do direito à cidade pelas mulheres. Além disso, o comportamento dos corpos é outro. No carnaval, os corpos se mostram e se querem juntos, compondo uma atmosfera de sociabilidade e integração. Estão, ali, inebriados, em estado pleno de efervescência e afetividade e requerendo, assim, a própria espacialidade urbana como plataforma apta a receber essas sensações e sentimentos em sua produção e vivência. Exibem também comportamentos ousados, libertários, transgressores, por vezes sexualizados, diluindo dessa delimitação clássica e bem marcada da cidade entre casa (privado) e rua (aberta). Em sua comunhão festiva com o lugar público, a postura irreverente e esteticamente iluminada dos corpos no carnaval de rua cria uma conexão plástica entre as pessoas e a cidade e amplia o senso de contato entre elas – pessoas e cidade, pessoas e pessoas –, potencializando sensivelmente a sua relação identitária.

Nessa perspectiva, o carnaval de rua adquire o sentido de ferramenta de imaginação de uma nova cidade. Com ele, a cultura se coloca a serviço da reimaginação do espaço urbano, forjada coletivamente e baseada nas demandas mais coletivas que individuais. Essa função carnavalesca da cidade vai ao encontro do que David Harvey (2013, p. 33) imputa como vocação do direito à cidade, que, segundo ele, é ser uma ferramenta de reimaginação e refazimento coletivo do mundo urbano.

Por fim, como derradeiro motivo de se configurar ator e vetor do direito à cidade, o carnaval se afirma como uma plataforma de vocalização política do seu programa de direitos. Nas ruas, o folião, como voz individual, e o bloco, como voz coletiva, empunham bandeiras que necessariamente alimentam e se alimentam do arcabouço programático do direito à cidade. A saída dos blocos, sem obstaculização e sem repressão estatal, é a primeira conquista de exercício deste direito, ainda que em escala comunitária. Já nas ruas, os blocos questionam a especulação imobiliária, que faz muitos dos lugares afetivos e culturais da cidade deixarem de existir. Criticam a impermeabilização do solo urbano, que pavimentou rios e córregos, situação que leva às enchentes e ao modelo de transporte baseado no veículo motorizado. Por meio do trânsito livre das pessoas nas vias, questionam as políticas de mobilidade urbana. Vocalizam o grito de grupos minoritários e marginalizados e causas como LGTQI+, questão racial e de gênero, entre várias outras, dando-lhes espaço de reverberação qualificada. Defendem o uso livre e seguro do espaço urbano pelas mulheres. Cantam o cenário de descaso com os direitos sociais na cidade, como saúde, educação e moradia. E, por fim, em "meta-reivindicação", tratam também da própria tentativa de restrição da liberdade carnavalesca no processo de acomodação de interesses durante o carnaval. Em suma, o carnaval de rua, como ator e vetor do direito à cidade, configura-se também como vocalizador do seu programa de direitos no espaço urbano.

Raquel Rolnik (2017) confirma essa constatação, quando analisa o significado político da retomada do carnaval de rua de São Paulo, nos anos 2010. A urbanista utiliza um dos gritos emblemáticos mais ouvidos durante os desfiles dos blocos e cordões paulistanos: "a cidade é nossa":

> [...] "a cidade é nossa" é uma resposta àqueles que veem nos espaços e serviços públicos da cidade - assim como nos locais privados - apenas uma fonte de rentabilidade para os capitais investidos, sem relação ou conexão com os desejos e necessidades da gente que aqui habita. "A cidade é nossa" afirma que São Paulo é nosso bem comum, nossa propriedade coletiva. Não é do prefeito, vereador, governador, presidente, nem do partido, da empreiteira ou do juiz. Não está à venda, e, sendo nossa, só nós mesmos é que podemos decidir sobre seu futuro (ROLNIK, 2017).

É possível dizer que o carnaval se incorpora aos elementos de produção e de transformação do espaço, sendo um componente cultural que influencia e é influenciado por aquilo que Eduardo Marques (2017) chamou de "política do urbano". Este seria o conjunto de ações, alianças, negociações, conflitos que se relacionam com as políticas, o poder e as instituições nas cidades, tendo como elemento definidor justamente a dimensão espacial. De alguma maneira, o carnaval de rua passa a ser um ator urbano relevante e, assim, a ser levado em conta pelos "capitais do urbano", termo do mesmo Marques, que são as incorporadoras construtoras de infraestruturas, os prestadores de serviços urbanos, além do próprio Estado, naturalmente. Tudo isso em cenário de novos arranjos de produção do espaço urbano.

No limite, pode-se dizer que o carnaval de rua, como reivindicação, plataforma, vetor e exercício de direitos na esfera urbana, tenta cumprir o que Lefebvre propriamente delineou como direito à cidade:

> O direito à cidade se manifesta como forma superior dos direitos: direito à liberdade, direito à individualização na sociedade, ao habitat e ao habitar. O direito à obra (à atividade participante) e o direito à apropriação (bem distinto do direito à propriedade) estão implicados no direito à cidade (LEFEBVRE, 2001, p. 134).

Como conclusão desse debate, vale revisitar a afirmação inicial, sobre a importância da questão urbana para o carnaval. Isso porque, ao fim e ao cabo, quando a pauta do carnaval de rua é imbuída dos valores e do programa do direito à cidade, o que está se realizando é a própria negação do destino dado ao carnaval pela lógica urbana vigente: o confinamento. Confinamento que foi, historicamente, cercando as festas em locais fechados e controláveis, como os sambódromos, distantes da plena fruição da população. Afirmar o carnaval como veículo de democratização do espaço público e de uso livre dos territórios pelas pessoas significa transformar essa tendência de cerceamento e privatização e convertê-la em potencial de apropriação da festa por toda a sociedade, como um direito de acesso à cultura.

2.7 Tensão carnavalesca: carnaval como direitos em colisão

A existência do carnaval como manifestação cultural deflagra um fenômeno urbano carregado de tensão. Apesar de festivo, o carnaval não é uma expressão pacificada no seio social, justamente por suspender temporariamente a normalidade e subverter a normatividade urbana. O carnaval se impõe como realidade cultural do País, mas não sem internalizar o tensionamento característico dos processos disruptivos. Do ponto de vista jurídico, quando o carnaval de rua passa a ser visto como direito a ser exercido na esfera urbana, ele se coloca, inevitavelmente, em posição de embate com outros direitos fruídos no mesmo espaço. O conflito jurídico se instala e deve ser reconhecido.

Considerando o direito ao carnaval como um direito cultural, ele se apresenta, em essência, originado e assentado no sistema internacional dos direitos humanos. Um direito universal e indivisível. É um direito que se integra ao ordenamento jurídico brasileiro como um direito fundamental. Assim, é indispensável para a consecução da dignidade humana e imprescindível aos objetivos pretendidos pela Constituição Federal, como o pluralismo, a democracia, a liberdade e a cidadania.

O exercício do direito cultural é garantido a todos (individual e coletivamente), com previsão específica nos artigos 215 e 216 do texto constitucional. Nesse bojo, o carnaval vivido como direito se relaciona às fontes da cultura nacional, ao seu patrimônio, às manifestações, às artes, à memória, aos saberes e fazeres que compõem o grande espectro da diversidade cultural brasileira, da qual ele faz parte. Juntando-se aos demais conteúdos culturais dispersos na malha constitucional, a cultura (carnavalesca) se integra ao rol de direitos sociais, cuja efetivação demanda uma postura comissiva do Estado, uma ação prestacional que, seguindo a orientação dirigente e programática da Constituição, deve vir especialmente por meio de políticas públicas.

O carnaval também se apresenta, em sua dimensão de direito fundamental, como liberdade de expressão cultural. Circunscreve-se no arco dos direitos civis e políticos e, assim, assume também as feições de direito de protesto e de manifestação política. Nessa roupagem jurídica, o carnaval requer a postura abstencionista do Estado e demanda o afastamento peremptório de qualquer forma de censura prévia ao seu conteúdo cultural e aos seus veículos de manifestação.

Por fim, o carnaval de rua é direito integrante do rol jurídico-político do direito à cidade. Como tal, apresenta-se como ator, vetor e vocalizador das demandas por direitos que precisam ser acessados na esfera urbana. É também plataforma de reivindicação de uma nova lógica de produção do espaço urbano, mais afeto à sociabilidade, à liberdade e ao uso democrático da cidade. Quando ocorre, o carnaval é concretamente exercício do direito à cidade, em sua ocupação material e física dos espaços, injetando, pela contestação alegria e criatividade, valores mais ligados à fruição pública e coletiva da cidade.

Assim, como direito, como liberdade e plataforma de direito à cidade, o carnaval de rua se apresenta juridicamente para o potencial embate com outros direitos em fricção na sociedade, sobretudo na esfera urbana.

A questão que se coloca é como compatibilizar, equilibrar e tornar coexistentes direitos que podem entrar em conflito a partir da realização concreta do carnaval de rua. Ressalte-se que falar na concretude dessa realização significa falar na manifestação cultural carnavalesca em si – a festa nas ruas, as expressões artísticas em plena interação pública. Mas significa, também, discorrer sobre as condições geradas para a realização dos festejos, propiciadas por medidas prestacionais (de apoio, estímulo, estruturação, financiamento) e medidas omissivas (liberação, não deixar de reprimir, desobstrução da brincadeira). Quando se trata de tais medidas, como se analisará no capítulo seguinte deste livro, discute-se propriamente a política pública do carnaval de rua.

Em outras palavras, o que se vislumbra são dois conflitos em potencial: I) o conflito entre os direitos (já) exercidos na cidade e os direitos culturais, propriamente relacionados ao carnaval; e II) o embate entre aqueles direitos e a política pública (ou a ação do Estado) que vai garantir o direito cultural ao carnaval. Esta última situação se dá porque a própria dimensão jurídica da política pública, ao perseguir a observância de um direito, poderá afetar algum outro, com que vai se relacionar, compatibilizar-se ou dirimir seus efeitos em benefício do objetivo principal. Esses dois conflitos dialogam com o tensionamento central deste livro, que diz respeito à medida de atuação do Estado no carnaval de rua para que se equilibre institucionalização e liberdade, sem que a primeira represente estímulo e não reprimenda à segunda. No limite, trata-se da tensão entre quão domesticador pode ser o Estado, a ponto de cooptar as manifestações carnavalescas, e o quanto estas podem ser anárquicas, a ponto de não se submeterem à organização estatal.

Quando o carnaval, em sua materialização, avança no tecido urbano, vários direitos são conclamados como potenciais "vítimas". De forma mais assertiva, alguns direitos são trazidos à arena jurídica por se posicionarem, em diferentes proporções, na rota de colisão do direito ao carnaval: o direito à segurança pública, ao conforto acústico, à propriedade privada (acesso e pleno gozo), à limpeza urbana, o direito de ir e vir, entre outros.

Como exemplos, na prática, as festas na rua geram trânsito e congestionamento de veículos, que impedem ou dificultam o acesso a determinadas localidades. Também mobilizam multidões, que provocam sujeiras nas vias públicas, além de outros transtornos relacionados a barulho e comportamento no espaço público. Ademais, o próprio formato artístico de realização do carnaval interfere na paisagem acústica: são carros de som, trios elétricos, baterias com centenas de integrantes, coros de centenas de pessoas nas vias. Isso, obviamente, afeta a calmaria sonora habitual. Esses exemplos não fazem parte do programa cultural carnavalesco. O exercício do direito cultural ao carnaval se relaciona à vivência festiva, identitária, simbólica e artística da celebração. Contudo, são inegáveis externalidades negativas de seu acontecimento, cuja redução de danos cabe à própria política pública que gerou as condições para a festa momesca.

O que se sublinha é o fato de os direitos habitualmente fruídos no espaço urbano, por serem mais consolidados histórica e juridicamente, merecerem políticas públicas igualmente mais arraigadas. São ações públicas tradicionalmente previstas, diferentemente do que ocorre com as medidas voltadas ao cumprimento dos direitos culturais. Quando se afirma o carnaval como direito cultural, um direito de caráter fundamental, e como liberdade de expressão constitucionalmente garantida, eleva-se a garantia de sua prestação ao mesmo patamar dos demais direitos. Assim, a política pública que provisiona condições para o carnaval pode e, inescapavelmente, deve entrar em conflito com as políticas garantidoras dos direitos mais "tradicionais".

É possível afirmar, assim, que a garantia do direito cultural ao carnaval de rua leva ao embate com outros direitos no espaço público. No período carnavalesco, a proeminência das condições para a fruição dos direitos culturais causa, em certa medida, a mitigação das condições de exercício dos demais direitos. Existir uma política pública que, por exemplo, garanta o direito de reunião de milhares de foliões nos espaços públicos, de forma concentrada temporal e espacialmente, leva inevitavelmente à redução dos efeitos plenos – aferíveis em serviços, normas e recursos – das políticas ordinárias de saúde, transportes, limpeza, segurança pública etc. Há uma situação real de conflito de direitos, em um período culturalmente típico e urbanisticamente atípico,[36] que é o carnaval. Do direito, espera-se algum grau de resolução.

2.7.1 Tensão assimilada: Estado e concretização constitucional do carnaval

Antes, uma ressalva é importante. A este livro não interessa desenvolver o debate sobre a judicialização de casos envolvendo os direitos fundamentais relacionados à cultura. Tampouco ela se debruça sobre o controle judicial de constitucionalidade. A discussão proposta nem alcança a esfera da judicialização dos direitos culturais. O objeto se mantém, aqui, sendo a compreensão da cultura como objeto jurídico das políticas públicas. Assim, ficam fora da análise, também, as teorias globais sobre os comportamentos das cortes constitucionais, como o ativismo judicial (STRECK; TASSINARI; LEPPER, 2015), a primazia da cultura da justificação (COHEN-ELYIA; PORAT, 2011) ou transconstitucionalismo (NEVES, 2009).

O que interessa é a necessidade de compreender a cultura (dentro dela, o carnaval) no rol dos direitos fundamentais, que não são ilimitados e absolutos. Esbarram em outros direitos igualmente fundamentais, de maneira que suas eventuais restrições só podem ocorrer mediante normas de caráter constitucional. Isso vale para os direitos culturais. Cunha Filho (2018, p. 108) afirma que, "mesmo para os direitos culturais universalizados de forma abrangente, nenhum deles pode ter caráter ilimitado, ou seja, seu exercício sempre pressupõe o respeito aos princípios que regem a vida em coletividade".

36 Conforme foi desenvolvido no capítulo 1 deste livro, no tópico sobre a cidade no carnaval: modalidades da festa.

José Afonso da Silva (2001, p. 66) repisa esse pilar da interpretação e aplicação do direito, pelo qual se observa que a afirmação de um direito não pode significar a violação de outro. O conflito que se inaugura quando o choque acontece deve ser resolvido por meio do sopesamento das normas e dos valores constitucionais para o caso específico.

O quadro de análise sobre os direitos em colisão, em virtude de uma política pública, deve levar em conta dois elementos: como o direito (no sentido de ordenamento constitucional) requer ser interpretado no bojo das políticas públicas; e o papel do Estado como intérprete constitucional, já que a sua ação – considerando política pública como o "Estado em ação", nos termos de Jobert e Muller (1987) – é o próprio fazimento da política pública visando à consecução do direito.

O primeiro elemento, referente à função mais ampla (ou às funções) do direito na política pública, será pormenorizadamente analisado no capítulo terceiro, próximo e último, deste livro. Aqui, será pontuada a sua vocação de propulsão constitucional do Estado. Este, por sua vez, deve ser tomado em sua feição executiva, atinente à Administração Pública, quando enxerga no mandamento constitucional dirigente a sua razão de movimento na direção dos direitos.

Diogo Coutinho (2013, p. 193), ao enxergar o direito como uma "tecnologia de construção e operação de políticas públicas", atribui-lhe vários papéis. Um deles é o de objetivo de uma política pública (COUTINHO, 2013, p. 194). Segundo o autor, o direito é simultaneamente um instrumento para operacionalizar decisões políticas e uma fonte que define os próprios objetivos de que será ferramental. Ele cita exemplos de normas constitucionais que servem de bússola a orientar os objetivos políticos do Estado, tais como a erradicação da pobreza e a diminuição das desigualdades sociais (art. 3º, III) e a preservação do meio ambiente (art. 225). Nesses casos, recai sobre o poder público o imperativo de elaboração e implementação de políticas voltadas a estes objetivos constitucionais dispostos.

Em sentido convergente, Maria Paula Dallari Bucci (2008, p. 8-11) traz o diagnóstico de que a Constituição Federal adquiriu grande centralidade no cenário jurídico-institucional brasileiro porque trouxe um programa de direitos de cunho igualitário, voltado à superação de mazelas históricas, como a fome, a desigualdade, a falta de saúde e educação etc. Tentando saná-las, a Constituição seria assim um instrumento para a alavancagem do País a outro "patamar civilizatório" (BUCCI, 2013, p. 9). Segundo a autora, só se conquista este desafio se forem saciados os direitos tidos como mais "insaciáveis", no trocadilho de Ana Pintore

(2002, p. 179 *apud* BUCCI, 2008, p. 9): os direitos fundamentais. Para Bucci, dentre estes, os mais insaciáveis são os direitos sociais. Seu cumprimento requer a ação positiva do Estado, entendido como Poder Executivo. Algo que torna imprescindível a aproximação de tais ações das ideias de "supremacia constitucional e inafastabilidade de direitos" (BUCCI, 2008, p. 9).

Com base nessas ideias, e considerando a natureza tão ubíqua quanto incompleta da Constituição, o que Bucci coloca como constatação é justamente a insuficiência da interpretação constitucional clássica para a satisfação dos direitos sociais. Segundo a autora, é preciso enfrentar "o fato de que a realização dos direitos sociais – que depende de uma escala ampla, compatível com o tamanho das demandas – está condicionada a um papel ativo do Poder Público. E por Poder Público entenda-se aqui Poder Executivo" (BUCCI, 2008, p. 10).

Nesse ponto constrói-se a ponte para o segundo elemento de análise dos direitos em potencial colisão: o papel do Estado como intérprete constitucional. O primeiro elemento de análise localiza o direito como prescritor e instrumentalizador de mandamentos constitucionais dirigentes. Isso necessariamente requer a sua aplicação não clássica, não subsuntiva, mera incidência do fato à norma. Por conseguinte, tais mandamentos de mudanças sociais exigem que o Poder Executivo assuma sua atuação "orientada à realização democrática das promessas constitucionais", à sua função de cumprir a Constituição, "em seu espírito, mais que na letra" (BUCCI, 2008, p. 10). O outro lado dessa ponte é justamente a assunção de que o Estado, enquanto poder Executivo e Administração Pública, é um "*locus* de concretização constitucional" (BUCCI, 2008, p. 11). Para tal concretização, ele precisa produzir sua interpretação sobre o que a Constituição lhe encomenda.

Fabio Konder Comparato (1998) é assertivo nesse diagnóstico, quando descreve a passagem histórica do Estado "Legislativo" para o Estado Social. O jurista explica que o modelo constitucional liberal clássico se assentava na supremacia da lei e do poder que institucionalmente o produzia, o Legislativo. Os demais poderes públicos, Judiciário e Executivo, ficavam relegados à função subsidiária de mera execução de normas legais, sem iniciativa ou impulso próprio. Com o Estado Social, muda-se o paradigma de legitimidade da ação estatal, que deixa de residir apenas na expressão legislativa da soberania popular, para se fixar na "realização de finalidades coletivas, a serem alcançadas programadamente" (COMPARATO, 1998, p. 44). Esse deslocamento obrigou a reorganização das funções estatais baseada no critério das políticas públicas ou programas de ação governamental. Valendo-se deste critério, e visando à geração de "condições básicas para o alcance da igualdade social entre todos os grupos, classes e regiões do país" (COMPARATO, 1998, p. 43), o Poder Executivo necessariamente passa a exercer um papel hegemônico.[37]

Exercer este papel, para o Governo, passa por encampar e materializar direitos, o que se faz mais pela produção de políticas do que de normas – já que ambas, como diferentes categorias jurídicas, não podem ser confundidas (COMPARATO, 1998, p. 45).

Aqui se retorna ao centro da discussão. O processo de conversão prática do programa normativo constitucional em políticas públicas, por meio do Estado, requer necessariamente a assimilação do conflito, da pluralidade de atores e divergência de visões. Não é um processo pacífico. O direito concretizado por meio de uma política pública gera um sistema de equilíbrio dinâmico na sociedade, em que as tensões se mantêm administráveis, sustentando aquela equação "energética" de caráter jurídico-institucional.

Em seu texto clássico, *Hermenêutica Constitucional – A sociedade aberta aos intérpretes da Constituição: contribuição para a interpretação pluralista e "procedimental" da Constituição* (2014), Peter Häberle defende que a interpretação constitucional deve levar à construção do consenso. Mas um consenso que resulta de conflitos e compromissos entre participantes com opiniões e interesses diferentes dentro do mesmo ordenamento. Seria uma interpretação que considera o direito constitucional como um "direito de conflito e compromisso" (HÄBERLE, 2014, p. 47). Segundo o jurista alemão: "Afigura-se evidente que requerentes e requeridos perseguem objetivos diversos no processo constitucional e, por isso, hão de eleger métodos diferenciados de interpretação, procurando abrigar o conteúdo da controvérsia dentro desses diferentes modelos ou métodos" (HÄBERLE, 2014, p. 47-48).

Assim, o Estado (Poder Executivo), como *locus* de concretização constitucional, é justamente onde se processam os conflitos e a contraposição de visões (BUCCI, 2008, p. 11). A concretização do direito ao carnaval, fundamental e social, e da liberdade de expressão carnavalesca, mediante a ação do Estado, operacionalizada pela política pública, assume essa condição tensa e impermanente. Os interesses vocalizadores dos diversos direitos em colisão devem ser considerados pelo Estado que, assumindo o programa carnavalesco como execução de um man-

37 Em contextos políticos de autoritarismo, como o que se observa no Brasil em 2021, essa ideia está sendo posta em xeque.

damento constitucional, deve ponderar as formas de reduzir o impacto negativo sobre os demais direitos, de fruição eventualmente mitigada. Estes últimos não devem ser negados, mas incorporados pelo poder público como elementos de tensão, vetores de enfrentamento interno, contributivos ao seu modelo de interpretação e concretização constitucionais.

2.7.2 Tensão mapeada: direitos em colisão no carnaval

A apreensão jurídica do carnaval considera essa manifestação cultural como um direito, de natureza fundamental e social e de caráter constitucional. Sua apresentação no ordenamento se perfaz como norma. Tomar a realização do carnaval no contexto de embate com outros direitos exige, portanto, compreender a feição dessa norma (ou dessas normas) em comparação com as demais em potencial conflito.

Partindo do acontecimento social para a sua coroação normativa, o carnaval se realiza faticamente como manifestação enraizada da cultura brasileira, atingindo seu ápice de expressão por meio de um programa simbólico, estético e artístico, com formatos variados regionalmente, que provoca grande mobilização popular no mês de fevereiro. Apesar do período datado de ocorrência, ele é uma dinâmica sociocultural mais profunda, que ativa bases comunitárias durante o ano todo, com sentidos de memória e identidade e processos permanentes de criação, mediações relacionais e celebrações festivas. É um símbolo da identidade cultural brasileira, com todos os benefícios e vicissitudes que isso acarreta. Por fim, é uma plataforma de vivência urbana, tomada afetiva e ocupação festiva e libertária dos espaços. Por tudo isso, o carnaval é plataforma política (movimento, ideia e veículo) pela democratização, conformada na liberdade de expressão (cultural, artística e política) dos foliões-indivíduos. Enfim, o carnaval, além de uma expressão da cultura, propõe: uma cultura de festa e uma cultura comportamental.

Por óbvio, todos esses atributos materiais do carnaval não estarão descritos formal e objetivamente em normas positivadas. No entanto, se a lógica de conformação do ordenamento jurídico se baseia em converter em normas processos eticamente assimilados pela sociedade, é preciso que a compreensão principiológica da Constituição ampare, com todas as capacidades possíveis, a efetivação de processos sociais legítimos, legitimados e culturalmente – no sentido amplo e estrito – comungados pela sociedade brasileira. Com isso um direito, como o do carnaval, que encontra mais concretude material do que normativa, mais espírito do que letra constitucional, passa a ter a possibilidade de se impor como objeto de ação do Estado e de ser concretizado, em compatibilização com outros direitos.

Por essa razão, é importante compreender o carnaval entre as categorias normativas que compõem a base de compreensão da teoria dos direitos fundamentais. Robert Alexy (2008, p. 86-92) firma o binômio regras-princípios como alicerce dessa teoria. Para o autor, regras e princípios compõem as duas espécies de normas. As regras seriam as normas a serem integralmente satisfeitas ou não satisfeitas, são "determinações no âmbito daquilo que é fática e juridicamente possível" (ALEXY, 2008, p. 91). Os princípios, por sua vez, são normas que querem o atendimento na maior medida possível dentro das possibilidades de fato e de direito existentes. Segundo Alexy (2008, p. 90), são "mandamentos de otimização", que podem ser satisfeitos em graus diferentes, a depender das possibilidades fáticas e jurídicas.

Fazendo essa distinção, Alexy (2008, 92-96) explica que conflitos entre regras se resolvem de maneira diferente do que as colisões entre princípios. Um cenário de regras em conflito exige que uma delas seja declarada inválida (nula), permanecendo apenas a juridicamente válida, excetuando-se o caso de uma cláusula de exceção que permita que a primeira se "adapte" à contrariedade que esta traz. No caso dos princípios, não ocorre a nulidade (invalidade) de um deles em benefício do outro, tampouco uma cláusula de exceção que os compatibilize. Ocorre a precedência de um princípio em face do outro, considerando as condições concretas de análise. O critério de prevalência de um princípio sobre o outro é o peso na situação real: alguns princípios terão mais peso que outros.

Interessa, portanto, no nível das normas, analisar: i) quais são as condições que atribuem aos princípios referentes ao carnaval mais peso que aos demais em potencial colisão e; ii) quais são as exceções ou nulidades trazidas pelo funcionamento das regras relativas ao carnaval, em conflito com outras regras.

2.7.2.1 A precedência do direito ao carnaval no carnaval

Para avaliar que princípio prevalece, em detrimento de outro, é preciso atentar para o que Alexy (2008, p. 96) chama de "relação de precedência condicionada". Trata-se da análise das circunstâncias do caso concreto e da identificação de condições especiais que permitem a não violação de direitos fundamentais e a aferição – em princípio, abstrata, não objetiva – de pesos que dão preferência a um princípio em face de outro. A esse raciocínio, Alexy explica que se somam, como critério de sopesamento, os valores constitucionais: aqueles surgidos por força da Constituição atribuem precedência a determinados princípios. Outro elemento importante é o fato de os princípios não guardarem em si mandamentos definitivos, mas apenas razões – que podem eventualmente ser afastadas na colisão com outros princípios. Assim, os princípios "não dispõem da extensão do seu conteúdo em face dos princípios colidentes e das possibilidades fáticas" (ALEXY, 2008, p. 104).

Tomando-se por base essa explicação, é possível afirmar que existem condições concretas e especiais, além de valores constitucionais, que dão precedência às normas protetivas do carnaval no período da festa, sobretudo para a política pública que lhe assegura meios (comissivos e omissivos) de realização. Como não está se falando em cancelamento ou nulidade de princípios, mas de prevalência por razão fática, o que deve ser levado em consideração é que o exercício do direito ao carnaval só se realiza plenamente naquele período temporal da festa. Ela ocorre uma vez por ano, geralmente no mês de fevereiro. Diferentemente de vários outros direitos, mesmo culturais, o momento pleno de realização social do carnaval é este. Essa condição de temporalidade restrita gera também um tipo de excepcionalidade interpretativa favorável ao carnaval. Surge, por assim dizer, um direito que é acionado, disparado, deflagrado no momento oportuno da celebração da festa. Suas condições vêm de antes, preparadas pelo meio ambiente cultural que circunda os grupos e as comunidades carnavalescas. Mas o estopim de efetivação se dá em pleno momento do carnaval.

Diferentemente do que ocorre com outros direitos, eventualmente em colisão, há uma janela de gozo do direito ao carnaval, que lhe é própria, típica e exclusiva. A fruição desse direito depende, como já foi mencionado, da combinação de tipicidade cultural e atipicidade urbana. A condição de suspensão da normalidade, de extraordinário criada pela e para a sociedade, conforme Da Matta (1997), de período de alteração do cotidiano, justifica que o direito ao carnaval obtenha uma prerrogativa especialíssima de concretização, estranha a outros direitos.

Isso não significa que dizer que os demais direitos colidentes não se apliquem nesse período excepcionalmente carnavalesco. Como visto, quando colidem, não há nulidade de um princípio em benefício do outro. O que existe é a precedência e a orientação constitucional valorativa. Considerando a "lei de colisão" proposta por Alexy (2008, p. 98), o sopesamento dos princípios em disputa deve se guiar pela não violação de um direito fundamental. Seguindo essa lógica, torna-se imperativo o seguinte raciocínio: I) o direito cultural ao carnaval é um direito fundamental; II) tal direito só é exercido plenamente no período carnavalesco; III) outros direitos fundamentais que podem ser exercidos fora do período carnavalesco entram em colisão com o direito ao carnaval; IV) mitigar o peso destes outros direitos, especificamente no período carnavalesco, não significa anulá-los, já que eles continuam a ser fruídos em outros períodos do ano – não se fala, portanto, em violação desses direitos fundamentais; V) mitigar o peso do direito ao carnaval no período carnavalesco significa anulá-lo, pois ele perderá a preponderância que possui especialmente pelo seu período de fruição; VI) perdendo a precedência sobre os demais, ele deixa de ser cumprido e um direito fundamental é violado.

Esse raciocínio, naturalmente, é teórico, aplicando apenas a regra da precedência de Alexy. Quando a ela se incorpora o segundo critério, dos valores constitucionais, o sopesamento se sofistica, apesar de não negar a prerrogativa de fruição de direito no período carnavalesco. José Afonso da Silva (2001, p. 67) explica a teoria dos valores, assumindo que a Constituição possui textos com diferentes escalas valorativas, umas mais elevadas que outras. Ela prevê, como princípio, a harmonia entre os valores no momento de sua aplicação, de acordo com o critério da razoabilidade. Pela teoria, e pela razoabilidade, o primeiro exame se volta para constatar se as normas (no caso, os princípios) baseiam-se em valores constitucionais. Em caso positivo, se estas normas levarem a algum tipo de restrição de outros valores constitucionais, é preciso que a ponderação sobre a aplicabilidade da norma seja feita "segundo a cláusula de necessidade numa sociedade democrática, para a salvaguarda da segurança, da saúde e da moral pública" (SILVA, 2001, p. 67).

Considerando isso, um exemplo concreto que retira de imediato a precedência condicionante e valorativa do direito ao carnaval, como princípio, é a sua colisão com o direito à vida. A vida é o mais alto valor a ser amparado pela Constituição. André Ramos Tavares (2003, p. 399) elucida que a vida é o mais básico dos direitos e o principal direito humano, pressuposto para todos os outros. Segundo ele, o direito deve garantir que os indivíduos se mantenham vivos, no sentido de existência, mas precisa também qualificar essa existência com a dignidade humana, incorporando os demais direitos à saúde, alimentação, moradia etc. A dignidade da pessoa humana como condição para sua vida (existência e existência qualificada) é um princípio fundamental da República, previsto no artigo 1º, III, da Constituição Federal. A inviolabilidade da vida também é um direito fundamental, previsto no *caput* do artigo 5º constitucional.

Se o carnaval, em sua fruição como direito, fere o direito à vida em alguma medida, é claro que o valor da preservação humana deve prevalecer. Em um exemplo radical, se uma manifestação carnavalesca tiver um ritual festivo que incorpore agressão física, podendo levar a ferimentos e até à morte, obviamente ele deve ser proibido, com base na primazia do princípio da proteção da vida. Numa eventual colisão com o princípio do acesso à cultura, este perde em precedência e valor.

O exemplo beira o absurdo, mas há outras colisões plenamente possíveis e concretamente evidenciadas. Alguns casos são ilustrativos.

Um conflito se dá na esfera da mobilidade veicular e do transporte. Para tomar a cidade em sua liberdade de expressão cultural, o carnaval de rua interfere na dinâmica habitual do trânsito urbano. A semana reservada ao carnaval e os finais de semana anteriores e subsequentes, que também comportam as festividades, possuem focos de congestionamento e mais obstáculos à locomoção de veículos automotores privados. De forma residual, o transporte público também é afetado. "Residualmente", afirma-se, pois o impacto está mais na alteração dos horários de ônibus e metrô, nas mudanças de seus picos de lotação e no remanejamento dos itinerários, já que algumas linhas deixarão de passar pelos trajetos dos blocos e cordões.

Nesse caso, tomando a norma constitucional (direito cultural ao carnaval e liberdade de expressão cultural) como princípio, no sentido de mandamento para sua máxima realização, conforma-se a colisão com o direito à locomoção, por exemplo, previsto no artigo 5º, XIV, da Constituição. Nesse caso, a defesa do princípio carnavalesco parte de sua precedência condicionante, pois subalternizá-lo significaria excluir, de fato, a expressão cultural na rua – já que não é possível realizar a festa sem aglomeração de pessoas e obstaculização das vias públicas. Mas o inverso não é verdadeiro. É possível tirar a precedência do direito à locomoção, com base na interpretação de excepcionalidade jurídica do carnaval. Apenas nesse período carnavalesco, único em que a manifestação cultural se concretiza, é possível criar vias alternativas, comunicação pública sobre períodos de interdição, campanhas de conscientização sobre dinâmicas de deslocamento e horários nos bairros, medidas de estímulo ao transporte público etc. Nessa colisão entre o direito ao deslocamento e o direito ao carnaval, especificamente no período carnavalesco, o princípio do acesso à cultura deve ter maior peso.

O que se evidencia comumente é um tipo de desvirtuamento desse embate jurídico. Travestido de direito de locomoção (ir e vir), inegável, o que realmente se coloca como interesse em conflito é a defesa do direito de propriedade privada. Igualmente amparada na Constituição (art. 5º, XXII), o princípio da garantia da propriedade privada leva a colisão a se deslocar da esfera do interesse público para se assentar na disputa entre interesse público (coletivo) e interesse privado (proprietário).

Quando grupos de interesse, que são titulares de direitos, se opõem à ocupação das ruas pelos blocos de carnaval com base no argumento do trânsito congestionado, é menos a defesa pública e coletiva do direito à locomoção urbana que é colocado: o que se busca proteger é o interesse (privado) da locomoção veicular proprietária e individualizada. É o direito de dirigir o carro próprio pela cidade, a qualquer momento e em qualquer lugar. Há legitimidade nesse argumento, mas ele coloca a discussão em outro patamar, que diz respeito a qual princípio deve ter mais peso, o que se assenta no interesse público (o acesso coletivo à cultura) ou o que se assenta no interesse privado (o direito a usar o transporte motorizado individual). Considerando, mais uma vez, o imperativo de realização do carnaval apenas nesse período curto e delimitado do ano, parece razoável que tenham precedência o direito e a liberdade de expressão coletiva.

Na prática, existem mecanismos para minorar os danos de relegação do princípio de uso do carro, tais como: avisos com antecedência para entrada e saída das ruas e prédios em horários determinados; gestão do trânsito para abrir caminho para urgências e emergências; liberação das rotas nevrálgicas, que mantém o fluxo orgânico do trânsito na cidade, reduzindo danos etc. Todas medidas cabíveis ao Estado, na implementação da política pública.

Uma nota importante, contudo, é que o direito ao carnaval, como bem se frisou, é ele próprio um vetor de um conjunto de reivindicações mais amplo denominado direito à cidade. Assim, quando foliões e foliãs (indivíduos), em suas manifestações (blocos, cordões, bandas, trios) "disputam" o espaço da cidade com os carros, reside aí mais que um embate jurídico principiológico. Há uma intenção declarada de contestar uma lógica de produção do espaço urbano que volta mais à privatização do que à democratização da cidade. O direito constitucional, usando mais uma vez a expressão de Häberle (2014), como um direito de conflito e compromisso, deve absorver essa contestação.

Outro exemplo está na colisão com a segurança pública. Ninguém nega a importância desta como valor, especialmente por ser fundamental para a garantia do valor maior que é a preservação da vida. O embate com o carnaval de rua se dá quando se infere que a manifestação cultural viola este princípio de direito fundamental, presente no *caput* do artigo 5º.

O argumento é o de que as festas, com multidões, produzem episódios criminais, como roubos, assaltos, homicídios, violência e tráfico de drogas. Há uma premissa equivocada que impede a aceitação dessa perspectiva de inserção da segurança pública como princípio em colisão com o carnaval. A premissa é a de que a manifestação age diretamente, em seu propósito cultural, para produzir tais efeitos criminais. Ocorrências criminais são decorrências negativas de aglomerações sociais em um País de extrema desigualdade social e ocorrem independentemente do objetivo agregador do evento. Não são uma "exclusividade" carnavalesca. Se para evitar os crimes é necessário aniquilar todos os eventos públicos (carnaval, parada gay, festas juninas, shows de aniversário da cidade, atos políticos, réveillon, jogos de futebol[38] etc.), a vivência pública do espaço urbano irá se dissolver sem que a causa dos crimes seja solucionada.

Na periferia, esse fenômeno da criminalização das expressões culturais é ainda mais evidente. Ocorre com o funk, o hip-hop e ocorreu em vários momentos históricos, como nas perseguições contra o samba (início do século XX) e a capoeira (século XIX). Todas essas expressões ligadas à cultura e/ou à juventude negras. Em síntese, considerando que o papel dos princípios deve ser o de contribuir para a "consciência elementar da cidadania" (CUNHA FILHO, 2004, p. 56), a colisão de direitos aqui deve ser resolvida garantindo o direito de acesso aos eventos culturais carnavalescos e trazendo, neles, mecanismos de garantia de segurança.

Episódios de colisão com o carnaval também se encontram com o direito à limpeza urbana, ao conforto acústico e ao sossego (ou de não ser perturbado, no bojo do direito de vizinhança). Vários outros ainda podem ser lembrados. Todos eles, em proporções diversas, assentam seu respaldo em princípios constitucionais estruturantes ou setoriais, na categorização de Gomes Canotilho (1994, p. 349). Contudo, talvez seja mais fácil visualizar seu embate com o carnaval como conflito de normas na esfera das regras e não dos princípios.

---

38 Vale destacar que os jogos de futebol, apesar de serem eventos privados, do ponto de vista comercial (acessíveis apenas a quem comprou ingresso), causam imensa aglomeração de pessoas nos entornos dos estádios, além de gerarem medidas urbanas especiais para deslocamentos entre torcidas – a fim de evitar choques violentos. É importante frisar que esse fenômeno dos jogos de futebol não guarda relação com a desigualdade socioeconômica, pois mesmo em países ricos há diversos transtornos causados pelas concentrações dos torcedores.

2.7.2.2 O direito ao carnaval como cláusula de exceção

As regras, conforme descritas por Alexy, são determinações prescritivas a serem integralmente satisfeitas. Quando regras entram em conflito com princípios, estes necessariamente se sobressaem (CUNHA FILHO, 2004, p. 55). Na ocasião do conflito entre regras, uma delas deve ser invalidada, anulada, a menos que haja uma cláusula de exceção que permita a compatibilização das prescrições conflitantes. Para que a harmonização jurídica ocorra no período festivo, é possível compreender o carnaval como cláusula de exceção de regras que com ele conflitem.

Um exemplo disso é a regra que determina que a operação do trânsito no âmbito municipal paulistano deve ser feita por uma empresa pública municipal (SPTRANS), com a prerrogativa de cobrar pelo serviço dos organizadores dos eventos culturais privados que interfiram no trânsito urbano. Esta regra entra em choque com a outra regra que determina que os eventos carnavalescos possuem caráter público, ainda que organizados por entes privados (institucionalizados ou não). Em tese, a opção seria cobrar dos agentes carnavalescos a "taxa da CET" ou então derrubar a norma que impõe indistintamente a cobrança. A solução nesse conflito foi encarar as festividades carnavalescas como cláusula de exceção, de maneira que apenas elas, por seu caráter público, espontâneo e democrático (aberto, gratuito, sem fins lucrativos) não paguem pelo serviço municipal.

Outro conflito se relaciona aos horários de funcionamento do transporte público e seus itinerários. Uma regra – norma municipal, provavelmente – diz que metrô e ônibus circulam apenas em determinada grade de horário (5h30min às 0h30min, por exemplo). Porém, surge a norma constitucional que garante direito cultural de pular o carnaval. Se esta norma for compreendida como princípio, ela deve suspender (anular) esse regramento específico e demandar outro, compatível com a dinâmica da festa. Se compreendida como regra – "em todos os dias de carnaval os festejos serão livres para terminar em qualquer horário" –, a festa entra em conflito com a regra do transporte público. A solução pode ser, mais uma vez, encarar o direito ao carnaval como cláusula de exceção jurídica que modifica essa regra colidente. Alteram-se, excepcionalmente no período carnavalesco, os horários de metrô e ônibus, abrindo nas madrugadas, e os itinerários dos veículos, para que não passem no meio de blocos e cordões lotados.

A mesma solução pode servir para outras regras potencialmente colidentes. Rotas de ambulâncias podem ser alteradas – nesse caso, se não for possível a alteração, para a garantia do direito à vida e à saúde, é a regra do carnaval que deve se suprimida, ficando impedida a realização de blocos naquele local exato. Turnos de limpeza das vias, praças e parques, por onde desfilam os cortejos, podem ser alterados, começando antes ou depois deles ou nas madrugadas. Horários de comércio e bares, regulados pelas regras de zoneamento urbano, podem também se modificar para garantir a segurança e o conforto dos cidadãos no período carnavalesco.

O que é importante notar, em todas essas dinâmicas jurídicas de colisão e conflito, é que a sua resolução depende da compreensão do direito como voltado à realização da cidadania, da dignidade e dos valores constitucionais. Especialmente no que tange aos princípios, torna-se fundamental uma mediação qualificada (CANOTILHO, 1994, p. 173) para atingir essa solução. O que este livro pretende, a partir de agora, é compreender como o Estado, enquanto poder Executivo, age para promover a resolução prática de alguns desses conflitos e colisões, por intermédio de um programa de ação voltado à concretização de um direito específico, isto é, uma política pública visando à concretização do direito ao carnaval. Esse é o assunto do capítulo 3.

2.8 O direito à folia

A folia é um direito? A pergunta abre esse segundo capítulo e também o encerra, sendo respondida. A folia é um direito, cuja concretização demanda o movimento do Estado por meio de políticas públicas de cultura. Até aqui, foram desenvolvidos todos os aspectos que compõem o direito ao carnaval, que, para além de um direito, é um fenômeno jurídico complexo, surgido da igualmente complexa noção de cultura brasileira. Como arremate, e sem qualquer pretensão de se elaborar um conceito definitivo ou exaustivo, vale trazer uma definição sintética do que seja o direito à folia, contendo seus principais componentes.

O direito à folia é o direito de acesso ao carnaval, de fruição e vivência de todas as suas manifestações culturais e artísticas e de participação plena em sua dinâmica de realização, enquanto exercício da cidadania e da liberdade de expressão culturais.

Pode-se dizer que ele se apresenta sob três roupagens jurídicas: direito, liberdade e plataforma de direito à cidade.

Como *direito*, o carnaval está protegido pelos artigos 215 e 216 da Constituição Federal. Seu exercício deve ser plenamente garantido, pelo Estado, a todos os indivíduos. Apresenta-se, assim, como um direito cultural, assimilado no ordenamento jurídico nacional como um direito social e fundamental, que exige a ação governamental para o seu cumprimento. Na ordenação constitucional da cultura, o direito à folia se refere ao acesso às fontes da cultura nacional, à proteção e preservação do patrimônio cultural brasileiro (material e imaterial), ao direito à vida cultural e à vivência dos processos identitários nacionais, à criação artística, à memória e à diversidade cultural.

Como *liberdade*, a folia também é protegida como direito fundamental. O direito à folia é o exercício da liberdade, individual e coletiva, de participar de todas as manifestações carnavalescas, expressando-se cultural e politicamente de forma plena. Pular o carnaval faz parte do rol de liberdades garantidas pelo artigo 5º, IX, da Constituição, em que consta a liberdade de expressão artística. Além disso, o direito à folia é garantido como direito de protesto e de manifestação política no campo da cultura, por meio dos mais diversos veículos de expressão carnavalesca. Reunir-se politicamente em torno da festa é uma liberdade que conforma o direito ao carnaval, assegurada pelos artigos 5º (incisos VIII, XVI, XVII) e 220, da Constituição.

Como *plataforma de direito à cidade*, o direito à folia é o vetor jurídico que materializa a ocupação cultural do espaço urbano. Assim como ocorre em sua feição de liberdade, o carnaval como direito à cidade tem importância especial para o carnaval de rua, pois este só se realiza com a possibilidade plena de tomada das ruas pelos foliões. Mais que um direito especificamente, o direito à cidade é um programa de direitos e uma ideia-força mobilizadora da reivindicação por uma nova lógica de produção e uso do território urbano. Afirmar o direito à folia, nessa chave, significa considerar o carnaval como ator, vetor e vocalizador de uma cidade mais democrática, pública, livre, sociável e humana.

No que tange à sua tutela, o direito à folia apresenta uma dupla dimensão: subjetiva e objetiva. Como direito objetivo, o carnaval gera uma obrigação ao Estado, que deve garanti-lo, enquanto festa e exercício de vida cultural, a todos. Nessa esfera, quando se tratar da folia como direito, o Estado tem uma função comissiva e deve agir positivamente para gerar as condições necessárias para a realização das manifestações carnavalescas (blocos, cordões, escolas, bandas e demais folguedos). Quando a folia se apresenta como liberdade, a ação do poder público é omissiva, e ele deve respeitar a liberdade dos indivíduos e grupos tomarem o espaço urbano e se expressarem política e culturalmente, sem restrições aos seus conteúdos artísticos e estéticos.

Como direito subjetivo, gera-se uma situação jurídica favorável aos cidadãos e cidadãs, que lhes permite exigir o cumprimento de seu direito ao carnaval. Isso se dá como espelhamento da tutela objetiva, baseada no arcabouçou jurídico e institucional que o Estado possui para a concretização desse direito cultural.

Nesse ponto, é importante ressaltar quem são os sujeitos do direito ao carnaval. O exercício do direito à folia é garantido a todos, indistintamente. O carnaval é, simultaneamente, um bem de titularidade individual (cada pessoa tem o direito de pular o carnaval), coletiva (os grupos carnavalescos possuem a prerrogativa de produzirem suas manifestações) e difusa (já que o carnaval é um patrimônio cultural brasileiro).

Assim, munido desses atributos, o direito à folia se apresenta como um direito a ser plenamente observado e materializado pelo Estado, alçado ao mesmo patamar dos demais direitos (sociais e fundamentais), em potencial embate jurídico com eles para a sua realização. À política pública resta possibilitar a sua concretização e compatibilizar a sua observância com os demais direitos do espaço urbano.

A POLÍTICA PÚBLICA DO CARNAVAL DE RUA PAULISTANO

> As manifestações carnavalescas de bairro cresceram muito e os novos grupos não encontram suporte e orientação dos órgãos competentes, tendo de enfrentar os mesmos problemas que grupos tradicionais sofriam antigamente, ou seja, boicote, repressão, falta de estrutura e o não reconhecimento por não se adequar aos padrões de conduta. A tradição do carnaval paulista vem dos cordões que desfilavam em seus bairros, pelas ruas da cidade, e que por fragilidade e necessidade cederam a um modelo de competição de escolas de samba para conseguir desfilar legalmente (MANIFESTO CARNAVALISTA, 2013a).

Eis o segundo parágrafo do "Manifesto Carnavalista", movimento de blocos de carnaval de rua paulistanos deflagrado em 2012. O trecho resume bem o histórico político-cultural do carnaval, discutido até aqui, e sugere a problemática jurídica da folia, igualmente estudada. Direto ao ponto, o documento sintetiza o estado-da-arte do carnaval de rua na maior cidade paulistana às portas do carnaval de 2013. O diagnóstico era apresentado à Prefeitura. O modelo de gestão pública do carnaval de rua, na realidade, era um antimodelo, que precisava ser alterado para o bem do carnaval. Desde então, passaria a ser alterado. Uma inédita política pública para o carnaval de rua de São Paulo se inauguraria. E este é o assunto do capítulo 3 deste livro.

O trabalho se debruça agora sobre seu objeto concreto de estudo: a política pública do carnaval de rua que foi implementada na cidade de São Paulo a partir de 2013. O objeto, na verdade, é o conjunto de medidas estatais, na instância municipal, de caráter jurídico, regulatório, administrativo, político, comunicacional, financeiro, que passou a impulsionar o Estado no sentido de realização do carnaval.

Este conjunto se configura propriamente como um "programa de ação" do Estado, nos termos de Bucci (2006, p. 39), movimentando a máquina pública, seus meios e recursos, para o alcance deste objetivo cultural. A política pública, como programa de ação, é dotada de um arcabouço jurídico que lhe sustenta e viabiliza, por meio de diversos suportes e formatos. Trata-se de um arranjo jurídico-institucional (BUCCI, 2013, p. 42), que formaliza e operacionaliza a política.

Compreendida nessa chave, e tendo em si o direito exercendo diferentes papéis (COUTINHO, 2013), instrumentais e políticos, a política pública do carnaval de rua paulistano passa a ser estudada, em todos os desdobramentos e aprofundamentos que essa abordagem de Direito e Política Pública (DPP) proporciona.

Nessa abordagem, há uma nota contextual que contribui para melhor compreender e problematizar o fenômeno estudado. O contexto é o das políticas públicas como arranjo necessariamente decorrente da Constituição de 1988, configurando-se como instrumental necessário ao Estado para a realização das aspirações dirigentes do seu texto, tais como a efetivação dos direitos sociais e a superação das desigualdades e do subdesenvolvimento. O que se incorpora a isso, numa Constituição forjada no seio da redemocratização, é o sentido de participação social e a consideração dos conflitos advindos dos diversos grupos de interesses em disputa. A cidadania, além de um objetivo, é característica determinante do espírito constitucional que irradia para a noção contemporânea de políticas públicas.

Nesse contexto, falar de uma política pública de carnaval de rua significa compreendê-la no bojo de um processo de reconhecimento e maximização da cidadania na área cultural, uma área em que o Estado é tradicionalmente menos afeto à programaticidade. Estudar juridicamente o carnaval de rua em sua esfera de política pública, assim, é entendê-lo, simultaneamente, como objeto que propulsiona o Estado na efetivação de um direito (fundamental, social) à cultura e como dispositivo de acionamento da cidadania cultural e da participação democrática no rumo da própria política. A compreensão da institucionalidade, processualidade, conformação legal dessa política, juntamente com o processo de absorção das diferentes demandas sociais, contribuiu sobremaneira para identificar a trilha, mais ou menos exitosa, percorrida pelo Estado no cumprimento desses propósitos.

Uma questão importante que orienta a investigação, nessa perspectiva, reside na interface entre vocação do direito, atributo essencial de política pública e espírito cultural. No quesito vocacional, parte-se do pressuposto de que os direitos sociais se põem para serem materializados. Eles são fundamentais para ativar o papel transformador do Estado e se conformam como conquista histórica da sociedade no sentido da emancipação social (BERCOVICI; MASSONETTO, 2004, p. 511). Sua reivindicação se situa na ordem da cidadania, da participação social e no processo democrático de incorporação das demandas pelo Estado. A este cabe a política pública que vai possibilitar a fruição do direito. O atributo ideal da política pública é, portanto, operar um programa de objetivo social ancorado em sua plena dimensão de cidadania.

O objeto da política específica, no entanto, radicaliza essa noção de cidadania. Manifestação cultural fundamental do País, o carnaval de rua só se materializa pela participação. E só existe pelo exercício de sua vocação notadamente contestadora, transgressora, disruptiva, de ocupação democrática das ruas e de afirmação de valores ligados à liberdade, sociabilidade e alegria. O valor da liberdade é o cerne existencial da festa carnavalesca e se apresenta em suas dimensões de liberdade estética, liberdade criativa, liberdade artística, liberdade física (de corpos), liberdade afetiva, liberdade comportamental e liberdade de expressão político-cultural.

Considerando este tríptico (vocação jurídica, atributo de política pública e espírito cultural), a questão que orienta a análise é: Sendo o direito à folia, por sua programação jurídico-constitucional e por sua conformação intrinsecamente participativa, um direito eminentemente ligado ao exercício da cidadania, e considerando o carnaval uma expressão cultural assentada no valor da liberdade, é possível estabelecer uma política pública que permita ao Estado proporcionar as condições para a festa sem domesticar a sua manifestação (cultural e participativa)? Em que circunstâncias uma política pública é capaz de, cumprindo seu objetivo programático, apresentar-se como mecanismo de cidadania cultural participativa, sem cooptar a manifestação cultural e restringir a essência de sua realização, que é a liberdade? O mergulho aprofundado na política pública do carnaval de rua de São Paulo tentará voltar à margem com essas respostas.

A análise da política pública tem uma ordem temporal importante, pois parte do movimento fundamental do Manifesto Carnavalista, que pleiteou uma política pública assertiva de carnaval de rua no início de 2013. Além de ser tomado como marco simbólico e político de início desta ação governamental, o Manifesto serve como divisor entre os dois momentos de compreensão da ação estatal: o *antimodelo* de política pública do carnaval de rua, bem evidenciado na primeira década dos anos 2000 e início dos anos 2010, sobretudo na gestão Serra-Kassab (2005-2012); e (propriamente) a política pública do carnaval de rua, voltada à festa pública, livre e democrática (2013-2021).

Quadro 2 – Periodização institucional do carnaval de rua

Fenômeno	Período	Marcas principais
Esvaziamento	1970-2000	Abandono institucional do carnaval de rua. Esvaziamento urbano da folia. Início da subvenção a poucos blocos (anos 1990).
Antimodelo	2000-2012	"Criminalização" do carnaval de rua. Obstrução burocrática dos blocos e cordões. Manutenção da subvenção financeira "doméstica".
Política pública	2013-2021	Implementação de política pública específica. Festa livre, pública e gratuita (sem cerceamento espacial). Afirmação cultural do carnaval de rua e do direito à folia. Regulação urbana e infraestrutura para o carnaval de rua.

Fonte: Elaborado pelo autor.

O momento da política pública pode ser subdividido em dois ciclos: o primeiro ciclo (ou ciclo inicial) de implementação (2013-2016); e o segundo ciclo de implementação (2017-2021). O que permite agrupar a política pública em duas fases de implementação é o conjunto de condições políticas e administrativas de cada uma.[1]

Na primeira fase, todo o processo de elaboração, arranjo jurídico-institucional, interlocução social e realização operacional se deu sob as mesmas diretrizes políticas e circunstâncias administrativas do início da implementação. Elas se mantiveram as mesmas, consignadas também em um mesmo ciclo político, o da gestão Fernando Haddad, com regularidade institucional e programática na política urbana mais ampla e na política setorial, que era do âmbito da cultura.

1 Sobre o período pós 2021, ler a nota de contextualização no item 3.7.2.2, do capítulo 2.

A segunda fase de implementação se inicia com a troca de gestão, que passou a ser Doria-Covas (2017-2021). Isso alterou o programa político para a cidade, como um todo. As diretrizes políticas, gerais e setoriais (culturais), e as circunstâncias administrativas, em vez de se manterem coesas durante todo o ciclo – como ocorreu no primeiro ciclo de implementação – foram se alterando a cada ano, impactando no desenvolvimento da política pública.

No decorrer desses dois ciclos, é possível demarcar algumas fases da política pública, e seus respectivos êxitos e lacunas. Através das fases, é possível observar também o componente político da política pública, os conflitos e interesses políticos que se deflagraram a partir dela. Tudo isso é o que passa a ser analisado pelo capítulo.

3.1 A configuração do carnaval de rua paulistano como política pública

O governo municipal de São Paulo passou a encarar o carnaval de rua como objeto de política pública a partir de 2013. A política pública desenvolvida objetivava, primeiramente, o reconhecimento do carnaval de rua como manifestação cultural importante para a cidade. O movimento inicial era de afirmação política do carnaval, superando o modelo de negação da festa – a ser pormenorizado adiante – que, após décadas de repetição, parecia conformar uma espécie de senso comum na cidade. Ato contínuo, vinha a ação efetiva de apoio à estruturação do carnaval de rua, a "descriminalização" das manifestações, as medidas e os serviços concretos e a compatibilização do direito cultural ao carnaval com os demais direitos fruídos no ambiente urbano.

Em artigo de março de 2014, a análise de Juca Ferreira era elucidativa sobre esse início de processo político de afirmação cultural que se instaurara:

> Por mais incrível que possa parecer aos demais brasileiros, a festa mais popular do país era vivida em São Paulo, até o ano passado, em *um clima entre o proibido e o tolerado. A cidade não reconhecia o direito dos paulistanos de ocuparem as ruas* e espaços públicos para celebrar o Carnaval. *A repressão aos cortejos dos blocos e entidades carnavalescas era frequente.* (FERREIRA, 2014, grifos nossos).

Pelo excerto, pode-se afirmar que a política pública passaria a tomar o seu objeto, o carnaval de rua, como: 1) fenômeno essencialmente cultural, localizado no rol dos direitos culturais da sociedade brasileira, e que, por isso, exige do Estado uma ação prestacional e, por vezes, uma ação negativa (omissiva), quando tomado como uma liberdade no campo da cultura; e II) fenômeno urbano, que interfere temporariamente no cotidiano da cidade, em seus fluxos e serviços, que integra a compreensão contemporânea de direito à cidade, cuja plataforma propõe uma visão democrática do espaço público, como lugar de sociabilidade e plena convivência e de exercício da cidadania cultural.

Com relação a este último ponto, além de escopo, a ocupação e o uso democrático da cidade também se constituem contexto. O contexto de implementação da política é o do crescimento dos movimentos urbanos mundo afora[2]. No Brasil, isso vinha ocorrendo desde a virada da primeira para a segunda década dos anos 2000. Especificamente no universo carnavalesco, o Rio de Janeiro, capital irmã em modelo da folia, já apresentava a retomada do seu carnaval de rua desde o final dos anos 1990. Em São Paulo, o contexto ainda exigia a abertura das comportas do carnaval público para que crescesse na frequência da cidade: pujante e densa. O carnaval haveria de se identificar com a dinâmica territorial paulistana, reflexo da intensa vida cultural que nela se desenvolve.

Em resposta a esse movimento cultural e urbanístico, aumenta a demanda ao poder público para organizar o espaço urbano. Garantir simultaneamente o direito à cultura e à cidade, minimizando o impacto das manifestações carnavalescas, passa a ser um objetivo fundamental. Se esse escopo da política pública resta claro, é o momento de elucidar também o atributo da política pública, seu edifício, como matéria técnica de análise jurídica.

O objetivo, aqui, é analisar a arquitetura jurídico-institucional que possibilita caracterizar essa ação do Estado voltada ao carnaval de rua como uma política pública. Compreender os elementos que a compõem é relevante para analisar seu funcionamento efetivo e, nele, avaliar os papéis atribuídos ao direito. É uma análise que se situa na abordagem de Direito e Política Pública (DPP), de tal maneira que se torna importante percorrer alguns sentidos de observação que ela sugere. Esses sentidos teóricos estão ligados à dimensão jurídica e política, mas ambos passam pela angulação fundamental da institucionalidade. Tratar do conceito de instituição e, baseado nele, da ideia de arquitetura jurídico-institucional, mostra-se imprescindível como calçamento teórico do livro.

---

2 Esse assunto foi tratado no tópico sobre atores e movimentos pelo direito à cidade, no capítulo 2.

3.1.2 *A ideia de institucionalização na abordagem DPP do carnaval*

Uma das bases teóricas importantes deste livro é o campo conceitual relacionado à institucionalidade. Dele emergem noções que são manejadas durante todo o percurso analítico da política pública do carnaval de rua. A noção de instituição é central. Junto com ela, aparece a ideia de arquitetura jurídico-institucional, referencial na abordagem DPP, que este trabalho adota. Outras variações da adjetivação são recorrentes, como tecnologia institucional, modelo institucional e desenho institucional (BUCCI, 2013). Cada uma delas traz uma angulação da institucionalidade aplicada ao processo analítico em que se inserem.

Neste livro, há dois caminhos importantes nos quais a ideia de institucionalidade é guia. Um deles é a tensão que estabelece entre a medida de ação do Estado, por meio da política pública, e o respeito à liberdade carnavalesca. A institucionalização dos processos e estruturas que movimentam o Estado para garantir o carnaval é positiva, quando ela garante a formalização, objetivação e despersonalização necessárias para o alcance dos resultados. Porém, se essa institucionalização é demasiada, no sentido de gerar burocratização, restrição indevida e obstrução das atividades carnavalescas, essencialmente libertárias, ela é um contrassenso. O tensionamento entre institucionalidade e liberdade reside aí e se resolve com o ponto ótimo de compreensão e atuação das instituições sobre o objeto cultural da política pública: o carnaval de rua.

Outro caminho é o do teste de estabilidade da política pública. A institucionalização de uma ação governamental tem o objetivo de conferir, entre outras coisas, permanência ao conjunto de elementos que vão conformar a política pública e seus efeitos. Garantir que essa política seja preservada em circunstâncias políticas diferentes daquelas em que foi criada depende de como as instituições a introjetaram programaticamente. Significa afirmar que a política pública se despersonalizou de seus autores, formalizou-se juridicamente e adquiriu aderência nas estruturas institucionais, a ponto de sobreviver às intempéries das mudanças de clima político. Na política pública do carnaval de rua paulistano, esse teste de estabilização se dá especialmente a partir do segundo ciclo de implementação, após 2017.

O debate sobre institucionalidade, institucionalização e instituições é vasto e profundo nos campos de estudos sobre políticas públicas, como aponta Bucci (2013), sobretudo na área da ciência política. Não cabe aqui esmerilar todas as correntes e conceitos. No entanto, em se tratando da conexão da ideia de institucionalização com o campo do direito, mais especialmente com a abordagem Direito e Políticas Públicas, vale destacar algumas acepções oriundas do institucionalismo e do institucionalismo jurídico.

Paul Sabatier (2007) entende que a institucionalização passa pela simplificação de um mundo complexo, de uma multiplicidade de elementos compondo as políticas: os vários e diferentes papéis atribuídos às instâncias (legislativo, judicial, regulatório, administrativo) e a de disputa de valores e interesses. Em complemento a essa posição, Elinor Ostrom (2007) propõe um quadro de análise e desenvolvimento institucional das políticas públicas, com elementos concretos dessas diferentes camadas.

Douglas North (1990) traz uma definição de instituição pela Ciência Política, compreendendo-a como "regras do jogo". Nessa concepção as instituições trazem mais que a somatória de interesses individuais: são o resultado da integração destes interesses.

Ellen Immergut, em seu *Núcleo Teórico do Novo Institucionalismo* (2006), defende que os contextos institucionais afetam as manifestações políticas. A autora afirma que as instituições não determinam o comportamento, mas oferecem o contexto em que as decisões políticas serão tomadas, com variáveis complexas. E é por essa complexidade que "as políticas públicas não são consideradas um resultado eficiente de agregação" dos diferentes interesses individuais, mas constituem-se mais pela combinação de características sistemáticas do regime político com "acidentes da luta pelo poder"" (IMMERGUT, 2006, p. 185).

Nesse sentido, outro autor reforça a influência política das instituições e a consequência dos formatos institucionais nas políticas. É Lowi (1964), um dos precursores do neoinstitucionalismo, corrente na qual Immergut também se localiza. Conforme a análise de Eduardo Marques (2013, p. 30), Lowi propõe a inversão da estrutura causal entre política e políticas públicas (*politics* e *policies*). Defende que não apenas a dinâmica política influencia as políticas públicas, mas que o desenho das políticas públicas também afetaria o embate político.

No institucionalismo jurídico, existem as posições importantes dos precursores Hauriou (2009) e Santi Romano (2008).

Na perspectiva da Hauriou (2009), a instituição é uma ideia organizacional que se realiza e dura juridicamente num meio social, por meio da organização de um poder que lhe confere órgãos. Pela mesma acepção, os membros do grupo social interessados nessa instituição produzem "manifestações de comunhão dirigidas pelos órgãos do poder e reguladas por procedimentos" (HAURIOU, 2009, p. 19). Segundo Hauriou, uma regra de direito nova só surgirá quando "o meio social tiver se comovido" (HAURIOU, 2009, p. 18) e ao direito cabe o papel de assentar, consolidar e dar continuidade à dinâmica que os indivíduos criam e estabelecem. Em outras palavras: "são os elementos subjetivos que são as forças criadoras e que são a ação; os elementos objetivos, a regra de direito, o meio social, a ordem pública, são apenas elementos de reação, de duração e de continuidade" (HARIOU, 2009, p. 18).

Para Santi Romano (2008), a ideia de institucionalização se liga à "objetivação". Na objetivação, estaria a proposta de despersonalização da política pública, transferindo a pessoalidade promotora e propulsora da política pública para uma estrutura organizada, capaz de atribuir perenidade às ações. A objetivação serve também à circunscrição do objeto e à compreensão de suas diferentes dimensões, conexões com diferentes áreas do saber e etapas (e instrumentos) necessários para a sua realização pela máquina governamental.

Com base nesse universo referencial teórico, Maria Paula Dallari Bucci formulou alguns conceitos que servem como suporte para a estrutura analítica deste livro. De seu *Fundamentos para uma Teoria Jurídica das Políticas Públicas* (2013), as definições de *institucionalização*, *arranjo institucional* e *instituição* são muito válidas.

Segundo Bucci (2013, p. 178, grifo da autora), "A *institucionalização* é a objetivação e a organização, por meio da ordenação jurídica. É o que mantém a agregação, a força que impede a dispersão dos elementos e permite a caracterização desses como componentes de um arranjo funcional, a despeito de suas naturezas distintas".[3]

Por *arranjo institucional* entende-se "o agregado de disposições, medidas e iniciativas em torno da ação governamental, em sua expressão exterior, com um sentido sistemático" (BUCCI, 2013, p. 179). Na abordagem Direito e Política Pública, a locução passa a ser entendida como "arranjo jurídico-institucional", que,

3 Ainda de acordo com a jurista (BUCCI, 2013, p. 178-179), as características do processo de institucionalização seriam: a) objetivação, descolamento em relação ao governante ou gestor que institui o programa; b) um padrão de organização; c) a juridificação desse padrão organizativo, baseada na formalização e nos elementos jurídicos que o definem, que distribui posições e situações jurídicas subjetivas dos diversos atores – deveres, proibições, autorizações e permissões –, cujo exercício movimento o programa de ação e lhe confere vida concreta; d) uma ideia-diretriz, isto é, um princípio referencial, que orienta todos os atores e atos envolvidos naquele arranjo, associado ao plano de ação.

nos termos de Bucci e Coutinho (2017, p. 316), "traduz uma diretriz, um elenco de atores governamentais e não governamentais, uma escala ideal, uma estratégia, enfim um quadro mais amplo, que incorpora também a dinâmica das relações entre os vários elementos".

Os arranjos jurídico-institucionais seriam a "institucionalidade jurídica peculiar das políticas públicas, seu conjunto ou estrutura normativa (no mais das vezes formal, mas também informal" (BUCCI; COUTINHO, 2017, p. 324). Por intermédio da noção de arranjos jurídico-institucionais é possível integrar "um conjunto complexo de normas, atores, processos e instituições jurídicas" (BUCCI; COUTINHO, 2017, p. 314). O conceito se confunde com a própria noção de política pública, em sua conformação complexa e a partir do ângulo de abordagem DPP. Isso porque é justamente por meio dessa ideia que se possibilita a apuração mais densa da construção institucional, que extrapola o direito apenas como instrumento de normatização "externo" à política. Conforme os autores, o direito integra a política "internamente", conformando-a, interagindo com sua dinâmica política de movimentação.

Em DPP, o conceito de arranjo jurídico-institucional permite um olhar "prospectivo e estratégico" (BUCCI; COUTINHO, 2017, p. 316) sobre as políticas públicas. Por esse prisma, o direito não é um mero dispositivo normatizador. É, sim, a própria substância da ação governamental, que transforma em comando as diretrizes programáticas e políticas que requerem a racionalização dos procedimentos. Dessa forma, a dimensão jurídica representa a operação cotidiana da política pública. Comandos geralmente negligenciados na análise clássica (jurídica e de ciência política), como as normas infralegais (decretos, portarias, regulamentos), conquistam destaque por se apresentarem como os instrumentos de conversão real das grandes diretrizes políticas e programáticas em implementação prática, sensível e cotidiana. Nas palavras de Bucci e Coutinho (2017, p. 316), na ideia de arranjo jurídico-institucional, o direito preenche "procedimentos e rotinas que definem, na ponta do processo, o funcionamento último das disposições mais abstratas dos comandos constitucionais e legais".

Isso é fundamental para a política pública do carnaval de rua. É justamente nessa camada de implementação empírica, em que há a tração radical entre operação normativa e dinâmica cultural, que se visualiza a efetividade e a eficácia da ação governamental. A valorização do sentido jurídico da política pública, nunca apartado, mas integrado à densidade política circunstancial, e imerso no seu universo muldisciplinar e fatorialmente complexo, é o que permite lidar satisfatoriamente com a tensão entre liberdade e institucionalidade e com perspectiva de estabilização institucional da política carnavalesca. Para a política de carnaval de rua, isso significa resolver os dois fatores que Bucci (2013, p. 183) imputa como imprescindíveis para que uma política de governo se alce à condição de política de Estado: legitimação política e institucionalização.

No que tange ao conceito de *instituição*, adota-se a ideia de que ela é o mecanismo pelo qual "as decisões individuais são agregadas e combinadas em decisões coletivas. Esses mecanismos de agregação são procedimentos e regras que, na verdade, não somam, mas remodelam os interesses. Dessa forma criam um viés decisório" (IMMERGUT, 2006 *apud* BUCCI, 2015, p. 2-3). As instituições possuem a marca da permanência social e da estabilização jurídica.

Esta ideia de instituição é importante para a caracterização da ação estatal no carnaval de rua como uma política pública, alicerçada em seu desenho jurídico-institucional. E, aqui, a tomada do postulado de que as "instituições importam" segue a recomendação trazida por Marta Arretche (2007), ao propor uma abordagem analítica da agenda institucional. Segundo ela (2007, p. 148-149), é preciso enfrentar os elementos substantivos da política em suas questões e argumentos específicos – na linha que Coutinho (2013) já apontava. Mais ainda, seria necessário, no caso em concreto, entender *quais* instituições funcionam e *como*, além de conseguir diferenciar os mecanismos institucionais das próprias instituições. O objetivo da análise, nesse sentido, seria "identificar o modo como as instituições afetam os comportamentos, de tal sorte que seja possível influir na vida social propondo instituições políticas que criem incentivos favoráveis aos comportamentos desejados" (ARRETCHE, 2007, p. 148).

Outra compreensão importante é a do significado da adjetivação institucional. Segundo Bucci (2013, p. 178, grifo da autora): "O adjetivo *institucional* refere-se ao conjunto de estruturas jurídicas, políticas e sociais que o tornam um objeto definido, distinto do ambiente que o cerca, baseado em certa ordenação e unidade funcional sedimentada, que produz a reiteração de determinados comportamentos".

Com esse significado, o adjetivo é empregado com diversos termos, neste livro. *Modelo institucional* significa um "determinado padrão de arranjo institucional, passível de aplicação e replicação em contextos semelhantes" (BUCCI, 2013, p. 180). *Desenho institucional* (ou modelagem institucional), no mesmo sentido de Bucci (2013, p. 182), indica a "atividade de composição de um arranjo determinado".

Unindo o adjetivo ao termo *arquitetura*, e no bojo da abordagem DPP, a locução se torna *arquitetura jurídico-institucional* e pode ser entendida, neste livro, como o aparato estatal estruturado pelo direito para formalizar, ordenar e operar o arranjo jurídico-institucional, valendo-se de meios e recursos administrativos das instituições, em cuja dinâmica serão coordenadas e distribuídas tarefas, responsabilidades e papéis executivos, ligados à normatização da política pública. Pode-se dizer que a arquitetura jurídico-institucional é o aparato de operação concreta da política pública no nível das instituições.

Esses subsídios teóricos reforçam a importância analítica da construção institucional da política pública do carnaval de rua. Mais do que isso, com base neles é possível vislumbrar a ação governamental do carnaval de rua configurado propriamente como uma *política pública*, considerando-a no sentido de um arranjo jurídico-institucional. Levando em conta os arcabouços jurídico-institucional e neoinstitucionalista, que dialogam intrinsecamente (BUCCI, 2013), pode-se dizer que a conformação institucional da política carnavalesca gerou um processo de formalização, objetivação e despersonificação importante para produzir e manter resultados ao longo do tempo. A base normativa de regulamentação e a configuração administrativa, arquitetadas com diferentes órgãos municipais, possibilitaram uma otimização institucional revertida em eficácia de implementação. Isso se deu sem negar que a própria dinâmica das instituições que respondem pela política pública influenciou e foi influenciada pela disputa política contextual. A pressão dos movimentos carnavalescos e dos grupos de interesse antagônicos à política tiveram respostas diferentes nos variados âmbitos institucionais de execução, porém foi devidamente assimilada, tanto quanto esses atores políticos também tiveram seu comportamento influenciado pelo desenho jurídico-institucional proposto pelos entes estatais. Exemplo concreto é a reivindicação enfática da desburocratização, que veio mediante um cadastro dos blocos.[4] Além de facilitar o atendimento das demandas, no primeiro momento de implementação, tal cadastro também foi usado para impor comportamentos cada vez mais restritivos, conforme a inter-

4 O cadastro foi uma ferramenta essencial da política pública, responsável pela otimização do processo de implementação. Ele será abordado pormenorizadamente à frente, neste capítulo.

pretação igualmente mais restritiva das instituições, no segundo ciclo da política carnavalesca, sobretudo a partir do ano de 2019.

Esse tensionamento político-institucional fica mais evidente quando se desloca a centralidade da avaliação da política pública. A dinâmica de retroinfluência entre *politics* e *policy* na atmosfera institucional da ação governamental, como sugerem Lowie (1964) e Immergut (2006), fica nítida quando ela deixa de ser analisada prioritariamente pelo estágio da tomada de decisão, para ser avaliada em seu processo (complexo e conflituoso) de implementação (MARQUES, 2013, p. 28). No carnaval de rua, à medida que a execução da política se conformava no decurso do tempo, a configuração institucional foi se moldando, equilibrando-se na tensão (EWALD, 1986 *apud* MACEDO JUNIOR, 2013, p. 95) refletida pelo conflito social que a norma disciplinadora absorvia.

3.2 Baliza: a abertura da política do carnaval de rua

O termo "baliza" designa uma figura típica dos primeiros cordões carnavalescos paulistanos, surgidos na segunda década do século XX. Era um componente do bloco que empunhava uma baliza (ou batuta) com a qual dançava e fazia malabarismos e evoluções à frente da agremiação. Sua função era abrir espaço para o desfile e defender o principal símbolo do grupo carnavalesco, o estandarte. Entre os anos 1920 e 1930, quando se acirraram os confrontos entre os blocos, os balizas ganharam muita importância por defenderem fisicamente os cordões. Isso acontecia, por exemplo, em um embate de grande rivalidade na época, entre o Cordão da Barra Funda (ou Camisa Verde) – primeiro cordão da cidade, fundado por Dionízio Barboza, que inaugurou a figura do baliza[5] – e o tradicional Vai-Vai (SIMSON, 2007, p. 149).

O baliza, por assim dizer, abria os trabalhos dos blocos no carnaval.

Quase cem anos depois de sua aparição, a figura do baliza é uma boa metáfora para localizar o início da política pública do carnaval de rua de São Paulo. A

5 De acordo com Simson (2007, p. 105-149), o Grupo Carnavalesco da Barra Funda foi fundado em 1914, por Dionízio Barboza, seus amigos e parentes. O carnavalesco havia morado no Rio de Janeiro, onde viu uma parada militar com um marinheiro à frente, fazendo evoluções com uma baliza. Trouxe a figura para São Paulo em seu cordão precursor. Já nos primeiros anos, seus integrantes aumentaram e, por desfilarem de calças brancas e camisas verdes, fizeram com que o grupo recebesse da comunidade o apelido de Camisa Verde.

atuação alegórica do baliza pode ser interpretada como abertura de espaço urbano, defesa do significado cultural e embate público. A instalação da política carnavalesca paulistana, nos primeiros dos anos 2010, ocorreu a partir de uma reivindicação de mais espaço e apoio na cidade para os blocos de rua, defensores e vocalizadores de uma grande expressão cultural brasileira que é o carnaval. Era uma demanda pela valorização da dimensão cultural da cidade. Uma demanda que contrastava com o próprio modelo que a gestão pública mantinha até então, baseado na lógica econômica e privatista de produção e vivência do espaço urbano, a abranger também um aspecto de recrudescimento da segurança pública.

O atendimento desta reivindicação significava propriamente a assunção do embate com este modelo, pautado em uma nova proposta de vida na cidade. O contexto político era favorável à realização dessa proposta, pois acabara de se iniciar, como governo, um programa político voltado à mobilidade urbana, integração territorial, ocupação cultural pública e otimização da cidade como plataforma para os direitos humanos e sociais. Apesar de recém-eleito, era um programa que ainda disputaria a cidade, em duelo com o modelo antigo. Com uma das primeiras reivindicações relacionadas à intervenção espacial pública, o movimento do carnaval ajudaria a deflagrar esse embate.

Assim, é preciso analisar o início da política pública compreendendo seus sentidos de reivindicação de espaço, fortalecimento da dimensão cultural (como valor de desenvolvimento urbano) e estabelecimento do embate entre dois modelos de cidade. Para tanto, é importante: compreender o significado da demanda social do carnaval, por meio do Manifesto Carnavalista; identificar suas críticas e pedidos no quadro da gestão pública do carnaval naquele momento – algo que este livro chama de *antimodelo* de política pública para o carnaval de rua; e entender as premissas culturais deste novo modelo de desenvolvimento urbano que passou a trazer a cultura mais centralmente, carregando inevitavelmente o carnaval de rua para o centro do debate público.

3.2.1 O Manifesto Carnavalista

A política pública do carnaval de rua paulistano teve sua gênese ligada a uma reivindicação política carnavalesca. Um movimento, em específico, vocalizava a demanda que motivou a decisão dos gestores da cidade à época: prefeito Fernando Haddad e secretário municipal de Cultura Juca Ferreira. A demanda, pautada em início de governo, alinhava-se perfeitamente ao programa político que aquela gestão propunha, fortemente identificado com o direito à cidade. A reivindicação era a "descriminalização do carnaval de rua" e o apoio ao desfile de blocos e cordões no espaço público. O movimento se intitulava Manifesto Carnavalista.[6]

Tratar da proposta do Manifesto Carnavalista é importante para situar o marco inicial simbólico e político da política pública. Assim, a importância do Manifesto reside, especialmente, na sua capacidade de vocalizar uma importante demanda do segmento cultural com grande senso de oportunidade política. Se do ponto de vista teórico o programa vencedor das eleições tinha clareza de propósitos, sob a perspectiva prática, a gestão recém-eleita tomava pé da máquina pública. No início de 2013, os gestores estavam justamente compreendendo as engrenagens em funcionamento na Prefeitura, em cada uma das pastas. Trazer um pleito bem formulado, com diagnóstico preciso do cenário e do problema, acompanhado de prognóstico claro da atuação estatal - a necessidade de uma política pública -, contribuía muito para a assimilação programática e empírica da demanda. Como se tratava de uma reivindicação específica (direito ao carnaval) que já era contemplada de forma genérica (direito à cultura no espaço público urbano) pelo programa de governo, o processo de formulação e implementação da política tendia a ser otimizado no arranque inicial da gestão.

Da apresentação do Manifesto Carnavalista,[7] é interessante anotar dois pontos.

O primeiro diz respeito ao fato de serem blocos de carnaval não representados por uma institucionalidade carnavalesca oficial existente. Como se verá adiante, havia duas associações formadas: Associação das Bandas, Blocos e Cordões Carnavalescos do Município de São Paulo (ABBC, com 11 agremiações naqueles anos de 2012/13) e ABASP (Associação das Bandas Carnavalescas de São Paulo, com 9 grupos à mesma época). Com base em uma lei vigente desde 1990, a Lei nº 10.831, essas associações recebiam subvenções financeiras da Prefeitura e as destinavam aos seus blocos. Para esse restrito universo de blocos de rua, institucional-

6 Registre-se que o autor deste livro não fez parte do Manifesto Carnavalista, individual ou coletivamente (representando o seu bloco de carnaval). No momento de articulação do Manifesto, a agremiação de que o autor é membro ainda fazia parte do fenômeno (explicado no livro) de vivência do período pré-carnavalesco em São Paulo e saída da capital rumo a outras cidades, com maior volume de carnaval de rua à época.

7 A íntegra do Manifesto Carnavalista está no Anexo A da presente tese.

mente formados e reconhecidos pelo poder público, não havia, portanto, crítica à falta de apoio governamental, tampouco à desvalorização do carnaval como expressão cultural importante para a cidade.

Essa situação marcava uma primeira diferenciação importante na representatividade e interlocução dos blocos com a Prefeitura. Os grupos pertencentes ao Manifesto Carnavalista não se viam representados pelas duas associações constituídas, sequer pretendiam uma representação institucional. Iam, aliás, em sentido contrário: requeriam que o carnaval de rua fosse reconhecido como manifestação popular, espontânea, com direito à livre manifestação no espaço público, independentemente de serem organizados de modo formal. O argumento era justamente o de que a maioria dos blocos tinha essa natureza informal e comunitária e obrigá-los à institucionalização, além de desnecessário, sufocaria a própria essência libertária do carnaval.

O Manifesto Carnavalista frisava não reivindicar recursos financeiros públicos para seus desfiles, mas medidas relacionadas aos serviços urbanos (apoio, infraestrutura). Pode-se dizer que as duas organizações formais, ABASP e ABBC, eram, em certa medida, clientes do antimodelo de carnaval de rua na ponta, um modelo baseado na mera transferência de recursos para os blocos, sem ações sistêmicas voltadas à vivência plena do carnaval por toda a cidade. O Manifesto Carnavalista era a antítese desse tipo de diálogo institucional e representatividade: reivindicavam a não institucionalização carnavalesca e o apoio via política pública.

O segundo ponto de destaque é o fato de ser uma mobilização relativamente nova, surgida no seio dos movimentos urbanos que marcaram o início dos anos 2010. David Harvey analisou o fenômeno de insurgência pelo direito à cidade em seu livro *Cidades Rebeldes* (2014). As multidões da Praça Tahir, no Cairo, Egito, deflagrando a "Primavera Árabe" entre 2010 e 2011; o movimento de Puerta del Sol, com os indignados de Madri, 15 de maio de 2011 – definindo o 15-M; a praça Syntagma ocupada, no mesmo ano, em Antenas, Grécia; também em 2011, os protestos massivos nas ruas de Londres; e a tomada de Wall Street (Nova Iorque-EUA), centro financeiro mundial, como emblema maior dos movimentos, em setembro de 2011. Todos estes movimentos, segundo Harvey (2014, p. 15), tinham em comum a ideia de que era preciso ultrapassar a reivindicação segmentada das pautas específicas para trazer cada uma delas a um espírito de conjunto, considerando que "a luta pela cidade como um todo envolvia suas próprias lutas juntos".

Em São Paulo, o *Occupy* também aconteceu, em outubro de 2011. A ocupação no Vale do Anhangabaú, centro da cidade, fazia parte de uma atmosfera política deflagradora de vários atos que se seguiram nos anos seguintes. Entre as ações principais, estiveram: Festival #BaixoCentro ("As ruas são para dançar"); Festival #AmorSimRussomanoNão; Festival #ExisteAmoremSP – todos eles no segundo semestre de 2012. O contexto político-eleitoral era o da disputa entre o campo conservador (representado pelo candidato Celso Russomano) e o campo progressista, representado por Fernando Haddad, candidato que encampava a plataforma do direito à cidade.

Nesse contexto, o Manifesto surge, em 2012, influenciado por essa atmosfera política, tendo os blocos e suas lideranças participação direta ou indireta nos movimentos urbanos. Analisando os blocos signatários da carta protocolada na Prefeitura, é possível afirmar se tratarem de grupos de atuação progressista, ligada à cultura, às artes e a pautas do direito à cidade. Assinam o Manifesto, em janeiro de 2013, 24 blocos. Apenas para citar alguns exemplos, entre os carnavalistas estão: o Bloco do Baixo Augusta, importante por ser um bloco grande, que congrega milhares de pessoas e que teve papel importante na ativação cultural da região da Rua Augusta; o cordão do Kolombolo Diá Piratininga, ativo no resgate histórico do samba tradicional paulistano; o bloco afro Ilú Obá de Min, bloco de resistência da cultura e religião negra, composto majoritariamente por mulheres; e alguns antigos da Vila Madalena, historicamente mais anárquicos e resistentes, como Jegue Elétrico e Vai-Quem-Quer. Todavia, observando também as assinaturas dos "apoios" ao Manifesto, estão coletivos de atuação cultural importante na cidade, partícipes de vários dos movimentos urbanos listados acima, como: Fora do Eixo, Studio SP e Fórum para as Culturas Populares.

Assim constituído, o Manifesto Carnavalista se reuniu com a Prefeitura em 24 de janeiro de 2013. A reunião foi coordenada pelo secretário de Cultura Juca Ferreira. A carta foi protocolada e os pedidos, formulados pelos foliões à equipe da Secretaria.

Em nota oficial emitida no mesmo dia, a SMC registrou a reunião, explicitando que "reconhece a legitimidade do carnaval de rua como importante forma de expressão cultural e ocupação do espaço público da cidade" e que "a intenção é dar suporte ainda maior ao carnaval de rua paulistano nos próximos anos" (SÃO PAULO, 2013d).

Figura 2 – Manifesto carnavalista com secretário Juca Ferreira e equipe (24/1/13)[8]

Fonte: Gustavo Melo (página pessoal no *Facebook*).

Os princípios que norteavam a atuação do Manifesto Carnavalista eram: o direito à alegria; o direito à folia; a importância de valorização e afirmação de uma tradição cultural paulistana; a ocupação do espaço público como exercício da cidadania e; o carnaval de rua e a economia criativa (*sic*). Neste primeiro momento de interlocução, tais princípios se apresentavam como ideias-força a marcar a relação entre movimento e poder público.

No pleito, fica nítido o caráter do movimento carnavalesco como integrado ao conjunto de reivindicações que constituem o direito à cidade. A mobilização, portanto, apesar de setorialmente apresentada não era social nem programaticamente apartada da mobilização mais ampla pela potencialização dos direitos na cidade. O modelo de desenvolvimento urbano dominante era contestado[9], sendo a sua transformação condição estrutural para o alcance dessa demanda específica na cultura.

8 O autor do livro é o primeiro, em pé, da esquerda para a direita.

9 A contestação fica nítida no tópico do Manifesto Carnavalista: "Ocupação do espaço público como exercício da cidadania". Ver Anexo A do livro.

Há um segundo momento de proposição, em que o Manifesto esmiúça suas propostas principais para o Carnaval de Rua. O documento[10] foi protocolado em novembro de 2013 na SMC, já no contexto de avanço no diálogo com os blocos e de preparação do primeiro decreto regulamentador da festa. Essas propostas, juntamente com as de outros atores, surgidas no espaço de debate público do Carnaval de Rua (reuniões, seminários, audiências etc.), serão analisadas mais adiante neste livro, em momento oportuno de caracterização dos elementos da política pública. Como aqui se trata de uma demarcação simbólica da abertura da política por meio do reclame do Manifesto, vale apenas citar quais foram as cinco propostas concretas trazidas para a análise do poder público:

> 1. Não obrigação de institucionalização das manifestações carnavalescas de rua da cidade de São Paulo. [...]
> 2. Manutenção das tradições dos blocos e cordões, especialmente o direito de permanecer no bairro. [...]
> 3. Não obrigatoriedade de pedido de autorização. [...]
> 4. Não incidência da tributação municipal (taxa da CET). [...]
> 4. Mapeamento das manifestações carnavalescas de ruas *(sic)* da cidade de São Paulo. [...]
> 5.Prestação de serviços públicos por parte da Prefeitura (MANIFESTO CARNAVALISTA, 2013b).

As ideias-força e as propostas do Manifesto seriam bem assimiladas em seu conteúdo programático, evidentemente alinhado à plataforma política cuja execução se iniciava. Porém, ganhariam ainda mais apelo pelo contexto em que se apresentavam. O contexto era de negligência com relação às manifestações do carnaval de rua já há décadas, fenômeno acentuado nos anos anteriores à gestão que assumia. O pedido mais imediato era o de cessar o que consideravam uma opressão contra os blocos. O discurso era o de descriminalização do carnaval. Os carnavalescos de rua reivindicavam o reconhecimento dos blocos como importantes para a cultura da cidade e o apoio aos seus cortejos. Para o novo projeto de cidade que se anunciava e avizinhava, passava a ser incompatível manter tamanha potência

---

10 O documento foi protocolado na Secretaria Municipal de Cultura e enviado por e-mail (com fé pública) ao autor para registro. Disponível em: https://drive.google.com/file/d/1pcwnlKtNmlAAOaATg_AvLU_SyEy6ycJT/view?usp=sharing

de ocupação cultural com as comportas cerradas. Para tanto, era preciso superar a visão até então dominante, que entendia o carnaval como ameaça à ordem pública.

3.3 Antimodelo de política pública para o carnaval de rua

A opção pelo modelo de escolas de samba, realizada desde a década de 1960, ainda se fazia sentir nos anos 2000. A consequência direta disso para os blocos e cordões de rua era a sua secundarização na relação com o poder público, a sua marginalização no tratamento midiático e institucional e o senso de invisibilidade na sociedade[11].

É preciso lembrar que a cidade de São Paulo, seguindo os passos do Rio de Janeiro, priorizou o modelo de desfiles circunscritos e controlados espacialmente desde o prefeito José Vicente de Faria Lima, na década de 1960. A Lei nº 7.100, de 29 de dezembro de 1967, havia estipulado a prerrogativa de o Estado "promover", ele próprio, os eventos carnavalescos, criando a ideia de um carnaval "oficializado", com a chancela do poder público. A lei também autorizava à Prefeitura conceder auxílios aos agrupamentos. Eram as bases legais em que se pavimentou o circuito fechado de desfiles, a que os grupos festivos tiveram que sucumbir. Alguns deles já desfilavam no formato de escolas de samba, porém em seus bairros e itinerários tradicionais. Os outros, blocos e cordões, os mais robustos e organizados, converteram-se definitivamente em escolas. A todos eles, o desfile ordenado e confinado foi imposto. Como circuito fechado, o carnaval passou a se realizar, sucessivamente no Vale do Anhangabaú (1968 a 1972); Avenida São João (1973 a 1976); Avenida Tiradentes (1977 a 1990) e, a partir de 1991, no Sambódromo construído do Anhembi.[12]

Alguns decretos passaram a regulamentar a Lei nº 7.100/67. O Decreto-lei nº 7.348/68 criou a Comissão Organizadora do Carnaval e, desde aquele momento, implantou algo que perdurou historicamente no que tange à atribuição institucional da tarefa: a fixação do carnaval sob a responsabilidade da pasta do Turismo. Outro decreto foi o nº 9.051/70, do então prefeito Paulo Maluf, que criava um "Calendário Oficial da Cidade", no qual constavam os festejos carnavalescos. O decreto declara, pela primeira vez, a oficialização do carnaval, con-

11 Essas consequências foram abordadas, do ponto de vista histórico, no capítulo 1 deste livro.

12 O processo de cerceamento espacial do carnaval de rua, no decurso do século XX, é bem detalhado no item "O carnaval de rua de São Paulo", no capítulo 1 do livro.

siderada condição indispensável para a concessão dos auxílios previstos na Lei nº 7.100/67. Esta regulamentação perdurou e cristalizou o formato de subvenção financeira que estruturou o carnaval das escolas de samba, para ocuparem o sambódromo a partir da década de 1990.

Vanir Belo (2008, p. 68) afirma que três fatos sacramentaram a adoção do carnaval de sambódromo como modelo oficial para São Paulo: esta inauguração do Sambódromo, na gestão Erundina, em 1991 – espaço que foi, aliás, reinaugurado pelo prefeito Paulo Maluf, em 1996; a regulamentação do carnaval pela Lei nº 10.831, de 1990; e o início das transmissões dos desfiles pela Rede Globo de Televisão, em 1999. "Juntos, os três eventos criam uma rede de relações cujos agentes determinam os rumos das escolas de samba e do carnaval paulistanos" (BELO, 2008, p. 68). É preciso dizer que este rumo amputava o carnaval de rua do centro da agenda cultural da cidade.

Quadro 3 – Principais "leis do carnaval" na cidade de São Paulo

Lei	Ano	Gestão municipal	Função
Lei nº 7.100	1967	Faria Lima (1965-1969)	Oficialização dos desfiles das escolas de samba
Lei nº 10.831	1990	Luiza Erundina (1989-1992)	Administração do sambódromo pela Prefeitura e subvenção financeira às escolas e blocos
Decreto nº 54.815	2014	Fernando Haddad (2013-2016)	Implementação do carnaval de rua livre, público e gratuito

Fonte: Elaborado pelo autor.

A Lei nº 10.831/90 ratifica a ideia de oficialização do carnaval, de "carnaval oficial". O termo tem peso simbólico e é significativo, na prática, para a movimentação do Estado. Oficializar o carnaval da cidade, ganhando o reconhecimento do poder público como parte de sua agenda cultural, é fundamental para sustentar medidas públicas de desenvolvimento do setor. A Prefeitura passava a assumir a necessidade de apoio e gestão. Em seu artigo 3º, a lei estabelece que "a reponsabilidade e execução da administração do Carnaval Paulistano será da Prefeitura". Diferentemente do que se interpreta da anterior (Lei nº 7.100/67, de Faria Lima), na nova lei a Prefeitura se coloca como responsável pela "administração" da festa, o que se presume manter sob a plena condução das agremiações o programa carnavalesco (conteúdos, temas, formatos, música, elementos artísticos etc.). Em tese, à Prefeitura caberia gerar as condições administrativas para os desfiles, o que passaria a ser feito pela Anhembi Turismo, empresa pública municipal que, anos mais tarde, receberia o nome de SPTuris.

Considerando que a secretária municipal de Cultura, à época, era a professora Marilena Chauí, que pautou toda a sua gestão pela ideia de cidadania cultural – acesso pleno aos direitos culturais por todos e dissolução das diferenciações de oportunidades entre centro e periferia (CHAUÍ, 2006) – a intenção cultural parecia ser positiva. Confirma essa impressão a presença dos blocos e outras expressões carnavalescas (concursos, afoxés, ranchos), até literalmente, "o desfile e carnaval de bairros" (art. 2º, IV).

No entanto, o que se evidenciou na prática não foi uma regulamentação voltada à cidadania cultural carnavalesca. Em vez do olhar para um carnaval cidadão, que agregasse centralmente todos os tipos de manifestações carnavalescas (rua, sambódromo, bailes etc.), a opção política foi a de canalização dos esforços públicos para o desfile das escolas de samba. Para isso foi montada a operação institucional (financeira, administrativa, operacional) da Anhembi Turismo. E o polo espacial de canalização desses esforços da operação era o Polo Cultural e Esportivo Grande Otelo, nome oficial do Sambódromo do Anhembi.

Na operação jurídico-institucional que consagrou o modelo de centralidade das escolas de samba na Pauliceia, o que coube aos blocos e cordões foi a fruição da subvenção residual do carnaval. As duas associações que se constituíram tinham o objetivo de se beneficiar do apoio financeiro que se inaugurava. ABBC e ABASP nasceram para isso, em 1989. Seus blocos se mantêm subvencionados pela SPTuris desde então, mesmo com a política pública do carnaval de rua da década de 2010 inaugurada. Um apoio que se ampara no mesmo conteúdo da Lei nº 10.831/1990, que foi integralmente assimilado pelo artigo 7º, XIV, da Lei nº 14.485, de 19 de julho de 2007, que a revogou.

Assim, São Paulo adentrava o século XXI com um modelo oficial de carnaval de escolas de samba e, espelhamento disso, com um antimodelo de carnaval de rua.

O antimodelo combinava o apoio residual a um ínfimo universo de blocos institucionalizados e a obstrução administrativa e coercitiva dos demais (ou potenciais) blocos. Essa segunda faceta de obstaculização do carnaval era profundamente alimentada pelo ideário político que dominava a Administração da cidade (gestão Serra-Kassab, 2005-2012), baseado na lógica privatista de produção do espaço urbano e na dinâmica de manutenção da ordem pública pelo recrudescimento da segurança por meio das forças policiais.

3.3.1 Domesticação subvencionada

A primeira feição do antimodelo se baseava na subvenção pública que mantinha o desfile dos blocos ligados à ABBC e à ABASP. O número de filiados das associações é incerto e cambiante. Estima-se que a ABBC conte com 11 agremiações e ABASP, com 12 afiliados[13]. Não se discute aqui o mérito cultural das manifestações, cada uma com suas estéticas, peculiaridades, vicissitudes e, muitas vezes, com indiscutível importância histórica.[14] O que entra em pauta é a domesticação política dos blocos das associações por intermédio da subvenção pública. Mantendo seu calendário e circuito respeitados por serem "oficiais", esses blocos, bandas e cordões não carregavam o carnaval como agenda política mais ampla dentro do movimento cultural. Não reivindicavam a assimilação de novos blocos, tampouco a adoção de uma dinâmica pública (ou mais republicana) de lidar com o universo carnavalesco de rua. Bastava o acontecimento de seus desfiles.

Para tanto, mantiveram-se por anos os repasses da SPTuris, mesmo com o advento da política pública do carnaval de rua após 2013. Apesar da publicação dos contratos, os critérios, a destinação e a forma de utilização dos recursos nunca foram transparentes. Comprovando esse espólio negativo, herança visível mesmo na segunda metade da década de 2010, foram destinadas pela SPTuris às duas organizações um valor significativo, sem sequer serem listados os blocos beneficiados – diferentemente do que ocorre com as escolas de samba. Tanto para o carnaval de

13 O número de filiados das organizações é incerto. Há dificuldade em encontrar registros formais e agremiações também podem fazer parte informalmente do grupo. Em matéria jornalística de 2013, o presidente da ABASP, Cândido Neto, falou em 9 bandas filiadas e 3 grupos convidados (MACIEL, 2013).

14 A Banda Redonda, por exemplo, foi formada por Plínio Marcos, em 1972, em plena ditadura militar, com o nome original de Bandalha. O folclore em torno da Banda conta que o dramaturgo fundou a agremiação carnavalesca porque sempre sofria chacota de seus colegas de teatro cariocas: "bloco de paulista é bloco de concreto armado" e "cordão em São Paulo é cordão de isolamento". A despeito do claro preconceito cultural (já que São Paulo sempre teve seu samba e carnaval tradicionais), a resenha ironizava um quadro político real até o início dos anos 2000, de opressão às manifestações culturais de rua (CCBB..., 2005; BANDA..., 2012).

2018 quanto para o de 2019, o repasse foi de: R$ 235.252,52, para a ABASP; e de R$ 188.001,11, para a ABBC.[15]

É preciso que se diga que não houve o enfrentamento político desse quadro pela gestão Haddad com o fito de cessar a subvenção. Aqui, cabe uma remissão teórica, porque contribui para entender este aspecto de constituição da política: a relação diferenciada dos blocos institucionalizados e dos não institucionalizados com a Prefeitura. Como já se comentou, a tomada de decisão sobre a ação do Estado, cristalizada em uma norma ou ato jurídico, é um momento importante da política pública. No entanto, Bachrach e Baratz (1963) lembram que também possui importância significativa para a ação governamental a "não tomada de decisão". Se as matérias mais consensuais são objeto de decisão ágil, convertendo-se rapidamente em elemento do programa de ação, o mesmo não se pode dizer sobre as matérias controversas e conflitivas. No entendimento dos autores, para quem a política se faz tanto de conflitos abertos quanto encobertos (MARQUES, 2013, p. 31), os grupos de interesse agem para que as decisões sobre os rumos da política pública se restrinjam aos temas seguros, sem alcançar temas difíceis, mas igualmente relevantes.

Bachrach e Baratz (2011, p. 151) chamam esse movimento de neutralização dos temas polêmicos de "mobilização de viés". Ela é realizada por atores políticos, relativamente mais organizados na arena de interesses, que podem ser potencialmente prejudicados pelo ingresso da matéria na agenda decisória institucional. E, assim, agem para que ela permaneça submersa e excluída (RUIZ; BUCCI, 2019, p. 1150). Atuam para que haja uma "não-tomada de decisão" (BACHRACH; BARATZ, 1963, p. 641). Esse aspecto do não-decidido passa a ser cada vez mais central na análise contemporânea das políticas públicas, pois ele é, na realidade, pleno de decisões (MARQUES, 2013, p. 31).

Trata-se exatamente do caso da subvenção financeira pública aos blocos carnavalescos institucionalizados. Mesmo dotada de legitimidade social e força política, a Prefeitura não enfrentou essa questão e ela se tornou objeto de não-decisão importante na configuração da política pública.

A mobilização de viés advinha de grupos de interesse historicamente organizados ou sustentados por estruturas políticas e sociais maiores. No primei-

15 Conforme contratos da SPTuris (SÃO PAULO, 2019, 2017).

ro conjunto estão os afiliados da ABBC e da ABASP. Apesar de serem relativamente poucos blocos – cerca de 20 em um universo de quase 400 (em 2016) –, eram agremiações que recebiam o benefício desde 1990, amparados pela Lei do Carnaval da Erundina (Lei nº 10.831/1990), formalmente revogada, mas completamente absorvida[16] pela Lei do Calendário Oficial da Cidade (Lei nº 14.485/2007). No segundo grupo estão os blocos comunitários ligados às escolas de samba. Ademais, ambos os grupos (blocos da ABBC e ABASP e blocos ligados às escolas) recebiam a subvenção diretamente da SPTuris, que também lhes garantia estrutura para os desfiles e com quem mantinham a interlocução institucional.

Como a política do carnaval de rua era coordenada pela Secretaria Municipal de Cultura e tinha como mecanismo principal o oferecimento de serviços de apoio geral aos blocos da cidade, e não o financiamento direto, a Prefeitura cedeu a mobilização de viés e não encarou a matéria. Assim, a política pública para um carnaval de rua público e democrático, a partir de 2013 na gestão Haddad, foi elaborada e implementada com este "furo".

Outra característica do modelo, ligada à questão da subvenção pública, era a destinação política de recursos financeiros, de forma pulverizada e sem parâmetros públicos. Assim, enquanto no curso principal da relação entre Prefeitura e (poucos) blocos havia a transferência de recursos anualmente, na via paralela ocorria o financiamento de eventos carnavalescos tópicos e aleatórios (fora de qualquer conjunto sistêmico), geralmente voltado ao atendimento de demandas políticas locais, pedidos de vereadores ou mesmo justificado pela importância que determinada festa tenha para alguma localidade. Mais uma vez, ainda que tais festejos tenham importância cultural, a constatação é a de total inorganicidade desse tipo de apoio, conferido fora de um conjunto sistêmico que fosse dotado de critérios e parâmetros.

Confirmação disso é o que consta da Lei instauradora do calendário de feriados e datas comemorativas da cidade de 2007 – Lei nº 14.485/2007 (SÃO PAULO,

16 O conteúdo programático integral da Lei nº 10.831/1990 foi assimilado no inciso XIV, do artigo 7º, da Loei nº 14.485/2007. Foram excluídos apenas dizeres específicos sobre a organização do carnaval de 1990 (como o prazo de liberação dos recursos) e as tecnicalidades indispensáveis à promulgação da lei à época, como a indicação da fonte dos recursos públicos e a data de início de vigor, pontos que não fariam sentido entrar na norma extemporânea que a acolheu.

2007). Nela, em meio ao apoio genérico dado ao carnaval, surgem eventos salpicados, oficializados para o apoio público, como o Bloco Carnavalesco Veterano Cidade Dutra (art. 7º, XXXIX) e o Carnanorte, na Vila Cachoeirinha, que nem no período carnavalesco era realizado, ocorrendo nas comemorações do Dia do Trabalho (1º de maio).

3.3.2 A "criminalização" do carnaval de rua

Além dessa esfera de apoio descriterioso a poucos blocos pela cidade, a outra dimensão do antimodelo de política pública de carnaval de rua, e a mais importante, era a ação impeditiva, opressiva e repressiva da Prefeitura. Essa faceta se acentuou sobremaneira na segunda metade da década de 2000.

São Paulo esteve sob a gestão dos prefeitos José Serra, de 2005 a 2006, e Gilberto Kassab, de 2006 a 2008 e de 2008 a 2012 (em sua reeleição). A gestão Serra-Kassab (2005-2012), no plano geral, foi marcada pela atuação enérgica contra as reivindicações de direito à cidade, tanto em seu aspecto de demanda mais tradicional, como moradia e habitação, quanto em sua feição mais contemporânea, de democratização dos espaços públicos. Nesse período, foram marcantes: a ausência de política habitacional para o centro (CYMBALISTA *et al.*, 2007, p. 99); o investimento maciço em urbanização das favelas (CYMBALISTA *et al.*, 2007, p. 49); a expulsão dos moradores dessas favelas sem a devida construção de moradia social para abrigá-los (FIX, 2009, p. 54); a gentrificação ostensiva e o rompimento de canais de diálogo com a população mais vulnerável (FCV, 2006 *apud* COMARÚ, 2010). No aspecto urbano, a gestão "dupla" foi negligente e tratou com descaso as diretrizes e normas do Plano Diretor Estratégico (2002) e do Estatuto da Cidade (BONDUKI, 2010). As restrições ao uso do espaço urbano também foram significativas, por meio de medidas administrativas, como a construção de rampas e bancos antimendigos e a atuação enérgica com base na Lei do Psiu (Lei nº 15.133/2010) (LIMA, 2018, p. 61). Todas essas ações eram sustentadas ou praticadas por meio de um sistema recrudescido de segurança pública, implantado na gestão. O protagonismo militaresco marcou a gestão Serra-Kassab não apenas na quantidade e voracidade das operações policiais – a exemplos das intervenções violentas na Cracolândia, mas igualmente, e como dado político peculiar, na presença incensada de policiais em postos-chave da Administração Pública (SOUZA, 2015).

No plano cultural, a regra era a prestação dos serviços culturais por meio dos equipamentos públicos. A gestão cultural, comandada por Augusto Calil

(2005-2012), centrava esforços na qualificação de bibliotecas, centros culturais, teatros (LIMA, 2018, p. 61), diretrizes consagradas na própria Proposta de Política Cultural do Município (2005-2008) (SÃO PAULO, 2005). Consequência natural disso, evidenciava-se o desapego pelos processos culturais de rua, abertos ao público, em conexão com as possibilidades urbanas. Exemplo claro foram as ações de "limpeza urbana" voltadas ao apagamento de murais de grafite. Sob o pretexto de implementação da Lei Cidade Limpa[17] – que, diga-se, não era uma medida negativa, mas benéfica à paisagem urbana da cidade –, diversos murais de grafiteiros paulistanos[18] foram apagados em toda a cidade (MARTINS, 2017, p. 120). A Virada Cultural era um paradoxo nesse quadro. Criada nessa gestão, com 24 horas de eventos públicos e gratuitos majoritariamente no centro da cidade, ela se constituiu em exceção à regra da fruição dos bens culturais em ambiente fechado, seja ele privado seja público, mas sempre controlado. No geral, as expressões culturais de rua, além de desestimuladas, eram barradas formalmente sob o argumento de impossibilidade de interdição do trânsito (LEON, 2019, p. 77).

O cenário exposto unia a tônica equipamentista da gestão cultural, no recorte estrito, e o ímpeto securantista e privatista da gestão urbana, no ângulo ampliado. O resultado era um contexto político, setorial e geral, avesso às manifestações culturais de rua, livres e públicas, que fugissem ao controle dos ambientes fechados ou alterassem a racionalidade urbana ora ditada.

Nesse contexto, o carnaval de rua não tinha espaço de crescimento "natural" – ou seja, o terreno político era infértil para o brotamento espontâneo de novos agrupamentos. Porém, mais do que isso, o que havia de enraizado culturalmente – os blocos e cordões já existentes, muitos há décadas, tratados como marginais – eram obstruídos pelos impedimentos burocráticos e/ou sofriam com a repressão ativa das forças policiais.

---

17 Lei nº 14.223, de 26 de setembro de 2006. Foi regulamentada pelo Decreto nº 47.950, de 5 de dezembro de 2006.

18 Júnia Martins (2017, p. 120-121) relata que, com base no artigo 3º da Lei Cidade Limpa (promover o "bem-estar estético, cultural e ambiental da população"), a gestão Kassab, em 2006, removeu 680 metros de murais coletivos de grafite na Avenida 23 de maio, zona central e sul de São Paulo. Entre os artistas afetados, estavam nomes de reconhecimento internacional, como Nina Pandolfo, Os Gêmeos, Nunca, Vitché e Hebert Baglion. Após protestos, a Prefeitura deu declarações de que o apagamento foi "acidental".

Em outras palavras, naquela atmosfera política, a burocracia estatal servia perfeitamente como vetor de bloqueio a manifestações que reivindicassem o caráter público da vivência urbana e a interferência radical no espaço, alterando sua padronização e normatividade habitual. O carnaval de rua era vítima desse bloqueio, pois tais reivindicações são exatamente o propósito político-cultural da festa.

Foi possível tratar disso em outra oportunidade:

> Se não havia uma criminalização formal do Carnaval de Rua em São Paulo, por meio de uma lei específica, havia, sim, um quadro de obstrução operacional dos blocos pela gestão municipal. A exigência de inúmeros documentos, alvarás e licenças tornavam impeditivos os desfiles. A repressão das forças de segurança terminava de limar a festa dos que resistiam. (FERREIRA; VARELLA, 2020).

Na prática, a obstrução aos blocos ocorria da seguinte forma, no que se refere à operação administrativa da Prefeitura. A legislação carnavalesca vigente combinava direcionamento e omissão. Direcionava-se para o apoio às escolas de samba e à estruturação da festa no sambódromo, com o benefício residual aos blocos institucionalizados. Omitia-se no que tange à regulamentação do carnaval de rua em toda a cidade. Absorvendo a Lei do Carnaval da gestão Erundina (Lei nº 10.831/1990), a Lei nº 14.485/2007 era vazia de comandos direcionados à Administração e carente de regulamentação específica.

Nesse vácuo, o poder público passou a considerar os festejos carnavalescos como eventos temporários, como quaisquer outros. Assim, eles estariam submetidos à série de exigências estabelecidas para tais eventos. Elas foram sistematizadas na própria gestão Kassab, pelo Decreto nº 49.969, de 28 de agosto de 2008, que passou a disciplinar a expedição de Auto de Licença de Funcionamento, Alvará de Funcionamento e Alvará de Autorização de eventos temporários. É interessante anotar que esse decreto não servia para regulamentar uma lei sobre eventos culturais – mesmo a Lei do Calendário de Eventos de São Paulo (Lei nº 14.485/2007) passava ao largo do seu alcance. Não havia qualquer previsão diferenciada para eventos culturais e artísticos, tampouco exceções a festas populares, comunitárias e sem finalidade lucrativa. O decreto tinha o objetivo geral de regulamentar a licença de funcionamento de imóveis (Lei nº 10.205/1986) e a Lei nº 13.885/2004, que traziam normas complementares ao Plano Diretor Estratégico da época (Lei nº 13.430/2002), no que se refere às "atividades não residenciais, compatíveis ou toleráveis".

Baseada no decreto de licenças e alvarás, a Prefeitura passou a considerar as ocorrências de carnaval de rua como "eventos públicos e temporários", independentemente de quem os promovesse. Qualquer evento que pudesse ter mais de 250 pessoas dependia da prévia expedição do Alvará de Autorização (art. 5º), mesmo aqueles que se realizassem em logradouros públicos, tais como ruas, praças, viadutos e parques (inciso IV). Considerando que qualquer festejo carnavalesco, por menor que seja, em proporção comunitária, alcance isso, conclui-se que todos os blocos carnavalescos necessitam de um Alvará de Autorização para desfilar. Um documento que demora 30 dias para ser expedido (art. 17) pela Secretaria Municipal de Habitação ou Subprefeituras (art. 14), desde que todas as exigências tenham sido atendidas.

Nesse ponto é que a inviabilização se materializa burocraticamente. Independentemente se o evento se realizaria em imóvel fechado (auditório, museu, casa de espetáculo, teatro etc.) ou local aberto (rua, praça, parque), havia um rol abusivo de documentos[19] solicitados para a emissão do Alvará, no artigo 24 da norma.

---

19 Decreto nº 49.969, de 28 de agosto de 2008: "Art. 24. Para fins de instrução do pedido de Alvará de Autorização, dependendo das características da edificação ou equipamento, da natureza do uso pretendido, da capacidade de lotação e do público estimado, deverão ser apresentados os seguintes documentos e informações: I – requerimento-padrão, assinado pelo interessado ou seu representante legal; II – documentos de identificação do responsável pelo evento; III - cópia de Notificação-Recibo do IPTU referente ao imóvel em que se pretende instalar a atividade, caso este não seja público; IV - cópia do título de propriedade do imóvel, nos casos em que não haja lançamento fiscal para o lote particular; V - contrato de locação, termo de anuência, termo de autorização ou documento equivalente, firmado pelo proprietário ou possuidor do imóvel; VI - termo de anuência ou permissão, ou documento equivalente, em se tratando de imóvel de posse ou propriedade da Administração Direta ou Indireta da União, do Estado ou do Município, incluídas as concessionárias de serviços públicos e quaisquer outras empresas a elas equiparadas; VII - guia de arrecadação quitada, referente ao preço do serviço público; VIII - memorial descritivo do evento, contendo, dentre outros: a) identificação do objetivo; b) datas de realização e horários de início e término; c) capacidade de lotação ou público estimado; d) endereço completo do imóvel ou identificação do logradouro; e) descrição

Ainda que se evite a deselegância de explicitar cada uma das exigências aqui, é imprescindível explicar a operação de obliteração burocrática. No dispositivo se encontram algumas exigências de desproporcionalidade gritante. Se elas já seriam de difícil satisfação por eventos comerciais profissionalizados, dado o nível de especificação técnica, imagine-se para festejos carnavalescos espontâneos, geralmente realizados por grupos de amigos organizados em torno de um bairro, um bar, um tema afetivo ou um gosto musical. Trata-se de um dispositivo flagrantemente desproporcional. Na prática, de cumprimento completamente inviável. No que diz

---

das estruturas a serem montadas, dos equipamentos a serem instalados e da organização da segurança; f) nos casos de eventos a serem realizados em pátio de estacionamento, demonstração de que a utilização da área não interfere nas vagas obrigatórias da edificação; IX - cópias das peças gráficas descritivas, necessárias à perfeita compreensão do pedido de Alvará de Autorização; X - cálculo da capacidade de lotação, ou estimativa de público, e das condições de escoamento do público, de acordo com as características do evento, observada a Portaria nº 14/SEHAB-G, de 1º de outubro de 1996, ou a norma que venha a sucedê-la; XI - indicação das providências relativas a sanitários, estacionamento de veículos, acesso de pessoas com deficiência ou com mobilidade reduzida e controle de ruídos; XII - identificação das empresas e profissionais responsáveis pelos projetos, por sua execução e pela organização do evento; XIII - contrato com empresa responsável pela segurança do público durante o evento, devidamente cadastrada junto ao órgão competente; XIV - ofício protocolado perante a Polícia Militar do Estado de São Paulo, comunicando o evento; XV - anuências do Centro de Comunicações - CECOM, da Coordenadoria Municipal de Defesa Civil - COMDEC, da Secretaria Municipal da Saúde, e da Companhia de Engenharia de Tráfego - CET; XVI - atestados técnicos ou termos de compromisso técnico de: a) estabilidade das edificações, instalações e equipamentos, inclusive coberturas, arquibancadas, palcos, torres de equipamentos, painéis, mobiliários, gradis e elementos decorativos; b) regularidade das instalações elétricas do evento, bem como dos sistemas de aterramento referidos na NBR 5410/ABNT, e da proteção contra descargas elétricas atmosféricas (SPDA), de acordo com a NBR 5419/ABNT; c) adequação e funcionamento do sistema de segurança, incluindo equipamentos e brigada de combate a incêndio e pânico, em condições de operação; d) atendimento à Lei nº 11.345, 14 de abril de 1993, e à NBR 9050/ABNT, para os efeitos de aplicação das disposições especiais para pessoas com deficiência ou com mobilidade reduzida, na forma prevista na legislação municipal; e) atendimento aos limites de ruído estabelecidos nos Quadros 02/a a 02/h, anexos à Parte III da Lei nº 13.885, de 2004, e no § 8º do artigo 177, todos da mesma lei; XVII – a critério da Municipalidade, conforme as necessidades do caso, indicação do engenheiro de segurança que deverá estar presente no local por ocasião da realização do evento." (grifos nossos).

respeito à obrigação estatal de gerar condições democráticas para o exercício dos direitos culturais, trata-se de uma normativa evidentemente cerceadora e restritiva.

O artigo lista 15 documentos exigidos, que se desdobram em vários outros. Para citar alguns exemplos: peças gráficas; cálculos de escoamento de público (em vias públicas); anuência formal de, pelo menos, três instâncias administrativas não conectadas entre si (Secom, Defesa Civil e CET); contratação de empresa de segurança privada; presença de engenheiro contratado durante o evento; além do próprio ofício à Polícia Militar, que pode simplesmente negar o atendimento ou solicitar, também "de ofício", a sua não ocorrência. Como se não fossem suficientes, são requeridos ainda mais cinco "atestados técnicos", cuja providência depende da contratação de empresas de engenharia, arquitetura e segurança habilitadas (art. 24, § 2º). O nível de detalhamento da solicitação chega ao atestado de estabilidade de edificações, funcionamento de redes elétricas e acessibilidade para pessoas com deficiência. São itens importantes em eventos privados e fechados. Porém, em eventos de caráter público, realizados na rua, são medidas cuja prestação caberia à própria Municipalidade. Somam-se a isso outras taxas geradas por serviços específicos, operados com base em necessidades urbanas circunstanciais, especialmente o trânsito. A atuação da Companhia de Engenharia de Tráfego (CET) gera uma taxa alta, direcionada ao organizador dos eventos. Em resumo, são providências sequer cogitadas por qualquer agremiação amadora, desinstitucionalizada e sem financiamento.

Leon (2019, p. 78) chegou a calcular o preço que um organizador de evento, de porte médio a grande, teria que pagar para a Administração apenas analisar o seu evento, antes de emitir o Alvará. Seguindo a fórmula (SÃO PAULO, 2018) disponibilizada pela própria Prefeitura, com valores de 2018, o cálculo mostrou que um evento de cerca de 100 mil pessoas teria um custo inicial de R$ 71.131,05 (setenta e um mil, cento e trinta e um reais e cinco centavos). Ou seja, um custo de cerca de 70 mil reais apenas para análise, sem considerar os próprios custos de realização do bloco (som, músicos etc.) e as outras eventuais taxas, como a da CET. Naturalmente, presume-se que um bloco deste porte tenha grandes patrocinadores que possam arcar com este valor.[20] Todavia, basta apenas aplicar a escala para blocos menores que a conta se mostrará impraticável para a quase totalidade do universo carnavalesco de rua.

20 O debate sobre patrocínios é importante e será feito em momento oportuno e posterior, neste livro.

Entretanto, a dificuldade não cessa nesse rol de exigências. O decreto abre um espaço considerável de discricionariedade ao gestor, que, naturalmente, pode ser manejado conforme a circunstância – em sentido amplo – de autorização ou indeferimento do evento. Isso consta no artigo 24, § 3º, do decreto, que estabelece que, a depender das particularidades do caso, pode ser solicitada documentação complementar ou dispensada a apresentação de documento.

Nesse momento, criam-se as condições para o encontro da operação burocrática com a orientação política. A opção por esse caráter restritivo de regulação dos eventos públicos pode significar apenas a inércia da máquina pública, utilizando a ferramenta legal disponível na falta de outra, mais específica. No entanto, essa parece ser uma análise ingênua do fenômeno. Reitere-se o quadro político exposto. Ele evidencia um modelo de política urbana assentado no recrudescimento da segurança pública e na priorização do uso privado da cidade, nessa primeira década dos anos 2000 e início dos anos 2010. Na cultura, a opção era pela programação cultural nos equipamentos e não nas ruas. Manter a cidade limpa (com o perdão do trocadilho), ordenada e com semblante de objeto de luxo (VAINER, 2000) era a tônica. Nesse contexto, a operação burocrática dos eventos temporários, que levava ao impedimento do carnaval de rua, não era ocasional, tampouco casual ou eventual. Era uma ação deliberada, realizada pelos estratos burocráticos, voltada ao atendimento de uma diretriz política mais ampla.

É interessante notar esse movimento da burocracia na situação exposta. Oliveira e Abrucio (2018, p. 36) explicam que duas correntes dividiram o pensamento sobre a burocracia no pós-Segunda Guerra: uma que trazia a superioridade técnica dos burocratas (técnicos), de modo que os políticos devessem a ela se submeter; e a outra, na linha weberiana, de que todas as decisões seguem a vontade dos eleitos, responsabilizados por elas. No caso em tela, à primeira vista parece se tratar de uma análise puramente técnica da situação real, em que a avaliação dos burocratas bastaria e seria predominante na decisão sobre a liberação dos eventos. No entanto, é cada vez mais imprescindível considerar a dimensão política da movimentação do Estado e de suas políticas públicas (MARQUES, 2013). É preciso compreender, conforme Bucci (2013, p. 34), que "a face política do governo vai se revestindo cada vez mais de uma tecitura jurídica".[21] Nesse sentido, deve-se levar

21 Segundo Bucci (2013, p. 34), tem sido demandada maior integração entre "as dimensões política e jurídica no interior do aparelho de Estado, combinando as esferas da Administração

em conta o enquadramento dos eventos carnavalescos como eventos temporários nos termos do decreto; a impossibilidade prática de seu atendimento pelos agentes culturais; e a grande margem de discricionariedade – que permitiria, aliás, uma ação deliberada de autorização dos festejos, mas é usada no sentido contrário, o de proibição. E, considerando tudo isso, a constatação é a de que a burocracia impeditiva do carnaval de rua segue, de fato, a diretriz política central da gestão, na linha weberiana.

Outra consideração de cunho teórico, que ajuda a elucidar o fenômeno, advém da própria noção do papel do direito em uma política. Ainda que se considere – o que é importante ressaltar – que essa obstrução administrativa não é uma política pública, mas uma antipolítica ou um antimodelo, o direito tem cumprido nela uma função castradora. Quando Diogo Coutinho explica que o direito tem, entre outras, a função de "caixa de ferramentas", ele está dizendo que o direito serve para oferecer "distintos instrumentos e veículos para implementação dos fins da política" (COUTINHO, 2013, p. 198). Ainda que aparente um sentido inverso, uma má aplicação do direito, pode-se entender que sim: a finalidade política do antimodelo está sendo alcançado por meio do ferramental jurídico. No caso, o direito serve mais para travar uma engrenagem da máquina pública do que para movimentá-la em sentido positivo (de concretização de direitos).

Encerrando o ciclo da ação estatal de impedimento do carnaval de rua, surgia a ação repressiva. Com inúmeros obstáculos de ordem burocrática, o cerco se fechava em vários níveis para os organizadores de blocos. E em todos os cenários, criava-se a aura de justificação (ou legitimação) das forças de segurança pública.

No primeiro cenário, relativamente positivo, de o bloco possuir um alvará para o desfile, havia o risco de não cumprimento de todas as especificações elencadas. A rua traz esse risco. Número de público, questões de mudança de itinerário, alteração de horários e questões técnicas mais complicadas. Todas essas são justificativas para a interrupção da festa por um agente fiscal da subprefeitura, por exemplo. Ou mesmo pela autuação, solicitada pela Prefeitura, da Guarda Civil Metropolitana (GCM) ou da Política Militar (PM). Além disso, a autuação poderia gerar multa e inscrição do organizador na lista de credores municipais.

Pública e do governo; a política imbricada com a técnica, a gestão pública institucionalizada e regrada pelo direito".

Os demais cenários se dão com a falta do Alvará. É a situação mais comum, em que se encontra a imensa maioria dos blocos. Por não conseguirem cumprir as exigências, saíam marginalmente, à revelia da Prefeitura. Com isso, como punição, estavam sujeitos a ser reprimidos a qualquer momento, tendo o som cortado, o desfile interrompido ou mesmo abortado antes de ocorrer. A resistência a essa ação da PM ou GCM – resistência frequente, em se tratando do perfil progressista de muitos blocos – levava a episódios de violência policial, detenção e confisco de instrumentos e materiais dos blocos.

Outra situação comum, no cenário de ausência de Alvará, era a autorização "informal" da subprefeitura onde o bloco desfilaria. Isso remediava minimamente a situação, a ponto de muitos blocos poderem sair. Porém, a rua traz ocorrências imprevisíveis, levando a alterações de horário, trajeto, ou mesmo a conflitos com a vizinhança. Nessas situações, mesmo estando o bloco na marginalidade consentida, o fato de as áreas administrativas não se comunicarem e não atuarem em conjunto, inclusive as forças de segurança pública, leva à repressão da liberdade carnavalesca.

No limite, o antimodelo de carnaval de rua, ao unir obstrução burocrática e repressão punitiva, levava o medo aos foliões e o desestímulo ao surgimento de novos blocos. Sair às ruas significava assumir o risco da abordagem do poder público. Aqueles que permaneciam temiam essa espécie de "criminalização". Aliás, o sentido prático dessa atuação estatal era, em certa medida, o de criminalização da manifestação carnavalesca. Se não havia uma lei que formalmente tipificava como crime a saída dos blocos – e nem poderia haver –, o aparato administrativo, revestido da roupagem jurídica e fazendo-se valer pelas forças policiais e de fiscalização, acabava por cumprir a função de criminalizar a conduta dos foliões.

Tanto é assim que essa era uma das principais pautas trazidas pelos organizadores dos blocos nos diálogos com a Prefeitura, quando a política pública do carnaval de rua passou a ser implementada, a partir da gestão Haddad. Nas reuniões, audiências e seminários, a vocalização do "direito à folia" compreendia a reivindicação pela descriminalização do carnaval de rua. Algo que se resolveria, primeiramente, por uma medida administrativa e não penal. No seminário do Carnaval de Rua de 2013, organizado pela Secretaria Municipal de Cultura, as falas dos carnavalescos convergiam no mesmo sentido:

> "Não nos interessa mudar o percurso, não tem sentido. Defendemos a não institucionalização e a desburocratização dos blocos. [...] Estamos en-

> frentando este problema histórico de repressão." (Mariana Moretti - Bloco João Capota na Alves)
> "O Manifesto Carnavalista surgiu num momento critico, em 2012, para discutir a falta de apoio da prefeitura e truculência policial. [...] É preciso que o poder público relacione-se de maneira deferente com a cidade no carnaval, de modo mais participativo. Substituir a 'autorização' por 'informação'" (José Vieira - Bloco Bastardo)
> "O poder público deve garantir a estrutura. [...] Como o carnaval de rua está crescendo, como garantir segurança necessária, banheiros sem burocracia? A interrupção dos cortejos não combina com o carnaval, o carnaval não combina com violência, é preciso avançar nas liberações, e discutir as taxas da CET para usarmos a rua!" (Baby Amorim – Bloco Ilu Obá de Min) (SÃO PAULO, 2013e).[22]

A desburocratização do carnaval de rua, e a sua consequente "descriminalização", seria das primeiras medidas a serem tomadas com a política pública do carnaval de rua, a partir de 2013. Assim como as demais medidas no bojo da política em germinação, ela seria realizada no seio de uma nova proposta de desenvolvimento urbano baseado na cultura.

3.4 A nova visão da Prefeitura sobre cultura e cidade

A reivindicação dos blocos por um novo modelo de trato público com o carnaval de rua alinhava-se à nova plataforma política recém-eleita na cidade de São Paulo. Uma das principais bandeiras da nova administração era a livre ocupação do espaço público e o estímulo às novas formas de sociabilidade para a ressignificação urbana. Além disso, encontrava eco também em uma das linhas de trabalho principais da pasta da Cultura: a promoção de uma nova visão de cidade a partir da cultura e da integração de suas regiões. A potente ocupação cultural das áreas públicas seria um vetor para tanto.

Na plataforma eleitoral do então candidato Fernando Haddad (PT) essa proposta já aparecia. Sinalizando como a gestão enxergaria a relação entre cultura e cidade, o programa de governo propunha diversas medidas, dentre as quais a articulação do projeto urbano com o projeto cultural da cidade e o estímulo à ocupa-

22 Depoimentos prestados no 1º Seminário do Carnaval de Rua de São Paulo, em 4 de dezembro de 2013.

ção das ruas com arte, "como forma de ampliar o compromisso dos cidadãos com o espaço público" (PARTIDO DOS TRABALHADORES, 2012, p. 71).[23]

A visão que passava a balizar a interferência pública na área da cultura era mais abrangente e complexa, justamente por engendrar as múltiplas dimensões culturais ao desenvolvimento urbano. Se a opção por determinada concepção de cultura influencia decisivamente as estratégias de alcance das políticas culturais (BOTELHO, 2001, p. 3; RUBIM, 2011, p. 67), é possível dizer que o adensamento da ideia de cultura trabalhada pela gestão Haddad e a qualificação de sua presença em todo o corpo governamental foram fundamentais para que programas e projetos culturais públicos conquistassem bons resultados setoriais e contribuíssem positivamente para o êxito de outras áreas, dentro do conjunto programático em execução.

Falar em adensamento da ideia de cultura significa dizer que suas políticas, narrativas e processos sociais procuraram se estabelecer sob as múltiplas dimensões da cultura. Trata-se especialmente de considerar a cultura em sua dimensão simbólica (relativa às artes e produções valorativas da sociedade), econômica (arranjos econômicos e vetor de desenvolvimento) e cidadã (na perspectiva de acesso e direito). Esse foi um paradigma trazido pela gestão de Gilberto Gil no MinC, a partir de 2003-2010, consolidado no Plano Nacional de Cultura (2010-2020).

Iniciar a gestão tendo como secretário municipal o ex-ministro Juca Ferreira, que conduziu com Gilberto Gil o MinC desde 2003 e deu seguimento como ministro a partir de 2008, era a afirmação desse tratamento multidimensional e a sua própria aplicação como agenda política. Nessa chave, a cultura passou a ser encarada como modo de vida na cidade, como qualificadora das formas de sociabilidade e ocupação dos espaços públicos (LIMA, 2018, p. 62), de maneira ampla; mas também como campo de intervenção pública voltada aos programas, projetos e a ações específicas da área cultural.

23 No plano de governo do candidato Fernando Haddad (PARTIDO DOS TRABALHADORES, 2012): "Articular os planos e projetos urbanos com a Política de Preservação do Patrimônio Histórico e Ambiental, incluindo os bens culturais e valores ambientais definidos pela sociedade em geral e pelas comunidades locais em particular, como pontos de referência e identidade" (p. 30); [...]
Estímulo a ações de ocupação das ruas por artistas e produtores culturais, como forma de ampliar o compromisso dos cidadãos com o espaço público" (p. 71).

Nesse último campo, pode-se dizer que se destacam como marcas de gestão cultural a tentativa de descentralização e democratização do acesso à cultura e a promoção da ocupação dos espaços públicos por todo o território. A valorização da "ação cultural autônoma da sociedade, em especial dos segmentos historicamente relegados pelas políticas culturais municipais" também deve ser lembrada, como aponta Lima (2018, p. 60).

O mais interessante a observar no manejo da nova municipalidade é a incorporação de mais uma dimensão cultural às demais dimensões que foram expostas. Trata-se da agregação da dimensão territorial da cultura. Como uma inovação positiva no alicerce conceitual das políticas culturais, essa dimensão permitia plotar as demandas culturais, de ordem temática ou setorial, no território. Com isso, as especificidades e diferenças territoriais (regionais, locais) passavam a ser consideradas parâmetros para avaliar a necessidade de medidas estatais, num sopesamento programático com outras balizas anteriormente assentadas, como: diversidade, importância simbólica, sentido econômico, acesso, infraestrutura, entre outras. A partir disso, conformava-se uma matriz de gestão cultural que entrecruzava: demanda das linguagens artísticas (música, dança, teatro, circo, artes plásticas) e expressões culturais (culturas populares e tradicionais, culturas indígenas, cultura LGBTQIA+, manifestações culturais de rua etc.); ações de meio (formação, difusão, circulação, financiamento, exibição etc.); medidas setoriais (memória, patrimônio, programação, acervos, livro, leitura, bibliotecas etc.); e, agora, atributos, especificidades e reivindicações de cunho territorial (áreas periféricas de vulnerabilidade socioeconômica, minorias e grupos invisibilizados pela disposição geográfica urbana, linguagens e expressões mais recorrentes na periferia, comunidades que demandam reparação cultural histórica, patrimônio edificado a ser valorizado mesmo fora do centro da cidade etc.). Essa política de articulação territorial das ações culturais foi detalhada na publicação *SMC no Território* (SÃO PAULO, 2014b), lançada em dezembro de 2014.

Como resultado deste programa, muitas ações surgiram, tais como: a valorização da presença do grafite na cidade, mediante, por exemplo, a emblemática pintura de todo o corredor da Avenida 23 de Maio por mais de 200 artistas; a ampliação das ações de cidadania cultural, com a criação de uma área institucional específica para o tema na SMC; a legalização dos artistas de rua;[24] a adoção do Circuito Municipal de Cultura, que passou a garantir atrações culturais em toda a cidade, até nos equipamentos periféricos; a retomada da gestão das Casas de Cultura pela SMC; a estruturação de uma política integrada de museus e patrimônio; o estímulo à ocupação cultural de espaços públicos, por meio de eventos como o SP na Rua, que promovia o encontro de coletivos artísticos de rua no centro histórico da cidade; a articulação para abertura do Cine Belas Artes, tradicional cinema paulistano; a desburocratização de filmagens na cidade, pela criação da São Paulo *Film Commission;*[25] a criação da Spcine[26] (empresa pública municipal de audiovisual) e o seu Circuito SPCine, que contava com 18 salas de cinema espalhadas pela periferia; e a descentralização da Virada Cultural, que passou a oferecer palcos em outras localidades, mais periféricas, da cidade.

Outro acontecimento importante foi a aprovação do Plano Diretor Estratégico (PDE), que instituiu os Territórios de Interesse da Cultura e da Paisagem (TICP) e as Zonas Especiais de Proteção Cultural/Áreas de Proteção Cultural (ZEPEC/APC),[27] Ambos os instrumentos buscavam a preservação, valorização e proteção de espaços culturais, afetivos e simbólicos, de grande importância para a memória, identidade e vida cultural da cidade (SÃO PAULO, 2014b). A política pública do carnaval de rua se insere nesse contexto de realizações baseado na concepção multidimensional e territorial da cultura.

Além disso, é importante tratar como a cultura foi qualificada como vetor horizontal de concretização de outros objetivos programáticos, ganhando corpo em diversas pastas. Nesse sentido, a visão de cultura da gestão extrapolava a execução setorial para se tornar ferramenta de otimização de resultados de outras áreas

---

24 A Lei nº 15.776, de 29 de maio de 2013, passou a permitir formalmente a apresentação dos artistas de rua em logradouros públicos. O Decreto nº 55.140/2014, elaborado em diálogo com representantes dos artistas de rua, regulamentou a leu e trouxe regramentos específicos sobre condutas e localidades.

25 Criada pelo Decreto nº 56.905, de 30 de março de 2016.

26 Spcine é o nome fantasia da Empresa de Cinema e Audiovisual de São Paulo, instaurada pela Lei nº 15.929, de 20 de dezembro de 2013.

27 O Plano Diretor Estratégico foi instituído pela Lei nº 16.050, de 31 de julho de 2014. Os TICD e as ZEPEC/APCs foram instaurados pelo Decreto nº 56.725, de 16 de dezembro de 2015, que regulamentou o PDE especificamente nesse objetivo cultural.

correlatas. Medidas nas áreas de transportes, esportes, saúde, direitos humanos, assistência social, igualdade racial, educação, entre várias outras; tinham seus objetivos galvanizados pela assimilação de elementos culturais em seus programas.

Alguns exemplos são ilustrativos. O programa Braços Abertos, de acolhimento e ressocialização de usuários de drogas na Cracolândia tinha uma dimensão cultural proeminente. Os moradores da região atendidos pela Prefeitura vivenciavam as linguagens artísticas (música, teatro, dança) por meio da produção, criação ou mesmo do consumo de espetáculos. Além disso, a região passou a receber programações culturais "oficiais", como palcos na Virada Cultural e demais eventos do calendário da cidade. Outro caso importante foi o dos Centros Educacionais Unificados (CEUs), criados na gestão Marta Suplicy para serem equipamento de tríplice vocação (educacional, esportiva e cultural), que desde a gestão Serra-Kassab ficaram restritos ao uso escolar. A cultura protagonizou a retomada da gestão compartilhada pelas três pastas e a dimensão múltipla do equipamento passou a ser reestruturada, com grandes impactos na periferia. Na área de transportes, mobilidade e desenvolvimento urbano, a agenda de abertura da cidade para os pedestres, com a respectiva restrição dos automóveis, também tinha um sensível componente cultural. Era a cultura que ditava o conteúdo das ações, compondo a programação artística das ruas (além de praças e parques) que passaram a ser ocupados. São exemplos dessa conexão o programa Ruas Abertas,[28] que autorizava a programação e a ocupação cultural plena de algumas ruas da cidade; e o programa Redes e Ruas, que incentivava o uso cultural (com laboratórios, práticas, oficinas) das praças com *wi-fi* livre instalado pela Prefeitura.

Em todos esses casos, havia uma ação instrumentalizada da cultura, servindo com suas ferramentas próprias de penetração social, por meio da arte e das expressões culturais. Mas os objetivos foram alcançados não apenas pela cultura como prática especializada (lúdica, estética, crítica) no território. No fenômeno que se observava, a cultura, como valor, alcançava significância. Este era o outro canal de transbordamento da cultura do campo setorial para o alcance mais amplo da política urbana. O elo era ainda mais sensível. A cultura passava a ser vista como ferramenta de disputa valorativa da cidade. Se o que estava em curso era a implantação de um outro modelo de cidade, era preciso encampar propriamente uma

28 Estabelecido pelo Decreto nº 57.086, de 20 de junho de 2016.

disputa cultural do ideário urbano. Nela, o potencial simbólico, afetivo e subjetivo dos processos culturais era de suma importância. E essa vocação era vista como estratégica para os objetivos programáticos da gestão.

A lógica faz sentido e compreende bem um atributo constitutivo importante das políticas culturais. Nestas políticas, o objeto propulsionador da movimentação do Estado é a cultura. Trata-se de um objeto peculiar de política pública, pois sua importância se atesta por aquilo que ele carrega de valores constitutivos da existência social simbólica. Considerando o pressuposto de que toda a ordem social é mediada simbolicamente, por meio de sistemas de significações baseados e projetados por valores (WILLIAMS, 1992), que, por sua vez, propiciam a vivência, comunicação e reprodução desta mesma ordem. Na mesma direção, considerando que a própria ordem social é uma trama simbólica (GEERTZ, 2003) ou uma ordem simbólica, por intermédio da qual as pessoas se relacionam entre si e com o poder (CHAUÍ, 1984). Considerando, enfim, toda a ideia de que a sociedade se ordena por meio da construção, apreensão e reprodução de formas simbólicas carregadas de valores, num cenário em que uma nova ordenação social e urbana é requerida, torna-se imprescindível a atenção aos principais veículos condutores e questionadores dos valores, que são as manifestações e expressões artísticas e culturais. A cultura como objeto de política pública, nesse quadro, adquire o *status* de ativo no embate por uma nova mentalidade urbana e, por assim dizer, por uma nova cultura urbana.

Assim, na gestão Haddad, as políticas culturais foram tomadas em suas duas esferas fundamentais: a esfera mais restrita, setorial e especializada, voltada às ações estatais direcionadas propriamente ao campo institucional das artes e da cultura; e a esfera mais ampla, que compreende a cultura como elemento transversal nas demais áreas sociais, sobretudo como vetor da disputa valorativa da cidade.

Outra observação importante diz respeito à atualização do conceito de cidadania cultural, vocalizado e trabalhado de forma precursora por Marilena Chauí. À frente da Secretaria Municipal de Cultura de 1989 a 1992, Chauí (2006, p. 70) afirma que sua gestão se pautou pelo entendimento de cultura "como um direito do cidadão e, em particular, como direito à criação desse direito por todos aqueles que têm sido sistemática e deliberadamente excluídos do direito à cultura nesse país".[29]

29 Em sua formulação de cidadania cultural, cabiam: uma definição alargada de cultura, para além das belas artes e contemplando o sentido antropológico mais amplo; uma definição política de cultura, pelo viés democrático, com o direito de todos os cidadãos; uma definição

Na cultura, a gestão Haddad propõe, na prática, uma atualização deste conceito ao considerar a cultura como direito de todos, mas como direito que só pode ser exercido no espaço urbano se for compreendido no contexto de diferenciação territorial da cidade. Além disso, atualiza-o por trazer condições de realização da democracia participativa na cultura – ou de exercício da vida cultural política (VARELLA, 2014, p. 187) – também para os segmentos historicamente excluídos pela sua marginalização urbana.

A ampliação do diálogo com a sociedade pela pasta da Cultura foi algo fundamental para o incremento da permeabilidade do poder público às sugestões, críticas e formulações dos segmentos culturais.

Assim, a gestão municipal encampou o diálogo e a participação na formulação como um programa. Foi, aliás, o primeiro novo programa, formalmente anunciado pela SMC, em janeiro de 2013. Recebeu o nome de #ExisteDiálogoemSP, em alusão à música do cantor Criolo, cujo verso dizia: "não existe amor em SP". Lançado em 5 de fevereiro de 2013, o primeiro encontro,[30] de pauta geral com o setor da cultura, contou com a presença de mais de mil pessoas, evidenciando uma demanda represada por escuta qualificada no setor cultural. O programa se compunha de uma série de encontros públicos, abertos, para falas dos segmentos culturais endereçadas ao secretário, seu gabinete e gestores das áreas afeitas aos temas das edições. Cada encontro gerava encaminhamentos e devolutivas específicas. A cada edição um tema, setor, linguagem, mecanismo/ação ou território era tratado. O #ExisteDiálogoemSP teve, por exemplo, encontros específicos para discutir: teatro, hip hop, carnaval de rua, dança, música, circo, entre vários outros. O programa se anunciava (SÃO PAULO, 2013c) com esse propósito de máxima interlocução, num espírito evidente de alinhamento à plataforma do direito à cidade.

A ideia de cidadania participativa na construção das políticas culturais dizia respeito sobretudo aos segmentos culturais periféricos da cidade. Constatação empírica deste fenômeno foi a III Conferência Municipal de Cultura, primeira sob a gestão Haddad, em agosto de 2013. Nela se evidenciou um protagonismo inédito

---

conceitual de cultura como trabalho de criação, com ênfase na valorização do trabalho; e a definição dos sujeitos sociais como sujeitos históricos, "articulando trabalho social e trabalho de memória social" (CHAUÍ, 2006, p. 72).

30 A íntegra da primeira edição do #ExisteDiálogoemSP está disponível em: https://www.youtube.com/hashtag/existedi%C3%A1logoemsp

dos movimentos das periferias, em um espaço institucional de participação historicamente dominado pelas representações setoriais. Isso reforçou a ideia de que a geração de equidade de condições para o exercício dos direitos culturais na cidade passava necessariamente pelo recorte territorial, de forma transversal em todas as áreas.

No mesmo sentido, reforçando a valorização do protagonismo periférico, logo em seguida surge o Movimento Cultural das Periferias, cujo manifesto[31] assinalava a importância dessa atualização para uma cidadania cultural territorial. O Movimento reivindicava uma lei específica de fomento à periferia. Requeriam um mecanismo de financiamento público de cunho territorial, diferentemente daqueles de recorte habitual: temático (memória, patrimônio, acervo, cultural digital) ou setorial (dança, circo, teatro, música, audiovisual). Por iniciativa do então vereador e ex-secretário municipal de Cultura Nabil Bonduki, juntamente com outros vereadores, e com apoio da secretária de Cultura Rosário Ramalho, tramitou o PL 264/2015, que propunha o Programa de Fomento à Cultura da Periferia de São Paulo. Aprovada, a lei ficou conhecida como Lei de Fomento à Periferia.[32]

Por fim, vale mencionar como a própria Prefeitura enxergava a estruturação das políticas municipais de cultura. Conforme a SMC anunciava, em 2014 (SÃO PAULO, 2014a),[33] a estruturação se baseava nas quatro dimensões expostas (simbólica, cidadã, econômica e territorial) e em três vetores programáticos: programação de qualidade; formação; e valorização das iniciativas locais. Os objetivos estratégicos listados estavam ligados a sete pautas: territorialização, cidadania cultural, linguagens/temáticas; programação; formação; acesso à informação e participação;

---

31 "Reconhecer a capacidade de sua população em mediar as contradições por meio da produção cultural e da elaboração cotidiana de mecanismos que garantam a sobrevivência coletiva, é compreender este território periférico como lugar de resistência política. Ainda que as periferias tenham características específicas entre si, a unidade está aí: relacionam-se com a questão urbana em posição de desvantagem política, visto que historicamente os olhos das políticas públicas buscaram privilegiar investimentos nas áreas centrais da cidade, estimulando, mesmo que não intencionalmente, novas lógicas de convivência, sociabilidade e manifestações culturais nos territórios periféricos." (MOVIMENTO CULTURAL DAS PERIFERIAS, 2015).

32 Lei nº 16.494, de 20 de julho de 2016.

33 Documento apresentado nas reuniões institucionais e audiências públicas da Secretaria Municipal de Cultura, datado de 2 de setembro de 2014.

e infraestrutura. Além disso, havia os objetivos políticos da gestão, no âmbito da cultura. Em um trecho sintético, a SMC vocalizava como seu primeiro objetivo político a afirmação da "cultura como parte central do projeto de desenvolvimento da cidade de São Paulo, considerando-a instrumento essencial da efetivação do direito à cidade, da ampliação da qualidade de vida e da realização plena da condição humana" (SÃO PAULO, 2014a).

Nesse quadro amplo, a gestão da cultura em São Paulo seria implementada. O carnaval de rua seria uma das primeiras ações a serem deflagradas, pelo imperativo político e social, e justamente por concentrar em si todas essas dimensões culturais e territoriais que marcavam o novo tratamento da cultura pela cidade.

3.5 Fundamentos políticos e culturais

A dimensão cultural do carnaval de rua submetia todas as demais dimensões que a festa possui e orientava o conjunto de ações da política pública do carnaval de rua, formulada e implementada a partir de 2013. As premissas culturais da política pública se constituem, portanto, em seu núcleo programático essencial. Por meio dessa política, os objetivos que o Estado persegue juridicamente e institucionalmente também residem no campo da cultura: o direito à cultura, o direito ao carnaval (direito à folia), a liberdade de ação e expressão culturais, a preservação do patrimônio imaterial e da diversidade, o direito à cidade como espaço de vida cultural.

Dessa forma, sedimenta-se na esfera da cultura o debate de mérito dessa atuação. O desenho jurídico-institucional, a instrumentalização normativa, a institucionalização, a absorção da demanda política dos atores, o processo incremental, enfim, tudo o que compõe o quadro da política pública carnavalesca só faz sentido se bem amparado nas bases culturais que lhe propulsionam e nutrem.

Assim, passa a ser fundamental compreender os pressupostos culturais de fundação da política. Juca Ferreira, secretário que abriu os trabalhos de desenvolvimento da ação municipal, faz a seguinte afirmação, em artigo de 2017, observando retrospectivamente a política implementada na capital paulistana:

> Este é o fato: homens, mulheres de todas as idades, jovens, crianças, adultos e idosos ocupando as ruas, se apropriando do espaço urbano, celebrando e vivenciando um carnaval mais democrático, sem separação e sem cordas, sem privatização do espaço público. O carnaval de rua é expressão

> cultural, espontaneidade, é colaborativo, onde todos são atores, onde todos e cada um são o espetáculo (FERREIRA, 2017).

O trecho sintetiza vários fundamentos que pavimentaram a política pública do carnaval de rua. Estão aí: a democratização cultural e urbana; a liberdade; a não privatização do espaço público; a proeminência da dimensão cultural da festa; a espontaneidade; o respeito à territorialidade das manifestações; a colaboração; e a sociabilidade. Todos eles, princípios que passam a ser enunciados publicamente, já a partir de janeiro de 2013, quando a Prefeitura acolhe a demanda dos blocos carnavalescos e anuncia o início de implementação de uma política específica (e inédita) para o setor.

Vocalizar tais princípios,[34] no começo, fazia parte da estratégia discursiva de afirmação do direito cultural ao carnaval, de reconhecimento da festa carnavalesca como importante socialmente e de valorização dos blocos como elementos indispensáveis à vida cultural da cidade. Significava, especialmente, anunciar o reconhecimento por parte do Estado da dimensão cultural e urbana do carnaval, saindo do lugar histórico de atenção exclusiva aos desfiles das escolas de samba. Mais que narradas, as premissas passariam a se constituir princípios formais da política pública, na regulamentação que viria a acontecer a partir de 2014. Por e com tudo isso, a anunciação enfática dos princípios políticos da política cultural representava também a assunção de um embate público, que se deflagrava, e para o qual a Prefeitura passava a assumir uma posição clara.

"O carnaval de rua é público, gratuito, fruto de manifestações voluntárias, não hierarquizadas, de cunho festivo e sem caráter competitivo ou comercial". Assim, a SMC (SÃO PAULO, 2015b) formulava um conceito-síntese da manifestação cultural a guiar a política pública. O caráter *público, gratuito e democrático* da

34 Os pilares da política pública eram vocalizados nas entrevistas dos gestores – especialmente secretários, prefeito e agentes estatais da política pela Cultura –, nos artigos, nas audiências públicas, nas reuniões com as outras pastas e com outras instituições, como Câmara dos Vereadores e Ministério Público. Também constavam dos relatórios surgidos das reuniões com representantes de blocos e da sociedade civil em geral. Além disso, constavam de publicações (matérias, *posts*, notas) oficiais da Secretaria Municipal de Cultura. Todas essas fontes foram consideradas para a compilação destes princípios neste livro. Frise-se, também, que a própria participação do autor deste trabalho na elaboração dessas premissas contribuiu para o seu registro e pormenorização neste livro.

festa se impunha como fundamento, como primeira noção afirmativa. Consolidar a ideia de que o carnaval deve ser democrático significava um sinal endereçado a todos: foliões e foliãs, organizadores dos festejos, iniciativa privada (especialmente os patrocinadores), imprensa e, sobretudo, Estado (no caso, a Prefeitura). A política deveria começar homogeneizando o tratamento dispensado aos blocos de rua, eliminando privilégios e retirando qualquer carga de diferenciação por parte do poder público, apoiada na condição econômica, territorial ou social do bloco.

Quando se diz que a premissa servia especialmente ao Estado significa a negação veemente da própria forma como a municipalidade vinha lidando com manifestações de rua. Baseado no decreto de eventos temporários, a Prefeitura lidava de forma discricionária e discriminatória com os blocos, por fazer uma avaliação não republicana e sem parâmetros públicos acerca de quais poderiam desfilar.

Além disso, informar a "frequência" com que se alastrariam as expressões culturais era importante. A política incidia sobre ocorrências festivas. Celebrações, estados alterados de sociabilidade e consciência, afetividade plena, experiências radicais de efusividade, exposições corpóreas. Tudo isso não poderia ser tratado como empecilho ou transtorno à atuação dos gestores na implementação da política, sobretudo na ponta: agentes de segurança pública, fiscais, produtores de campo, prestadores de serviços etc. Os comportamentos típicos festivos não são os comportamentos do cotidiano racional, e isso deveria ser um elemento constitutivo do tratamento público do carnaval, e não uma adversidade.

No mais, a não-competitividade reforçaria a ideia de que as ruas não poderiam mimetizar o espírito do sambódromo. Justamente porque elas, na prática, não mimetizam. O poder público não deveria forçar uma equiparação artificial. Assim, as vias públicas, os parques e as praças não seriam transformados em circuitos de desfiles competitivos de blocos, cordões, bandas, afoxés e outras expressões de rua. Apesar da aparência óbvia, é importante relembrar que esse tipo de acochamento já foi realizado pela Prefeitura, direta e indiretamente, em outros momentos históricos. Na década de 1930, por exemplo, como se viu no início do livro, os concursos de blocos eram promovidos pela Municipalidade e foram eles que levaram, gradativamente, ao modelo de confinamento espacial das manifestações. Mesmo no período mais recente, desfiles de blocos de rua eram promovidos com vultosos recursos públicos, além de cobrança de ingressos e privatização do espaço público. Foi o caso do evento Pholia na Faria, que teve auge na década de 1990.

A priorização política da *dimensão cultural* do carnaval de rua é outra premissa central. Baseia-se nela o status adquirido pela Secretaria Municipal de Cultura de coordenadora da política intersetorial do carnaval de rua, capitaneando o trabalho de outra dezena de secretarias.[35] Parte-se do pressuposto de que o alicerce de uma política pública está nos princípios, nas bases constitutivas e na definição clara da natureza do objeto regulado: um arcabouço que se localiza na esfera cultural. Dessa forma, era preciso trazer a conceituação clara de que o carnaval de rua deveria ser gerido, como política pública, obedecendo à sua dimensão cultural e artística, a guiar as demais ações setoriais e seu modelo econômico. Mais uma vez, trata-se de uma afirmação que não desliza na obviedade, pois, mais à frente, essa condição da Cultura como timoneira da política foi rejeitada pela própria Prefeitura de São Paulo. No ano de 2017, a política intersecretarial saiu da SMC e foi para a coordenação da Secretaria de Prefeituras Regionais (antiga Secretaria de Coordenação de Subprefeituras).

Com a cultura na centralidade da política pública do carnaval de rua, preserva-se o atendimento especializado às manifestações carnavalescas, que são eminentemente populares, compostas por blocos, escolas de samba e similares, e são espontâneas, livres e voluntárias. Além disso, conservam-se também o protagonismo e a integridade dessas manifestações, que não serão preteridas por circunstâncias de outra ordem da gestão urbana, como serviços, trânsito etc. É esta dinâmica urbana que deve ser compatibilizada com o imperativo de realização das expressões festivas no período do carnaval. Todas elas munidas do direito cultural de ocupar a cidade com seus festejos, cabendo ao poder público oferecer as condições básicas necessárias para que ocorram da melhor maneira possível. Trata-se, portanto, de uma premissa que conforma um modelo cultural de política pública ou, propriamente, uma política coerente com a dinâmica de ocorrência de seu objeto: a cultura.

No primeiro decreto que foi promulgado para a regulamentação do carnaval ficava nítida a priorização política da dimensão cultural. O Decreto nº 54.815, de 5 de fevereiro de 2014 ("Decreto do Carnaval de Rua"), formalizava os pilares que moldam o espírito regulador do carnaval. São essencialmente princípios culturais e

35 O número de pastas que fez parte da política intersetorial do carnaval foi sendo alterado a cada ano, com base na necessidade de incorporar outros serviços públicos. Esse processo incremental era consolidado nas atualizações do decreto regulamentador da política.

de direito à cidade, a guiarem as medidas administrativas, o sistema de governança e a lógica de financiamento e sustentabilidade do Carnaval, dispostos no decorrer do decreto. Princípios sem os quais não há carnaval propriamente dito, como manifestação identitária da sociedade paulistana, mas apenas eventos avulsos dispersos pela cidade.

O Decreto do Carnaval de Rua trazia em seus primeiros artigos:

> Art. 1º Considera-se Carnaval de Rua, para os fins deste decreto, o conjunto de manifestações voluntárias, não hierarquizadas, de cunho festivo e sem caráter competitivo, que ocorrem em diversos logradouros públicos da Cidade na forma de "blocos", "cordões", "bandas" e assemelhados, com a finalidade de mera fruição e, em especial, no período que antecede o feriado respectivo.
> Art. 2º As manifestações do Carnaval de Rua *devem percorrer seu itinerário tradicional, sem prejuízo dos períodos necessários à concentração e dispersão do seu desfile*, conforme programação previamente divulgada. (grifo nosso).

No dispositivo, fica nítido *o princípio do respeito à territorialidade das manifestações carnavalescas*. A conformação de uma base territorial carnavalesca é uma conformação afetiva, comunitária e de vínculos identitários. Os blocos possuem trajetos definidos pela forma como vivem e se identificam com a cidade. Percorrer tais trajetos significa não apenas reforçar o senso de pertencimento a essa identidade, mas também ressignificar, a cada carnaval, o sentido desses percursos urbanos. Assim, a territorialidade carnavalesca configura a vida cultural, individual e comunitária, dos foliões e foliãs, no exercício de sua cidadania cultural. O recorte territorial de cada bloco não é aleatório, mas compreende um significado simbólico por todos aqueles que compartilham dessa rede de significações tecida pelo tocar, brincar e praticar a alegria, a liberdade e a criatividade na cidade, nesse curto espaço de tempo anual.

Essa essência genética "aterrada" do carnaval é comum a todas as (diferentes) manifestações de rua e era invocada como princípio, naquele momento de implementação da política pública. É justamente essa essência a base do direito cultural a ser reivindicado pela população e necessariamente atendido pelo poder público.

O respeito ao itinerário tradicional dos blocos demandava necessariamente a limitação da intervenção estatal no programa cultural dos blocos. Isso é uma diretriz balizadora fundamental para a execução da política do carnaval de rua. Seguindo-a, como regra, os blocos têm seus trajetos territoriais respeitados. Os casos dos desfiles que podem causar danos e impactos significativos ou prejuízo ao planejamento urbano e aos serviços (a serem prestados no carnaval) devem ser tratados como exceções, casos especiais. Para eles, deve servir a negociação caso a caso, entre organizadores e poder público, especialmente no nível local, intermediado pelas subprefeituras, para a reorientação de roteiros e horários.

Outro fundamento importante é o da *democratização e a livre ocupação do espaço público*. Nesse sentido, o artigo 3º, do Decreto do Carnaval de Rua de 2014, estabelecia peremptoriamente que não poderiam ser utilizadas "cordas, correntes, grades e outros meios de segregação do espaço que inibam a livre circulação do público, permitindo-se o uso de vestuário distintivo que apenas identifique o respectivo grupo, sem que se constitua em elemento condicionante à participação".

O não cerceamento do espaço público era um imperativo para que a política pública tivesse êxito. A dinâmica cultural dos blocos e cordões se caracteriza como "carnaval-participação" justamente por ter no acesso pleno da população a sua essência. É o que o difere, em termos espaciais, do carnaval das escolas de samba. Não há como falar em direito à folia, compreendendo esse direito como ação e liberdade culturais, se houver um condicionante financeiro para o seu exercício, como há com a fruição no sambódromo – em que o carnaval é consumido como espetáculo. Ademais, como se demonstrou, o carnaval de rua se insere numa plataforma mais ampla de direito à cidade, de vivência plena de seus espaços e de ampliação da sociabilidade. Privatizar o espaço público – como já ocorreu, com anuência da Prefeitura, em diversos momentos da histórica carnavalesca paulistana – seria minar na origem a potência de democratização urbana que o carnaval carrega.

Nabil Bonduki (2018), arquiteto e urbanista que sucedeu Juca Ferreira na Secretaria Municipal de Cultura, em artigo de 2018, explica que a importância desse princípio foi basear o crescimento do carnaval de rua de São Paulo na ideia de cidadania cultural.

De fato, um dos princípios basilares da política é a realização de um carnaval público, gratuito, democrático, que não cerceie a participação livre das pessoas e que não restrinja o acesso ao espaço público. Durante o período do carnaval é preciso que a cidade esteja plenamente aberta às manifestações carnavalescas autônomas da população, e que estas não sejam vetores de cerceamento, mas de abertura do espaço público para o convívio. Por meio dos blocos e cordões, a apropriação da cidade deve ser pública e coletiva, nunca privada e exclusivista. Dessa forma, os eventos carnavalescos desse período devem caber nessa concepção, a menos que se tratem de eventos particulares, que ocorram em locais exclusivamente privados. O respeito a essa dinâmica é fundamental para que não exista apropriação particular de espaços que podem ser usufruídos por toda a população, em seu direito cultural de participar do carnaval.

Esse respeito aconteceria com a plena assimilação das premissas do carnaval público por todos os entes do Governo, pelos blocos, cidadãos e pelo setor empresarial privado. Iniciativas que firam essa regra deveriam ser evitadas e, quando houvesse algo potencialmente danoso a esse paradigma, seria preciso que o poder público interviesse para adaptar o evento à política pública. Nunca o contrário.

Também se assumiu como fundamento a *separação entre carnaval de rua e carnaval de sambódromo*. Essa foi uma opção política da Prefeitura. As escolas de samba se manteriam sob a tutela da SPTuris, com o viés mais turístico de gestão, e os blocos de rua passariam a ficar sob a alçada da Cultura. Essa diferenciação era fundamental, pois o modelo de política pública para o carnaval ainda era germinal, requeria musculatura institucional e adesão política, naqueles idos de 2013, ao passo que o carnaval-espetáculo das escolas já era o modelo consolidado como o principal da cidade. Havia recursos, estrutura, organização institucional, sustentação social e aparato midiático: tudo completamente estabelecido e em plenitude de operação. Como se essa justificativa administrativa não bastasse, a própria dinâmica de realização cultural dos dois "carnavais" se distinguia muito.

O carnaval das escolas se assentava numa tradição de décadas de organização comunitária, institucional e reconhecimento estatal, tendo seus núcleos operacionais dispersos pelas periferias da cidade, em atividade durante todo o ano.

O carnaval de rua, por sua vez, em seu sentido contemporâneo, ascendia como um fenômeno ligado à pauta do direito à cidade, basicamente de classe média, residente no centro expandido, com uma dinâmica de organização e realização mais fluida, informal, descapitalizada, mais tópica (no período do carnaval) e desinstitucionalizada.

Merece um breve destaque, aqui, o apontamento sobre o carnaval de rua se tratar de um fenômeno de classe média, e seu processo de retomada nas primeiras décadas do século XXI se protagonizado por ela. Este livro não aprofunda esse tema – que merece, sem dúvida, uma investigação detida de estudos posteriores –, mas alguns trabalhos vêm apontando esse dado sociológico de configuração da festa de rua, em diversas cidades: São Paulo (MACHINI; ROZA, 2018; LEON, 2019), Rio de Janeiro (FERNANDES, 2019; MACHADO, 2017) e Belo Horizonte (ANDRADE, 2019). Pode-se dizer que a conformação social do carnaval de rua do início do século XX se diferencia deste do início do século XXI. No antigo carnaval de rua, a maioria dos blocos e cordões vinha de regiões da cidade com população majoritariamente negra e mais pobre, apesar de existir, em menor número, festa de rua em localidades mais abastadas e brancas (SIMSON, 2007). O carnaval de rua dos anos 2000 concentrava sua festa em regiões de classe média, o que traz um recorte socioeconômico e, consequentemente racial, de público: majoritariamente branco e mais abastado. Ilustra bem esse fenômeno a maior concentração de blocos carnavalescos no centro expandido (especialmente na Zona Oeste) de São Paulo e na Zona Sul do Rio.

Mesmo do ponto de vista artístico, a distinção era evidente: um arranjo artístico colossal, com centenas de integrantes (de músicos a bailarinos), nas escolas; e uma disposição de pequeno (ou médio) porte, muitas das vezes de configuração amadora, voluntária ou, semi- profissional, ainda assim mais enxuta e "versátil" para o enfrentamento das ruas, nos cordões e blocos.

A política pública também se apoiava na *diretriz da desburocratização* da relação entre Prefeitura e expressões carnavalescas. Essa lógica de gestão seria imprescindível para o incentivo e o desenvolvimento do carnaval, por esta razão, figurou no centro da execução da política. O cadastro de blocos, a ser tratado adiante, foi um dos mecanismos responsáveis por isso. A retirada de entraves burocráticos desnecessários, a facilitação de procedimentos administrativos e, sobretudo, a instituição de um plano especial para taxas e encargos, mediante subsidiamento público, foram inovações essenciais para que cada vez mais blocos de carnaval surgissem e participassem da festa. O emblema principal, e também mais concreto, do processo de desburocratização foi o abandono do tratamento dos blocos como eventos temporários, regulados pelo decreto de alvarás da Prefeitura. Dispensando os festejos carnavalescos das exigências ali contidas, o salto de engajamento e mobilização de novos atores carnavalescos foi hiperbólico.

Diálogo e participação foi outro fundamento importante da política pública. Como partiu de uma reivindicação política do segmento carnavalesco, a ação governamental no carnaval de rua teve, desde o seu gérmen, a marca da construção colaborativa. A formulação dos eixos de atuação, das prioridades e das normas balizadores da atuação pública, constantes da regulamentação do carnaval, toda ela foi executada com a participação ativa dos blocos. Atrelada a esse processo, vinha a necessidade de dialogar também com moradores e comerciantes das regiões de blocos ou mesmo munícipes em geral, interessados nos desdobramentos da política para o desenvolvimento urbano. A mediação de conflitos e a redução de danos causados pelos inevitáveis impactos da grande festa se baseavam nessa premissa, igualmente assentada na ideia de cidadania cultural.

Por fim, um pilar importante foi a *governança intersetorial da política pública*, que propiciou a organização ativa dos serviços urbanos para o período carnavalesco. Uma política pública dessa complexidade deveria ser encarada como ação intersecretarial, coordenada pelas premissas culturais, com competências muito bem definidas para cada um dos órgãos cuja atuação interfere na dinâmica carnavalesca. Só é possível alcançar resultados positivos em todas as esferas de alcance do modelo proposto caso haja participação efetiva, com adesão programática real de cada uma das pastas, autarquias e empresas públicas envolvidas. Há um conjunto de ações a serem executadas, desde muito antes do período carnavalesco, normativas específicas a serem editadas, protocolos diferenciados de serviços, mobilização extra de efetivos e contratações especiais, turnos excepcionais de trabalhos de servidores, tipos diferentes de abordagens para os agentes da ponta, campanhas especiais de comunicação, entre muitas outras medidas. Tudo isso só funcionaria com atuação permanente, cadeia de comando claro e efetivo e um sistema coordenado e fluido de ação.

Com base nesse princípio, seria criada a Comissão Intersecretarial do Carnaval de Rua, unindo diferentes órgãos da municipalidade. Cada um desses órgãos passava a ter atribuições específicas e a obrigação institucional de se planejar para a operação carnavalesca. O objetivo era a ação coordenada para o cumprimento dos serviços públicos, o atendimento dos foliões e a redução de impactos urbanos. Todas as pastas e demais entes públicos deveriam, então, orientar-se pelas diretrizes culturais de um programa que respeitasse o protagonismo dos blocos, a liberdade e a espontaneidade dos foliões e a territorialidade das manifestações.

As secretarias e os órgãos envolvidos na política do carnaval deveriam desenvolver ações essenciais, como: organização do trânsito e fechamento de vias; protocolo especial para o atendimento de saúde nos dias do carnaval; campanha de comunicação e cidadania; processo de desburocratização; cadastramento de ambulantes; organização dos trajetos, em conjunto com os blocos; limpeza urbana depois dos desfiles; fiscalização; segurança pública; entre várias outras. Essas medidas passariam a compor um arcabouço administrativo, dentro de um arranjo jurídico-institucional mais amplo, que passa, agora, a ser estudado por este livro.

3.6 Arranjo jurídico-institucional para o carnaval de rua

Eduardo Marques (2013, p. 25) reputa como fundamental enquadrar a análise das políticas públicas como o estudo amplo das ações estatais, analisando "por que e como o Estado age", com base nas condições que o cercam. Sediada em Direito e Políticas Públicas (DPP), este livro compreende que a avaliação dessas condições de ação estatal deve ter no direito um filtro, uma perspectiva e uma abordagem. A política pública do carnaval de rua vista pelo direito, portanto, será tomada como um programa de ação a mover o Estado e um "arranjo jurídico-institucional" a formalizá-lo e operacionalizá-lo (BUCCI, 2013, p. 42).

A definição de política pública elaborada por Maria Paula Dallari Bucci contribui para localizar e orientar o livro sob a abordagem DPP:

> Política pública é o programa de ação governamental que resulta de um processo ou conjunto de processos juridicamente regulados – processo eleitoral, processo de planejamento, processo de governo, processo orçamentário, processo legislativo, processo administrativo, processo judicial – visando coordenar os meios à disposição do Estado e as atividades privadas, para a realização de objetivos socialmente relevantes e politicamente determinados.
> Como tipo ideal, a política pública deve visar a realização de objetivos definidos, expressando a seleção de prioridades, a reserva de meios necessários à sua consecução e o intervalo de tempo em que se espera o atingimento de resultados (BUCCI, 2006, p. 39).

Posto pela autora de outra, e complementar, forma, as políticas públicas são "arranjos institucionais complexos, expressos em estratégias ou programas de ação governamental que resultam de processos juridicamente regulados, visando adequar meios e fins" (BUCCI, 2008, p. 251). Trata-se propriamente de um quadro de ação governamental, a movimentar a máquina do governo para cumprir um objetivo de ordem pública, notadamente a concretização de um direito. No caso em tela, trata-se do direito cultural ao carnaval de rua, que inclui a sua dimensão de liberdade de expressão cultural.

É relevante ponderar que esse objeto, o carnaval, é considerado atípico ou, ao menos, inusitado em uma análise de política pública. Sua natureza difere dos objetos usualmente manejados como ação governamental, sediados no território mais tradicional dos direitos sociais (saúde, educação, moradia etc.). Como se demonstrou exaustivamente neste livro, o carnaval é uma manifestação cultural, uma forma de exercício da liberdade de expressão (individual e coletiva), uma plataforma de direito à cidade e uma festa. A maior festa brasileira. Se o direito protege o carnaval nessas suas feições, cada uma delas com peculiaridades muito próprias, a política pública, como estudo jurídico, deve levar em conta fundamentalmente essas peculiaridades.

Diogo Coutinho (2013) esclarece bem essa necessidade. Quando formula o quadro de identificação dos papéis do direito na política pública, ele faz uma ressalva oportuna sobre as peculiaridades:

> [...] cada política pública - social, econômica, regulatória, descentralizada ou não em termos federativos - deve ser compreendida em sua especificidade, de modo que sua estruturação e modelagem jurídicas sejam concebidas e estudadas em função de seus traços próprios, não como aplicação de modelos pretensamente universais. Dito de outra forma, são as peculiaridades - o setor a que se refere, sua configuração administrativa, institucional e política, os atores, grupos de interesse, sua história na administração pública, entre outras variáveis, - que permitem a discussão sobre o direito das políticas públicas, não uma teoria jurídica autocentrada e distanciada da realidade (COUTINHO, 2013, p. 199).

No quadro de especificidades da política pública do carnaval de rua, considerando setor de atuação, atores e circunstâncias políticas, há uma primeira observação importante. O nascedouro da política pública do carnaval de rua se deu com a reorganização das forças políticas, que passaram a ter seus atores e programas alinhados. Notadamente, alinhavaram-se: setor cultural, no caso, o segmento específico das manifestações carnavalescas de rua (blocos, cordões, bandas, afoxés, maracatus etc.); e o Estado, por intermédio da Prefeitura. No âmbito programático, a gestão propunha a ocupação cultural dos espaços públicos, ao passo que o segmento carnavalesco de rua requeria as condições para existir, o que significava realizar concretamente esta ocupação.

A comunhão se deu em torno da mesma visão programática sobre o desenvolvimento do carnaval da cidade, assentada no direito cultural, na liberdade de expressão e no direito à cidade. Essa reorganização foi fundamental para gerar as condições acerca da tomada de decisão política, sobre o curso de implementação da política pública e sobre os demais elementos que a caracterizariam.

A confluência fez convergirem duas agendas, tradicionalmente inseridas em um estágio do ciclo de políticas públicas. Estágio nomeado propriamente como "agenda" da política pública. Conforme Secchi (2012, p. 36), a agenda é um "conjunto de problemas ou temas entendidos como relevantes" e que vão gerar uma ação e organizar prioridades, a exemplo do que ocorre em um programa de governo. Citando Cobb e Elder (1983 *apud* SECCHI, 2012, p. 36), o autor explica que agenda política é este conjunto de problemas e temas trazido pela comunidade política como merecedor de intervenção pública. Já a agenda formal (ou institucional) é a eleição de temas e problemas que o poder público já optou por enfrentar.

No caso do carnaval de rua, houve a convergência das agendas política e institucional, o que otimizou a configuração do programa de ação e o estabelecimento de medidas imediatas e prioritárias, como, num exemplo concreto, a diretriz de não repressão aos blocos, endereçada aos agentes fiscalizadores das subprefeituras, ainda no carnaval de 2013.

Ainda que divergências tópicas se registrassem, houve a formação de uma agenda comum entre movimento político e governo municipal, o que desencadeou, ainda, uma terceira agenda: a agenda da mídia (SECCHI, 2012, p. 36). Antes voltados quase que exclusivamente à cobertura do sambódromo, os veículos de imprensa, com o anúncio da política pública pela Prefeitura, passaram a pautar detidamente o carnaval, concedendo-lhe um espaço que crescia exponencialmente[36] a cada ano.

A conformação de uma agenda político-institucional foi importante para a política do carnaval de rua por dois motivos. Primeiramente, porque a força social do segmento carnavalesco ensejou a criação e a conformação de instituições que passariam a maquinar as engrenagens necessárias para a consolidação do progra-

36 Evidência desse crescimento gradual do espaço do carnaval de rua na mídia foi a criação de áreas específicas de cobertura de carnaval de rua nos veículos, com setoristas e campanhas específicas. Isso ocorreu em grandes empresas, como Globo (especialmente rádio e TV), Veja e Folha de S. Paulo.

ma público proposto (a organização urbana e a coordenação dos serviços para o exercício do direito ao Carnaval). Em segundo lugar, porque a própria arquitetura institucional já existente no poder público municipal passaria a ser reformulada, assimilando novas normativas e procedimentos.

No primeiro grupo estão, por exemplo, mecanismos institucionais, como: a Comissão Intersecretarial do Carnaval de Rua, composta das pastas municipais, cada uma delegada de uma função institucional por decreto; e o Plano de Apoio ao Carnaval de Rua, que tinha vários dispositivos, dentre eles o que possibilitava o planejamento das ações, e o cadastro unificado dos blocos.[37]

Na segunda situação, houve a reformulação de mecanismos e instituições já existentes por meio do Decreto do Carnaval de Rua. O instrumento alterava as normas e os procedimentos (até então) padrão dos órgãos, para a conformação de uma nova engenharia institucional capaz de atender aos propósitos da política. Isso se deu com o requerimento de protocolos específicos de atendimento de hospitais e ambulâncias; regras para fechamento de ruas; normas para cobrança de operações de trânsito; operações especiais de limpeza etc. Cada uma dessas medidas se conformou em sua respectiva pasta executiva: Secretaria Municipal de Saúde; Secretaria de Coordenação de Subprefeituras; Companhia de Engenharia de Trânsito (CET); Secretaria Municipal de Serviços, entre outras.

A regulação jurídica do processo carnavalesco era responsiva. O decreto se aperfeiçoava periodicamente conforme as necessidades práticas de implementação, a observação empírica das medidas na dinâmica carnavalesca e as informações concretas, trazidas pelos blocos, sobre viabilidade de elementos da política. O direito, assim, respondia à prática do carnaval. Moldava formalmente a "tecnologia jurídico-governamental" (BUCCI, 2013, p. 33), a partir da constatação de eficácia e ineficácia das medidas, conforme o processo se desenrolava.

Isso corrobora, de certa maneira, a crítica à disposição mais estanque das fases no ciclo de políticas de políticas públicas, modelo mais consolidado por Easton (1953),[38] como aponta Marques (2013, p. 27). Conforme as críticas de Cohen,

37 Comissão Intersecretarial e Plano de Apoio ao Carnaval de Rua foram instituídos pelo Decreto nº 54.815/2014, primeiro instrumento disciplinador da política pública. A Comissão se manteve nos demais decretos reguladores.

38 Conforme Secchi (2012): identificação do problema, formação da agenda, formulação de alternativas, tomada de decisão, implementação, avaliação, extinção.

March e Olsen (1972) e Wildavsky (1979), tais fases se alternam, diluem suas fronteiras e modificam marcos de início e fim (SECCHI, 2012, p. 34). A política pública do carnaval trazia esse atributo da alternância e imbricamento de fases, especialmente na formulação de alternativas, implementação e avaliação.

Nesse mesmo sentido, a política carnavalesca trazia também outra característica importante no desenho jurídico-institucional: o aspecto incremental. A partir da tomada de decisão, delinearam-se ações planejadas, que se aperfeiçoavam com a execução a cada ano. Eram medidas cuja necessidade se mostrava com a realidade das operações, especialmente pela convergência e compatibilização de vários serviços públicos. Nesse âmbito, deu-se, por exemplo, o aprimoramento da distribuição de banheiros químicos nas ruas de desfiles, valendo-se do "cruzamento" de blocos; a incorporação de funções específicas de órgãos, até então pouco acionados, como os fiscais de subprefeituras responsáveis pelo monitoramento de exibição publicitária indevida; o incremento dos mecanismos de parceria com a iniciativa privada, por meio de sucessivos editais de patrocínio etc. Outro exemplo, de caráter central e mais institucional, reside na própria coordenação da política. No ano de 2014, o comando da Comissão Intersecretarial do Carnaval de Rua foi designado formalmente à SPTuris. Mas isso nunca se deu na prática, pois a tarefa coube desde o início, conforme as primeiras portarias, à Secretaria Municipal de Cultura, que liderou a formulação e a interlocução social da política. Manter a SPTuris na coordenação, no primeiro decreto, era uma contaminação indevida do processo das escolas de samba, coordenado há décadas pelo Turismo. O lapso político foi corrigido na atualização[39] do decreto, em janeiro de 2015.

A dimensão incremental é destacada por Eduardo Marques como importante no percurso histórico das políticas públicas no século XXI. Ele cita Charles Lindblom, para quem meios e fins seriam escolhidos de forma simultânea e haveria um processo incremental, de decisões subsequentes às iniciais, a aperfeiçoar as políticas. O "incrementalismo" reforçaria o caráter político das políticas públicas, ao envolver as negociações entre os atores (ou decisores) (MARQUES, 2013, p. 21).

Essa característica, ressalte-se, foi fundamental para uma política construída colaborativamente com os blocos e foliões e com base nas críticas dos atores contrários ao carnaval (conselhos de segurança, moradores, comerciantes, associações de bairro etc).

39 Decreto nº 55.878, de 29 de janeiro de 2015.

A assimilação de novos elementos, não previstos na formulação inicial e na tomada de decisão, foi se mostrando indispensável. Tal absorção é resultado dessa dimensão incremental da política pública.

3.6.1 Elementos constitutivos da política pública

Com base nesses aspectos teóricos, é relevante reforçar alguns elementos básicos de conformação da política pública, de modo a vislumbrá-los na ação governamental[40] do carnaval. Do conceito de política pública, nos termos de Bucci (2006) apresentados anteriormente, extraem-se alguns atributos constitutivos: objetivos determinados, prioridades elencadas, meios e recursos de consecução e período de atingimento de resultados. Esses elementos são distribuídos em três grupos pela autora (BUCCI, 2006, p. 40-46), por meio dos quais é possível vislumbrar estruturalmente a política.

O primeiro elemento é o programa. Ele está ligado à dimensão material da política pública e se define propriamente como o seu conteúdo. Focado na "unidade de ação administrativa" (BUCCI, 2006, p. 44), a dimensão programática deve incorporar objetivos concretos, resultados pretendidos e tempo para sua efetivação. O programa é conformado em uma "modelagem jurídica" (BUCCI, 2006, p. 43) composta, evidentemente, dos instrumentos de formalização legal (lei, normas constitucionais e infralegais), mas também de dados extrajurídicos. Assim, "trata-se de um esforço de pactuação de uma linguagem para uso tanto na esfera do direito como da administração pública e da política" (BUCCI, 2006, p. 48).

O programa da ação governamental do carnaval de rua é composto do objetivo precípuo de gerar condições para o exercício do direito fundamental à cultura, do direito cultural ao carnaval, da liberdade de expressão cultural por intermédio da festa e, de forma mais ampla, do direito à cidade por meio dos processos culturais. Pretende que blocos, cordões, bandas e demais manifestações carnavalescas sejam valorizados e estimulados, e isso significa prover serviços estruturais para os seus festejos além de atuar omissivamente para não reprimi-los. O resultado esperado seria o próprio crescimento do carnaval de rua, já nos primeiros anos de implementação da política pública, alterando a dinâmica urbana para que residentes e foliões de outras localidades passassem a pular o carnaval em São Paulo. No

40 Neste livro, alinhando-se a Ruiz e Bucci (2019), os termos "política pública" e "ação governamental" são tratados como sinônimos.

limite, o programa da política almeja a construção de outra relação da cidade com sua cultura e com o seu carnaval.

O segundo elemento constitutivo é a "ação-coordenação". É o processo de coordenação das ações estatais visando ao atingimento dos objetivos pretendidos. Ele extrapola o escopo jurídico da ação governamental. Vai além de dar-lhe validade (conformidade do conteúdo à sua base jurídica) e efetividade jurídica (o cumprimento de suas normas estruturadoras). A ação-coordenação busca a eficácia social da política, de modo a constatar o alcance dos resultados no seio social, no setor que irá se beneficiar da atuação estatal e na sociedade como um todo. As medidas administrativas concretas a serem tomadas estão nessa dimensão, tais como convênios, consórcios, instrumentos de financiamento, dispositivos de debate e legitimação das normas etc. Ressalte-se este último ponto, pois a ação-coordenação deve conduzir não apenas os entes públicos (em diferentes escopos e até instâncias) em seus instrumentos de gestão, mas também os mecanismos de interlocução com a sociedade civil organizada em interlocução (BUCCI, 2006, p. 44).

No que concerne ao carnaval de rua, a ação-coordenação é evidenciada nos resultados mensuráveis e materialmente visíveis. A evolução social do carnaval – o crescimento de blocos (de cerca de 50 para mais de 600) e de público (de poucas centenas a 15 milhões de pessoas em meia década) – é uma realidade, que demonstra a eficácia do processo estatal de confecção de instrumentos para a viabilização carnavalesca.

O terceiro elemento, enfim, é a "participação". Trata-se da construção da política pública de cultura pelo sequenciamento de atos tendentes a um fim, abrangendo a dimensão participativa e o elemento do contraditório. A participação finca a política pública no terreno de ampliação do interesse público, que abraça a "pluralidade de interesses que o direito passa a disciplinar" (BUCCI, 2006, p. 45). Além disso, como procedimento temporal, é o elemento que incorpora o período para a obtenção dos resultados da política, mas também, ou sobretudo, o tempo correto de formulação de agenda, proposição de medidas, tomada de decisões. Em interpretação mais livre desse conceito de Bucci, pode-se dizer que é a dimensão que oferece o *timing* da política pública.

No carnaval de rua, é relevante notar que a incorporação da participação dos grupos de interesse se alinha a um senso de oportunidade. Foi uma janela temporal favorável à absorção das demandas sociais (reivindicações dos blocos de carnaval) quase que simultaneamente à composição de uma agenda institucional (de cultura e cidade) em início de formação, gerando um *timing* político privilegiado de decisão e implementação.

Considerando esses componentes estruturantes, a organização jurídico-institucional se mostrou fundamental no início de processo de constituição da política. Já havia sido assimilada a demanda social. O diagnóstico e o prognóstico eram comungados entre setor cultural e Prefeitura. E essa agenda político-institucional comum já trazia encomendas.

A primeira estava no plano discursivo e, pode-se dizer assim, "operacional negativo". Era, por um lado, a afirmação pública pelas autoridades (prefeito, secretário de cultura) de que São Paulo passaria a reconhecer e valorizar seu carnaval de rua. Por outro, simultaneamente, era a ordem política, emanada do gabinete do Prefeito, para que cessassem as obstruções (administrativas) e repressões (fiscais e policiais), no que fosse possível ainda naquele carnaval de 2013. A ordem geral para a ponta era a de que o carnaval passaria a ser "descriminalizado" desde já.

A segunda medida imediata seria iniciar, e anunciar, a organização jurídico-institucional da política pública. Assim, foi criado, pelo prefeito, um Grupo de Trabalho (GT) com a "incumbência de estabelecer a política cultural para o Carnaval de Rua na cidade de São Paulo em 2014" (art. 1º). A Portaria 98, de 15 de março de 2013 (SÃO PAULO, 2013a), instituiu o GT, e a Portaria 161, de 20 de maio de 2013 (SÃO PAULO, 2013b), trouxe a designação de seus componentes. Integravam este grupo os seguintes órgãos municipais: Secretaria de Governo, Secretaria de Coordenação das Subprefeituras, Secretaria de Direitos Humanos e Cidadania, Guarda Civil Metropolitana, São Paulo Turismo S/A, São Paulo Transporte S/A, Companhia de Engenharia de Tráfego (CET), além da Secretaria Municipal de Cultura, a quem coube a coordenação[41] dos trabalhos.

O trabalho do GT incluiu reuniões governamentais, debates com a sociedade civil, estudos e levantamentos técnicos. No Grupo também se constatou a necessidade de mais dados estratégicos dos modelos de organização do carnaval em diversas cidades do Brasil e do exterior, além da troca de experiências entre as cidades carnavalescas. Para tanto, a SMC organizou dois grandes seminários sobre o carnaval de rua: em dezembro de 2013 e setembro de 2014.

---

41 Pela Cultura, foram nomeados o titular da pasta, Juca Ferreira, e o coordenador da Assessoria Técnica à época, que é autor deste livro.

O primeiro seminário, aberto pelo prefeito Fernando Haddad, contou com a participação massiva dos blocos, cordões e das manifestações do carnaval. Foi fundamental para levantar subsídios técnicos, ouvindo pesquisadores, empresários do setor e gestores de diversas cidades brasileiras que lidam centralmente com carnaval de rua. Foi imprescindível, portanto, para a gestão do primeiro Decreto do Carnaval, de fevereiro de 2014. O segundo seminário, já com a política pública nas ruas, serviu para a atualização[42] da regulação, ocorrida em janeiro de 2015. Ambos os encontros constituíram uma arena essencial de legitimação da política em curso, mediante a validação das premissas e diretrizes construídas nos debates.

O estudo técnico das demandas do carnaval de rua, o debate interno na Prefeitura, por meio do GT e, posteriormente, da Comissão Intersecretarial, e o diálogo com blocos e sociedade, foram sedimentando e conformando a arquitetura jurídico-institucional da política pública do carnaval de rua paulistano. Pode-se dizer que essa arquitetura se estruturou formalmente com base nas seguintes características e diretrizes da política pública:

a. trata-se de uma ação de natureza cultural, que demandou uma política cultural especializada, a relacionar essa importante manifestação popular com as demais dinâmicas urbanas e, horizontalmente, com os serviços de outras áreas sociais;
b. baseia-se na necessidade de preparação da cidade para o período de excepcionalidade do carnaval;
c. objetiva a execução de ações efetivas que garantam: bom fluxo dos transportes, atendimento médico, conscientização sobre direitos e deveres da população no período, medidas de segurança pública adequadas, limpeza urbana suficiente etc.;
d. pretende realizar mensuração do investimento público e a capacidade de captação privada e de parcerias institucionais para a satisfação de todas as necessidades;
e. busca a interlocução qualificada com todos os órgãos públicos envolvidos na observância de direitos, especialmente com o Judiciário, por intermédio do Ministério Público;
f. tem como ponto forte a obrigatoriedade da participação dos organizadores dos blocos e da população em geral na construção da política e na tomada de decisões estratégicas;

42 Por meio do Decreto 55.878, de 29 de janeiro de 2015 (SÃO PAULO, 2015a).

g. apresenta visão de longo prazo, que intenta alcançar o crescimento racional do carnaval de rua, observando-se a sua sustentabilidade financeira, capacidade de recebimento de foliões, especialmente turistas, limites e condições territoriais, respeito ao patrimônio público e conservação da natureza cultural das manifestações;
h. pretende promover a consolidação de um carnaval de rua público, gratuito, democrático, livre, seguro e aberto a todos os que quiserem participar, como um direito dos cidadãos.

A formalização dessa arquitetura se deu pela sucessão de decretos, somados a outras normas municipais, alteradas ou elaboradas com base nesses documentos. Porém, o decreto, como se disse, não apenas propunha a ação pública. Evidentemente, essa era uma de suas funções. O decreto, sobretudo, respondia às demandas operacionais da política, no caminhar de suas fases, e às circunstâncias do contexto político, que recebia nuances à medida que o carnaval de rua crescia e a política pública avançava.

3.6.2 A dimensão jurídica da ação governamental no carnaval de rua

Seguindo o raciocínio teórico adotado por este livro, retoma-se a política pública como programa de ação governamental, resultante de processos juridicamente regulados, almejando objetivos que sejam socialmente relevantes e politicamente definidos (BUCCI, 2006). Nessa acepção, uma política pública vai se arvorar de elementos suficientemente capazes de lhe conferir efetividade em seus objetivos. Para alcançá-los é preciso otimizar o componente jurídico, quando dele emanam os instrumentos (normas, processos, procedimentos, regras) de materialização da política.

Mas é necessário, também, entender esse componente jurídico em meio a um arranjo complexo, multifacetado e multidisciplinar (MARQUES, 2013), que lhe impõe os atributos da permeabilidade, da contemporização política e da versatilidade propositiva. Vale destacar que

> [...] o Direito, nesse sentido, se revela como um elemento crucial para a análise de políticas públicas, na medida em que cria arenas, atribui competências, regulamenta o funcionamento do espaço decisório, regula as condutas dos agentes e os processos de tomada de decisão – determinando a *forma* da estrutura institucional no interior da qual são tomadas as decisões acerca de uma política pública – sem determinar, no entanto, o *conteúdo* das decisões (o que pertence ao campo da política) (BUCCI; RUIZ, 2019, p. 1150, grifos das autoras).

Qualificar a presença do direito na política pública significa, portanto, compreendê-lo como material que edifica a arquitetura jurídico-institucional dessa política. Essa compreensão é possível quando se visualiza a política pública, no caso empírico, a do carnaval paulistano, sediada nos três planos de aproximação entre política e direito, como propõe Maria Paula Dallari Bucci (2013): macro, micro e mesoinstitucional.

O plano "macroinstitucional" compreende a esfera do governo e analisa as tensões entre a política (*politics*) e as políticas públicas (*policies*). O governo é visto no interior do corpo estatal, movimentando-o para o cumprimento de um programa. Esse programa considera necessariamente a circunstância política que o ditou, o contexto, os atores e os conflitos. Assim como abrange a relação dessa ordem política com as instituições, cuja dinâmica também pode criar "incentivos favoráveis aos comportamentos desejados" (ARRETCHE, 2007, p. 148). Nesse plano se torna muito relevante a constatação de que as políticas públicas contemporâneas cada vez mais incorporam o componente da política como primordial na sua configuração (BUCCI, 2013; COUTINHO, 2013; MARQUES, 2013).

Ao sediar a política pública do carnaval de rua nesse plano de aproximação, pode-se observar que a sua energia germinal de fundação adveio justamente da interface política e programática entre política (*politics*) e política pública (*policy*). O tensionamento promovido pela agenda política foi assimilado pela agenda institucional, em virtude da confluência programática. Essa conjunção reverberou nas instituições, que foram efetivamente movimentadas, sobretudo pela modelagem jurídica (decreto, portarias de atribuições e procedimentos, interpretações e aplicações diferenciadas de normas etc.), de modo a propulsionar o Estado rumo ao cumprimento das condições para o carnaval. Na prática, quando os blocos se articularam, mobilizaram e apresentaram seu pleito (descriminalizar, valorizar e apoiar o carnaval), essa reivindicação política verdadeiramente "ativou" (ou "catalisou") um programa de cultura e cidade que estava na iminência de ser realizado. Nesse plano de aproximação entre direito e política, a *politics* do carnaval de rua foi o gatilho que disparou a *policy* governamental.

O plano "microinstitucional" traz a relação entre direito e política à ação governamental propriamente dita. Por esse prisma, analisa-se a lógica jurídico processual na organização interna da atividade administrativa. É nessa esfera que se articulam os meios, processos e procedimentos, resultando em ações concretas do Estado para a consecução de objetivos determinados. Nesse plano está a unidade atomizada da política, em torno da qual os agentes públicos se moverão para a consecução do programa de ação governamental.

No carnaval de rua é possível enxergar esse plano microinstitucional na "organização interna da atividade administrativa" (BUCCI, 2013, p. 40). A operação dos serviços que geram as condições estruturais de realização do carnaval se dá de forma nuclear, com procedimentos e normativas próprios em cada ente estatal. No entanto, todos esses núcleos administrativos estão concatenados em corpo programático mais amplo, disciplinado legalmente (pelo arranjo jurídico-institucional) e coordenado politicamente (pela institucionalidade da cultura). Assim, em termos administrativos, cada órgão executa seus serviços separadamente (ambulâncias, banheiros, limpeza, comunicação de bairro, gerência de trânsito, campanha de direitos etc.), mas se unem sob o guarda-chuva cultural mais amplo de apoio ao carnaval.

Por fim, o plano "mesoinstitucional" localiza os arranjos institucionais. Nestes, ocorre a preponderância das normas e instituições como elementos jurídicos estruturantes das políticas públicas. É o plano em que fica nítida a coordenação do aparato público, por meio de processos regulatórios, administrativos e financeiros. A política pública, encarada como "arranjo jurídico-institucional" (BUCCI, 2013, p. 41) fica evidente nesse plano. Nele, o direito contribuiu efetivamente com o processo de institucionalização, por meio da organização, da objetivação e da despersonalização da ação governamental, conforme destaca Santi Romano (2008).

Por essa acepção, institucionalizar significa "estruturar e organizar, de maneira despersonalizada, pelo Poder Público, não apenas os seus próprios órgãos e serviços, mas também a atividade privada, quando conexa com programas de ação governamental" (BUCCI, 2013, p. 23). Um dos elementos da institucionalização seria, portanto, a estruturação e organização dos órgãos, serviços e atividades privadas (estas, se conexas ao programa governamental). A qualificação desse imperativo é a ação despersonalizada, partindo não de um ator principal ou propositor da política. Algo que alinha à ideia de objetivação, trazida por Santi Romano (2008), como transferência da ação, de uma instância pessoal, para uma estrutura organizada, capaz de lhe conferir estabilidade.

Vale consignar que o arranjo jurídico-institucional do carnaval de rua paulistano tem sido considerado inovador, porque permite que o governo atue como uma "plataforma", nos termos de O'Reilly (2010). Atuar como plataforma seria proporcionar condições (insumos, substrato, apoio) para que a sociedade possa atuar mais livremente em suas ações próprias, o que deve gerar inevitavelmente processos de inovação. Os pesquisadores em inovação estatal Manuel Bonduki, Guilherme Almeida de Almeida e Pollyana Lima (2020) ressaltaram justamente esse caráter específico na política pública carnavalesca de São Paulo. Segundo eles, a ação pública paulistana se caracteriza pela atuação do Estado menos pautada pela imposição e mais pela governança, algo que é extremamente relevante para envolver ativamente os atores privados na construção da política. Para o carnaval, em que os blocos são os protagonistas da ação cultural, e geradores do programa artístico, isso se torna um atributo fundamental. Segundo os referidos autores,

> [...] o que a prefeitura fez foi estabelecer as regras gerais de governança da festa e garantir que os serviços públicos necessários estivessem presentes. A partir desta plataforma regulatória e de serviços expressamente aberta, quem quiser entra na festa. O resultado, além do crescimento, é a multiplicidade incrível de iniciativas, estilos e folias – de Tom Zé à Michel Teló, passando por um bloco que mistura música clássica com funk. Ou seja: inovação (BONDUKI; ALMEIDA; LIMA, 2020).

De fato, o arranjo jurídico-institucional do carnaval de rua proporcionou que a festa ocorresse "como ela é". O que fez a Prefeitura, por intermédio deste arranjo, foi utilizar o direito para incutir nas instituições responsáveis as diretrizes (políticas e culturais) que deveriam nortear a implementação, de maneira que o objeto da política pública (o carnaval de rua) pudesse ser realizado na sua integralidade. Assim:

> Foi criada uma arquitetura jurídico-institucional complexa, com desenho especialmente pensado para o período de excepcionalidade do Carnaval. O arranjo estabeleceu instrumentos regulatórios; distribuição de competências entre as pastas; coordenação dos agentes; otimização dos serviços públicos; metodologia de organização territorial; e regras para a exploração comercial da festa (FERREIRA; VARELLA, 2020).

Por outro caminho de análise jurídica, igualmente relevante, torna-se fundamental analisar a política pública identificando os diferentes papéis que o direito teve em sua estruturação política, jurídica e institucional. O modelo proposto por Diogo Coutinho (2013, p. 189-198) contribui sobremaneira para a tarefa, com base no qual é possível "plotar" as dimensões do direito para as políticas públicas na ação governamental específica do carnaval de rua. Coutinho propõe enxergar o direito com quatro papéis relacionados às políticas públicas, a saber: objetivo, arranjo institucional, ferramenta e vocalizador de demandas.

O direito como objetivo mira os "pontos de chegada" da política pública, suas metas programáticas e seu foco político. Nesse papel, o direito atua como "uma bússola cujo norte são os objetivos dados politicamente, de acordo com os limites de uma ordem jurídica" (COUTINHO, 2013, p. 194). Ao formalizar os fins da política, o direito a oficializa, conferindo-lhe condições de vinculatividade. No âmbito da política pública do carnaval de rua, esse papel se evidencia no direito cultural constitucionalmente resguardado e na liberdade artística como direito fundamental, ambos perseguidos pelo Estado como garantia para a realização do carnaval. A ação governamental se volta à finalidade, juridicamente cristalizada, de gerar condições para uma festa livre, pública e democrática. Assim, ela se imbui de sua dimensão substantiva: a movimentação do Estado para a concretização do direito ao carnaval.

O papel do direito como arranjo institucional é estruturante. É a função de alicerçar em normas as políticas públicas, conforme as competências e responsabilidades dos atores federativos, regulação de procedimentos e sistemas de orquestração e coordenação. É a frequência efetivamente institucional da política pública sendo sustentada pelo arcabouço jurídico. Essa dimensão é vista no Decreto do Carnaval de Rua, que positivou premissas, normas básicas, competências, procedimentos e objetivos, e deu força legal à ação coordenada do Estado, em âmbito municipal – ainda que falte uma lei que a consolide e lhe propicie maior estabilidade.

Para o terceiro papel, Coutinho usa a expressão "direito como caixa de ferramentas". Expressão oportuna, pois apresenta o direito como arsenal, um conjunto de instrumentos de que se saca aquele que melhor servirá operacionalmente à política pública. Presente na dimensão instrumental, o direito oferta diversos veículos e ferramentas, em conformidade com os objetivos desejados, dentro de uma modelagem jurídica que incorpora até mesmo mecanismos de flexibilidade e revisibilidade das ações públicas. A opção por determinados instrumentos de direito administrativo, em detrimento de outros, procedimentos de indução, os tipos de normas utilizadas, as sanções e os mecanismos formais de estímulo, tudo isso e vários outros itens compõem essa caixa de ferramentas jurídicas utilizada na execução cotidiana da política pública. Na do carnaval de rua, vários são os exemplos: a opção por um decreto que distribuiu tarefas concretas às diferentes pastas, vinculando-as à prestação de serviços no carnaval; o dispositivo normativo (presente no mesmo decreto) que prevê a subvenção pública da taxa de operação de trânsito; o Plano de Apoio ao Carnaval de Rua, com o estímulo operacional (com banheiros, ambulâncias, bloqueio de ruas, apoio do policiamento) aos blocos de carnaval que colaborarem com o planejamento das ações, mediante cadastro unificado; a mudança dos turnos do serviço de limpeza durante o período carnavalesco, para que as vias sejam limpas antes e depois dos blocos; a delegação de responsabilidade de limpeza e segurança própria para os blocos que tiverem vultosos patrocínios individualizados; entre outros. O aspecto incremental da política também reside nessa esfera e se mostra mais evidente pela experimentação concreta da política pública, no decorrer da compatibilização dos serviços urbanos.

Por fim, há o direito no papel de vocalizador de demandas. Investido deste papel o componente jurídico se liga visceralmente aos atributos democráticos da política pública, ao estabelecer mecanismos de participação, decisão conjunta, controle, mobilização e consulta da população. É o aspecto legitimador do direito, quando ele permite consagrar na modelagem da política pública os pleitos, interesses e mesmo os conflitos que integram a arena de interesses de uma política pública. Nas palavras de Coutinho (2013, p. 198), "o direito seria comparável a uma espécie de correia de transmissão pela qual agendas, ideias e propostas gestadas na esfera pública circulam e disputam espaço nos círculos tecnocráticos".

É interessante notar que esse talvez seja o primeiro papel assumido pelo direito na política pública de São Paulo. Quando o movimento social do carnaval de rua se organizou, mobilizou suas forças e trouxe sua demanda à Prefeitura, a decisão política de atendê-la se revestiu de um aspecto jurídico importante. A primeira ação na narrativa política era uma tarefa jurídica imediata: a de deixar de interpretar restritivamente algumas normas municipais que impediam a saída dos blocos, dentro de um espaço de discricionariedade do gestor público. Com base nisso, na ponta, a Prefeitura passava a ter uma ação omissiva, de deixar de reprimir, e isso iniciava o processo de liberação dos blocos na cidade, começando por 2013. Ademais, a política do carnaval de rua tem a marca de ser elaborada e implementada de forma participativa, com reuniões regulares dos blocos com o Comitê Intersecretarial, audiências públicas sobre os textos legais e seminários de coleta de subsídios e validação pública das ações.

Vale ressaltar que esta última dimensão, participativa, deu-se, sobretudo, pela junção da ação pública em si e o respeito ao protagonismo dos blocos e foliões, os efetivos responsáveis pelo carnaval. Eles participaram ativamente de todos os processos decisórios e incrementais da política pública, sobretudo no período inicial de implementação, de 2013 a 2016. Especialmente devido a essa mobilização, houve estímulo constante ao surgimento de novos ingressantes na folia. Isso ficou nítido no aumento significativo do número de blocos e de foliões que passaram a vir para a capital, ou a não sair dela.

Considerando todos esses aspectos, planos e papéis do direito, pode-se afirmar que o carnaval de rua recebeu do Estado um tratamento de política pública, sob a perspectiva jurídico-institucional. Essa constatação leva em conta os elementos jurídicos dentro de um contexto político e não isoladamente, como a análise até aqui demonstrou. Todavia, como exercício teórico, ainda que breve, é possível atestar a natureza de política pública da ação carnavalesca avaliando-a como um tipo ideal de política pública. Bucci (2015) propõe um Quadro de Referência de uma Política Pública para empreender a tarefa considerando o "caráter sistemático, que articula os elementos mais importantes da política pública". O Quadro 4, a seguir, traz os elementos organizados de acordo com a proposta de Bucci (2015), aplicados à política pública do carnaval de rua.

Quadro 4 – Quadro de Referência para uma Política Pública: Carnaval de Rua

Item	Elemento	Descrição
1	Nome oficial do programa de ação	Política pública do carnaval de rua da cidade de São Paulo
2	Gestão governamental	Gestão Fernando Haddad (PT), 2013-2016
3	Base normativa	Decreto Municipal do Carnaval de Rua: Decreto nº 54.815, de 5 de fevereiro de 2014. (O Decreto nº 54.815/2014 foi atualizado pelo Decreto n.º 55.878, de 29 de janeiro de 2015. Depois, foi revogado pelo Decreto nº 56.690, de 7 de dezembro de 2015. Este foi revogado pelo Decreto nº 57.916, de 5 de outubro de 2017. A nova revogação se deu com o Decreto nº 58.857, de 17 de julho de 2019, que passou a ser o Decreto do Carnaval de Rua vigente, atualizado pelos Decretos nº 59.019, de 21 de outubro de 2019, e nº 59.096, de 22 de novembro de 2019.) O regulamento dialoga internamente com outras normas, como a Lei Limpa (Lei nº 14.223/2006), as normas de trânsito (Lei Cidade nº 14.072/2005 e Decreto nº 51.953/2010), e o decreto de alvará de eventos temporários (Decreto nº 49.969/2008). As normas constitucionais que amparam a política cultural são, principalmente, os artigos 215 e 216 e artigo 5º, IX.
4	Desenho jurídico-institucional	Política pública de cultura voltada a apoiar o carnaval de rua da cidade (caracterizado como público, gratuito, livre e democrático), coordenada pela Secretaria Municipal de Cultura, que lidera uma Comissão Intersecretarial com mais 9 pastas, cuja função é prestar os serviços estruturais da festa, dentro de regras, procedimentos e atribuições estipuladas por decreto regulamentador.
5	Agentes governamentais	Coordenadas pela Secretaria Municipal de Cultura, estão as secretarias de Turismo, Subprefeituras, Saúde, Segurança Urbana, Transportes, Comunicação, Direitos Humanos e Cidadania, Licenciamento e Desenvolvimento Urbano.[43]
6	Agentes não governamentais	Blocos, cordões, bandas, afoxés e demais manifestações do carnaval de rua, como clientes principais da política; moradores, comerciantes e demais grupos organizados da sociedade que sofrem os impactos urbanos da festa, como potenciais antagonistas.

43 Na edição mais atualizada do Decreto do Carnaval de Rua. A Comissão Intersecretarial já chegou a ter 13 secretarias e órgãos, como no Decreto nº 55.878/2015. A alteração no número de agentes governamentais se dá por inclusão ou retirada de atribuições, no processo incremental da política, mas também pela circunstância de pastas serem criadas, extintas ou fundidas.

7	Mecanismos jurídicos de articulação	Comissão Intersecretarial, responsável pelo planejamento operacional do carnaval de rua; Cadastro unificado de blocos, cujas informações são transmitidas a todos os órgãos componentes da Comissão, para o seu planejamento.
8	Escala e público-alvo	Alcance de centenas de blocos e milhões de foliões durante o carnaval.[44] Em 2020, o carnaval de rua paulistano atingiu mais de 600 blocos e 15 milhões de foliões nas ruas.
9	Dimensão econômico-financeira do programa	Política orçada em cerca de 15 a 20 milhões de reais.[45] Recursos diretos da Prefeitura em financiamento da infraestrutura; recursos indiretos da Prefeitura, por meio do não recolhimento de taxas e absorção de custos de serviços; recursos da iniciativa privada, via patrocínio.
10	Estratégia de implementação	Afirmação cultural do carnaval de rua; mobilização de blocos carnavalescos; narrativa pública para adesão da sociedade; convencimento interno da Prefeitura; envolvimento da iniciativa privada; negociação com setores antagonistas; planejamento e prestação dos serviços; mitigação dos impactos urbanos negativos.
11	Funcionamento efetivo do programa	Êxito na afirmação cultural do carnaval, mobilização do segmento cultural, adesão da sociedade, engajamento da Prefeitura e envolvimento da iniciativa privada. Problemas e lacunas na prestação total dos serviços, na mitigação suficiente dos impactos negativos da festa e na exploração publicitária do carnaval.
12	Aspectos críticos do desenho jurídico-institucional	Deixou de enfrentar questões relevantes, como a manutenção da subvenção financeira a uma pequena parte de blocos. Possibilitou a reburocratização e a ampliação de restrição aos blocos, no estágio mais recente da política. Não foi suficiente para disciplinar plenamente a relação com a iniciativa privada.

Fonte: Bucci (2015), adaptada pelo autor.

44 O parâmetro pode ser a cidade do Rio de Janeiro, que tem a metade da população de São Paulo e um carnaval de rua forte desde a década de 2000. No ano de 2013, quando se iniciou a política paulistana, o carnaval carioca contava com cerca de 500 blocos e uma estimativa de 6 milhões de pessoas. Não foi definida exatamente a escala no início de implementação da política da capital paulista, mas esses números, considerando o comparativo populacional com o Rio, podem servir como orientação do que poderia ser atingido (BLOCOS..., 2021).

45 Considerando os anos de 2017 em diante.

3.7 As fases da política pública do carnaval de rua

Não se sabe ao certo quantos blocos e cordões desfilavam em São Paulo antes de 2013. A Prefeitura não coletava as informações detalhadamente acerca da folia de rua. As informações trazidas por seu site oficial, até então, eram quase que exclusivamente relacionadas ao sambódromo, como número de ingressos vendidos, programação das escolas de samba em cada noite e ensaios gerais das agremiações. Em 2010, foram destaque, por exemplo, dados como o número de bilhetes vendidos (cerca de 7 mil), o preço das entradas (de R$ 45 a R$ 375) e dos camarotes, que podiam chegar a R$ 38.280. Naquele ano, anunciava-se também o "site oficial do carnaval de São Paulo", também integralmente dedicado ao sambódromo. O site saiu do ar anos mais tarde, com a inauguração da política pública do carnaval de rua.

Além disso, a SPTuris, responsável pelo repasse de recursos para as escolas de samba e blocos da ABASP e ABBC, não era transparente com relação à destinação das verbas para o carnaval de rua. É possível constatar isso o contrato anual que formalizava o repasse. No contrato de 2012, referente ao carnaval de 2013 – ou seja, antes de iniciar a política do carnaval de rua –, apareciam claramente as escolas de samba: 13 escolas do Grupo Especial; 8 escolas do Grupo de Acesso; e 43 escolas dos grupos I, II, III e IV. Havia alguns blocos listados, no total de 13, todos ligados institucionalmente às próprias escolas de samba. No item referente ao repasse para a ABASP e ABBC, não constam quantos blocos compunham tais associações e seriam beneficiados pela verba pública. Isso perdurou por anos, até mesmo coexistindo com a nova política pública do carnaval de rua. Considerando os afiliados da época de sua criação, especula-se que seja em torno de 12 blocos da ABASP e 7 da ABBC, somando 19 blocos, bandas e cordões. A título de curiosidade, o montante todo destinado às escolas de samba no ano de 2012 (carnaval de 2013) foi da ordem de R$ 18 milhões, sem contar os R$ 3,7 milhões de infraestrutura. Para a ABASP foram destinados R$ 224.327,18. Para a ABBC, R$ 179. 270,17. Além disso, para a infraestrutura de ambas, a Prefeitura gastou R$ 1,7 milhões.

A nebulosidade da relação entre Prefeitura e blocos institucionalizados, somada à marginalização dos demais blocos independentes, impede que se tenha um número exato de blocos da festa de rua nas portas de 2013. Efetuando uma conta simples, pode-se ter uma ideia aproximada do universo: 19 blocos de ABBC e ABASP, 13 blocos ligados às escolas de samba, 24 blocos que assinaram o Manifesto Carnavalista (em janeiro de 2013). Apenas aí, contam-se 56 blocos. Pode-se partir desse número, para efeitos de análise e comparação. Mas é preciso considerar um número muito maior de blocos pela cidade, alheios às relações institucionais, aos guichês da Prefeitura e à movimentação política do segmento carnavalesco.

Tratar das fases da política pública do carnaval de rua paulistano significa começar por este conjunto ainda "invisível" de agremiações. Eram blocos, cordões e demais manifestações que se dividiam entre a invisibilidade, a marginalização e a resistência. Isso justamente pelo fato de a expressão cultural que praticavam não ter o reconhecimento cultural pela Prefeitura. Fala-se em reconhecimento cultural, porque ele vem efetivamente antes do reconhecimento político e institucional do poder público.

Ancorada na regulação trazida pelo Decreto do Carnaval de Rua, mas especialmente aperfeiçoada na experiência social, a política pública do carnaval se mostrou eficaz em seu objetivo precípuo de garantir o direito à folia, o direito ao carnaval. Muitas foram as lacunas e os problemas, e serão explorados adiante. Ainda que existam, eles não impediram o desenvolvimento exponencial do carnaval de rua. Fato que evidencia a eficácia da arquitetura jurídica-institucional operadora do programa político. Os números quantificam um pouco isso, na dimensão da expansão social da festa. Em 2013, 42 blocos desfilaram para algumas centenas de foliões na cidade. Em 2020, já eram 644 blocos, e um público de mais de 15 milhões de pessoas.

Quadro 5 – Fases de implementação da política por período carnavalesco

Ciclo	Fase	Atributo central	Características principais
Primeiro ciclo de implementação (2013-2016)	FASE 1 Carnaval 2013	Reconhecimento cultural, "descriminalização" e afirmação do caráter público	Interlocução com setor carnavalesco. Liberação institucional ("descriminalização"). Acompanhamento.
	FASE 2 Carnaval 2014	Regulação e desburocratização	Formulação do modelo público. Expedição do Decreto do Carnaval. Cadastro dos blocos. Prestação mínima dos serviços.
	FASE 3 Carnaval 2015	Adensamento dos serviços e organização territorial	Consolidação do modelo público. Atualização da regulação. Prestação territorial dos serviços. Abertura mínima para iniciativa privada.
	FASE 4 Carnaval 2016	Parceria com iniciativa privada e início da descentralização	Financiamento relevante da iniciativa privada. Início do estímulo ao carnaval na periferia.
Segundo ciclo de implementação (2017-2021)	FASE 5 Carnaval 2017-2021	Consolidação da tecnologia de gestão e aumento das obrigações aos blocos	Consolidação da operação estatal. Supremacia do patrocínio privado. Ampliação de obrigações e restrições aos blocos. Início da reburocratização.

Fonte: Elaborado pelo autor.

Importa, então, analisar como se estabeleceu esse arranjo jurídico-institucional, iniciando-se pela identificação – que não deixa de ser uma facilitação metodológica – das fases da implementação em cada período carnavalesco. Essas fases são exploradas adiante, delineadas nos dois ciclos de implementação: primeiro (2013-2016) e segundo (2017-2021). Em cada uma delas serão analisados os elementos constitutivos da política pública, as circunstâncias políticas e administrativas, sua base normativa e os problemas e lacunas. As fases encontram-se resumidas no Quadro 5 (acima).

3.7.1 Primeiro ciclo de implementação (2013-2016)

3.7.1.1 Reconhecimento cultural e afirmação do caráter público

Era preciso reconhecer a dimensão cultural do carnaval de rua como elemento significativo da identidade paulistana, como ativo de sua diversidade, como tradição consagrada (juntamente com o samba) e como festa, de intensidade proporcional à potência de São Paulo. Era necessário também que a acepção da festa, para a política pública, viesse acompanhada de seu caráter libertário, público e democrático. A tomada dessas noções elementares, contudo, não podia ser desvinculada da ideia de direito: direito à cultura, liberdade de expressão cultural, direito à cidade. Reconhecer e valorizar o carnaval de rua paulistano significava afirmá-lo como elemento de cidadania cultural.

Essa afirmação era reivindicada pelos blocos, tanto que a ideia-força do "direito à folia" ou do direito à alegria sintetizava alegoricamente o pleito do segmento. No entanto, ela só alcançaria a proporção simbólica, a vinculação institucional, a adesão social e a visibilidade midiática se fosse realizada pela Prefeitura, conformando-se como sua agenda política. Essa afirmação cultural se destaca como o principal atributo da primeira fase de implementação da política pública. Uma afirmação que não estava apenas no plano discursivo, mas também no plano da ação do Estado naquele início de 2013.

A afirmação da importância do carnaval de rua para a cidade, como manifestação cultural e como direito, era a ideia fundacional da política. Seria ela a impulsionadora de todo o aparato do Estado para o seu cumprimento.

Nesse sentido, e na perspectiva jurídico-institucional que este livro adota, há um conceito muito importante para compreender o significado dessa fundação. Trata-se do conceito de "ideia diretriz", de Maurice Hauriou (2009).[46] Segundo o

46 As ideias principais do autor, assim como as bases teóricas sobre o institucionalismo, foram delineadas no primeiro tópico do capítulo 3. Optou-se por desenvolver o conceito de ideia diretriz aqui, e não naquela seção, na qual também foi citado por Bucci (2013), para otimizar e enfatizar sua conexão com o programa da política pública ora desenvolvido.

autor, "o elemento mais importante de toda instituição corporativa é o da ideia da obra a realizar num agrupamento social ou em proveito desse agrupamento" (HAURIOU, 2009, p. 21). A ideia diretriz seria a ideia que concebe a política. Não por estipular metas ou funções, mas por conformar propriamente o objeto dessa política. Quando se afirma que o carnaval é o objeto da política pública, é preciso, antes de instituir como e quando, definir propriamente qual é esse objeto, em sua essência. Ou seja, é preciso que o conteúdo desse objeto se converta plenamente no próprio programa da política pública.

Tratar o objeto da política pública como ele de fato se apresenta na sociedade é, portanto, a pré-condição para desenvolver a engrenagem institucional que ele requer. No caso do carnaval, abordá-lo em sua dimensão principal, a cultural, operando-a como um imperativo de direito, significava assentar a pedra fundamental da política. Significa formular e anunciar sua ideia diretriz. A ideia, como força motriz, deveria ser cultural, de cidadania cultural – mais do que turística, administrativa, econômica. Assim ela se firmaria como alicerce do próprio programa de ação a ser desenvolvido.

Bucci (2015) também faz essa associação com a ideia diretriz, de Hauriou, ao tratar de um dos elementos constantes de seu Quadro de Referência de uma Política Pública. Mesmo reivindicando uma licença teórica para tanto, ela acerta ao afirmar que o "nome oficial do programa", o primeiro elemento do quadro, deve representar genuinamente a sua identidade. Evidentemente, trata-se de um nome "oficial", que significa um atributo de institucionalidade (ou fator de institucionalização). Mas isso não impede dizer que significa também a vocalização pública do programa. O nome do programa tem tanto um papel sintetizador, como título, como uma função programática, como enunciado. Colocando Hauriou e Bucci no meio da folia, significa dizer que a política pública do "carnaval de rua" é o título de uma ideia diretriz que já nasce repleta de significados programáticos.

O outro significado, complementar ao de valorização cultural, era o significado de carnaval democrático. A afirmação do caráter público do carnaval deveria ser o primeiro atributo a conformar a festa como objeto de regulação estatal. Na linha do que o próprio programa político-cultural para a cidade propunha, o carnaval passava a ser um vetor de democratização do espaço público, de ocupação livre dos territórios urbanos pelas pessoas e de otimização da convivência e da sociabilidade afetiva na cidade.

Assim, era imprescindível que a política pública do carnaval não propusesse, mas preservasse a festa como integralmente pública. O carnaval não poderia ser, em nenhuma hipótese, alvo de privatização, apropriação particular ou cerceamento social. Assim, tão importante quanto a afirmação política da significância cultural da festa, naquele início de execução da política, estava a afirmação política de que a festa seria pública, livre, democrática e gratuita. Passava a ficar proibido qualquer tipo de fechamento de ruas ou logradouros públicos por blocos, seja de qualquer tipo. Ficava vetado, desde então, o uso de abadás como elemento distintivo para adentrar um evento carnavalesco de rua. Também foram totalmente vetados bloqueios, cordas impeditivas, portarias ou qualquer tipo de mecanismo de discriminação social ou econômica. São Paulo passava a proibir qualquer restrição ao gozo coletivo dos festejos.

Cabe fazer uma interessante observação teórica nesse ponto, no que tange à abordagem de Direito e Políticas Públicas. A medida de proibição da restrição era ainda um enunciado político. Uma decisão tomada, alçada a uma posição central da política, a propiciar uma série de consequências em sua implementação (SABATIER, 2007). A formalização dessa diretriz política ocorreria apenas com o Decreto do Carnaval de Rua, valendo plenamente na festa de 2014. Nesse ponto se constata claramente a importância do componente jurídico da política pública como elemento de vinculatividade programática. A decisão sobre um carnaval livre e democrático já estava tomada. No entanto, não haveria garantias sobre a efetividade social dessa decisão, um ano depois de anunciada, caso o direito não a ativasse e a consolidasse por meio de seu processo de positivação. O que se observa, portanto, é o instrumento jurídico (no caso, o Decreto do Carnaval de Rua) atuando além da documentação formal da decisão do gestor estatal (BUCCI; COUTINHO, 2017, p. 318). Ele vai conferir a materialidade necessária à decisão, atribuindo a ela aquilo que Morand (1999) vai chamar de selo de estabilidade.

De fato, tratou-se de uma marca programática estável, praticamente indelével, da política pública. Uma sinalização – e, depois, uma regra – comemorada pelos movimentos culturais e segmentos que atuavam pelo direito à cidade. Na prática, era a previsão da garantia de condições para que o "carnaval-participação" finalmente ganhasse o espaço merecido na cidade.

O carnaval de rua livre, público, gratuito e democrático se consolidou como um elemento fortemente identitário do carnaval de rua paulistano, da cultura carnavalesca de São Paulo.

Além da vocalização programática, a afirmação da livre cidade cultural carnavalesca deveria cumprir duas funções concretas: atrair os blocos de rua já existentes, mas amputados da política institucional e marginalizados e/ou reprimidos pelo poder público até então; e estimular o surgimento de novos blocos, cordões, bandas e demais manifestações de rua para os carnavais dos anos seguintes.

Em virtude da premência temporal, o reconhecimento cultural do carnaval ensejou uma ação apenas paliativa para o carnaval de 2013. Faltando poucas semanas para a festa, a Prefeitura não poderia arcar sistematicamente com estrutura de apoio para os festejos. Não havia contrato, tampouco orçamento[47] ou aparato funcional. O que se fez, como medida concreta para essa primeira função de atrair os blocos existentes, foi a emissão da ordem política para que, na ponta, cessassem medidas de repressão (SÃO PAULO, 2014c) àqueles que saíssem naquele ano. Algumas reuniões específicas com blocos (DESIDÉRIO, 2013), na instância das subprefeituras, mediadas pela Secretaria Municipal de Cultura, além da interlocução direta com as forças policiais e de segurança serviram para isso. Além disso, todos os blocos que procuraram a Prefeitura foram estimulados a desfilar, contando com o acompanhamento da SMC.

Com o estímulo, ainda que informal, aos blocos e a diretriz de não repressão, saiu às ruas no carnaval de 2013 uma média de 50 blocos. Como não havia um monitoramento oficial dos blocos, esse número representa uma média entre os números de acompanhamento da SMC e subprefeituras, que variavam entre 40 e 60 blocos.[48] Além disso, há informações esparsas coletadas pela gestão, com blocos pertencentes às associações,[49] blocos patrocinados individualmente por empresas[50] e blocos que dialogaram com a Prefeitura. Alguns números sistematizados pela

47 O investimento financeiro da SMC foi apenas para cobrir pequenas ações pontuais de programação artística (fora ou dentro de equipamentos) ou apoio de estrutura local. Ficou em torno de R$ 300 mil. Conforme registro do próprio autor, responsável pelo monitoramento quando coordenador da Assessoria Técnica da pasta.

48 Em outras oportunidades, contabilizaram-se 60 blocos, considerando um recorte mais amplo de blocos institucionalizados e não institucionalizados, como se apresentou na coletiva de imprensa do carnaval de 2015 (SÃO PAULO, 2015b).

49 Somando-se ABASP, ABBC e blocos ligados às escolas de samba há um universo de cerca de 30 a 35 blocos. É preciso considerar que alguns podem não ter saído.

50 Nas negociações com a Prefeitura, havia uma relação de 17 blocos pertencentes ao Manifesto Carnavalista com algum tipo de patrocínio privado.

SMC contabilizaram 42 blocos[51] (BONDUKI, 2020; LEON, 2019). A própria falta de controle sobre o número de desfiles já denota um aspecto que passaria a ser suprido com a política, que é a ausência de instrumento institucional para planejamento, monitoramento e avaliação.

A mensagem para o segmento cultural era a de que as medidas operacionais passariam a ser realizadas para o carnaval de 2014 (PIVOTTO, 2013). Isso funcionava como estratégia narrativa para a segunda função, de estimular o surgimento de novos blocos. E também para evidenciar os grupos de interesses contrários à política em recém-elaboração, como os moradores do bairro da Vila Madalena (TEIXEIRA, 2013).

O discurso público acerca do reconhecimento do carnaval de rua como política pública era entoado estrategicamente na agenda político-institucional. Uma agenda que era beneficiada por outras medidas da Prefeitura, consoantes com a atmosfera de democratização cultural da cidade, como: a reabertura do Cine Belas Artes,[52] o retorno dos Centros Educacionais Unificados (CEUs) e das Casas de Cultura à gestão da SMC,[53] a estreia do funk e o retorno do hip hop na Virada Cultural e o registro do samba paulistano como patrimônio imaterial[54] da cidade.

51 Este será o número utilizado por este livro.

52 No início de 2013, a SMC já afirmara que se empenharia em recuperar o Cine Belas Artes, tradicional cinema de rua da cidade, desativado por efeito da especulação imobiliária. A reinauguração viria a acontecer em 2014. Conforme noticiou a imprensa: https://www.archdaily.com.br/br/01-91126/edificio-do-cine-belas-artes-pode-ser-transformado-em-centro-cultural; http://g1.globo.com/sao-paulo/noticia/2014/01/prefeitura-de-sp-anuncia-projeto-que-preve-reabertura-do-cine-belas-artes.html;http://g1.globo.com/sao-paulo/noticia/2014/07/reformado-cine-belas-artes-reabre-e-atrai-multidao-de-cinefilos-em-sp.html;https://noticias.r7.com/sao-paulo/apos-tres-anos-fechado-prefeitura-anuncia-reabertura-do-cine-belas-artes-28012014.

53 As Casas de Cultura foram criadas no governo Luiza Erundina (1989-1992), por meio da Lei nº 11.325, de 29 de dezembro de 1992. Surgem como equipamentos culturais locais, administrados pelas subprefeituras, mas conectados à política municipal de cultura conduzida pela SMC. Com o passar do tempo, sobretudo na primeira década dos anos 2000, houve o abandono institucional e o sucateamento das Casas. Isso levou à demanda persistente dos movimentos culturais pelo seu "retorno" à SMC. Apesar de o termo "retorno" não ser apropriado tecnicamente, tinha o sentido político de mobilização social e de revalorização dos equipamentos, ao inseri-los na nova política cultural que se iniciara na gestão Haddad (2013-2016).

54 Por iniciativa da SMC, em outubro de 2013, o Conpresp registrou o samba paulista no Livro das Formas de Expressão da cidade. O registro do samba paulista como patrimônio imaterial se deu por meio da Resolução nº 29/2013 do órgão.

Foi possível relatar, em outra oportunidade, em depoimento deste autor à Machini e Roza (2018),[55] os planos de ação que se faziam necessários a essa primeira etapa de colocação da política pública. Eram dois. O primeiro plano era o de afirmação cultural do carnaval e convencimento geral da população sobre o seu tratamento como direito cultural. O segundo, de convencimento interno, da própria Prefeitura, de que o carnaval se tornava, a partir daquele ano, uma política pública.

Nesse primeiro plano, uniam-se as primeiras medidas concretas (e paliativas) de 2013, de estímulo informal e não repressão, com a acentuada presença na mídia, tratando do tema. O intuito era justamente preservar blocos existentes e propagar que haveria condições para novos, estes, institucionalmente bem-vindos.

O segundo plano requeria uma movimentação intensa da máquina pública, o que passou a ocorrer ainda no ano de 2013, passado o carnaval. O Grupo de Trabalho Intersecretarial (GT), já tratado aqui anteriormente, foi a primeira medida formal adotada. Na perspectiva jurídico-institucional, que evidencia o componente jurídico de modelagem da política pública, pode-se dizer que foi o primeiro elemento estruturador do "programa de ação governamental" no contexto político-institucional que vigorava (BUCCI; COUTINHO, 2017, p. 315).

A Portaria foi a normativa germinal de formalização da política, precursora da futura base normativa a determinar "procedimentos e rotinas que conformam" a política pública (RUIZ; BUCCI, 2019, p. 1145). Nessa compreensão, é importante dar destaque "às normas que estruturam as instituições, que estabelecem os procedimentos e determinam as competências dos agentes envolvidos no processo de formulação, implementação e avaliação das políticas públicas" (RUIZ; BUCCI, 2019, p. 1145). Era exatamente o que se dava nesse estágio que pode ser identificado como uma junção carnal das etapas de "formulação de alternativas" e "implementação", usando as categorias de Secchi (2012).

Instalou-se, então, no âmbito da Prefeitura, uma instância de formulação de medidas e debate de alternativas. Mais do que isso, como se observa nos exem-

55 O relato foi dado em dezembro de 2018, pelo autor deste livro, aos autores do artigo "'É tradição e o samba continua': percursos, disputas e arranjos do carnaval de rua na cidade de São Paulo" (MACHINI; ROZA, 2018), cuja elaboração contava com depoimentos de alguns gestores e líderes carnavalescos sobre o histórico da política pública do carnaval de rua de São Paulo.

plos supramencionados, o que houve, principalmente, foi a busca de atribuições já pertencentes aos entes municipais que poderiam contribuir para responder às demandas do carnaval de rua. Assim, por meio de uma série de reuniões, foram elencadas as funções das secretarias que deveriam ser modificadas ou mesmo criadas, no caso de não existirem previamente, para compor os serviços da operação carnavalesca. Junto dos papéis, apareciam também as demandas institucionais: os órgãos tinham, eles próprios, reivindicações a fazer sobre a melhor dinâmica de operação do carnaval de rua para cada uma das áreas (saúde, limpeza, transportes, segurança etc.).

Nesse contexto de atuação intersetorial, a formulação da política era realizada evidentemente pela análise técnica dos gestores. Porém, abastecia-se, sobretudo, das reivindicações práticas dos carnavalescos, com base na experiência concreta da festa. A elas se somava o pleito dos grupos de interesse contrários ao carnaval de rua, um outro subsídio fundamental para compatibilizar demandas e direitos. As propostas da sociedade eram consideradas uma contribuição privilegiada para a formulação da ação governamental, pois, como se evidenciou até aqui, o distanciamento que o poder público manteve do carnaval de rua impediu a observação empírica e qualificada do fenômeno por muitas décadas. Esses insumos eram trazidos ao GT Intersecretarial nas várias reuniões e audiências públicas coordenadas pela Secretaria Municipal de Cultura.

3.7.1.2 Regulação e desburocratização

O resultado do processo de escuta e formulação compôs as bases do primeiro regulamento da festa, o Decreto do Carnaval de Rua (Decreto nº 54.814), expedido em fevereiro de 2014. Junto dele, outro mecanismo importante foi instituído: o cadastro voluntário dos blocos. Ambos marcaram o início do que se pode chamar de segunda fase de implementação da política pública do carnaval de rua. Essa fase, no carnaval de 2014, teve como atributos centrais a regulação e a desburocratização da festa. Em razão desses atributos, houve o primeiro salto de crescimento do carnaval de rua de São Paulo. Um crescimento que pode ser mensurado em evolução jurídico-institucional, ampliação social e fortalecimento político.

O cadastro dos blocos foi introduzido na ação governamental para a organização do carnaval de 2014. Foi aberto para a inscrição voluntária dos blocos, cordões e demais manifestações no período de 28 de janeiro a 4 de fevereiro, um mês antes da terça-feira de folia (4/3/14). Era um cadastro único para todos os eventos carnavalescos de rua, portanto, dispensava o pedido das demais autorizações, licenças e alvarás a que os blocos estavam submetidos até então, em consequência do decreto do alvará de evento temporário.[56] Sendo, portanto, um cadastro integrado, vinculava todas as pastas da Prefeitura, emissárias de algum tipo de documento permissivo. Ao bloco cadastrado se conferia uma autorização unificada, usada para a interlocução com os agentes do poder público: enfermeiros de campo da Saúde, operadores de trânsito da CET, produtores locais da Cultura, agentes da GCM e até da PM, que estavam cientes do novo regramento. Era o principal instrumento de desburocratização do carnaval de rua.

Além disso, era também o mecanismo que permitia o planejamento do poder público para que os próprios blocos pudessem se beneficiar dos serviços a serem prestados no período carnavalesco. Formalizado pelo primeiro Decreto do Carnaval de Rua, apesar de ter sido lançado uma semana antes de sua expedição, o cadastro gerava uma base de dados repassada a todos os órgãos responsáveis por serviços públicos durante os dias de festa. Era o pilar de planejamento da operação carnavalesca, justamente por possibilitar a previsibilidade das demandas. Com as informações transmitidas pelos próprios blocos, havia um nível relevante de fidedignidade, apta a guiar a mensuração dos itens principais, que eram: banheiros químicos, agentes de trânsito e limpeza das vias públicas.

Tratava-se de um cadastro voluntário, pois os blocos não eram obrigados a se inscrever para sair. Como já analisado, a premissa da política pública era justamente a assunção do carnaval de rua como liberdade de expressão e, assim, as manifestações poderiam ocupar as ruas exercendo essa autonomia. No entanto, era o cadastro que permitia registar as informações imprescindíveis de atendimento público. Data e horário dos desfiles, número esperado de foliões, especificidades do trajeto, estrutura do bloco (trio elétrico, não motorizado, carro de som pequeno, apenas músicos) e as respectivas demandas de atendimento. Tudo isso só poderia ser analisado pela Prefeitura, para prestar o respectivo atendimento das demandas se os blocos se cadastrassem. Dessa forma, o decreto instituiu o Plano de Apoio ao Carnaval de Rua da Cidade de São Paulo (art. 8º), a que os blocos aderiam realizando o cadastro.

De acordo com o Decreto do Carnaval de Rua (art. 8º), os blocos que aderissem ao Plano de Apoio ao Carnaval seriam inseridos na agenda e na logística mu-

56 Decreto nº 49.969, de 29 de agosto de 2008.

nicipal de eventos, teriam subsídio da taxa da CET e estariam incluídos no plano de comunicação e de patrocínio da Prefeitura.

Destaque-se, neste dispositivo, o atendimento a um dos principais pleitos dos carnavalescos, e algo que se consolidou como uma das principais medidas operacionais da política para o crescimento do carnaval de rua: a "liberação" da taxa da CET. De alto valor pecuniário, a taxa era um dos maiores entraves burocráticos para os blocos. Com o subsídio aos blocos, sendo esse gasto assimilado pela Prefeitura como investimento público, muitas agremiações puderam permanecer, retornar ou sair pela primeira vez às ruas. A "logística", a que se refere o artigo, naquele carnaval de 2014, ainda era uma prestação dos serviços mínimos para os desfiles, como banheiros químicos e ambulâncias.

A regulação também trazia condições para esse Plano de Apoio ao Carnaval de Rua, no parágrafo segundo, do artigo 8º. Era preciso que os blocos não fossem patrocinados por empresas privadas individualmente e que não recebessem subvenção pública, a exemplo do que ocorria com os afiliados da ABBC e ABASP.

A razão dessa exceção era a democratização dos serviços e a otimização dos recursos públicos. A infraestrutura destinada aos blocos pela ação governamental seria distribuída conforme as demandas dos blocos e especificidades territoriais. Itens como banheiros químicos, agentes de trânsito, ambulâncias e turnos de varrição de vias seriam distribuídos seguindo critérios como concentração de pessoas, impactos no trânsito, possibilidade de compartilhamento de serviços por blocos, riscos à saúde em virtude do trajeto e afins. Todos eles itens arcados com recursos públicos. Os blocos privados e subvencionados, com verba própria para contratar esses e outros itens, tinham a responsabilidade de arcar com seus próprios serviços, uma vez que já estavam usufruindo da possibilidade democrática de ocupação das ruas. Diferentemente da grande maioria dos blocos, os patrocinados e subvencionados teriam condições de manter uma estrutura própria, complementar à distribuída pela Prefeitura de maneira geral.

É importante ressaltar que essa prestação de serviços pela Prefeitura era mínima e ainda precária no carnaval de 2014. Pode-se indicar o pouco tempo de análise do cadastro dos blocos (cerca de um mês) como um ponto falho para essa consecução. Além disso, o engajamento ainda insuficiente dos órgãos pode ser também uma razão para a insatisfação dos serviços. Conforme divulgado pela Prefeitura (SÃO PAULO, 2014d), foram 291 banheiros químicos, 7 ambulâncias de remoção, além do efetivo de funcionários da CET para operar o trânsito.

Juntamente de outras providências pontuais, o custo foi de cerca de R$ 1 milhão, considerando a subvenção integral da CET.

Contrastando com a estrutura dispensada, o que se observou foi o crescimento exponencial do carnaval de rua, em comparação com 2013. Foram mais de 200[57] blocos desfilando, dos quais 172 se cadastraram na Prefeitura. A expansão foi de 344%.[58] Estima-se que tenha participado da folia cerca de 1 milhão de pessoas.

O êxito social do carnaval de rua, ainda que a política pública engatinhasse em entregas, deve-se muito ao processo de real desburocratização e de regulação normativa ocorrido nessa fase. A regulação jurídico-institucional do carnaval possibilitou a criação de processos e meios, que contribuíram para a consecução da finalidade precípua da política, que era o desenvolvimento do carnaval de rua paulistano, atendendo aos direitos culturais do cidadão e com base nos preceitos da liberdade de expressão cultural, espontaneidade e livre organização, protagonismo dos blocos carnavalescos e respeito à territorialidade dos desfiles (para que ocorressem em seus locais de origem e relação cultural comunitária).

Em um *post* de rede social, datado do carnaval de 2018, Fernando Haddad, já na condição de ex-prefeito, comemorava o feito, acentuando essa perspectiva jurídico-institucional:

> Devemos muito ao baiano Juca Ferreira (nosso secretário de Cultura e ex-ministro), o sucesso do carnaval de rua de SP. Antes renegado pela Prefeitura, Juca queria que SP tivesse o maior carnaval de rua do país. Foi quem primeiro acreditou na energia dos blocos da cidade. Quatro anos se passaram desde a publicação do decreto que destravou a festa (https://goo.gl/nnffqy) e o resultado tá aí. O Carnaval de Rua de SP é um dos eventos culturais mais concorridos da cidade. Obrigado Juca. Valeu SP! (HADDAD, 2018).

Para finalizar panoramicamente o conteúdo do decreto citado, incluindo o que já foi pormenorizado antes, é possível listar, do documento, os seguintes elementos constituintes da política pública do carnaval de rua:

57 O número exato, consolidado após o carnaval, foi de 218 blocos desfilando na cidade.

58 Considerando 172 blocos.

a. conceituação de carnaval de rua e delimitação: apoio público às manifestações espontâneas nos espaços públicos;
b. regramento básico para a dinâmica do carnaval de rua:
   I. eventos válidos para o período do carnaval;
   II. blocos sempre em movimento, preferencialmente no itinerário tradicional;
   III. apoio ao carnaval público, aberto, com uso livre das vias e sem restrição por cordas e/ou abadás;
   IV. não apoio público a manifestações carnavalescas com finalidade comercial;
   V. exigências básicas de segurança a serem adotadas pelos blocos;
   VI. cadastramento dos blocos na SMC para a elaboração da logística;
   VII. garantia do apoio logístico pela Prefeitura etc.;
c. compromisso dos blocos com o regramento, sob pena de sanções administrativas;
d. possibilidade de parceria privada para patrocínio geral do carnaval de rua pelo poder público;
e. criação do Plano de Apoio ao Carnaval de Rua, com:
   I. criação de cadastro único e centralizado dos blocos;
   II. emissão de autorização única para os desfiles (desburocratização);
   III. plano de infraestrutura geral e logística na cidade;
   IV. operação especial de trânsito e subsídio da taxa cobrada;
   V. inclusão dos blocos no plano de comunicação do carnaval de rua;
   VI. adesão ao programa geral de patrocínios;
f. dimensionamento do apoio da Prefeitura, com disponibilização da infraestrutura mínima necessária para os desfiles dos blocos, especialmente banheiros químicos e apoio logístico e de trânsito e limpeza das vias;
g. criação do Comitê Intersecretarial, composto por 16 secretarias e órgãos da Prefeitura, capitaneados pela Secretaria Municipal de Cultura.

Por fim, este último ponto, a criação do Comitê Intersecretarial foi muito importante para a definição da essência da política pública. O Comitê era composto por 16 secretarias e órgãos da Prefeitura, capitaneados pela Secretaria Municipal de Cultura. Passando a mecanismo necessário, dada a envergadura da ação governamental, o Comitê elaborava, assimilava e processava as demandas advindas do complexo planejamento urbano e do caráter incremental da política pública. Uma política que envolvia: serviços de trânsito, limpeza, segurança, iluminação, saúde, turismo, subprefeituras (organização local), comunicação, entre várias outros. Trata-se, portanto, de política intersecretarial e intersetorial. Esse aspecto de conjunto foi imprescindível. Assim como foi determinante ordenar essa conjunção, sob a coordenação da Secretaria Municipal de Cultura. Com isso, as diretrizes culturais da política, ou, no limite, a dimensão cultural do carnaval, pautaram as demais ações setoriais, e não o contrário. Foram as demandas culturais que submeteram as demais, de maneira a proporcionar uma política integrada, com participação autônoma e especializada dos órgãos. Tudo sem perder de vista a sua finalidade orientadora da política pública, que foi a consecução do direito cultural ao carnaval de rua.

3.7.1.3 Adensamento dos serviços e organização territorial

A Prefeitura adentrava o carnaval de 2015 mais preparada para a festa. É preciso relembrar que um segundo seminário sobre o carnaval de rua acontecera em outubro de 2014, fazendo o balanço da folia daquele ano e criando um espaço de proposição e legitimação para as novas regras. Estas comporiam a atualização[59] do Decreto do Carnaval de Rua, que ocorreu em janeiro do ano que se abria. Tomando por base a primeira experiência prática de realização carnavalesca massiva, e na ponta, as pastas passaram a dedicar maior atenção à consolidação das tarefas que inevitavelmente lhes caberiam. Desse modo, a política pública adensa seus serviços e operações, além do aperfeiçoamento do sentido territorial da atuação pública.

O conceito da política – um carnaval de rua público, livre, democrático e gratuito – já estava consolidado socialmente. O Decreto do Carnaval, como modelagem jurídico-institucional, aperfeiçoava-se incrementalmente para suprir lacunas dos anos anteriores, mas, mesmo assim, consolidava-se como instrumento efetivo de regramento dos desfiles e de procedimentos da Administração Pública (tarefas das pastas, subsídios, ações coordenadas, prazos etc.).

A imprensa tratava como positiva a ação governamental que se instalava e elencava os pontos negativos a serem resolvidos, consoantes com o próprio diagnóstico da Prefeitura. A título de exemplo, veículos[60] que dedicaram cobertura especializada ao carnaval de rua – e essa inflexão midiática é um feito do fortalecimento da

59 Por meio do Decreto nº 55.878, de 29 de janeiro de 2915.

60 A exemplo do Grupo Globo: http://g1.globo.com/sao-paulo/carnaval/2014/noticia/2014/03/blocos-de-rua-conquistam-sp-mas-banheiros-e-transito-viram-desafio.html

agenda carnavalesca, digna de nota – relataram como pontos positivos: o surgimento de muitos novos blocos, o crescimento de público, o cadastro e a desburocratização, o baixo número de incidentes de trânsito e violência. Como aspectos negativos, apontaram: a falta de banheiros químicos e demais itens de infraestrutura (limpeza, ambulâncias), o trânsito congestionado, os ambulantes irregulares e muita aglomeração pós-festa. Mesmo os blocos do Manifesto Carnavalista,[61] em nota, registraram o descontentamento nesses pontos. Feitas as ressalvas, de modo geral, a mídia[62] transmitia uma atmosfera política e social positiva em relação à política que se instalava.

Nesse clima, a Prefeitura passava a se concentrar na qualificação administrativa da política. A preocupação territorial tornou-se definitiva para este fim. Reuniões com blocos e moradores adquiriram, cada vez mais, o caráter local, de negociação mediada pela Prefeitura, por meio da subprefeitura local, com a presença da SMC. Projetando a política pública no território, os encontros traziam demandas diversas, pautadas na carestia ou na abundância das manifestações carnavalescas.

Exemplo ilustrativo era o da Vila Madalena. Tratava-se, sem dúvida, de epicentro da tensão política e logística do carnaval de rua. Tradicionalmente boêmio e servido de muitos bares e lugares afetivos de universitários, intelectuais, músicos e artistas em geral, é o bairro com maior concentração de blocos na cidade. O conflito ali, esgrimido durante todo o ano até a chegada do carnaval, dava-se entre a demanda dos blocos por permanecerem em seus locais de origem, preservando seus itinerários originais, e os moradores, que reivindicavam o fim do trânsito, do barulho e, especialmente, das impactantes aglomerações mantidas após a passagem dos festejos. Era uma situação completamente diferente dos bairros de periferia, para mostrar os extremos. Cidade Tiradentes, Capela do Socorro, Cidade Ademar,

---

61 A mesma matéria cita uma nota de posicionamento do Manifesto Carnavalista, que afirma: "Sabemos que a resposta do Poder Público para a organização da infraestrutura e serviços públicos necessários ainda está aquém do adequado e do que foi objeto das tratativas entre o Poder Público, os blocos e cordões carnavalescos e a comunidade, em que pese todo o esforço de cooperação" (DOMINGOS, 2014).

62 Alguns exemplos de matérias com cobertura positiva da imprensa: https://sao-paulo.estadao.com.br/noticias/geral,blocos-se-multiplicam-e-viram-moda-imp-,1128284;https://vejasp.abril.com.br/cidades/carnaval-de-rua-sao-paulo-regulamento/; http://g1.globo.com/sao-paulo/carnaval/2014/noticia/2014/02/cem-blocos-de-carnaval-de-rua-se-inscrevem-na-prefeitura-de-sp.html;https://guia.folha.uol.com.br/passeios/2014/02/1415101-com-apoio-da-prefeitura-blocos-de-rua-comecam-a-bombar-o-carnaval-de-sp.shtml

São Mateus e outras regiões reivindicavam do poder público estímulo ainda maior que o convencional da política pública. Requeriam um impulso capaz de criar praticamente do zero as manifestações que o centro expandido já se habituava a ver.

Essas reuniões se intensificaram e mostraram a necessidade de a política pública manter a organicidade que possuía, mas considerar as nuances territoriais.

Manter a integralidade da política pública significava não ceder a uma dinâmica política, já relatada anteriormente, comum em momentos carnavalescos. Líderes políticos de bairros, vereadores, deputados e gestores públicos com ligações locais articulavam maneiras de financiamento tópico de eventos. Eram eventos isolados, que se beneficiavam de uma estrutura de som proporcionada por uma subprefeitura, com pagamento de um artista pela SMC, uma emenda parlamentar direcionada a uma organização comunitária que seria responsável pela preparação da festa. Esses apoios salpicados burlavam o sentido sistêmico da política pública, baseado na ideia de oferecimento proporcional e republicano de infraestrutura pela Prefeitura, com base no regulamento do carnaval de rua e no credenciamento voluntário dos blocos. Assim, essa lógica de suporte "curralizado" a festas carnavalescas foi gradativamente deixando de existir, apesar do desgaste com políticos, de situação e oposição.

Era preciso que o carnaval dos bairros periféricos se desenvolvesse no âmbito da política pública, amparado e projetado por ela. Era uma missão difícil, que apenas foi iniciada, de forma muito incipiente, em 2015. Nesse momento, as ferramentas para estimular as festas de fora do centro expandido eram o encorajamento político, o reforço na aproximação dos agentes culturais das subprefeituras com as lideranças culturais de bairro, o envio de itens importantes, sobretudo banheiros químicos, para mostrar à comunidade que a estrutura estatal chegaria para além dos limites do centro expandido. Nesse sentido, é importante destacar que, para as bordas urbanas, a regulamentação do carnaval trazia a chancela de legalidade e legitimidade às suas manifestações, conferindo ainda mais sentido à ideia de "descriminalização", algo importante na periferia (MACHINI; ROZA, 2018, p. 16).

Mas não foi no carnaval daquele ano que o crescimento periférico do carnaval ocorreu. Apenas o elemento da territorialidade passou a ser introjetado como fator importante para a manutenção da marca democrática da política pública. O número de blocos de rua da periferia passou mesmo a crescer a partir de 2016, quando a SMC deu peso ainda maior à agenda de descentralização cultural, a exemplo do que ocorreu com a Virada Cultural, com o Circuito SPCine, com a aprovação da Lei de Fomento à Periferia, entre outras ações. Nos anos de 2017, 2018 e adiante, o aumento das manifestações carnavalescas periféricas foi se dando gradativamente, apesar do ainda nítido desequilíbrio com relação à concentração na região central da cidade.

Figura 3 –Evolução da distribuição territorial dos blocos em São Paulo

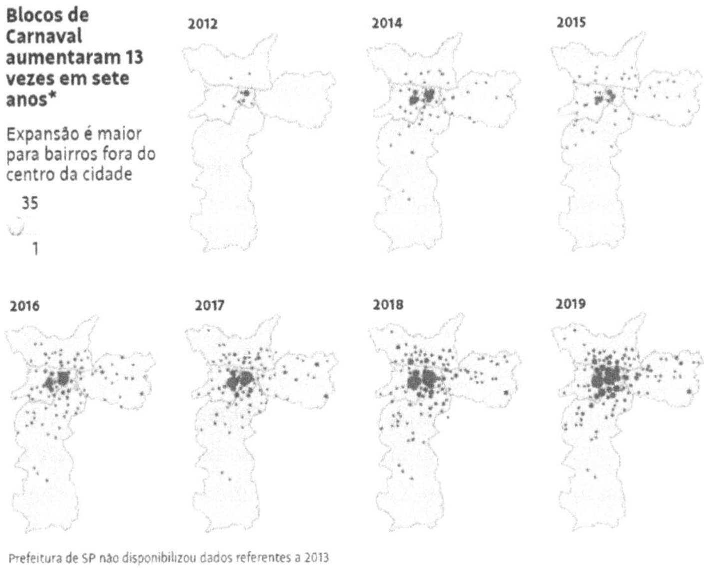

Fonte: Zylberkan (2019).

Alguns outros pontos interessantes se destacam nessa etapa da política pública. Um deles foi a solução jurídica para um dos problemas principais da burocratização, relacionado à coexistência do decreto de alvará temporário com o de carnaval de rua. Uma confusão residual permanecia e duas situações eram encontradas: a primeira era a de blocos – mais com perfil empresarial, diga-se – que buscavam manter uma licença de evento temporário, para explorar privadamente espaços públicos; e a outra era a de eventos comerciais que tentavam se passar por blocos e manifestações carnavalescos, colocando sua data de realização no período da folia, com o intuito de usufruir dos benefícios públicos (estrutura, subvenções de taxas, afastamento de responsabilidade pela limpeza do local do evento etc). Essa segunda situação era a mais corrente. A resolução normativa veio com o ingresso da Secretaria de Licenciamento à Comissão Intersecretarial e se deu com a não autorização de "manifestações carnavalescas como eventos temporários em logradouros públicos, se com fins comerciais ou finalidade lucrativa" (art. 8º-B, incluído pelo Decreto nº 55.878/2015). Além de resolver normativamente o impasse, o dispositivo reforçava o caráter público, democrático e gratuito do carnaval de rua.

Outro elemento que passou a fazer parte da política foi a estipulação de obrigações aos blocos. Esses deveres foram se ampliando a cada ano, compondo um quadro considerado excessivo, nos últimos anos, pelos blocos de carnaval. Nesse início da política, além da necessidade de cadastro dos blocos para terem acesso ao apoio planejado pela Prefeitura – frise-se que o cadastro era voluntário, mas era pré-condição para mensurar administrativamente os itens estruturais –, os organizadores passaram a ter também algumas obrigações com a segurança dos desfiles, em caso de blocos maiores.

No carnaval de 2015, algumas limitações também já foram estabelecidas: o término dos desfiles até 22h e a dispersão dos foliões até meia-noite nas áreas críticas (como Vila Madalena, Praça Roosevelt, entre outras). O caráter obrigatoriamente ambulante (ou circular) dos cortejos existia desde o primeiro regulamento, de 2014, até por solicitação dos blocos, que queriam ocupar mais espaços da cidade (MACHINI; ROZA, 2018, p. 12). Porém, a dispersão dos foliões pós-desfile se mantinha um problema cada vez maior, conformando-se na principal queixa dos moradores dessas áreas agudas, em virtude dos incidentes policiais (com violência, drogas), do barulho e do acúmulo de lixo. Na Vila Madalena, por exemplo, nas noites de carnaval, após a passagem dos blocos, houve severa intervenção da Polícia Militar para dissipar a aglomeração de pessoas, sobretudo nas imediações das ruas Aspicuelta, Wisard, Girassol e Fidalga.

Era preciso acompanhar todos os blocos, em todos os dias de carnaval, não apenas nas regiões críticas, mas nos diversos territórios com cortejos na cidade. Para tanto, foi estabelecido um mecanismo administrativo que se demonstrou importante na tecnologia de gestão instaurada pela política pública no decorrer dos anos: a sala de situação do carnaval de rua. Emprestando a experiência positiva da Virada Cultural, a sala se compunha desde o período de pré-carnaval e era composta por servidores de todos os órgãos da Comissão Intersecretarial, além da Polícia Militar. Esta se unia aos esforços da operação por articulação das secretarias municipais de Governo, Segurança Pública e Cultura. Coordenada por esta última pasta, a sala de situação era instalada na Companhia de Engenharia de Tráfego (CET),[63] ligada à Secretaria dos Transportes. A sede era bem localizada, na

63 O centro operacional da CET fica na Rua Bela Vista, 385, bairro da Consolação, distante uma quadra do trecho médio da Rua Augusta, sentido centro.

passagem entre o centro (Rua Augusta, Praça Roosevelt) e os bairros de Pinheiros, Vila Madalena e Lapa, onde acontecia o maior número de desfiles. Era um centro operacional com câmeras de todos os ângulos das vias públicas, pelas quais os cortejos eram monitorados, desde o primeiro até o último de cada dia de folia. No caso de ocorrências (nós de trânsito, incidente policial, problema logístico, tensão com moradores e comércio etc.), os órgãos responsáveis eram destacados para se deslocarem até o local.

Elemento importante a salientar nessa fase da política pública foi a abertura para a iniciativa privada, que começaria efetivamente. Pela primeira vez a Prefeitura lançou um chamamento público[64] com a finalidade de receber propostas de patrocínio para o carnaval de rua. A empresa pública municipal SPNegócios, voltada à captação de investimentos privados para projetos públicos da Prefeitura, elaborou o caderno de encargos a ser satisfeito pelo patrocinador. O edital foi lançado em novembro de 2014 e o resultado, dado no final de dezembro, anunciou a produtora DreamFactory, com recursos de patrocínio da Caixa Econômica Federal, como vencedora do certame. Com isso, o carnaval de 2015 contou com o primeiro aporte privado ao carnaval de rua, no valor (relativamente pequeno) de R$ 500 mil, pagos em serviços prestados diretamente pela produtora.

É importante reforçar que até o carnaval de 2014, o financiamento integral da festa foi realizado pela Prefeitura. A Cultura contratava a SPTuris para prestar serviços de infraestrutura (produtores locais, banheiros, ambulâncias, postos médicos etc.) e alguns órgãos assimilavam custos operacionais de seus protocolos (como as secretarias de Saúde e Transportes, via CET).

Mesmo com o patrocínio privado, o custo majoritário da festa ficou por conta da municipalidade, estimado em R$ 4 milhões.[65] Assim, pode-se dizer que esse estágio de implementação da política pública se caracteriza como o de abertura embrionária para a iniciativa privada.

64 O processo se deu por meio do Edital de Chamamento Público nº 02/SMC-G/2014, de 20 de novembro de 2014. O prazo para recebimento de propostas de patrocínio foi ampliado até 22/12/2014, quando as propostas dos entes privados foram abertas. Participaram Ambev, DreamFactory (com recursos da Caixa Econômica Federal) e outras. A proposta considerada mais vantajosa pela SMC foi a da DreamFactory/Caixa (SÃO PAULO, 2014e).

65 Conforme apresentado no documento da coletiva de imprensa de 29 de janeiro de 2015.

O adensamento dos serviços estruturantes do carnaval de rua começava a ocorrer neste formato: financiamento maciço do poder público e injeção dos recursos (ainda escassos) da iniciativa privada para o atendimento dos encargos técnicos requeridos pela Prefeitura. Nesse caderno de serviços, havia os itens necessários para a operação urbana do carnaval, de banheiros químicos a diárias de postos e profissionais médicos, passando por gradeamento de jardins públicos e materiais de comunicação sobre programação dos blocos, espalhados pelas cidades. O caderno se incrementava qualitativamente a cada carnaval e, naturalmente, crescia em quantitativos, de maneira a acompanhar o crescimento exponencial de blocos. Entretanto, a grande maioria dos serviços ainda era prestada, custeada ou executada diretamente pelo poder público, sendo este o responsável operacional pelo carnaval de rua.

No carnaval de 2015, foram mais de 6.000 diárias de banheiros químicos, 1.397 agentes de trânsito, 21 postos médicos, 50 diárias de ambulâncias, 31 de ambulâncias-UTIs, 600 agentes da GCM, 2.400 agentes de limpeza, decoração da cidade, guia de programação dos blocos, sinalização especial para informação da população e campanhas de conscientização (como as relacionadas ao uso racional da água e a não utilização de garrafas de vidro). Isso tudo para um carnaval com 296 blocos cadastrados (o que totaliza mais de 300 desfiles[66]). Participaram da festa nas ruas cerca de 1,5 milhões de foliões e foliãs (SÃO PAULO, 2015c).

É interessante notar, como uma inflexão na cobertura da imprensa e da própria comunicação estatal, como o carnaval de rua passa a obter, desde este ano, maior centralidade nos veículos. A própria página oficial da Prefeitura (SÃO PAULO, 2015c), diferentemente do que ocorria até 2012 (como já se apontou neste livro), deu maior destaque para o balanço do carnaval de rua do que ao sambódromo, em 2015.

3.7.1.4 Parceria com iniciativa privada e início da descentralização

A partir de 2016, o modelo de carnaval de rua patrocinado se firma. Em 2017, a maioria dos recursos provém dos patrocinadores, responsáveis pela prestação dos encargos do carnaval, sempre sob a coordenação da Secretaria Municipal

66 Considerando que um mesmo bloco pode sair em vários dias de carnaval. Seguindo o que foi divulgado pela SMC, o número de 296 blocos é o que passa a ser considerado para efeito comparativo anual neste livro.

de Cultura, que desde 2013 coordenava a política. Isso significa, evidentemente, economia de custos para a Prefeitura e otimização dos serviços prestados, graças à versatilidade da sua contratação e execução privada, fora do regime mais padrão de licitações.[67] Por outro lado, cria uma série de problemas relacionados à operação plenamente pública do carnaval, no sentido de exploração publicitária da festa pelos patrocinadores. Esta questão, aliás, tornou-se um dos temas mais polêmicos entre os blocos,[68] a partir de 2017, dividindo o segmento carnavalesco entre aqueles que viam nisso uma apropriação comercial indevida da festa, os que aceitavam com normalidade algum apoio privado e os que assumiam efetivamente um comportamento empresarial (MACHINI; ROZA, 2018, p. 13), como "bloco-empresa", uma categoria que também cresceu com a evolução do carnaval paulistano.

A abertura ao capital privado trazia outras demandas à regulamentação formal da ação governamental. Além da inserção da SPNegócios, empresa responsável institucionalmente pela interlocução com o setor privado, outro ente passaria a ter papel fundamental na operação urbana da política. Trata-se da Secretaria Municipal de Desenvolvimento Urbano (atual Secretaria Municipal de Urbanismo e Licenciamento), especificamente via Comissão de Proteção à Paisagem Urbana (CPPU). Com a possibilidade da ativação de marcas privadas durante o carnaval, tornou-se necessário contar com os esforços da CPPU para propor a regulação e analisar as intervenções de publicidade na paisagem urbana. A atualização[69] do Decreto do Carnaval de Rua, em janeiro de 2015, deixou mais explicitamente consignado que a publicidade dos patrocinadores deveria seguir rigidamente as regras da Lei Cidade Limpa.[70] E isso deveria valer para o patrocínio geral da política do carnaval de rua, firmado pela Prefeitura com o vencedor do chamamento, mas igualmente para os blocos que fossem patrocinados individualmente – situação que nunca foi vetada pelo regulamento.

67 Baseado na Lei nº 8.666, de 21 de junho de 1993, que disciplina as normas para licitações e contratos com a Administração Pública.

68 Esse é um dos conflitos que compõem a arena de implementação da política pública do carnaval de rua, a ser explorado ulteriormente no livro.

69 Por meio do Decreto nº 55.878, de 29 de janeiro de 2015.

70 Lei nº 14.223, de 26 de setembro de 2006.

Essa ativação de marcas pelos patrocinadores, que eram majoritariamente de cervejarias, converteu-se em um problema de difícil resolução, especialmente em virtude da atuação irregular dos patrocínios individualizados. O patrocínio macro da política pública, ofertado pelo vencedor do certame público, era regulado por atos administrativos internos à Administração Municipal, inclusive pela própria CPPU, que compunha a Comissão Intersecretarial.

No entanto, os patrocínios individualizados aos blocos eram negociados diretamente com os organizadores e ocorriam, no geral, sem qualquer comunicação à Prefeitura, ou autorização dela. Na prática, era comum que a ativação dessas marcas burlasse reiteradamente a Lei Cidade Limpa, realizando ativações irregulares na paisagem urbana. Com ou mesmo sem o consentimento dos blocos financiados, os patrocinadores praticavam ações ilegais de ativação publicitária, com exposição em locais indevidos, em proporções não permitidas, distribuição de materiais que sujavam as vias públicas (leques, viseiras), anúncios em trios elétricos, além de materiais de exibição ostensiva, como totens, *blimps* e até estruturas mais exóticas: "homens-lata", "caminhões-lata" e similares. Como a Lei Cidade Limpa traz gabaritos que, se cumpridos, não demandam autorização prévia para ativação, todas essas ativações eram feitas de maneira irregular.

No carnaval de 2015, a Prefeitura passou a fiscalizar a publicidade ilegal das empresas que tentavam atrelar sua imagem à recuperação do carnaval de rua paulistano. Iniciava-se uma tendência, que se consolidou mais tarde, de migração dos recursos privados do sambódromo para as ruas. Na fiscalização, várias apreensões de materiais irregulares foram realizadas, além de flagrantes que geraram multas às marcas de atuação ilegal,[71] e não aos blocos. Johnson & Johnson (Sundown), Olla, Nestlé, Ana Capri, Aperol, Heineken, MTV e Ambev (Skol) foram algumas das empresas multadas. No caso da última cervejaria, a ilegalidade era recorrente e perdurou por vários carnavais seguintes. Apenas no de 2015, a Ambev teve multa calculada em R$ 600 mil.[72]

---

71 Conforme noticiou a imprensa: https://veja.abril.com.br/economia/empresas-sao-multadas-em-sao-paulo-por-propaganda-em-blocos-de-carnaval/

72 Em contabilização até 16/2/2015, quando informada à reportagem da *Veja*. Não foi possível trazer, neste livro, mais informações sobre o andamento do processo administrativo de execução desta e das outras multas relativas à Lei Cidade Limpa.

Outro ponto importante de evolução da política foi a ampliação territorial. Depois da implantação da dinâmica de negociação local dos desfiles, com discussão em nível das subprefeituras acerca de trajetos, horários etc., o alcance espacial da política passou a ser intentado com outro tipo de ação. A Prefeitura passou a criar polos de atenção e indução à festa de rua mais às bordas da cidade. Essa medida se inspira na experiência positiva de 2015, quando se montou um palco no Largo da Batata, para a realização de um baile de carnaval que imantasse as pessoas dos nós críticos de multidão pós-blocos. A ideia era a de que os foliões não se concentrassem em reuniões agudas, como nas ruas da Vila Madalena e Pinheiros, mas fossem escoados para o baile. Isso mitigou os impactos da hiperconcentração, apesar de não resolver o problema integralmente.

A partir de 2016, a ideia da programação artística de carnaval nas periferias era mobilizar a população para a festa. A Secretaria Municipal de Cultura promoveu mais de 30 atrações, que incluíam artistas e blocos contratados, em palcos instalados em Taipas (Zona Norte), Itaquera (Zona Leste), M'Boi Mirim (Zona Sul), além do palco no Vale do Anhangabaú e o já existente palco da Batata.

Com relação aos blocos, segundo o que informou a Prefeitura (SÃO PAULO, 2016b), pela primeira vez eles chegaram a todas as subprefeituras da cidade, alcançando regiões inéditas como Sapopemba e Guaianazes. Ao todo, em 2016, foram 355 blocos,[73] que realizaram 374 desfiles – um crescimento de 35% com relação a 2015 e de 200%, com relação a 2014 (início de implementação efetiva da política pública). O público foi de 2 milhões de pessoas (SÃO PAULO, 2016a). A Prefeitura investiu R$ 7 milhões e os patrocinadores (Caixa Econômica Federal e cervejaria Amstel), R$ 3,5 milhões, por meio, mais uma vez, da produtora Dream Factory, vencedora do chamamento público.[74] Os serviços foram substancialmente incrementados[75] com relação aos outros anos e houve a novidade do credenciamento

73 O número considerado por este livro para efeitos comparativos é o do quantitativo de blocos, logo, 355.

74 Diferentemente de 2015, o edital de chamamento público partiu da proposta da intermediadora do patrocínio Dream Factory. Diferente da data de 4/9/2015, o edital, já com a proposta da produtora, foi publicizado em 9/9/2015, para o recebimento de propostas até 7/10 do mesmo ano (SÃO PAULO, 2015e, 2015d).

75 De acordo com a Prefeitura: "A quantidade de banheiros químicos cresceu 170%, com a contratação de 8.108 diárias, frente a 3 mil no ano anterior. Do total, 328 banheiros serão

de ambulantes para a venda de bebidas alcóolicas. Cerca de 4 mil vendedores se credenciaram.

Sobre este estágio de implementação da política pública, duas observações são importantes.

A primeira diz respeito à fidelização da festa pela população. Com o início das pesquisas da SPTuris sobre o carnaval, a partir de 2015, alguns dados começaram a vir à tona para avaliar os resultados da política. Um deles diz respeito à permanência na cidade durante a festa. A evasão carnavalesca, como se demonstrou, era um dos diagnósticos do cenário do carnaval de rua paulistano até meados de 2010. A política pública vinha para superar esse quadro. A pesquisa do Observatório de Turismo e Eventos da Cidade de São Paulo mostrou que as ações começavam a surtir efeito. Foi constatado que 78% dos frequentadores do carnaval de rua, em 2015, residiam em São Paulo. Em 2016, este número subiu para 96,8%. Também neste ano, 78,3% das pessoas permaneceram na cidade, motivadas pelo carnaval de rua, e cerca de 65% dos entrevistados brincavam a folia da Pauliceia pela primeira vez (SÃO PAULO, 2016c).

A outra observação se relaciona à avaliação política do carnaval de rua pelos tomadores de decisão. Os dados das pesquisas (SÃO PAULO, 2016c) atestavam a sensação de aderência social e avaliação positiva da ação governamental. A pesquisa revelou que 98% das pessoas afirmavam que a Prefeitura deveria continuar apoiando o carnaval de rua, 94% disseram que a organização melhorou com relação aos anos anteriores e 9% relataram o desejo voltar nos anos seguintes. A perspectiva econômica também contribuía para a leitura positiva dos gestores. O então prefeito Fernando Haddad, avaliando o carnaval de rua da cidade, assim se pronunciou em 2016:

> "Devemos superar a meta de R$ 400 milhões em negócios gerados na cidade, isso tanto de pessoas que vieram para São Paulo, sobretudo das

---

adaptados para pessoas com deficiência. O público poderá contar ainda com o apoio de 242 ambulâncias de remoção, 122 UTIs móveis e 48 postos médicos. Para atuar na organização do trânsito, haverá a atuação de 1.700 agentes da CET, um aumento de mais de 80% em relação a 2015, quanto 900 agentes trabalharam nos desfiles. Haverá também mais guardas civis metropolitanos, que terão um efetivo de 2 mil profissionais, 25% a mais do que no último carnaval. Após o desfile dos blocos, uma equipe de 2.100 agentes limpará as ruas. Em 2015, foram 423,5 toneladas de resíduos recolhidas por 1.900 agentes" (SÃO PAULO, 2016b).

> pessoas que deixaram de sair da cidade para brincar o Carnaval na cidade, e isso é um fato novo em São Paulo. Há pessoas que deixaram de ir para outras localidades porque tiveram a folia garantida por aqui, com a infraestrutura coerente com as necessidades da cidade. [...] É quarenta vezes mais de receita do que de despesa. A cada R$ 1,00 investido, a cidade tem R$ 40,00 de retorno, sem incluir o desfile". (SÃO PAULO, 2016d).

Nessa perspectiva econômica, é importante evidenciar o retorno financeiro que o carnaval de rua trouxe para a cidade. O valor é medido em negócios gerados pela festa exclusivamente de rua, ou seja, excluindo-se o sambódromo. Os números são chocantes. Em 2017, quando se começou a mensuração oficial pela SPTuris, o retorno foi avaliado em R$ 314 milhões. Nos anos subsequentes, o impacto foi de: R$ 550 milhões, em 2018; 2,1 bilhões, em 2019; e 2,7 bilhões, em 2020.[76]

Dessa maneira, a resposta social, econômica e cultural da política pública passava a vir à tona, destacando os aspectos positivos, mas evidenciando também problemas, como os danos da concentração de pessoas após os blocos, sobretudo na Vila Madalena. Uma situação que não pode ser atribuída aos carnavalescos, mas que deve ser encarada como uma espécie de externalidade negativa da política pública. Alertando para um problema que vai além de fevereiro, o secretário municipal de Cultura Nabil Bonduki, à frente da política do carnaval à época, trazia a constatação de "não é um problema do Carnaval, mas da maneira como a Vila Madalena passou a ser vista" (SÃO PAULO, 2016d).

3.7.2 Segundo ciclo de implementação (2017-2021)

3.7.2.1 Consolidação da tecnologia de gestão e aumento das restrições

Assim como vários pesquisadores que começam a analisar o carnaval de rua paulistano (MACHINI; ROZA, 2018; LEON, 2019; TEIXEIRA, 2019; BONDUKI, 2020; FERREIRA; VARELLA, 2020), este livro afirma que a política pública implantada desde 2013 se manteve em sua essencialidade, mesmo com a troca de gestão da Prefeitura a partir de 2017. A constatação é a de que se consolidou uma tecnologia urbana e cultural (BONDUKI, 2020) para o tratamento público e estatal da festa. Essa tecnologia pode ser entendida simultaneamente como uma tecnolo-

---

76 Dados da SPTuris, disponíveis em: https://www.observatoriodoturismo.com.br/category/estudos-e-publicacoes/mega-eventos-2/

gia de construção e operação (COUTINHO, 2013), no sentido mais empírico de execução urbana, e como uma tecnologia jurídico-governamental (BUCCI, 2013), em seu significado de conjunto de normas e atribuições institucionais das pastas que possibilitaram a formalização e estabilização da política. Em todas essas acepções, pode-se dizer que os estágios subsequentes da política pública, após o período inicial (de 2013 a 2016), caracterizaram-se pela manutenção da tecnologia de gestão do carnaval de rua instituída pela política pública da gestão Haddad.

O cerne da política pública estava mantido, o que se evidencia na análise dos atributos principais da ação governamental: carnaval livre, público e democrático; proeminência da dimensão cultural da festa; proibição de cordas, abadás e demais elementos de cerceamento e restrição do espaço urbano; planejamento das ações baseado no cadastro dos blocos; regulamentação incremental da política; apoio de infraestrutura de serviços aos blocos, e não financiamento direto; parceria com a iniciativa privada; execução integrada intersetorialmente; organização em nível territorial; e diálogo com os blocos e a sociedade. Todos esses elementos se mantiveram, em tese. Com base neles, a tecnologia de gestão carnavalesca se firmou. E a consolidação dessa tecnologia, a sua resistência apesar da mudança de contexto político-partidário, pode ser considerada um atributo central da política em seu curso de 2017 a 2021.

Falou-se da manutenção de tais elementos da política pública, em tese, pois é possível observar o início de um processo de desvirtuamento de alguns deles, ou a sua deturpação tópica. Isso em virtude, especialmente, do novo cenário e direcionamento político.

A primeira distorção diz respeito à afirmação da proeminência do aspecto cultural da festa carnavalesca e à atribuição de competências dos entes estatais. Desde o início da recém-eleita gestão João Doria, em janeiro de 2017, o discurso político já trazia sinalizações dúbias acerca da importância do carnaval de rua. O novo secretário municipal de Cultura André Sturm (2017-2018), em uma mesma entrevista (PEREIRA, 2017), afirmava a importância cultural do carnaval de rua e o utilizava como exemplo de "crise de cidadania":

> Carnaval é festa, bloco de rua é manifestação genuína, espontânea, cultural, que gera turismo, negócios. Mas vamos organizar um pouco. O que a gente pretende fazer é organizar melhor. [...]

> O carnaval de rua é um bom exemplo da crise de um conceito que é a cidadania. Porque cidadania virou sinônimo de: 'eu tenho direito', quando cidadania é "eu tenho dever". Eu sou cidadão porque entendo que vivo numa comunidade e tenho que respeitar o meu vizinho. E cidadania agora virou "eu sou cidadão, então eu posso". Não. Então a gente está apostando que o carnaval deste ano faça com que a cidadania, no sentido de entender que eu faço parte de uma cidade, comece a se tornar visível.

João Doria admitia, ainda durante os festejos de 2017, que a operação do carnaval não tinha sido bem realizada pela gestão, que a assumia pela primeira vez. O recém-eleito prefeito assumia a desorganização (BERGAMIM JR. *et al.*, 2017) e trazia enfaticamente a ordem política de "transferência" do carnaval da Vila Madalena para outro local no ano seguinte. Em agosto,[77] a escolha já estava feita: os blocos iriam para a Avenida 23 de maio. Segundo ele, a Vila não suportava mais o inchaço de público, que chegava a 400 mil pessoas. Um alerta sobre essa fala é importante e se refere menos à Vila e mais à diretriz política emitida para o carnaval como um todo. A mensagem do mandatário municipal acerca do crescimento da festa de rua paulistana era: "Ele continuará a crescer, só que de forma disciplinada, utilizando vias e espaços públicos que não comprometam o direito às pessoas que residem de chegar ou de sair de casa" (BOEHM, 2017).

A fala do Prefeito lembra muito a acepção de carnaval de rua que sustentou o processo de confinamento espacial da festa nas principais cidades brasileiras. Em São Paulo, isso ocorreu na década de 1960, com a determinação de que os blocos e cordões só pudessem desfilar em áreas delimitadas e controladas pelo poder público, como Vale do Anhangabaú, Avenida São João, Avenida Tiradentes, décadas de 1960 a 1990. O processo de "conversão" das manifestações de rua em escolas de samba, iniciado desde a década de 1940, deu-se materialmente neste período, quando passaram a ganhar subvenções e apoio estrutural para desfilarem em circuitos fechados e comercializáveis. O ápice e a consagração do modelo ocorreram em 1991, com a inauguração do sambódromo no Anhembi. Falar novamente em transpor o território dos cortejos e delimitar forçosamente seu itinerário assustava a maioria dos blocos, pequenos e de conexão comunitária. No entanto, podia

77 De acordo com entrevista do prefeito ao *G1* (DORIA..., 2017).

agradar aos megablocos, ou "blocos-empresa", como podem ser chamadas aquelas agremiações que, apesar de culturais, têm no seu intuito primário o empreendimento comercial e lucrativo da festa.

O anúncio da Avenida 23 de Maio como "palco" para o carnaval de rua se voltava especialmente a esses blocos. Tanto é assim que a coletiva de imprensa para a divulgação do carnaval do ano seguinte, 2018, dispensou grande espaço midiático para o fato de São Paulo passar a ter um grande "circuito comercial" de carnaval de rua – utilizando-se "circuito" como expressão cunhada e consolidada pelo carnaval das micaretas de Salvador na década de 1990. Obviamente, a festa se mantinha pública e gratuita. E os megablocos já haviam aparecido pontualmente nos outros anos, como o Bloco Maluco Beleza, de Alceu Valença (2016), Pipoca da Rainha, de Daniela Mercury (2016), e o tradicional Acadêmicos do Baixo Augusta. Porém, passavam a ser incluídos, desde então, os circuitos desenhados artificialmente no espaço urbano pelo poder público, para atender aos médios e grandes blocos empresariais e à pressão das associações de moradores e comerciantes de áreas nobres, como Pinheiros e Vila Madalena.

A tendência foi de tal forma estimulada que os megablocos cresceram a cada ano, atraindo a São Paulo empresas de eventos carnavalescos de todo o Brasil, em especial, Rio e Salvador. Segundo a Prefeitura, em 2019 – já com o diretor do bloco Baixo Augusta, Alê Youssef, como secretário municipal de Cultura –, dos 516 blocos inscritos, 16 eram megablocos. Em 2020, esse número passou para 41, ocupando 10 grandes avenidas da cidade.[78]

Consoante com essa tendência – no sentido de valorização dos blocos comerciais e necessidade de sua organização no território –, outra medida sensível foi tomada: a transferência da coordenação da política pública do carnaval de rua para a Secretaria de Prefeituras Regionais. Desde o início da política, em 2013, e até o carnaval de 2017, a Secretaria Municipal de Cultura é quem capitaneava todos os trabalhos e coordenava as demais secretarias e órgãos. O objetivo da Cultura na proa era manter a cultura na proa, levando essa dimensão (simbólica, estética, identitária e artística) do carnaval a orientar os demais aspectos que a folia envolve: serviços, organização territorial, patrocínio e financiamento, comunicação, desenvolvimento urbano etc.

78 Brigadeiro Faria Lima, São João, Tiradentes, Marquês de São Vicente, Pedro Álvares Cabral, Luís Carlos Berrini, Gastão Vidigal e Luís Dumont Villares.

A mudança na coordenação da política pública para o carnaval de rua, assumida pelas Prefeituras Regionais, trazia vários problemas. Um deles era mitigar a cultura como *locus* essencial de realização do carnaval. Era isso que permitia à dinâmica cultural ser prioritariamente observada no período carnavalesco, orientando as demais dinâmicas (urbanas, sociais) e serviços correlatos. Também enfraquecia politicamente uma área que já era mais vulnerável institucional e economicamente no conjunto do governo. Não é novidade que a pasta da Cultura, quando existe, é a que possui os menores orçamentos, em todas as instâncias do Executivo (federal, estadual, municipal e distrital). Todavia, manter uma agenda social e urbanisticamente importante sob a alçada institucional da Cultura, como era o caso do carnaval de rua, empoderava-a política e institucionalmente para tratar com outros órgãos (internos e externos à Prefeitura). Por fim, perdia-se uma dimensão técnica importante, relacionada à própria natureza da política pública. Sendo um objeto essencialmente cultural, o Estado deve desenvolver seu programa, seus meios e a interlocução social com o aparato, os instrumentos e o funcionalismo apto para tanto. É fugir da lógica de eficiência pública tratar, dentro de um governo, uma política que é cultural fora de sua área finalística.

Todos esses problemas foram sentidos pelos blocos, que protestaram veementemente no carnaval de 2019. O Arrastão dos Blocos – coletivo que reúne as agremiações no espectro político mais à esquerda na cidade – publicou um manifesto de posicionamento contrário à ampliação das restrições e burocracias aos blocos. O ponto da transferência da política para as subprefeituras era central, conforme o depoimento de Lira Alli, uma das líderes do movimento:

> "Depois que saiu da Secretaria (municipal) de Cultura e foi para a de Subprefeituras, os blocos ficaram na dependência de cada subprefeitura. Tem algumas que pegam mais pesado com blocos mais politizados, outras que não. E agora precisamos de autorização até para fazer ensaio, que sempre fizemos numa boa e não tem a mesma proporção de um desfile". (LISBOA, 2019).

Por mais irracional que seja, a história da gestão do carnaval paulistano demonstra que ele sempre foi alocado fora de sua área-mãe. Historicamente, desde o nascedouro, a gestão institucional da festa esteve no Turismo, ressaltando seu aspecto de evento e entretenimento. Para a Cultura, passou tardiamente, em 2013. Em 2017, houve o recuo, passando para as Prefeituras Regionais – cuja função principal na Administração é fazer a zeladoria regional da cidade. Essa situação preocupa, pois o carnaval de rua poderia voltar a ser objeto de interesses políticos locais, com verba e estrutura negociadas por vereadores e conexões alheias à política pública – algo que havia se dissolvido com o arranjo orgânico implementado.

Outro desvirtuamento importante diz respeito à ampliação gradual das regras e exigências aos blocos, que marca também essa fase mais recente da política pública. Na realidade, o que houve foi uma alteração significativa no processo de "autorização" dos blocos, que passa de um sentido de liberação e planejamento, baseado apenas na comunicação voluntária, para um sentido de controle e penalização, baseado no recrudescimento da burocracia.

A partir de 2017, sob o comando das Prefeituras Regionais, pela primeira vez se estabelecia um conjunto de obrigações mais assertivas aos blocos, cordões e assemelhados. Junto com elas, também ineditamente se previam punições mais severas. É oportuno anotar que não havia punição ou penalização aos blocos, com base nos primeiros decretos que regulamentaram o carnaval de rua (de 2014 a 2016). O que havia era a remissão a outras normas legais, como a Lei Cidade Limpa, de maneira que o seu desrespeito significaria um tipo de punição já existente, válida independentemente do Decreto de Carnaval. A nova gestão municipal alterou consideravelmente esse modelo. A nova regulamentação do carnaval de rua, instituída pelo Decreto nº 57.916, de 5 de outubro de 2017, estipulou obrigações, sanções e reinseriu dispositivos de burocratização antes eliminados pelo Decreto de Carnaval precursor. As mudanças foram substanciais.

A primeira delas diz respeito à obrigatoriedade do cadastramento dos blocos. Antes, o cadastro era voluntário, pois a Prefeitura considerava a ocupação das ruas o exercício da liberdade de expressão cultural, garantida constitucionalmente, além de inserir os blocos no rol de expressões realizadas no âmbito do direito à cidade. O novo cenário e a nova orientação política trazem outra visão de cultura e cidade. Com base nesta acepção, altera-se justamente o cadastramento dos blocos, o principal instrumento da política pública, por ser simultaneamente base de planejamento e, sobretudo, instrumento desburocratizador a estimular o surgimento de novos blocos.

Antes, o cadastro era comunicativo, e não autorizativo. Os blocos, cadastrando-se, permitiam que a Prefeitura planejasse os serviços, beneficiando-se da sua prestação. Evidentemente, não se cadastrar era prejudicial à organização dos entes públicos e era justamente essa a razão de ser uma ferramenta de convite à participação e não de amedrontamento institucional. Assim, manter o cadastro voluntário, demonstrando sua importância para os próprios blocos, levou-os espontaneamente a colaborar. O dado factual do crescimento do número de blocos comprovava isso: eram 42 blocos, em 2013; e 391, em 2017 – último ano em que o cadastro não foi obrigatório. Um crescimento de 782%.

O cadastro obrigatório altera a relação entre Prefeitura e blocos. Em vez de anunciados pelo Estado, considerando que é seu direito sair pela cidade, os blocos passam a ser "autorizados" por ele. Uma nomenclatura, aliás, que poder público e imprensa começaram a adotar (STOCHERO, 2018).

Pelo decreto instituído em outubro de 2017, os blocos que deixarem de se cadastrar ficam sujeitos à "proibição de cadastramento por um ano, sem prejuízo de outras sanções por desrespeito às demais normas municipais" (parágrafo único do artigo 4º). Portanto, se não se cadastrarem, os blocos não podem sair no ano seguinte. Se se cadastrarem, ficam obrigados a cumprir "as medidas de segurança necessárias à sua realização, inclusive aquelas eventualmente apontadas pelos órgãos públicos competentes, de acordo com suas características de horário, local, e público estimado". Ocorre que tais medidas, é importante frisar, passaram a ser determinadas pela Secretaria de Prefeituras Regionais, uma zeladoria urbana, e não pela Cultura, que privilegiaria a dimensão cultural dos festejos. Tais obrigações compuseram o primeiro "Guia de Regras" dos blocos, expedido por portaria secretarial. Nesse Guia, várias das obrigações que eram assumidas pela Prefeitura passavam a ser delegadas aos organizadores dos blocos, de maneira que o seu descumprimento levava à responsabilização. No caso dos megablocos ou blocos-empresa, isso em si não era um problema, por terem recursos privados a bancar profissionalmente sua estrutura. Para os blocos comunitários e amadores, que compõem a grande maioria do universo carnavalesco de rua, começava a surgir um grande obstáculo.

O aumento das obrigações aos blocos levou ao surgimento de algumas situações: I) blocos que se cadastraram e não tinham as condições de, na circunstância prática adversa da festa na rua, cumprir as medidas – nesse caso, a fiscalização passou a responsabilizar os organizadores; II) blocos que desistiam de sair após o cadastro, antevendo essa impossibilidade de cumprimento, ou simplesmente blocos que se precaveram em fazer o cadastro para obter a "autorização", mas depois refugaram – nessa situação, é importante salientar que passou a existir um índice de "desistência" dos blocos, que chegou a 30% em 2020 (MENGUE, 2020); e III) talvez a mais grave situação, que é a dos blocos que assumiram uma postura deliberada de descumprimento do decreto, saindo às ruas mesmo sem se cadastrar e independentemente do apoio da Prefeitura. Essa última situação fez surgir os (autointitulados) "blocos clandestinos", que começaram a se organizar coletivamente e também a sofrer séria repressão policial. Uma repressão que aumentou consideravelmente nos anos de 2019 e 2020, período que coincide com a ampliação da agenda de recrudescimento policial ditada pelo novo governo federal, com o presidente Jair Bolsonaro.

Com o início da imposição de normas abusivas às manifestações, os blocos clandestinos argumentam que o direito ao carnaval é constitucional e que a Prefeitura deve garantir as condições de seu cumprimento. A Prefeitura, por seu turno, passou a reburocratizar a relação com os blocos e a lançar mão de outras normas para tentar controlar os desfiles. Um exemplo é a interpretação de que veículos automotores que emitam sons só podem circular autorizados. Trata-se de uma interpretação da Lei nº 15.777, de 29 de maio de 2013, que trata de ruídos sonoros em veículos estacionados. A lei traz a previsão de que veículos profissionais emissores de ruídos devem estar previamente adequados à legislação e ser devidamente autorizados.[79] A Municipalidade invocou essa normativa para o carnaval de rua e, com isso, passou a autuar e barrar trios elétricos e pequenos carros de som, as principais formas de realização musical dos blocos. As multas passaram a ser potencialmente aplicadas, coagindo organizadores de blocos ou negativando seus nomes no sistema de credores da Prefeitura.

Outro novo expediente utilizado pela Prefeitura foi a interpretação de que os ensaios dos blocos, cordões e afins são eventos temporários e devem se submeter ao antigo decreto de alvará de eventos temporários.[80] Já se tratou, neste livro, acerca de como esse decreto era manejado de forma discricionária e discriminatória sobre os blocos carnavalescos, impedindo, legalmente e faticamente, sua realização.

---

79 Lei nº 15.777, de 20 de maio de 2013: "Art. 1º Os veículos automotores estacionados em vias e logradouros públicos do Município de São Paulo e aqueles estacionados em áreas particulares de estacionamento direto de veículos através de guia rebaixada ficam proibidos de emitir ruídos sonoros enquadrados como de alto nível pela legislação vigente mais restritiva, provenientes de aparelhos de som de qualquer natureza e tipo, portáteis ou não, especialmente em horário noturno. [...] § 3º Excluem-se das proibições estabelecidas no 'caput' deste artigo os aparelhos de som utilizados em veículos automotores em movimento, veículos profissionais previamente adequados à legislação vigente e devidamente autorizados, e também veículos publicitários e utilizados em manifestações sindicais e populares" (grifos nossos).

80 Decreto nº 49.969, de 28 de agosto de 2008.

Desde 2017, a Prefeitura acionava novamente o dispositivo para tentar controlar os impactos dos ensaios dos blocos, geralmente realizados em locais públicos e abertos à população, como praças e parques. Mais uma vez, isso burocratizou a relação entre Administração e carnavalescos. Estes não atendiam à normativa e viam seus ensaios barrados pela fiscalização municipal. O resultado, no médio prazo, era, mais uma vez, uma obstaculização do direito cultural ao carnaval, pois se minava a possibilidade de os blocos se prepararem (durante todo o ano) para a festa, tanto economicamente (com a venda de bebidas, por exemplo), quanto artisticamente (pela interrupção dos ensaios de bateria e harmonia).

Por fim, deste período (2017-2020), vale ressaltar o assentamento da iniciativa privada no financiamento da política pública. Os chamamentos públicos foram obtendo êxito gradual. Em 2017, a empresa vencedora (*Dream Factory*, com a marca Ambev) investiu cerca de R$ 15 milhões. Neste ano, saliente-se, houve denúncias de favorecimento no processo licitatório e abertura de investigação pelo Ministério Público (GARCIA, 2017). Em 2018, foram R$ 15,5 milhões, da mesma empresa, com a diferença de que ela foi obrigada a injetar mais R$ 400 mil no Fundo Especial de Promoção e Atividades Culturais (FEPAC), o fundo municipal de cultura paulistano. Em 2019, os recursos privados foram de R$ 16,1 milhões (SÃO PAULO, 2019a), investidos diretamente pela Ambev, por intermédio de sua Arosuco. Em 2020, a Ambev também foi a patrocinadora, investindo R$ 21,6 milhões no carnaval. Entre as contrapartidas para a empresa, está o cadastramento de ambulantes, para a venda exclusiva de suas marcas.

Gráfico 1 – Evolução do investimento no carnaval de rua por ano

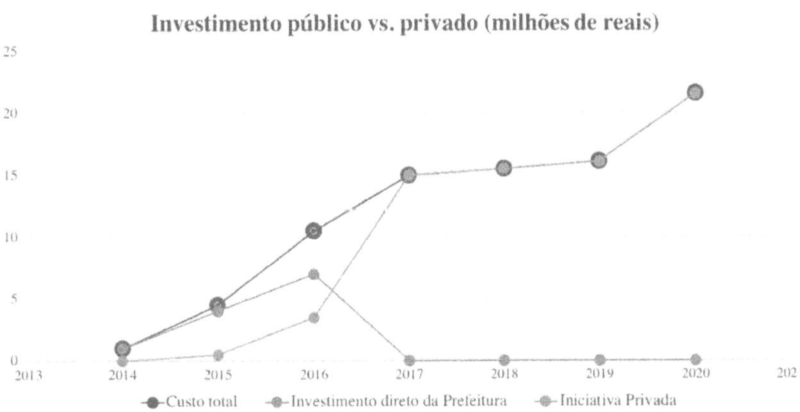

Fonte: Elaborado pelo autor, com base em informações da Prefeitura.

Tão crescente quanto o público do carnaval de rua da cidade – estimado em 15 milhões de pessoas em 2020 – está a demanda de serviços para a operação da política pública. Com a concretização do modelo de patrocínio privado geral, isso significa que os recursos chegam em quantias cada vez maiores, obrigando uma proporcional exposição de marca no espaço urbano e intervenções nos espaços dos blocos. Esse não é um processo pacífico entre os carnavalescos. Enquanto os megablocos continuam sendo incentivados e veem na lógica privada de financiamento algo elementar, os blocos de raízes culturais mais profundas com a cidade, com organização comunitária, vêm sentindo fortemente a apropriação de seu programa cultural para uso publicitário das marcas. A equação, de difícil solução, está em como financiar um carnaval das proporções do paulistano sem recorrer à iniciativa privada (que já faz parte dele, ainda que irregularmente, se não entrar pelo edital público) ou recorrendo a ela, porém, mantendo os valores de um carnaval efetivamente público, democrático e não sequestrado pelos valores de mercado. O debate, quente, está posto não apenas no carnaval de rua de São Paulo, mas em todas as capitais brasileiras com grande festa de rua, como Rio de Janeiro (MACHADO, 2017), Belo Horizonte (ANDRADE, 2019) e Salvador (CAVALCANTI, 2013).

No que tange à configuração político-institucional, é importante que se registre o fato de a Secretaria Municipal de Cultura voltar a coordenar a política pública. Isso aconteceu com a expedição do mais recente (e vigente) Decreto do Carnaval de Rua, o Decreto nº 58.817, de 17 de julho de 2019. No entanto, a ampliação das obrigações aos blocos se mantém e as previsões que permitem a reburocratização continuam presentes, nos termos em que foram aqui discutidas.

Nesse período (2017 a 2020), o crescimento do número de blocos e foliões se deu nos seguintes quantitativos, segundo dados da Prefeitura: em 2017, foram 391 blocos, com cerca de 5 milhões de foliões; em 2018, 491 blocos desfilaram, com público estimado de 8 milhões de pessoas; em 2019, foram 538 blocos, e um público de 14 milhões; em 2020,[81] foram 644 blocos, fazendo cerca de 15 milhões de foliões e foliãs pularem em São Paulo.

81 O ano de 2020 foi o último contabilizado, pois não houve carnaval de rua em 2021, em decorrência da pandemia de Covid-19.

Gráfico 2 – Evolução do carnaval de rua de São Paulo: blocos e público

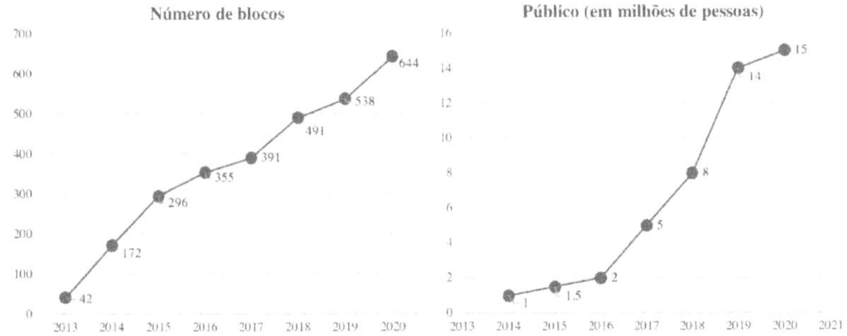

Fonte: Elaborado pelo autor, com base nos dados da Prefeitura.

3.7.2.2 Uma nota de continuidade[82]

A tese que originou este livro concentrou esforços em analisar a política pública do carnaval de rua paulistano o até o final do primeiro semestre de 2021. Ela abrangeu, portanto, a implementação da ação governamental em dois ciclos, o primeiro de 2013 a 2016; e o segundo, de 2017 a 2021. Tais ciclos foram determinados em função das diretrizes políticas e governamentais, incidentes na área específica da cultura e no programa geral da gestão, e das circunstâncias administrativas. Nestes aspectos, as duas delimitações temporais conservam um conjunto de características que permitiram a observação bem delineada dos ciclos. Como analisado no decorrer deste capítulo 3, o fato principal que demarca a passagem de um ciclo para outro foi a mudança do cenário político-institucional, com alteração drástica no programa político-ideológico, a partir da saída de Fernando Haddad da Prefeitura, e da assunção da gestão Bruno Covas, no início de 2021.

Com a morte do mandatário, seu vice, Ricardo Nunes, assumiu a administração municipal, em definitivo, no dia 16 de maio daquele ano. Como o novo prefeito manteve a gestão da Secretaria Municipal de Cultura com o mesmo secretário, Alê Youssef, e como o período do carnaval já havia passado – sem festa, em virtude da pandemia de Covid-19 –, não houve ruptura do segundo ciclo de implementa-

82 Esta seção foi escrita com o fim de atualização da tese, trazendo elementos dos anos de julho de 2021 a agosto de 2023. Não se trata aqui de análise exaustiva deste período, mas de tentativa de esclarecimento ao leitor acerca da delimitação da tese e da conexão com o cenário posterior à sua finalização.

ção. O que deve ser considerado, como fato político significativo, é a mudança da gestão institucional da Cultura. A pasta passou a ser comandada por Aline Torres, em 30 de agosto de 2021. A Secretaria passaria, desde então, a ter maior alinhamento político-ideológico com o prefeito empossado.

Pelos eventos institucionais relacionados ao carnaval que se seguiram – alguns deles citados adiante –, e pela postura política assumida, é possível afirmar que a nova gestão não provocou uma ruptura com a política pública, mas a continuidade do segundo ciclo de implementação, com o agravamento dos problemas estruturais da política, que emergiram nos anos anteriores: redução do protagonismo institucional da Cultura na ação governamental; intensificação do processo de confinamento espacial da festa de rua; ampliação das regras, exigências e responsabilização dos blocos; aumento da burocracia; redução do diálogo com os blocos; e manutenção da presença ostensiva dos patrocinadores do evento. Ainda que presente em menor escala nos anteriores, um dado sensível, e preocupante, foi o recrudescimento da ação policial, com procedimentos discutíveis de revista pessoal em espaço público e intervenções violentas de cunho repressivo.

A ação governamental para os carnavais de 2022 e 2023 foram marcados por alguns destes sintomas de degenerescência da política pública. No entanto, ainda é preciso analisar se tais sintomas permanecem no tempo. Seria preciso findar a gestão Ricardo Nunes para compreender, em período completo, se, mais que sintomas, tais problemas conformam um processo real de desestruturação da política pública. Assim, este livro optou por manter a análise aprofundada e exaustiva que focou os dois primeiros períodos de implementação. A opção foi por manter os dados, gráficos, quadros, estatísticas, informações públicas e demais elementos apurados de análise no período de 2013 a 2021. Isso considerou não apenas a questão temporal de prosseguimento do ciclo político (Covas-Nunes), mas também a instabilidade (ou não integralidade) do período carnavalesco imediatamente pós-pandêmico: em 2022, o carnaval não se deu de forma plena, em fevereiro, mas de forma parcial em abril e julho. Dessa forma, a única amostragem passível de análise integral seria a do carnaval de 2023: insuficiente para cravar mais elementos de uma nova fase da política pública.

O que este livro pode e fará aqui é apontar brevemente algumas evidências da continuidade do segundo ciclo de implementação e os eventos que demonstram o aprofundamento dos seus problemas.

Com a expectativa de um término próximo da pandemia de Covid-19, no segundo semestre de 2021 o prefeito de São Paulo afirmou que haveria carnaval no ano seguinte, caso as condições sanitárias permitissem.[83] Já no início de janeiro de 2022, anunciou o cancelamento dos blocos de rua e a manutenção somente dos desfiles do sambódromo. Semanas após este anúncio, junto com a cidade do Rio de Janeiro, a Prefeitura anunciou a postergação do carnaval para abril, no feriado de Tiradentes (dia 21). Mais uma vez, somente para o sambódromo e para eventos privados, que aconteceram em espaços de função pública na cidade, cercados à revelia do Decreto de Carnaval.[84] A medida, segundo a Prefeitura, baseava-se no quadro sanitário do momento, no entanto, foi tomada sem estudos prévios e diálogo com os blocos.

Naquele momento, foi possível denunciar o quadro de preterimento da festa de rua, sem qualquer projeção de organização futura ou planejamento da política pública existente. A análise foi feita no artigo "Carnaval de rua virou boi de piranha na pandemia e sofre ofensiva moral" (VARELLA, 2022),[85] publicado na Ilustríssima, da Folha de São Paulo, em 25 de fevereiro de 2022.

Os blocos carnavalescos também denunciaram o descaso. Houve tentativas reiteradas de diálogo com a Secretaria Municipal de Cultura. Ocorreu também uma reunião pública,[86] no Centro Cultural São Paulo, em que os blocos exigiram apoio da Prefeitura para a festa de rua, em abril. Na ocasião, os secretários municipais integrantes da política intersecretarial afirmaram não haver condições de realização da festa e chegaram a, veladamente, ameaçar com força policial os blocos que

83 https://agenciabrasil.ebc.com.br/geral/noticia/2021-10/'prefeito-de-sp-diz-que-muito-provavelmente-capital-tera-carnaval-2022

84 Na ocasião, em artigo assinado com Juca Ferreira e Nabil Bonduki, foi possível denunciar o risco da autorização parcial e de cunho privatista da festa: https://www1.folha.uol.com.br/cotidiano/2022/04/o-carnaval-de-rua-publico-de-sao-paulo-esta-sob-ameaca.shtml

85 O artigo, na íntegra, está publicado no final do livro. Disponível em: https://www1.folha.uol.com.br/ilustrissima/2022/02/carnaval-de-rua-virou-boi-de-piranha-na-pandemia-e-sofre-ofensiva-moral.shtml

86 A reunião pública ocorreu no dia 8 de abril de 2022, às 19h, no Centro Cultural São Paulo. O autor do livro esteve presente e trouxe o relato do encontro. Na ocasião, além da secretária de Cultura, estiveram presentes os secretários(as) de Segurança Pública, Coordenação das Prefeituras Regionais (antiga Subprefeituras), Saúde, Serviços, dentre outros(as).

se rebelassem e saíssem no feriado. Após ouvir as demandas dos organizadores, a secretária de Cultura Aline Torres, e os demais gestores, sem dar respostas, abandonaram o recinto. Indignadas, as associações representativas dos blocos de rua e estes, autonomamente, posicionaram-se em um manifesto intitulado: "Manifesta Carnaval de Rua Livre com Diversidade e Democracia! Contra a violência policial e contra a censura".[87] Um dos trechos do texto afirmava:

> Para defender a vida nós ficamos em casa o tanto quanto foi possível nos últimos dois anos. Não colocamos o bloco na rua e cumprimos nossa responsabilidade coletiva. Nos dias atuais, o cenário sanitário parece promissor e estável. Festivais, campeonatos esportivos, eventos religiosos e de negócios estão acontecendo normalmente. O sambódromo já está com a festa marcada e não há justificativa para proibir carnaval de rua livre, diverso e democrático, nesse abril de 2022. Não podemos aceitar qualquer violência contra o carnaval. Não podemos aceitar ameaças, censuras, punições ou castrações – físicas ou jurídicas – contra aquilo que é nosso por direito: bater nossos tambores em praça pública. (MANIFESTA CARNAVAL DE RUA LIVRE, 2022)

Na tentativa de frear os blocos, no dia 20/4, véspera do feriado de Tiradentes, a Prefeitura anunciou que daria apoio para um carnaval de rua que ocorresse mais adiante, em 16 e 17 de julho.[88] A tentativa foi em vão. Entre os dias 21 e 24 de abril, uma parte dos blocos, em número de 30 a 50, saíram às ruas como protesto, mesmo sem apoio[89] do poder público.[90]

O mesmo ocorreu em julho daquele ano. A Prefeitura lançou um edital de chamamento de patrocinadores para financiar o evento, com valor de R$ 10 mi-

87 https://docs.google.com/forms/d/e/1FAIpQLScub_T7R_vVrJUd-BmqWkQ_ygVyguNLEsarcW2EPz58PmGYeQ/viewform

88 https://noticias.uol.com.br/ultimas-noticias/agencia-estado/2022/04/20/prefeitura-de-sp-propoe-novo-carnaval-de-rua-em-julho.htm

89 https://g1.globo.com/sp/sao-paulo/carnaval/2022/noticia/2022/04/21/mesmo-sem-autorizacao-da-prefeitura-blocos-de-rua-desfilam-e-reunem-folioes-em-sp-no-feriado-de-tiradentes.ghtml

90 Alessa analisou bem esse fato político sobre o carnaval na ocasião: https://www.nexojornal.com.br/ensaio/2022/De-abril-a-julho-o-carnaval-de-rua-de-S%C3%A3o-Paulo-rumo-a-2023

lhões. Não houve interesse da iniciativa privada e o prefeito Ricardo Nunes anunciou publicamente o seu "cancelamento do carnaval". No entanto, os blocos mantiveram a festa e saíram às ruas, no que passou a ser chamado de "CarnaJulho" e "Esquenta de Carnaval".[91] Em nota, as representações dos blocos anunciaram:

> (...) reiteramos que quem cancela o Carnaval não é a ausência de empresa patrocinadora. O Carnaval se faz ao momento que pessoas se reúnem na rua pública para brincar, batucar, cantar e serem felizes. Blocos em arranjos diversos, vão sair em julho, nos dias 16 e 17, exercendo seu direito legitimo de manifestação cultural garantido pela constituição.[92]

Para o carnaval de 2023, houve um edital de patrocínio voltado ao evento, que permitiu o aporte de R$ 25,6 milhões pela empresa cervejeira AMBEV.[93] Segundo a Prefeitura, ocorreram 462 desfiles pela cidade,[94] com cerca de 15 milhões de foliões e um movimento financeiro de R$ 2,9 bilhões na cidade (em números do Observatório de Turismo e Eventos da SPTuris).[95]

Sobre a festa daquele ano, importa anotar alguns pontos que reforçam a continuidade do segundo ciclo de implementação. Uma delas é a consolidação do crescente processo de cooptação do carnaval de rua público pela iniciativa privada,[96] financiadora do evento e ativadora publicitária do espaço urbano. Outra, é a assimilação dos megablocos como elemento de maior atenção administrativa da Prefeitura e de interesse mercadológico no âmbito da festa. Neste ano de 2023, a

91 https://www.facebook.com/forumblocossp/posts/1643053536076407?ref=embed_post

92 https://g1.globo.com/sp/sao-paulo/carnaval/2022/noticia/2022/07/14/apos-cancelamento-do-carnaval-de-rua-em-sp-coletivos-de-blocos-dizem-faltar-coragem-a-gestao-e-confirmam-desfiles-nos-dias-16-e-17.ghtml

93 ttps://www.prefeitura.sp.gov.br/cidade/secretarias/subprefeituras/m_boi_mirim/noticias/index.php?p=125311

94 Os números da própria Prefeitura variam. Matérias oficiais anunciam 670 blocos cadastrados e números que vão de 511 a 462 desfiles cadastrados. Este livro optou pelo número atualizados pós-festa. https://www.prefeitura.sp.gov.br/cidade/secretarias/subprefeituras/noticias/?p=343214

95 https://www.capital.sp.gov.br/noticia/carnaval-de-rua-movimenta-r-2-9-bilhoes-na-economia-da-capital

96 Esta ideia será pormenorizadamente desenvolvida no item 3.8.2.2 deste capítulo.

Prefeitura anunciou o desfile de 36 megablocos[97] (com mais de 40 mil pessoas). Para efeitos comparativos, o carnaval de 2020, o último grande antes da pandemia de Covid-19, registrou 41 destes megaempreendimentos carnavalescos.

Além disso, vale destacar o endurecimento da ação policial na folia. As denúncias de violências praticadas pelas forças policiais e de segurança, notadamente a Polícia Militar, já vinha ocorrendo, ao menos, desde 2019. Neste ano, a Defensoria Pública do Estado de São Paulo recebeu dez denúncias[98] de ação violenta da PM e tomou medidas em face do órgão. Em 2023, foram mais denúncias, nos bairros da Santa Cecília e Bixiga.[99] A Defensoria identificou o aumento das medidas policiais abusivas no carnaval e chegou a se manifestar formalmente, com recomendação à Prefeitura e à PM de não usarem a força contra foliões, algo que já havia ocorrido em abril de 2022.[100]

Acerca disso, há dois dados novos em 2023. Um deles, inclusive, é objeto de análise pela Defensoria Pública. Trata-se da possível ação combinada entre Polícia Militar e Guarda Civil Metropolitana (GCM) na constrição dos blocos. A GCM não possui a função institucional de repressão, mas pode ter agido em conjunto com a PM em medidas violentas de dispersão dos foliões. Um dos casos denunciados ocorreu com o Bloco do Fuá, no Bixiga,[101] com diversas pessoas feridas.

Outro dado é a inspeção pessoal, conhecida como "revista", em foliões que participaram dos blocos nos espaços públicos. Reforçando tendência dos anos anteriores, ocorreu a circunscrição de circuitos, com o impedimento de acesso livre a espaços públicos, sobretudo nos desfiles dos grandes blocos. Para adentrar tais cercados, os foliões precisaram passar não apenas por gradis de confinamento, mas

---

97 Sobre megablocos e demais categorias de blocos, ver item 3.8.2.1.

98 https://www1.folha.uol.com.br/cotidiano/2019/03/defensoria-recebe-dez-denuncias-de-violencia-policial-durante-carnaval-de-rua-em-sp.shtml

99 https://www1.folha.uol.com.br/cotidiano/2023/03/defensoria-apura-aumento-de-violencia-policial-contra-blocos-de-carnaval-em-sp.shtml

100 https://www1.folha.uol.com.br/cotidiano/2022/04/defensoria-pede-que-prefeitura-e-pm-nao-usem-forca-contra-blocos-em-sao-paulo.shtml

101 https://www1.folha.uol.com.br/cotidiano/2023/02/folioes-dizem-ter-sido-agredidos-com-cassetetes-por-guardas-da-gcm-no-carnaval-de-sp.shtml

também pela revista policial.[102] Tal fato atesta o movimento gradual de cerceamento do espaço público do carnaval de rua.

Outro apontamento diz respeito ao aumento da burocracia para a inscrição dos blocos no Cadastro da política do carnaval de rua, acompanhado da maior responsabilização dos organizadores. Ainda que o Decreto que regulamenta o carnaval de rua se mantivesse o mesmo (Decreto 58.857, de 17 de julho de 2019), houve um novo regulamento da SMC, a Portaria 06/SMC-G/2023, com previsões de endurecimento sobre os horários dos blocos e intensificação das penalidades. A Portaria faz remissão ao Guia de Regras da Prefeitura, que não possui força legal, mas serve para orientar a disciplina dos blocos. O Guia foi um dos principais objetos de crítica dos organizadores da festa de rua, justamente por retomar ou criar exigências mais difíceis de serem cumpridas pelas organizações comunitárias, por ampliar as restrições e por expandir as penalidades. A combinação do Decreto, em parte detalhado pela Portaria, com o Guia de Regras e a postura política da Prefeitura – de menos diálogo e mais controle sobre os blocos – indicam um caminho de "reburocratização" da política pública.

Por fim, um último elemento a ser comentado foi a publicação de um edital para premiação dos blocos de carnaval. Uma iniciativa interessante e inédita de financiamento direto aos carnavalescos. Lançado em outubro de 2022, visando o carnaval de 2023, o edital foi intitulado: Premiação de Reconhecimento por Trajetória Cultural dos Blocos de Carnaval de Rua. O edital pretendia distribuir R$ 4.200.000,00 a 300 blocos de carnaval, destinando R$ 14.000,00 a cada um. As inscrições, porém, foram menos de 150, sendo habilitados para o prêmio apenas 111 (27 foram inabilitados, somando-se 138 blocos[103]). Se por um lado, a pouca procura pode significar parco diálogo e relação truncada com os blocos (ou mesmo baixa mobilização do segmento), outro problema se deu na compreensão jurídica e financeira do valor. Em vez do que foi anunciado, os blocos receberam apenas R$ 11.019,36, devido aos impostos retidos. O desconto não havia sido anunciado previamente aos organizadores, que contavam com os recursos para custear as despesas dos desfiles. Além disso, o próprio entendimento jurídico de que um prêmio

102 https://www1.folha.uol.com.br/cotidiano/2023/02/folioes-serao-revistados-no-carnaval--de-rua-de-sao-paulo.shtml

103 De acordo com o *Diário Oficial da Cidade*, de 28 de janeiro de 2023.

pode ser tributado é discutível. Conforme o Decreto Federal 11.453, de 23 de março de 2023, a premiação cultural tem natureza jurídica de doação, sem encargo e sem estabelecimento de obrigações futuras (art. 41).

Enfim, esta seção serviu para trazer uma breve descrição dos acontecimentos que permearam a política pública do carnaval entre 2021 e 2023, sem qualquer pretensão de realizar uma análise mais profunda do período. São alguns elementos que permitem apontar certa continuidade do segundo ciclo da ação governamental do carnaval de rua. O livro se mantém fazendo a análise exaustiva sobre a política pública nos anos anteriores de implementação (2013-2021).

3.8 A dimensão (da) política carnavalesca

> O problema sabe qual é? Esse tal de Juca, secretário de Cultura baiano. Achou que aqui é Salvador e quer trazer esse carnaval pra cá. Mas nós vamos deixar claro para ele e o prefeito Haddad que São Paulo não é a Bahia. (Moradora da Vila Madalena, em reunião de avaliação do Carnaval de Rua na Subprefeitura de Pinheiros, 2014). (LEON, 2019, p. 83).

Essa fala de uma moradora da Vila Madalena foi coletada por Luís Eduardo Trevisan de Leon (2019), ex-servidor da SMC durante a implementação da política do carnaval. Leon era um dos gestores que participava das negociações da ação governamental na ponta, com blocos, moradores, comerciantes e subprefeituras. O depoimento é muito simbólico. Ele traz imagens sintetizadoras de muitos dos conflitos e das tensões efervescentes quando da aterrisagem da política na rua.

Trata-se de uma moradora do bairro mais afetado pelo crescimento do número de blocos e foliões na cidade, a Vila Madalena. Um bairro geograficamente pequeno, de classe média e média-alta, na zona oeste de São Paulo. É famoso por sua vocação boêmia e por ser frequentado por universitários, artistas e intelectuais. O tom da fala é uma mistura de arrogância com preconceito, e pitadas de xenofobia. Ela faz menção ao secretário municipal de Cultura, à frente da pasta desde o início da gestão Haddad, em janeiro de 2013: o baiano Juca Ferreira – "esse tal de Juca". Vale lembrar que, logo que o ex-ministro da Cultura (2008-2010) foi anunciado pelo prefeito eleito, em dezembro do ano anterior, o conhecido jornalista paulistano Gilberto Dimenstein (2012) escreveu seu famigerado artigo, intitulado: "Haddad precisa importar um baiano?". Fazendo coro geopolítico ao seu vizinho da Vila Madalena, a moradora foi enfática, na reunião, ao esbravejar que São Paulo não é a Bahia e que o carnaval de Salvador não seria trazido para a cidade. Frise-se que o carnaval de Salvador, em sua face mais midiática de micaretas pagas e privatização do espaço público, tem o modelo completamente distinto do que se instaurava em São Paulo.

Essa situação, tragicamente anedótica, escancara o forte componente político da política pública do carnaval de rua. Esse componente é largamente anunciado como central na análise contemporânea das políticas públicas (COUTINHO, 2013; BUCCI, 2006, 2013; MARQUES, 2013). No caso do carnaval, a dimensão ganha cores mais vibrantes, pois o crescimento exponencial da festa se deu muito abruptamente, levando seus impactos, proporcionalmente acachapantes, a serem sentidos muito nitidamente por aqueles que se configuraram os principais antagonistas da festa e de sua respectiva política pública: os moradores e comerciantes locais.

Mas antes de adentrar essa esfera da arena conflitiva, dos interesses e atores, é preciso salientar o aspecto político, precursor do debate. Foi justamente a movimentação política das forças sociais da cultura que propulsionaram o Estado em seu movimento programático rumo ao suporte do carnaval de rua. O rebote de anos de "criminalização", repressão e negligência contra os blocos, por parte do poder público, foi justamente o combustível para a mobilização que resultou nas condições políticas para a tomada de decisão por uma política carnavalesca. Para o carnaval de rua, sem dúvida, foi a política, como *politics*, que levou à política, como *policy*.

Estabelecendo uma conexão teórica, não foram os *outputs* dos blocos que, processados tecnicamente, levaram a uma decisão racional pela política,[104] nos termos de Easton (1965). Também não se optou pela ação governamental considerando as possibilidades técnicas que possuía o Estado naquele momento, para enfrentar a questão do carnaval, conforme o modelo da lata de lixo de Cohen, March e Olsen (1972) – até porque não havia, naquele início de gestão, essas possibilidades técnicas, construídas no decorrer da implementação. Sem dúvida, pode-se dizer que houve um momento de tomada de decisão fundamental, como sugere Etzioni (1967), seguida por processos que a incrementaram, numa dinâmica que ele chamou de "*mixed scaning*".

Porém, mais do que tudo, existem algumas marcas analíticas nessa configuração política da política pública: o seu caráter *bottom-up* de conformação, incor-

104 Embora eles tenham sido relevantes para a continuidade da política depois que ela se despersonalizou, isto é, na gestão municipal seguinte.

porando efetivamente a demanda social em processos participativos, com múltiplos atores em cena (MARQUES, 2013, p. 33); a sua modelagem jurídico-institucional, que oportunizou a interpenetração das camadas técnica e política, tornando-as indissociáveis (BUCCI, 2013); o sediamento do direito, por meio de sua base normativa como um elemento de internalização e reflexo do conflito social (EWALD *apud* MACEDO JUNIOR, 2013); e o processo de retrointerferência, das forças políticas sobre as instituições e das instituições sobre as tomadas de decisão que iriam interferir nas forças políticas, conforme Immergut (2006) e Lowie (1964).

Nesse quadro, reafirma-se o fato de que a dimensão política tem sido cada vez mais determinante para a formulação, a execução e o consequente sucesso da ação pública. E isso não é diferente para a política do carnaval de rua.

Eduardo Marques afirma que se há um elemento de destaque no movimento contemporâneo das políticas públicas, este elemento é a "crescente politização do processo de produção de políticas" (MARQUES, 2013, p. 24). Segundo o autor, elas passam a ser entendidas "[...] cada vez mais como processos complexos, atravessados por diversas dinâmicas de poder, embora em constante interação com os ambientes institucionais, relacionais e cognitivos que as cercam, ambientes esses também construídos ativamente pelos atores" (MARQUES, 2013, p. 24).

Maria Paula Dallari Bucci (2013, p. 34), nesse diapasão, ao analisar o deslocamento das políticas públicas no Brasil nas últimas décadas, em virtude sobretudo dos avanços constitucionalistas pós-redemocratização, destaca como o direito vai compondo a esfera política dos governos.[105]

No caso do carnaval de rua de São Paulo, a política pública foi "lançada" justamente pela demanda e pressão política (dos blocos e cordões carnavalescos) e "assumida", como tal, por decisão política dos gestores da época, prefeito e secretário municipal, que colocaram na agenda político-programática da gestão a organização da festa, com toda a consequência administrativa que disso decorreria.

105 Segundo Bucci (2013, p. 34), quebra-se uma ideia estanque de divisão entre uma esfera jurídica (institucional e administrativa) e uma "camada política", ambas condutoras da movimentação do Estado. A formação e o exercício do poder político passam a ser fundamentais na análise das políticas, por intermédio das categorias jurídicas fundamentais, e o relacionamento das esferas jurídico-institucional (ou técnica) e política constituem-se como elementos indissociáveis do fenômeno de compreensão da atuação do Estado por meio das políticas.

A assunção política da responsabilidade pela organização do carnaval de rua foi imediata e o reconhecimento pelo movimento carnavalesco se deu prontamente, até com a inauguração de um modelo de participação ativa dos blocos e de construção conjunta da política pública.

Ocorre que essa assunção política da política pública pela Prefeitura deflagrava dois processos importantes, que passam a ser analisados: a necessidade de uma estratégia discursiva e de ação para o enfrentamento público do debate carnavalesco; e o surgimento e a consolidação dos diferentes grupos de interesse na arena política do carnaval de rua, com pleitos contrastantes, formando um complexo quadro político de disputa urbana.

3.8.1 Narrativa e vetores de enfrentamento político

A decisão pela atuação no carnaval de rua significava a formulação de uma estratégia que detinha inescapavelmente três vetores de enfretamento político, por parte da Prefeitura: I) vetor externo *stricto sensu*, voltado ao segmento carnavalesco, que era o convencimento, a mobilização e o envolvimento de novos blocos carnavalescos e a consequente superação do modelo baseado em poucos blocos, organizados em associações formais, segundo um modelo obsoleto de subvenções; II) vetor externo *lato sensu*, a se dar pelo convencimento da sociedade em geral, com discurso político e comunicação do programa, tendo como eixo a ideia do carnaval de rua como elemento de reocupação do espaço público urbano e livre convivência; e III) vetor *interno*, que era a necessidade de assimilação da diretriz de realização do carnaval na própria estrutura institucional e administrativa da Prefeitura, sob o comando da pasta da Cultura, inclusive para os órgãos historicamente obstrutores dos desfiles.

No que tange ao vetor político mais restrito, de construção em meio ao segmento do carnaval, o desafio tinha dois aspectos.

O primeiro aspecto estava ligado à capacidade de transpor para os instrumentos normativos e regulatórios, e para os procedimentos que seriam adotados pelo poder público, todas as demandas dos blocos carnavalescos. Eram demandas que se sofisticavam, a exemplo da isenção da taxa de organização do trânsito cobrada pela CET, ou inéditas, como o pleito de não ser obrigatório nenhum tipo de "autorização" (documento ou burocracia) para o desfile, bastando apenas uma comunicação ao poder público.

Nesse ponto, era muito importante que os blocos efetivamente se sentissem parte da construção da política pública e, para isso, era imprescindível que ela assimilasse verdadeiramente as principais reivindicações[106] trazidas. Era preciso que a relação não fosse pró-forma, pelo contrário, a política só teria resultado se aqueles que seriam os futuros, e principais, beneficiários (clientes) da ação governamental se configurassem também em seus formuladores. E não apenas beneficiários e formuladores, o envolvimento dos blocos passava pela convicção de que eles também seriam mediadores sociais da política pública. Cada bloco adquire sentido cultural, social e urbano no seio comunitário. É a ligação afetiva com seu território que garante a essência identitária do bloco. Assim, cada liderança, músico, organizador de expressão carnavalesca tem papel fundamental no diálogo com sua vizinhança, com o comércio local, com os taxistas do ponto da esquina, com hospitais e outros estabelecimentos sensíveis etc. Engajar efetivamente os blocos na política pública representava perfazer um ciclo delineado por formulação, implementação e mediação social da política pública.

O segundo aspecto se referia a ampliar os atores do carnaval de rua, fomentando a participação de foliões e foliãs que quisessem organizar seus desfiles, independentemente de institucionalização ou qualquer organização formal. A Prefeitura, com a nova política pública, passaria a dar suporte para quaisquer expressões carnavalescas que surgissem.

---

106 Apenas a título de exemplo, uma das reivindicações, de certo modo, simples, apontada por Machini e Roza (2018, p. 12) era a de que os blocos pudessem circular pelas ruas. No (que se chamou de) antimodelo anterior, a Prefeitura, muitas vezes, brigava os blocos a ficarem estacionados, para que pudessem controlá-los melhor (e interditá-los mais facilmente também) e, em tese, reduzir impactos. Isso não era bom para os blocos, que queriam efetivamente fazer seus cortejos, que possuem significado simbólico e estético, ocupando livremente a cidade com música e festa. A Prefeitura incorporou essa demanda desde o primeiro Decreto de Carnaval (janeiro de 2014) e a circulação se mostrou uma demanda operacional muito positiva, sobretudo para moradores e comerciantes. Circulando, os blocos deixavam de concentrar a multidão em um lugar só, causando menos problemas aos mesmos cidadãos, aqueles que tinham as janelas e os estabelecimentos na frente dos blocos por horas. A circulação, acompanhada da CET, também permitia melhor planejamento dos impactos no trânsito e possibilitava recalcular rotas para o desvio de lugares sensíveis, como hospitais, escolas etc.

Isso passava pela necessidade de o arranjo jurídico-institucional trazer alternativas concretas aos problemas dos carnavalescos. O objetivo era transmitir segurança aos blocos que já existiam, para que permanecessem nas ruas, e estímulo ao surgimento de novos blocos. É importante considerar que os blocos de carnaval se configuram e atuam em rede, tecida por relações artísticas, afetivas e geográficas. Assim, os atores carnavalescos acabam organizando mais de um bloco, influenciando o surgimento de novos, uns participam dos festejos promovidos pelos outros. Desse modo, o apoio aos blocos tradicionais, justamente com a consolidação daqueles surgidos no início da implementação, gera um efeito cascata de surgimento de mais agremiações, que vão crescendo em fator exponencial.

Além disso, quando se sentem parte da política, os blocos se alinham politicamente ao discurso público de defesa da festa na cidade, ajudam a disputar a opinião pública e a consolidar a ação governamental na agenda institucional, política e midiática. Naturalmente, a cada grau de cristalização da política pública se escancaravam mais os interesses qualitativamente opostos a ela, seja por questões específicas dos segmentos (moradores, comerciantes), seja por oposição ideológica à fixação e ao crescimento do carnaval de rua na cidade. Os atores contrários se tornavam mais atuantes e evidentes. Tanto o discurso público quanto a operação administrativa precisavam contemporizar as demandas opositoras.

No que tange ao vetor político de enfrentamento mais amplo, foi preciso o debate aberto com a sociedade, atravessado pelos principais atores políticos do carnaval, enunciando e discutindo os pilares da política pública. A grande mídia era o canal privilegiado para isso, sobretudo porque ela já ampliava a sua pauta de cultura, acompanhando a expansão das ações relacionadas à ocupação cultural da cidade.

Tratava-se do debate mais amplo, de disputa da opinião pública. O novo modelo só surgiria com um embate de valores, que fortaleceria a "ideia de uma festa pública e aberta como parte da cultura da cidade" (ROLNIK, 2014). A comunicação correta sobre essa superação, além de necessária para o envolvimento social, era recurso imprescindível para o sucesso da política. Nesse sentido, pode-se citar, entre vários outros, o artigo "Riso, rua e alegria", de março de 2014, do então secretário municipal de Cultura Juca Ferreira. Assim como em vários outros, nesse artigo se apresentava a narrativa da Prefeitura de estimular o carnaval respeitando os cidadãos que não gostam da festa. Este excerto é ilustrativo:

> Tanto os foliões quanto os que não gostam do carnaval têm seus direitos, e cabe ao poder público criar normas para harmonizá-los e minorar os transtornos. Porém, ao mesmo tempo, tínhamos consciência de que deveríamos interferir o mínimo possível para não prejudicar a espontaneidade e autonomia popular. Um decreto dividiu as obrigações entre os órgãos da prefeitura e estabeleceu regras mínimas para melhorar o padrão de qualidade da festa, harmonizar o direito à folia com o direito dos que não participam e garantir o caráter público do carnaval. (FERREIRA, 2014).

A SMC atuava nesses dois vetores de enfrentamento discursivo externo. A pasta mantinha a divulgação das ações políticas voltadas à articulação da política e dos próprios itens específicos da ação governamental (prazos, serviços, cadastramento etc.). No âmbito da Comissão Intersecretarial, essas pastas começavam a pautar oficialmente os grandes veículos sobre a política do carnaval de rua, algo que não existia antes – a cobertura da imprensa a respeito sempre foi residual, acompanhando a passividade comunicacional do poder público no assunto. Passavam a ser realizadas inserções mais amplas na mídia, abrindo espaço em pautas maiores e grandes veículos. Também começavam a ser produzidos comunicações e conteúdos oficiais do carnaval de rua, abastecendo a imprensa com números, dados, informações específicas de serviços etc.

Um exemplo importante dessa atuação foi a produção do Guia do Carnaval de Rua, que passou a ocorrer desde 2014. Para além de um mero caderno de orientação aos foliões e foliãs sobre a programação dos blocos (horários, percursos etc.), ele era a referência informacional principal. Isso obrigava os demais veículos, primeiramente, a se pautarem nesse referencial, fortalecendo a ideia de coesão da política pública para a sociedade. Em segundo lugar, movia a imprensa a buscar informações complementares, outros assuntos relacionados à festa, matérias com blocos temáticos, curiosidades sobre carnavais nos bairros, história do carnaval paulistano, personagens emblemáticos dos festejos, orientações sobre serviços (como ruas fechadas e alteração de horários de ônibus e metrô) etc.

Tudo isso foi criando uma espécie de onda comunicativa sobre o carnaval de rua que colaborou sobremaneira para a construção de uma atmosfera positiva sobre a festa, passando à opinião pública a imagem de pregnância social, crescimento, profissionalização, consolidação, diversão, diversidade. As coletivas de imprensa, entrevistas dos gestores e secretários, muitos encontros públicos com a sociedade (sempre lotados), artigos de opinião de pesquisadores, ativistas, carnavalescos e urbanistas colaboravam com a construção dessa atmosfera. Uma atmosfera fundamental para o embate público na sociedade.

Os dois primeiros vetores políticos da política pública desaguam, ou desencadeiam, o terceiro vetor: *interno*. Era preciso persuadir a própria Prefeitura de que ter uma política pública para o carnaval de rua paulistano era importante, não apenas para a cidade, mas para a própria gestão. Era um processo de convencimento institucional. Seguindo a ideia de que as instituições interferem decisivamente na dinâmica da política (como *politics*) e da política pública (*policy*),[107] a não atuação convicta das instituições, com inércia política e inanição administrativa, seria fatal para a ação governamental.

Assim, o êxito da política pública dependeria da assunção real, pelos entes públicos, de sua responsabilidade, o que só viria com a correspondente convicção política sobre o programa a ser executado. Isso demandaria a conexão institucional das pastas e órgãos e até um mergulho no seu próprio arcabouço regimental, conforme se pôde explicar em outra oportunidade:

> Era necessário, por exemplo, convencer a Secretaria de Saúde e diretorias de hospitais que nos dias de carnaval seria preciso alterar rotas de ambulâncias. Era preciso tratar com a CET (Companhia de Engenharia de Tráfego) para que seus funcionários mantivessem as pessoas nas ruas e os carros fora delas, invertendo a ordem estabelecida. Era necessário dobrar ou alterar as ações de limpeza pública para que passassem recolhendo os lixos ao fim de cada bloco. Eram requeridos diálogos com os funcionários de segurança pública para que fosse criado um período de exceção ao menos no carnaval, já que estariam nas ruas foliões que faziam uso de álcool, drogas, que se vestiam e atuavam de maneiras diversas, e que por vezes não responderiam a certas hierarquias estabelecidas de autoridade (VARELLA *apud* MACHINI; ROZA, 2018, p. 11).[108]

---

107 Conforme Lowi (1964), Immergut (2006), Arretche (2007), Marques (2013), Bucci (2013) e outros.

108 Trecho elaborado com base em depoimento do autor deste livro aos autores do artigo. A título de curiosidade, acerca do aprofundamento sobre os serviços a serem prestados nessa confluência institucional, segue o restante do trecho: Varella conta que chegaram ao ponto de, estudando outros grandes eventos da cidade, como a "Parada Gay" ou a "Virada Cultural", perceberem que determinadas praças eram pontos frequentes de furtos e assaltos, mesmo com comércio ao seu redor e policiamento rotineiro. A razão veio após um tempo

Como já se delineou neste livro, o prefeito da cidade instituiu um Grupo de Trabalho para erigir essa operação institucional, um âmbito que também se convertia, na prática, em plataforma de persuasão dos órgãos municipais. Vale frisar esse aspecto. Apesar da determinação política oriunda da cabeça do governo e do grande apelo público, a participação dos órgãos públicos no GT não foi natural e espontânea.

Quando se fala em convencimento interno da Prefeitura, o livro se refere a esta situação: era preciso persuadir os próprios gestores, tomadores de decisões pelas pastas, que o carnaval de rua deveria mobilizar cada uma delas. Trata-se do processo efetivo de adesão das instituições municipais à política. Era preciso, no geral, convencer as secretarias e órgãos a participarem, detalharem seus pedidos e funções e fazerem-se presentes no debate, assumindo desde já as responsabilidades específicas. Poucas eram as exceções, as pastas cuja persuasão mais detida era dispensada.

Não era um processo trivial. Dentre as funções precípuas da Cultura estava a de reanimar periodicamente a tropa institucional para que a regulação do carnaval de rua se aperfeiçoasse. Este trabalho mobilizador foi diminuindo a cada ano, à medida que a institucionalização da política ia ocorrendo e, na prática, a festa fosse tomando um corpo cada vez maior na cidade, alcançando inevitavelmente os serviços de cada ente do grupo.

3.8.2 Calor da rua: atores, tensões e conflitos do carnaval

São muitas as disputas entremeadas na dinâmica carnavalesca. Disputas entre os próprios blocos, entre grupos carnavalescos e moradores ou comerciantes, entre todos estes e a Prefeitura e entre esta, as agremiações e a iniciativa privada. Atravessando quase todos esses focos de (potencial) conflito surgem atores pontuais e circunstanciais, como o Ministério Público, a Polícia Militar. Antes de adentrar algumas dessas arenas, é preciso pontuar uma disputa de fundo, mais ampla e simbólica, que diz respeito à narrativa de protagonismo do carnaval de rua de São Paulo.

A política pública do carnaval de rua surgiu a partir de uma demanda da sociedade. Foi a realização do pleito do segmento cultural do carnaval de rua pela descriminalização dos blocos, pela valorização da manifestação e pelo apoio à fes-

---

de análise: tratava-se de rotas onde as podas de árvores não estavam sendo feitas, o que obstruía parte da iluminação pública (MACHINI; ROZA, 2018, p. 11).

ta. As reivindicações elencadas pelos blocos, apuradas tecnicamente, compuseram majoritariamente o programa de ação da Prefeitura. Durante o processo de elaboração e implementação, sobretudo no ciclo inicial (2013-2016), a participação social ocorreu, por meio de seminários, audiências públicas e reuniões específicas com os blocos. Houve, portanto, espaço de interlocução, proposição ao poder público e validação de medidas pelos blocos.

Tudo isso conferiu à gestão municipal um apoio político considerável, tanto pelo alinhamento programático e de ação política (participativa e colaborativa), quanto pelo fato de grande parte do universo carnavalesco de rua estar à esquerda no espectro de posicionamento político-ideológico do campo cultural. Como bem se examinou neste livro, os blocos faziam parte de um fenômeno mais amplo de movimentos urbanos e materializavam em si, com sua dinâmica de ocupação cultural da cidade, a plataforma política do direito à cidade.

Assim, pode-se dizer que o segmento dos blocos de carnaval, ator preponderante da política pública, por ser também beneficiário dela, apoiava a gestão em sua empreitada de apoio ao carnaval. Isso ficava evidente nos posicionamentos das lideranças (DESIDÉRIO, 2013), no início da implementação, sobre a postura da Prefeitura.

A demonstração de apoio do segmento carnavalesco de rua à política ficava evidente ao final da gestão Haddad. Em dezembro de 2016, houve a tramitação do Projeto de Lei nº 298/2016, de autoria do vereador Nabil Bonduki (PT), que tentava consolidar em lei a política do carnaval de rua. O PL não foi aprovado,[109] mas na mobilização pela sua aprovação, ficou evidente o posicionamento dos blocos em reconhecimento da ação governamental. A chamada para a mobilização, que contou com três mil e-mails[110] enviados aos vereadores paulistanos, dizia que a festa havia crescido, naqueles anos, no espaço público, aberto e independente, "tudo isso com muitos avanços no debate e na organização" e "com apoio da prefeitura e uma construção de uma política pública de carnaval" (ARRASTÃO DOS BLOCOS, 2016).

---

109 A tramitação do PL do Carnaval de Rua será pormenorizada no último tópico deste capítulo 3.

110 A campanha contra o PL 279/2016 e a favor do PL 298/2016 foi encampada pela organização Minha Sampa: https://www.carnavalderua.minhasampa.org.br/?fbclid=IwAR1S-nhA8iDcDGaTtoNbf6Sji3Pd98UGjh1LQJG3AzapHfzwZWYcHogZuzg

Era evidente a atmosfera de apoio geral à política pública do carnaval de rua de São Paulo por parte dos blocos, a despeito de discordâncias pontuais sobre a regulamentação e a condução política. Essa afirmação é relevante, pois diz respeito justamente a esse debate sobre a disputa da narrativa acerca da retomada do carnaval de rua paulistano na segunda década dos anos 2000.

Na opinião dos próprios blocos, a Prefeitura teve papel crucial na geração de condições para que o carnaval de rua florescesse (ou reflorescesse) como ele é, sem qualquer interferência no conteúdo das manifestações. A atuação da Prefeitura foi de apoio aos blocos que já existiam e que vieram a existir, sendo eles os reais protagonistas do carnaval de rua, em sua dimensão simbólica, estética, identitária, artística e afetiva. A implementação da política nunca interferiu no programa cultural das manifestações: tipo de música, postura política, formato do desfile etc. Quem faz carnaval de rua são os blocos. A Prefeitura deve dar as condições para que ele seja feito. E isso se concretizou por meio da política pública.

Os gestores que estiveram à frente da ação governamental sempre destacaram esse protagonismo cultural dos blocos e a função de suporte do poder público:

> A política é reconhecida por três características marcantes: *o reconhecimento dos blocos como reais protagonistas do processo*; a construção colaborativa, dialógica e com intensa participação dos carnavalescos e da sociedade; e a estruturação de uma festa livre e democrática — sem abadás, cordas nem cerceamento do espaço público (FERREIRA; VARELLA, 2020, grifo nosso).

> Nele [modelo de carnaval paulistano], fica sob a responsabilidade da prefeitura, além do planejamento espacial e temporal dos desfiles, a garantia da infraestrutura necessária, como banheiros, o desvio do trafego de veículos, apoio logístico, segurança e limpeza. *Já os protagonistas principais da festa são os bloco*s que emergem da sociedade, com a enorme criatividade e diversidade que caracteriza as expressões culturais de São Paulo (BONDUKI, 2020, grifo nosso).

Assim, a disputa de narrativa sobre o protagonismo no e do carnaval de rua deve ser entendida como uma pseudodisputa. Não que ela não seja vocalizada por alguns representantes carnavalescos. No entanto, a própria condição política de existência da ação governamental no carnaval de rua enfraquece essa vocalização.

O Estado se movimentou ao absorver a própria demanda do próprio segmento carnavalesco. O carnaval de rua de São Paulo cresceu, foi retomado e reavivado, porque as comportas foram abertas e os blocos ocuparam a cidade. O ato cultural e central, a ocupação, é dos blocos. Há complementaridade nesse processo, e não competição. São dois planos: o processo cultural do carnaval de rua e o processo político-institucional da ação governamental. Sem dúvida, a ação da Prefeitura foi crucial, mas ela não ocupa o lugar político e cultural de centralidade dos blocos. Entendendo-se essas posições e funções como diferentes – blocos produzem a manifestação cultural, Prefeitura gera as condições para os blocos –, não há concorrência política ou programática.

Dessa maneira, a questão de que o "discurso de criação" do carnaval de rua "é ele mesmo disputado", conforme levantam Machini e Roza (2018, p. 12), em uma análise mais detida, parece uma falsa questão. O carnaval não é nem nunca pode ser criado nem recriado pelo poder público, que apenas gera condição para a criação pelos blocos.

O que há, sem dúvida, é o uso discursivo, e correto, do real protagonismo dos blocos em momentos radicais de afirmação política do carnaval de rua. Foi assim durante o processo de recrudescimento das regras para os desfiles nas ruas, baseado na regulamentação da nova gestão pública (2017-2021).[111] O expediente também era utilizado contra o processo de mercantilização do carnaval, crescente no período Doria-Covas. Com a função argumentativa de evidenciar que o carnaval deve ser tratado como bem cultural, que tem a liberdade como atributo essencial, o movimento político dos blocos passou, cada vez mais, a enunciar que "quem faz o carnaval acontecer são os blocos" (ARRASTÃO DOS BLOCOS, 2019).

Partindo desse debate macro, acerca da disputa simbólica, é possível avançar mais especificamente sobre os atores e conflitos. A respeito de ambos, muito já foi sendo relatado no decurso do livro, em várias de suas seções. Neste momento, é válido frisar as principais disputas, que podem apontar para questões irresolutas ou frágeis da política pública. Além disso, como muito se desenvolveu a respeito do Estado, o enfoque agora são conflitos entre os demais atores que se relacionam com a política na sociedade.

111 Decreto nº 57.916, de 5 de outubro de 2017.

3.8.2.1 Diversidade de blocos e posicionamentos

Primeiramente, é importante considerar que o primeiro ator relevante são os blocos de carnaval. Em uma cidade como São Paulo, é inevitável a constatação de que eles refletem, em sua configuração artística e estética, e em sua atuação política, a pujança, a potência e a diversidade que são características dessa capital cosmopolita. Sendo uma marca distintiva do carnaval de rua paulistano em relação ao de outras cidades brasileiras, está a variedade de formatos e gêneros musicais. Enquanto os principais polos possuem assentamentos artísticos muito nítidos em seu carnaval de rua, geralmente ligados aos gêneros matriciais da tradição carnavalesca, dominando o estilo da maioria das agremiações – o samba e marchinha, no Rio de Janeiro; o frevo e o maracatu, em Olinda e Recife; o axé e ijexá, em Salvador –, em São Paulo, além do samba paulistano e da marchinha (por influência carioca), há uma fusão e uma profusão de gêneros musicais e estéticas carnavalescas.[112] Além, naturalmente, da diversidade política.

Há variedade também na forma de organização dos cordões e blocos carnavalescos. Fazendo um exercício de tipologia, é possível elencar, pelo menos, três tipos de blocos, de acordo com a sua forma de organização socioeconômica, ocupação territorial e interação com o público: blocos de chão, blocos-banda (ou blocos de trio) e megablocos (ou blocos-empresa).

Os blocos de chão radicalizam a relação de horizontalidade com o público. Não há distinção entre músicos, bateria e foliões: todos ficam no nível da rua, interagindo diretamente. São blocos de pequeno a médio porte, com estrutura sonora reduzida, geralmente com equipamentos de som puxados por tração manual ou

112 Segundo Machini e Roza (2018, p. 13): "É importante ressaltar que os cordões carnavalescos e os blocos de carnaval são tudo menos um monobloco. Os conflitos e disputas internas sobre os destinos dessas agremiações são parte fundamental do que é o carnaval. O tipo de música, a escolha de um trajeto, a proposta de viabilização financeira, entre tantas outras questões. A variedade de blocos na capital – que percorrem estilos como as tradicionais marchinhas, o axé, o samba, o funk, o reggae, a música eletrônica, artistas específicos como Caetano Veloso, Chico Buarque, David Bowie, blocos infantis, com bateria ou música mecânica, blocos LGBT, só de mulheres, entre outras especificidades como o bloco 'Bollywood', é visto por alguns de seus organizadores e foliões justamente como o diferencial da cidade, um carnaval cosmopolita que é dinâmico, mutável, e por isso resiste e se reinventa. Seja se afastando ou se aproximando do tradicional samba paulista, essa variabilidade é um dos elementos que têm marcado a expansão do carnaval de rua na capital".

pequenos carros não tripulados. Em alguns casos, são blocos sem som mecanicamente amplificado, desfilando apenas com instrumentos (geralmente, sopros e bateria). A organização social tende a ser mais comunitária e/ou afetiva, o que leva também a serem, na maioria das vezes, blocos amadores, não profissionalizados (ainda que composto de artistas e músicos com carreira profissional fora do bloco). Consoante com sua organização mais comunitária, esses blocos optam por não possuírem patrocínio privado e sua (pequena) estrutura de cortejo é custeada por rateio de amigos, vaquinhas virtuais e lucros de festas durante o ano. Podem ser chamados também de blocos leves ou blocos comunitários, e geralmente são blocos com a dimensão cultural mais arraigada, podendo ser mais tradicionais ou irreverentes (espontâneos e sem muita preocupação com acuro musical).

Figura 4 – Bloco do Água Preta na Pompeia, em 2018: bloco de chão

Fonte: Bloco do Água Preta (2018).

Os blocos-banda geralmente realizam sua folia em cima de trios elétricos, marcando uma distinção espacial entre músicos e público. A execução musical se dá por meio de uma banda musical, na maioria das vezes composta de músicos profissionais. Em muitos casos, o bloco não contém sequer integrantes na bateria. Com uma estrutura um pouco mais cara, esses blocos comumente buscam patrocínio privado e optam por expor marcas comerciais. Em virtude da capacidade de execução técnica (estrutural e musical), são blocos que alargam sobremaneira o universo estético do carnaval, tocando repertórios inusitados para o carnaval, como releituras de artistas pop e gêneros de outros universos estéticos, como forró, música eletrônica, ska, rock etc. Podem ter ligação comunitária e se compor de laços afetivos (além dos profissionais) com o território de circulação. Também podem ser gerenciados por empresas, mas isso é menos comum, não sendo uma marca tão distintiva.

Figura 5 – Bloco Tarado Ni Você, em 2018: bloco-banda

Fonte: Bloco Tarado Ni Você (2018).

Os megablocos são blocos empresariais de grande porte. Dão ênfase à dimensão comercial do carnaval e o utilizam como plataforma para a apresentação de artistas ou grupos renomados, muitas vezes de outras cidades carnavalescas (como Rio e Salvador, mas não apenas). Essas atrações não necessariamente possuem vínculo cultural com a cidade, fazendo inexistir ligação comunitária. Levam mais de 100 mil pessoas às ruas.[113] Trata-se de um empreendimento complexo, marcado intensamente pela injeção de vultosos patrocínios. Em razão de sua magnitude, esses megablocos ocupam grandes avenidas da cidade, determinadas pelo poder público. Como se tratam mais de artistas que agremiações carnavalescas, os gêneros estão ligados à carreira desses artistas e não à sua configuração carnavalesca.

113 Referência numérica que tem sido utilizada pelas gestões públicas do carnaval.

Figura 6 –Bloco Pipoca da Rainha, de Daniela Mercury, em 2020: megabloco

Fonte: Carnaval... (2020).

Politicamente, os blocos também se organizam e se coligam de forma diversa. Apesar disso, dois atributos parecem unir a maioria dos blocos em seus níveis de articulação: o primeiro é a crença, esmagadoramente majoritária, de que não é necessário haver institucionalização para que haja representatividade e interlocução com o poder público – a exceção, aqui, são os blocos da ABBC e ABASP; o segundo atributo é o da união em torno do carnaval livre e democrático, sem cerceamento privado do espaço público – até os blocos comerciais e megablocos defendem isso e reivindicam o aproveitamento comercial da festa por meio do patrocínio e não pela realização de eventos privados.

Se isso os une, o que os diferencia é a coloração político-ideológica e, com ela, o nível de cobrança da Prefeitura por um carnaval mais ou menos popular e democrático. Mesmo sem institucionalizarem-se, alguns coletivos de blocos surgiram. Autogeridos e informais, estavam nesses coletivos as diferenciações políticas.

No início da implementação da política pública do carnaval de rua, os blocos se uniam em torno do Manifesto Carnavalista. Com ainda poucos blocos na cidade, a maioria dos blocos politizados e não institucionalizados fazia parte do grupo. O Manifesto foi responsável pela demanda primária de descriminalização e apoio ao carnaval de rua, que motivou o surgimento da ação governamental no início de 2013.

Mais adiante, surge o Arrastão dos Blocos, um guarda-chuva de coalizão circunstancial de agremiações, que se reunia não apenas em torno de pautas carnavalescas, mas de temas políticos mais conjunturais. O Arrastão possui um viés claramente à esquerda e mais anarquista na forma de atuação: desfiles organizados à revelia de comunicação ao poder público, geralmente à noite, com estrutura improvisada e junção de forças de vários blocos componentes do coletivo. Trata-se de um movimento carnavalesco eminentemente político, no sentido de se unir em torno de questões caras ao campo progressista. A força social dos blocos é canalizada para protestar contra agendas conservadoras, que atacam sobretudo as minorias (com homofobia, machismo, racismo etc.). A coalizão também se dá para o posicionamento no cenário político-eleitoral.[114]

Durante o período da política pública de ampliação das restrições aos blocos (2017-2021), o Arrastão se posicionou política e tecnicamente contra o novo decreto regulamentador, criticando a transferência da política para as subprefeituras, a reburocratização, a imposição de trajetos etc. (ARRASTÃO DOS BLOCOS, 2017b). Organizou o "I Fórum Aberto de Carnaval de Rua Livre", para levantar insumos sobre a organização do carnaval e mobilizar os blocos. Em sua nota de outubro de 2017, quando a Prefeitura apresentou uma cartilha de novas regras aos blocos, o Arrastão declarava:

> [...] infelizmente, o que estamos acompanhando não é uma política de promoção de um carnaval de rua organizado, mas uma visão estreita que o trata como evento e tenta disciplinar a festa, sob uma visão mercantil e a simulação de um diálogo participativo que não ocorreu. Como resultado, a Cartilha e Decreto apresentados pela prefeitura colocam nós, orga-

---

114 Ora como Arrastão, ora individualmente, os blocos alinhados a essa parte do espectro carnavalesco se posicionaram firmemente: contra o Golpe de 2016 (*Impeachment* da presidente Dilma Rousseff), período em que o coletivo surgiu; contra a desestruturação estatal promovida pelo governo Michel Temer (2016-2018); a favor do candidato Fernando Haddad nas eleições presidenciais de 2018, exercendo liderança em São Paulo e colaborando com a coleta do apoio de 325 blocos por todo o País; e a favor do candidato Guilherme Boulos, nas eleições municipais de São Paulo, em 2020 – nesse ano, 175 blocos se posicionaram pelo candidato do PSOL contra a reeleição de Bruno Covas (PSDB). Cf: https://www.facebook.com/arrastaoblocos/photos/ a.1088440864561919/1088440767895262/; https://midianinja.org/news/pela-democracia-325-blocos-de-carnaval-de-todo-pais-lancam-manifesto/;https://meublococomboulos.wordpress.com/

> nizadoras e organizadores em absoluta insegurança: (ARRASTÃO DOS BLOCOS, 2017a).[115]

Nesse mesmo período, surgiu outra agremiação: o Fórum Aberto dos Blocos de Carnaval de Rua de São Paulo. Com caráter mais formal que Manifesto e Arrastão, tinha posições mais de centro-direita no espectro político carnavalesco. Tanto é assim que chegou a participar mais ativamente da gestão da SMC no carnaval de rua a partir de 2018. Sua atuação se volta mais a questões específicas do carnaval paulistano e menos a questões conjunturais.

Outros coletivos passaram também a tentar mobilizar os blocos, nos anos mais recentes de implementação da política: Unidos Venceremos – lembrado por Leon (2019) – e a União dos Blocos de Carnaval de Rua do Estado de São Paulo (Ubcresp), esta sim, institucionalizada (com diretoria formal) e ligada às escolas de samba. Ao contrário dos primeiros, ambos os grupos tiveram pouca interferência nos rumos da política pública do carnaval de rua.

Abrangendo grande parte dessas organizações e representações de blocos, um marco importante de sua articulação e mobilização se deu em 2023. Nos dias 11 e 12 de agosto, na Funarte, foi realizada a I Conferência Municipal de Carnaval de Rua de São Paulo. Com o tema central "Carnaval de rua é a gente que faz!", tratou-se mais de uma conferência livre do segmento carnavalesco do que propriamente o um evento municipal. A Conferência teve três eixos de discussão: "Direito à rua, folia e felicidade"; "Manifesto à ManiFESTA: dez anos de retomada do carnaval de rua" e "Diversidade como matriz do carnaval paulistano". Com a presença de representantes de 120 blocos, a Conferência resultou em um documento que sistematizou princípios, desafios e reivindicações. Exemplos destas são sintomáticas sobre as questões estruturais da política pública do carnaval de rua paulistano:[116]

---

115 E continua: "Fala-se em multas e penalidades que estão mal definidas. Fala-se em Portarias que podem alterar as regras do jogo mesmo depois do cadastro feito. Fala-se em taxas para uma festa que oferece cerca de 15 dias de atividades gratuitas em toda cidade, muitas vezes sem qualquer patrocínio, movimentando (segundo a própria prefeitura) centenas de milhões de reais. Não se garante trajetos e horários dos blocos e cordões. No novo Decreto a Comissão Intersecretarial deixa de "propor" mudanças, para "dirimir" (ato de anular, impedir ou resolver por completo) alterações. Conversa virou proibição" (ARRASTÃO DOS BLOCOS, 2017a).

116 Este parágrafo foi escrito em setembro de 2023, como atualização desta seção da tese para o livro.

Reivindicamos:
- Realização da Conferência Municipal de Cultura nos prazos estabelecidos pelo MinC.
Que o Carnaval de Rua tenha um assento fixo na comissão organizadora dela;
- Que a SMC apoie com espaço e recurso a realização anual das Conferências
Municipais do Carnaval de Rua, e que compareça nessa e outras atividades quando
convidada pelos blocos.
- A criação de Departamento de Carnaval de Rua dentro da Secretaria Municipal de
Cultura ativo durante o ano inteiro, com corpo de servidores estatutários que possam
acumular memória e conhecimentos sobre a construção da festa.
- Que a SMC ocupe a presidência da Comissão Intersecretarial de governo que dirige o
processo do carnaval de rua, e que uma comissão de blocos (definida por seus pares) seja
parte no processo de discussões e decisões sobre o carnaval de rua.
- A criação de uma linha de investimento em pesquisa para estudar o carnaval de rua
da nossa cidade;
- Que seja estabelecida uma discussão séria sobre a divulgação de dados dos blocos,
de seus integrantes e desfiles;
- Que sejam revistos os critérios de duração de concentração, desfile e dispersão, bem
como da totalidade de horários estabelecidos em 2023 para o carnaval de rua, em diálogo
com blocos e agremiações carnavalescas.
- Que seja revisto o calendário oficial do carnaval de rua, em diálogo com blocos e
agremiações carnavalescas, para que ensaios abertos e desfiles sejam validados na sua
diversidade e tradição.
- Ensaios devem ser compreendidos como parte do processo carnavalesco, com plano
de gestão para garantir a desburocratização de realização dos ensaios, bem como a
redução de seus impactos.

- A política pública de carnaval deve priorização os blocos de carnaval de rua originais
da cidade de São Paulo em seus mais diferentes aspectos.
- A revisão do modelo de penalização dos blocos por tamanho efetivo versus tamanho
declarado na inscrição – compartilhamento da responsabilidade com a Prefeitura e com
quem lucra com a divulgação dos dados de blocos.
- Volta da possibilidade de não cadastramento para blocos pequenos, comunitários e
naturais de São Paulo.
- Desburocratização do cadastro; disponibilização de espaços com estrutura e internet
para a realização das inscrições de blocos comunitários e de diversidade.
- Criação de conjunto de diretrizes e garantia de condições de acessibilidade para o
carnaval de rua, levando em consideração os trajetos e as estruturas de apoio.[117]

3.8.2.2 Ambevização do carnaval de rua

Evidentemente, esses diferentes tipos de organização dos blocos carregam interesses políticos diversos à agenda carnavalesca. Um debate importante entre eles gira em torno da forma de financiamento da festa e do nível de regulação do espaço público pela Prefeitura.

Os blocos que priorizam a dimensão cultural, comunitária e identitária da festa possuem visão mais crítica sobre a ostensividade das marcas patrocinadoras sobre a paisagem urbana da cidade. Julgam ser uma apropriação indevida sobre uma festa que é popular e organizada majoritariamente pelo setor cultural, de forma livre, espontânea e gratuita. Essa apropriação, na visão desse segmento carnavalesco, se dá na medida em que as empresas tentam qualificar sua imagem atrelando-se aos valores constitutivos do carnaval de rua: liberdade, democracia, convivência pacífica, convívio social urbano, alegria etc. Esses blocos são contra a exclusividade na venda das bebidas alcóolicas e a monopolização publicitária do

117 https://drive.google.com/file/d/1-jPhoUekMTNpdeZ6lau195LzY8xqQ6M3/view?usp=sharing

espaço público – algo que fica nítido quando as ruas perdem o colorido diverso das fantasias para ficarem monocromáticas, de amarelo ou azul, cores de uma famosa multinacional de cervejas.

Quando o patrocínio é agressivo, como se dá com os megablocos ou blocos-banda de grande porte, o risco é o de os blocos perderem a autonomia, e até a identidade estética, para acatarem as obrigações do patrocinador. Nesse mesmo sentido, a crítica dos blocos mais tradicionais se direciona à Prefeitura, que estaria "privatizando" o espaço público cedendo à sanha publicitária dos patrocinadores-*master* da política pública do carnaval.

Outros blocos aceitam e lidam com o patrocínio empresarial como um recurso indispensável para seus desfiles. Novamente, aí uma parte considerável dos blocos-banda e até alguns blocos de chão. Na visão dessas agremiações, o patrocínio é imprescindível para pagar os custos básicos do cortejo. Não são entusiastas das marcas, mas lidam de forma receptiva e sem maiores crises políticas.

Caso diferente é o dos megablocos. Estes são parte da operação econômico-financeira dos grandes patrocinadores e empresários. São peças movidas por todo o Brasil – mais uma vez, entendendo o carnaval como plataforma de negócios em várias capitais – para maximizar lucro e publicidade em um momento tão privilegiado de consumo e visibilidade, como o carnaval de rua. Para esses megablocos, quanto menos a Prefeitura interferir e regular, melhor. Para eles, tanto melhor quanto mais puderem: ativar a marca na paisagem urbana, contrariando a Lei Cidade Limpa; deixar de arcar com itens de saúde, segurança e operação (como banheiros químicos, limpeza de ruas, ambulância e operação de trânsito), aproveitando-se da estrutura que o poder público dispõe para os blocos sem patrocínio; ter exclusividade na venda de produtos, geralmente bebidas, convertendo a cidade em espaço de monopólio comercial.

Essa descrição é a de um fenômeno que tem tomado vários carnavais de capitais brasileiras. Fernanda Machado (2017), analisando o carnaval carioca como um "megaevento" dentro de uma "cidade negócio", afirma que, nesse fenômeno de apropriação mercadológica da festa, a "Administração Pública garante a existência desse monopólio do espaço urbano" (MACHADO, 2017, p. 122). Interessante notar que o modelo carioca inspirou o paulista, cuja retomada da rua se deu de

10 a 15 anos mais tarde.[118] A curva de deterioração pela exploração comercial do carnaval do Rio começou a aparecer bem antes. Em 2013, quando iniciava a ação governamental paulistana, os blocos já reclamavam (BELLA, 2013) do monopólio da Ambev. Em Belo Horizonte, Andrade (2019, p. 604) apontou a voracidade da maior cervejeira do mercado, na tentativa de cooptação dos blocos, com anuência ou desconsideração do poder público, no início da década de 2010.

Se a precarização do trabalho nas novas relações medidas por aplicativos digitais foi substantivada a partir da empresa que gera grande parte da degenerescência - a *uberização* -, usando recurso linguístico análogo, pode-se dizer que o carnaval de rua, Brasil afora, tem sofrido um intenso processo de *ambevização*. Nesse fenômeno, as grandes empresas são um ator fundamental do processo carnavalesco urbano contemporâneo. Elas têm conseguido se apropriar comercial e publicitariamente da festa e do espaço público do carnaval de rua, injetando recursos diretamente nos blocos ou na ação mais ampla da Prefeitura. Em troca, elas detêm exploração e exposição privilegiada no território urbano.

Figura 7 -Bloco da Pablo Vittar em 2020 (Av. Tiradentes): bloco-empresa com patrocínio da Ambev (ativação amarela)

Fonte: APROVADO... (2020).

118 Fernandes (2019, p. 24) aponta o período de virada dos anos 1990 para os anos 2000 como marco temporal de retomada do carnaval de rua carioca, com início da participação do poder público. Em São Paulo, isso esperaria até 2013.

Além de um ponto de disputa entre os blocos, a *ambevização* é uma questão dilemática para o poder público municipal. Em tese, a política pública se sustenta com recursos públicos e da parceria privada. O arranjo deveria desonerar o erário e permitir mais condições de sustentabilidade da festa. Assim, e com a intenção justamente de facilitar e trazer segurança jurídica por meio de regras claras para a atuação dos patrocinadores, era preciso regular, de forma transparente, clara e eficaz, a publicidade nos espaços públicos da cidade durante o período do carnaval. Definidos os limites e as regras para a exibição de marcas durantes os dias de festa, o objetivo é garantir, a utilização empresarial saudável dos espaços para o parceiro privado. Ao mesmo tempo, e com a mesma intensidade, deveria se garantir a exploração equilibrada do espaço público, com proteção ao patrimônio e preservação da paisagem urbana. No entanto, a realidade tem demonstrado cada vez mais a onipresença dos patrocinadores no carnaval, dos ambulantes exclusivos aos itens de ativação espalhados pela cidade.

3.8.2.3 Quem não gosta de samba

Leon (2019) fez um levantamento interessante sobre os principais conflitos relacionados ao carnaval de rua na cidade. Entre os territórios mais afetados pelos impactos da folia estavam a Praça Roosevelt (centro), região da Consolação, Pinheiros e Vila Madalena. Destes locais despontavam os antagonistas mais fervorosos da política pública: os moradores. A eles faziam coro os comerciantes e os representantes de instâncias como o Conselho Comunitário de Segurança (Conseg) e associações de bairros.

Como já se discutiu pormenorizadamente neste livro, quando a festa carnavalesca se instala, inicia-se um conflito de direitos. De um lado, está o direito à folia dos foliões, um direito cultural que só pode ser fruído nesse período do ano e uma liberdade de expressão que deve ser respeitada como direito fundamental. De outro, estão os direitos tradicionalmente resguardados na cidade, como segurança pública, circulação (no sentido do direito de ir e vir), propriedade, conforto acústico etc. A política pública do carnaval de rua não se volta à realização desses direitos. Ela objetiva o cumprimento do direito ao carnaval. O que deve ocorrer é a compatibilização, no período excepcional da festa, e a mitigação dos efeitos negativos aos cidadãos em geral, papel importante da política pública.

Nesse quadro, apresentam-se os interesses dos atores contrários ao carnaval. Nas reuniões abertas da Prefeitura, geralmente no âmbito da Cultura e das subprefeituras, os conflitos eram explicitados. No II Seminário do Carnaval de Rua (setembro de 2014), um representante da organização SOS Madalena e diretor do Conseg-Pinheiros entregava ao prefeito Fernando Haddad um ofício.[119] Nele, afirmava que, "em nome da cultura", vários danos estavam sendo causados "pelas festas descontroladas com duração de várias semanas sem horário e sem limites em locais inadequados sem suporte e sem estrutura adequada" (SOS MADALENA, 2014). Entre os danos listados estavam: aglomeração de pessoas acima do limite que a região comportava; aumento de ocorrências policiais; geração de lixo; poluição sonora; crianças e adolescentes ingerindo bebidas alcoólicas; relações sexuais nas ruas; fechamento de vias; impedimento do comércio; fuga de moradores; entre outros. Reivindicando os "nossos direitos de liberdade, saúde, sossego e segurança garantidos pela Constituição Federal de 1988", o documento requeria:

> Os blocos oriundos de cada bairro devem se apresentar exclusivamente no bairro de origem [...]
> Reedição do art. nº 4 do decreto 54.815 de 5 de fevereiro, 2014, limitando a festa para os 3 dias tradicionais [...]
> Os blocos devem celebrar um termo de compromisso de uso do espaço público com a prefeitura definindo deveres e responsabilidades [...]
> A *proibição de CARROS de SOM* e música amplificada [...]
> Que os locais de partida e dispersão das concentrações *dos blocos sejam AFASTADAS da população moradora* [...]
> Impedimento efetivo dos ambulantes que vendem drogas e bebidas alcoólicas.
> Contrapartidas às comunidades afetadas pelos patrocinadores da festa principalmente as empresas de bebidas (AMBEV) [...]
> Fim da urinação e defecação no logradouro público [...] (SOS MADALENA, 2014).

É preciso observar que a maioria dos pleitos é legítima e deve ser compatibilizada com o direito ao carnaval. A missão é hercúlea e a política pública, no seu curso de 2013 a 2021, ainda que tenha avançado muito na operação, não conseguiu amparar os locais de cortejos com todos os banheiros químicos necessários e dispersão (pacífica) da população. Na Vila Madalena, esses problemas se mantêm como um grande tema a ser resolvido, considerando ser uma localidade estreita

119 Ofício nº 01/2014, protocolado em 2 de setembro de 2014.

geograficamente e hiperconcentrada de blocos. A atuação da Prefeitura em deslocar blocos maiores (blocos-banda e megablocos) para longe da Vila atenuou o impasse, mas não o resolveu em definitivo. Tem sido recorrente, a cada ano, a intervenção policial, pouco amigável, para dispersar as pessoas no pós-bloco. E, além disso, a cada ano, desde 2015, o regulamento de restrição (de horários, trajetos e número de pessoas) vai recrudescendo na Vila.

No mais, os outros pedidos são impossíveis e destoantes do espírito de compatibilização dos direitos urbanos com o direito ao carnaval. Proibir blocos de outros bairros, impedir carros de som, obstruir antecipadamente ambulantes por eventualmente venderem bebidas alcoólicas e, principalmente, reduzir a festa (que no Brasil todo dura quase um mês) a três dias – todos se mostram como pedidos social e juridicamente inalcançáveis.

Um ângulo interessante de analisar o conflito com os moradores se relaciona à propriedade urbana. Um dos principais argumentos levantados pelos residentes de áreas de folia é o de pagamento de impostos e taxas relacionadas ao seu imóvel, especialmente o *Imposto Predial e Territorial Urbano (*IPTU) (LEON, 2019, p. 32). A linha de raciocínio desse grupo de interesse é a de que, pagando imposto sobre o imóvel, o morador tem direito ao espaço público a ele correlato, ou a definir o uso que se fará deste. Além disso, há claramente uma visão de que o dono do imóvel tem uma relação diferenciada com o bairro, tem o privilégio de habitar nele, ao passo que os foliões são passageiros e, por isso, possuem menos direitos de utilização. Por parte dos foliões, como bem aponta Leon (2019, p. 32), cria-se a sensação de que os moradores são obstáculos à sua festa e suas reivindicações têm apenas o fito de obstruir o divertimento coletivo.

Como o uso do espaço público é definido pelas diversas normas que regulam a cidade, desde o Plano Diretor Estratégico até o Decreto do Carnaval de Rua, esse conflito só pode ser resolvido com a límpida compreensão de que a política pública serve não apenas para viabilizar prestações ao carnaval, mas igualmente para informar sobre essas regras de ocupação e mitigar os danos aos direitos subjugados circunstancialmente em favor de outros.

Vale analisar esse quadro por prisma importante trazido por Eduardo Marques (2010). Observando os padrões de segregação social na cidade de São Paulo, o autor aponta para o fenômeno da "evitação social", que se liga à homogeneização das classes mais altas, produzida por elas próprias quando afastam o convívio espacial com as classes inferiores. Nestas, ocorre um processo inverso, de "heterogeneidade", em virtude, dentre outros fatores, da confluência espacial. Sob esse ângulo, quando se avalia a tentativa de afastamento dos foliões (ou de sua expulsão para os seus bairros de origem) pelos moradores "originais" dos bairros impactados pelo carnaval, claramente ocorre esse fenômeno da evitação social. Considerando que muitos desses bairros que concentram a folia são de classe média e alta, como a Vila Madalena, o fenômeno se afirma mais enfaticamente. O isolamento, que moradores contrários à festa propõem, pretende justamente encontrar uma bolha de similaridade para negar os conflitos inerentes à diversidade de uma metrópole, conforme assevere Jane Jacobs (2014).

Ademais, falar no conflito entre moradores e foliões na chave da propriedade significa trazer à tona a discussão sobre direitos individuais e coletivos. Os atores antagônicos ao carnaval de rua também, e paradoxalmente, utilizam o direito à cidade como dispositivo discursivo para afirmar seus direitos não fruídos pelo carnaval. Nessa perspectiva, eles também desejam gozar de "seu" direito à cidade. No entanto, é preciso fazer o debate sobre a real motivação ou localização deste direito.

Diferentemente do que a narrativa pode aventar, essa demanda não reside no direito à cidade como reivindicação do espaço público, de vivência coletiva. Essa demanda se motiva pelo direito à propriedade. São os elementos proprietários que se conformam em vetores jurídicos e políticos de disputa. A obstrução da circulação, na verdade, é a obstrução de dirigir o carro próprio. A multidão e o caos nas ruas, na realidade, é a desvalorização imobiliária do apartamento próprio. O impedimento das vias é, na prática, a diminuição dos lucros do negócio privado.

Não está se afirmando, aqui, que todos esses pleitos sejam ilegítimos. Há legitimidade. No entanto, é preciso qualificar a discussão colocando-a na chave dos direitos individuais e coletivos sobre a cidade, ou sobre o uso privado e público do espaço urbano. Indubitavelmente, durante o carnaval, a cidade se abre para um uso intenso e massivo da coletividade em estado de festa. Isso não nega a dimensão patrimonial dos direitos individuais. Porém, de alguma maneira, permite que eles não tenham que ser tratados como absolutos, mas, sim, sopesados com (e mesmo mitigados por) um direito coletivo em evidência durante o carnaval.

A Vila Madalena, de fato, revelava-se como uma área de intenso conflito, onde ambos os atores eram preponderantes: blocos e moradores. Leon (2019, p. 37) destaca que o boom imobiliário dos anos 2000 fez chegar ao local muitos moradores desavisados da vocação festiva e boêmia, o que fez mais acirrar o conflito. Para a região, na tentativa de se mitigar os efeitos das multidões, foi elaborada, a partir de 2015, e estabelecida em 2015, uma Zona de Atenção Especial (ZAE). Na ZAE Vila Madalena, não apenas no período carnavalesco, mas em todos os momentos de grandes eventos (jogos, Copa, Olimpíadas), passava a viger uma operação especial, com restrição de acesso ao miolo do bairro para quaisquer pessoas, ambulantes e veículos, com exceção dos moradores do bairro. Isso, somado à transferência de blocos grandes, gerou um efeito positivo, apesar de a medida não ter solvido por completo o problema.

Vale ressaltar que a pressão organizada dos grupos de moradores gerou resultados em algumas áreas da cidade. Na própria Vila Madalena e em Pinheiros, a demanda de moradores levou à transposição de megablocos, primeiramente para a Avenida Sumaré, e depois, para outras grandes avenidas da cidade (de 2017 em diante). Na Praça Roosevelt, também se destinou um controle maior sobre os blocos, sua quantidade local e sua dispersão. Cumpre lembrar que a Praça, assim como a Vila Madalena, passou por um processo de revalorização imobiliária nos anos 1990 e 2000, a partir da ocupação cultural da região (pelos teatros, em especial). Isso trouxe moradores novos e ampliou o número de atores descontentes com os transtornos causados pela folia. Nessa região, assim como na Avenida Paulista, o *lobby* fortíssimo passou a impedir qualquer tentativa de organização de blocos locais, a partir de 2018 e 2019.

Na Roosevelt, há um agravante. Existe ali um posto policial, que tempera o ânimo do conflito. E traz um gancho para tratar desse ator que atravessa as relações carnavalescas sem propriamente compor efetivamente um grupo de interesse.

A Polícia Militar foi consultada na elaboração da política pública do carnaval de rua, se não desde o começo, pelo menos a partir de 2014, foi convidada para os dois seminários iniciais e era acionada para reuniões com a Secretaria de Cultura e de Governo periodicamente. A PM já tinha conversas regulares com a SMC para tratar da Virada, quando oferecia à Prefeitura a sua sala de situação para que os gestores públicos acompanhassem. No carnaval, era a Prefeitura que convidava a PM para a sala de situação na CET, de onde era acionada para as incidências nos trajetos dos blocos.

A observação sobre a PM é breve e objetiva: a Corporação não faz parte da instância municipal, de modo que não havia incidência política sobre ela. Ainda que o Decreto do Carnaval de Rua a vinculasse indiretamente, afinal de contas, a Corporação tem que fazer valer a lei, a atuação da PM fugia ao controle do âmbito de governança do carnaval de rua. Assim, quando ela decidia por atuar, não pedia permissão à Comissão Intersecretarial e podia se recusar também a atender aos seus chamados.

A situação se agravava quando a Polícia agia mais energicamente. Essa situação, que se tornara mais rarefeita nos primeiros anos de implementação da política, passou a ficar cada vez mais comum a partir de 2018. Não era caso isolado de São Paulo, mas respondia a uma conjuntura nacional. A eleição do presidente Jair Bolsonaro, com sua pauta insufladora das forças policiais, havia influenciado decisivamente em um comportamento mais violento da PM, em todos os âmbitos de segurança pública. No carnaval, isso ficou evidente. A cada ano têm crescido as abordagens policiais sobre os blocos, as interrupções e até as repressões violentas.

Por fim, vale tratar do Ministério Público Estadual. Em sua área voltada ao patrimônio cultural, o MP esteve atuante desde o início de implementação da política pública, em 2013. Diversas reuniões com a SMC e outros órgãos do governo foram realizadas com os promotores e, especialmente, várias audiências públicas foram convocadas pelo órgão. Nelas, havia a escuta de blocos e sociedade civil organizada. As audiências eram quentes e o MP se comportava como mediador. Seu papel principal foi exigir da Prefeitura a apresentação prévia do plano operacional, em momento anterior ao carnaval, para o debate com a população. O órgão também fazia algumas recomendações e discussões de pontos específicos. Em uma das audiências com os moradores e blocos, de que o autor deste livro participou, foi protocolado por uma associação de bairro um pedido para que o MP pedisse a proibição do carnaval. Era véspera do carnaval de 2015. O promotor do MP respondeu que se tratava de um pedido juridicamente impossível.

3.9 Comentários sobre outros carnavais: Rio, Salvador e Recife-Olinda

Realizado o estudo sobre as características da política pública paulistana, o livro passeia breve e panoramicamente pelos modelos de políticas de carnaval de rua no Brasil. A nota metodológica introdutória diz respeito justamente ao fato de a comparação não se dar sobre objetos iguais. As manifestações culturais do carnaval de rua são diversas e as demandas oriundas de sua expressão urbana são igualmente distintas. Assim, é imperativo afastar o perigo de se utilizar dos mesmos parâmetros para se comparar uma política que incide, por exemplo, sobre blocos de rua livres e espontâneos em um espaço urbano sem restrições, com outra cujo espaço para os cortejos é delimitado, ora comercialmente, ora pela regulação urbana. O enfoque deve ser a comparação com base na relação que se estabelece entre Estado, segmento cultural (blocos, cordões e afins), sociedade e demais atores sociais relevantes (como mídia e empresas patrocinadoras).

Todavia, muitos dos elementos das políticas podem ser analisados em um mesmo arcabouço: tanto por lidarem com direitos culturais como objeto, quanto por se ocuparem das condições urbanas, estas sim, parecidas, no que diz respeito aos serviços e instituições. Assim, em um exemplo prático, ainda que os carnavais de Rio de Janeiro e Salvador sejam muito diferentes culturalmente e no arranjo de fruição, especialmente pela opção de sustentabilidade financeira adotada, os impactos urbanos e as respostas dos entes públicos podem ser, em alguma medida, colocados em vias de comparação.

Nesses modelos estão os elementos de política pública (ou de ação privada) empreendidos em cada cidade, verdadeiramente a partir da tomada de posições políticas. Cada capital fez uma opção sobre como e onde investir (recursos, tempo, serviços, mão de obra, tecnologia) para alcançar o desenvolvimento de seu carnaval. Há casos, aliás, em que os vetores apontam para direções opostas, especialmente pela opção feita no gérmen do processo de confabulação da política. É o caso, por exemplo, de Salvador e São Paulo, com relação ao uso privado do espaço público. Enquanto a capital baiana, no momento de conformar sua regulação urbana, ainda na década de 90, optou pelo fechamento das ruas com cordas, visando à comercialização privada de abadás e camarotes; a paulista, a partir de 2013, fez a escolha radical por um carnaval essencialmente público, sem nenhum tipo de privatização das vias, com predominância de blocos de rua e com fruição completa de todos os eventos pela população. As escolhas geraram consequências distintas: em 2020, Salvador vê ruir o sistema de micaretas com abadás,[120] e São Paulo registra o maior crescimento proporcional do carnaval no Brasil, sendo a primeira cidade em número de blocos.[121]

O voo panorâmico aqui se dará sobre três capitais: Rio de Janeiro, Salvador e Recife (esta última a ser analisada juntamente com sua vizinha Olinda). A escolha

---

120 Cf.: http://brasil.estadao.com.br/noticias/geral,salvador-vive-crise-do-abada-e-das-cordas,70001680699; http://www1.folha.uol.com.br/cotidiano/2017/01/1854542-crise-economica-tira-blocos-tradicionais-do-carnaval-de-salvador.shtml

121 Cf.http://vejasp.abril.com.br/cidades/sao-paulo-passa-a-ter-o-maior-numero-de-blocos-do-pais/; http://www.jb.com.br/pais/noticias/2017/01/29/carnaval-de-rua-de-sao-paulo-tera-60-a-mais-de-blocos-em-2017/

é por serem modelos bem marcados e com clareza sobre seus distintos formatos e diversidade de suas expressões, como bem apontam vários autores (GÓES, 2013; FARIAS, 2012).

O carnaval de rua do Rio de Janeiro, com características parecidas com as de São Paulo, baseia-se no carnaval-participação, porém com o diferencial de se tratar de uma cidade de projeção turística consolidada, com seu carnaval - muito em virtude das escolas de samba - já fazendo parte do circuito carnavalesco nacional. O Rio como cidade de tradição carnavalesca é algo cristalizado. Ali, além do Sambódromo, há a presença massiva dos blocos de rua, que fizeram parte de um *boom* recente, datado do início da década de 2000, com a adoção de medidas de organização urbana pela Prefeitura, especialmente por meio do arranjo de patrocínios adotado. Ainda que sendo um carnaval público e gratuito, realizado nas ruas, a crítica ao modelo se refere à opção demasiado mercadológica (SIQUEIRA; VASQUES, 2015), de delegação dos serviços de produção da festa (desde banheiros químicos até comunicação) à iniciativa privada. Em troca disso, as empresas patrocinadoras - sobretudo as cervejarias - passam a ter exclusividade de venda de seus produtos e de exposição da marca.

Vale ressaltar um elemento diferencial para a avaliação, em comparação com São Paulo. Há algumas décadas, o Rio de Janeiro já tem se colocado como uma cidade que disputa um lugar no circuito das *global cities* (SASSEN, 1993). São muitos os estudos, como o de Fernanda Machado (2017), que observam as estratégias empregadas pela cidade para utilização de seus processos e bens culturais como ativos na conformação do *image making* (ARANTES, 2000, p. 16). Constata-se nitidamente a construção de uma identidade urbana que se apoia na cultura como forte chamariz, suficiente para amplificar o seu potencial de venda como "mercadoria" ou, em outra medida, como ornamento da cidade "objeto de luxo", elementos típicos da lógica de *city-marketing*, como explica Carlos Vainer (2000).

Se o carnaval-espetáculo, da Sapucaí, é o dispositivo carnavalesco mais eficiente para referendar essa lógica, certamente há uma cota de participação importante do carnaval de rua. Atraindo milhões de pessoas e trazendo novos valores, que fogem ao exclusivismo e comercialismo dos camarotes das escolas, como os ligados à rua e à convivência nos espaços, o carnaval de rua carioca é um capital simbólico importante da cidade do Rio. Entretanto, paradoxalmente, passou, sobretudo na gestão de Marcelo Crivella (2017-2020) por um processo de crise pela falta de apoio do poder público e mesmo pela perseguição que os gestores, ligados às igrejas evangélicas, realizaram contra suas manifestações.

Em Salvador, a questão geral está relacionada à delimitação espacial da cidade e as diversas formas carnavalescas a ocuparem seus circuitos e áreas para além deles. Os dois principais e mais tradicionais circuitos são: Osmar/Campo Grande e Dodô/Barra-Ondina. A eles se somaram outros, mais novos e com programações e funções específicas: Batatinha/Pelourinho, Sérgio Bezzerra, Mestre Bimba, Contrafluxo e Orlando Tapajós. Em todos eles, e nas imediações, diversas formas carnavalescas se apresentam, mobilizando milhares de foliões. Destacam-se no carnaval soteropolitano os blocos de trio e os afoxés e blocos afro. Como se explicou anteriormente,[122] os trios elétricos surgiram na década de 1950 e afirmaram um modelo democrático de pular carnaval nas ruas, que se seguiu pelas décadas seguintes. Os afoxés derivam da centenária herança africana, do início do século XX, e blocos afro, outra categoria, surgem e se desenvolvem mais acentuadamente nos 1970. Já os blocos apoiados no formato "tecnológico" trazido pelos trios, além de tomarem as vias para a folia gratuita, adquirem também a roupagem de produto da indústria cultural baiana, a partir das décadas de 1980 e 1990. Geralmente agregando grandes cantores(as) *pop*, o binômio "bloco-estrela" consolida um modelo comercial de carnaval segregador, delimitado por cordas. Conforma um programa turístico e comercial ostensivo de venda de abadás que dão exclusividade para acompanhar os trios elétricos em alguns circuitos da cidade – circuitos que são espaços públicos, diga-se. Há também os camarotes, que, segundo Miguez e Loiola (2011, p. 296), são "empreendimentos comerciais explorados pelos grandes blocos e, também, por hotéis, restaurantes e empresas da área de entretenimento" nos circuitos carnavalescos. A partir da segunda metade da década de 2010, há uma tendência que mostra esses camarotes superando, em modelo comercial-turístico predominante, os abadás (MIGUEZ, 2016). Por fim, existem os foliões-pipoca. Maioria dos foliões, são aqueles que, com menor poder aquisitivo, brincam o carnaval fora dos blocos e camarotes.

Importa dizer que há uma tensão entre esses diferentes "carnavais de rua" da cidade: as manifestações afro, os blocos de trio, os camarotes e a dinâmica pipoca. E há o agravante da discriminação racial: a maioria dos participantes dos

122 Há uma diferenciação entre os formatos carnavalescos no capítulo 1.

blocos-estrela e camarotes é branca e a pipoca é nitidamente mais negra, refletindo a composição racial de Salvador. Com essa cisão, a política pública ganha outros contornos, tendo que gerar condições para um tipo de carnaval público (que demanda organização de serviços, órgãos, financiamento de atividades etc.) que deve, em tese, se sobrepor à lógica privada ou corrigir suas distorções. Uma lógica com muita força na festa soteropolitana, apoiada na ideia do carnaval-negócio.

Os carnavais de Recife e Olinda, por sua vez, são extremamente ligados aos gêneros musicais populares que compõem o patrimônio cultural pernambucano: frevo e maracatu. A política pública se finca no apoio às diversas manifestações desses dois gêneros durante o carnaval. Há o frevo de rua e o frevo de bloco, assim como existe o maracatu nação (ou de baque virado) e o maracatu rural (ou de baque solto) (SANDRONI, 2013). As ações públicas no carnaval se relacionam a estes formatos diferentes, pois eles trazem demandas diferentes relacionadas à configuração do espaço, ao tempo e público dos desfiles, aos roteiros nas cidades e ao próprio financiamento de bandas, orquestras, blocos e nações.

Em Recife, especificamente, a festa é conhecida como Carnaval Multicultural. Sua organização territorial se dá por meio de polos: palcos com programação artística específica, espalhados por pontos estratégicos da cidade. Os bairros principais, que sediam os polos, são o Recife Antigo e o São José. Existem: o *Polo Multicultural*, exibindo os artistas mais conhecidos; o *Polo das Fantasias*, mais tradicional e focado no frevo; e o *Polo de todos os ritmos*, com a programação mais alternativa, pernambucana e de várias regiões brasileiras. De forma suplementar, há os polos descentralizados, cerca de uma dezena, a ocupar as periferias da cidade, com programa artístico diverso. Por fim, ocorrem os *polinhos*, que são os polos comunitários, de bairro. (ANDRADE, 2014).

A gestão pública do carnaval se baseia nessa configuração urbana multipolar, que, de alguma maneira, mantém uma espécie de hierarquia entre espaços de apresentação e programação (ANDRADE, 2014). Além disso, é marcante o crescimento do processo de camarotização do carnaval recifense, com arranjos privados de cerceamento de espaços nas proximidades dos polos.

Além disso, Recife e Olinda têm acentos diferentes, conforme as suas configurações urbanas. Olinda, cidade relativamente pequena, com suas construções históricas tombadas e protegidas, demanda que a atenção se dê à compatibilização de músicos e foliões, em quantidade exponencialmente maior que o habitual da cidade, em ruas estreitas e com limitações de som e número de apresentações em seu centro histórico. Recife mescla o carnaval mais tradicional de seus gêneros com a aura mais cosmopolita da cidade. A forte presença do nativo *manguebeat123* é um emblema disso. Assim, existem blocos tradicionais gigantescos, como Galo da Madrugada, e shows e espetáculos de artistas pernambucanos e de outros Estados, muitos deles apresentando-se com linguagens diferentes do que as tradicionais do carnaval.

3.10 Agora vai? Uma política de Estado para o carnaval de rua

Agora Vai[124] é um bloco de rua tradicional de São Paulo. Sai na Barra Funda. É um grupo que faz a defesa contumaz do carnaval público, a ocupar alegremente a cidade. O nome do bloco foi emprestado para ilustrar o debate desta seção: Quais são as perspectivas de consolidação da política pública do carnaval de rua paulistano como uma política de Estado? Agora vai?

Em 2021, não foi. Não a política pública, que ficou submersa, em estado de espera. Mas o carnaval de rua, propriamente dito. A espera da política pública é para quando o carnaval voltar, já que no ano de 2021, por conta da pandemia de Covid-19, ele não se realizou. O coronavírus se alastrou pelo mundo inteiro, chegando ao Brasil quase simultaneamente com a folia de 2020. Logo depois do carnaval, era necessário o isolamento social para tentar evitar o alastramento do vírus e a contaminação. Ainda que o então presidente da República, Jair Bolonaro, negasse a gravidade da pandemia e as medidas sanitárias necessárias,[125] o Brasil atingiu, em abril de 2021, a marca de 513 mil mortes (BRASIL..., 2021) por Covid-19.

---

123 De acordo com a Enciclopédia do Itaú Cultura: "Manguebeat é um termo que identifica a agitação cultural em Recife, Pernambuco, no começo dos anos 1990, a partir, sobretudo, do trabalho das bandas Chico Science & Nação Zumbi e Mundo Livre S/A. É impreciso, no entanto, associar a expressão apenas a um gênero musical. A cena que movimenta a capital pernambucana no período é caracterizada, desde sua origem, pela diversidade de estilos. Seus principais articuladores também rejeitam tratar o manguebeat como movimento e preferem usar as palavras "cena" e "cooperativa cultural" para identificar os acontecimentos do período."

124 Para ouvir as músicas do bloco: https://open.spotify.com/artist/6fkvJvaoPoKOVWfcWsmtCA

125 Durante o fechamento da tese que originou este livro, em meados de abril de 2021, instalou-se uma Comissão Parlamentar de Inquérito (CPI), no Senado Federal, para apurar as responsabilidades sobre a má condução governamental da pandemia no Brasil. Nela, vários ministros de Jair Bolsonaro estão sendo ouvidos e as constatações preliminares indicam a omissão do governo no combate ao Coronavírus. Cf.: https://g1.globo.com/bemestar/co-

Por conta deste cenário, em 2021 não houve carnaval. Os próprios blocos e cordões optaram por não sair às ruas e enviaram mensagens aos seus foliões para que respeitassem a quarentena da folia. Se há responsabilidade em atrair multidões, também deveria haver igual responsabilidade para inibir aglomerações no período do carnaval. E essa ação foi praticamente unânime. Todo o universo do carnaval de rua, não apenas de São Paulo, mas do Brasil inteiro, posicionou-se por preservar a vida das pessoas. Carnaval apenas em 2022, se até lá houver vacina para toda a população.

Enquanto isso, a política pública manteve-se praticamente inerte. Apenas uma ação mais efetiva, direcionada ao público carnavalesco, foi realizada pela Prefeitura. Foi o edital "Tô me guardando", que transferiu recursos para os cordões e blocos que realizassem alguma atividade virtual, especialmente oficinas e *lives*. O edital não foi bem sucedido, pois o espírito dos líderes dos blocos era justamente o de não mobilização, mesmo para gravar pequenos shows. Não alcançou o mínimo de vagas financiadas e foi criticado, justamente por incentivar o encontro de pessoas, em um momento no qual a recomendação sanitária era o isolamento. Ademais, seria mais importante e oportuno para os blocos que esses recursos viessem para financiar ações dispersas pelo ano, pagar dívidas e custos, enfim, ajudar na sobrevivência das manifestações.

Voltando, contudo, à pergunta inicial – agora vai? –, a ocasião faz refletir sobre o rumo da política pública do carnaval de rua paulistano: Terá ela condições de obter mais estabilidade jurídica e se firmar como uma política perene, de médio e longo prazo?

Em artigo em coautoria com Nabil Bonduki, coube defender que o próximo passo para a consolidação da exitosa política para o carnaval de rua de São Paulo seria a sua consagração em lei, para evitar recuos e retrocessos – haja vista, ser disciplinada normativamente por um decreto. No texto (BONDUKI; VARELLA, 2016), de dezembro de 2016, defendia-se que o *ethos* momesco havia sido absorvido pela Prefeitura por meio da expertise e da capacidade criadas, e pelos cidadãos, que assumiram plenamente o espírito carnavalesco. A manutenção disso poderia ser sacramentada em uma lei que mantivesse as características originais

ronavirus/noticia /2021/05/18/brasil-se-aproxima-de-440-mil-mortos-por-covid-com-media-movel-de-1953-vitimas-por-dia.ghtml; https://www1.folha.uol.com.br/poder/2021/04/cpi-mira-discursos-do-governo-e-levanta-200-falas-negacionistas-de-bolsonaro.shtml

desta bem-sucedida política: uma construção coletiva entre poder público, blocos e sociedade.

O texto defendia o Projeto de Lei (PL nº 298/2016), que havia sido proposto pelo então vereador e ex-secretário de Cultura Nabil Bonduki, na Câmara dos Vereadores de São Paulo. O PL pretendia assegurar a regulação do carnaval de rua paulistano, conferindo-lhe, por meio de uma lei, a estabilidade normativa que o decreto não possui. Como se observou no curso da política pública, o Decreto do Carnaval de Rua foi alterado várias vezes. Ainda que a tecnologia de gestão[126] tenha sido mantida, as mudanças no regulamento foram, em alguns pontos, substanciais, abalando pilares importantes da ação governamental, como a desburocratização e a proeminência da dimensão cultural.

Maria Paula Dallari Bucci (2006, p. 20-25) reconhece que o formato jurídico pode contribuir para a vinculatividade e permanência da política pública. As políticas com suporte jurídico constitucional teriam mais propensão a serem políticas de Estado, ao passo que as políticas legisladas teriam menos, podendo, potencialmente, assim se configurar. Porém, como lembra Bucci, tanto quando o formato jurídico, o elemento da continuidade é fundamental para se analisar a conformação de uma política de Estado. A continuidade está presente na política do carnaval de rua, mas o componente estabilizador do formato legal ainda não é o mais adequado para a perpetuação programática.

Dois outros fatores são essenciais para a configuração de uma política de Estado, segundo Bucci (2013, p. 182): a institucionalização e a legitimação política.A institucionalização é o processo jurídico-institucional que dá corpo à política pública, mediante leis, normas, atribuições de competências, regulamentações, entre outros aspectos. É ela que permite a permanência da política no tempo, atrelando-a ao ordenamento jurídico. A legitimação política ocorre "nas situações em que os efeitos sociais e econômicos são reconhecidos pela generalidade da população como de interesse coletivo e passam a ser merecedores de sustentação pela opinião pública" (BUCCI, 2013, p. 183). A aceitação no corpo social suporta a política pública no tempo, fazendo-a resistir à alternância do poder.

---

126 No sentido, já apresentado, de técnica de operação carnavalesca pela Municipalidade, por meio da manutenção do conjunto de componentes mais operacionais e administrativos, responsáveis pela execução da política pública na ponta.

A transcendência da política pública para além das circunstâncias políticas em que foi criada, despersonalizando-se e perseverando sob a execução de outro grupo político no poder é, portanto, a chave de entendimento fundamental. Por essa razão, pode-se falar também em "políticas estruturantes" (BUCCI, 2013, p. 184), com alto grau de permanência em virtude de seu caráter diretivo sobre outras ações governamentais e de suas medidas de fortalecimento das estruturas estatais.

Unindo esses fatores, pode-se dizer que as políticas de governo são implementadas dentro de uma conjuntura circunstancial, com as forças políticas oferecendo condições de implementação (recursos, meios, arranjo administrativo). Todo esse aparato, sem um alicerce mais robusto de sustentação. Assim, se alterada essa conjuntura, recai-se o risco de findar essas condições de execução, seja pela erosão dos elementos políticos favoráveis, seja pelo desmoronamento do frágil instrumento legal. Isso levaria à ruptura e/ou à dissolução da política, de forma mais abrupta ou prolongada.

As políticas de Estado, por sua vez, também se originam numa atmosfera política benéfica, que lhe oferece condições de implementação. No entanto, o envolvimento de mais instâncias do Estado, além do Executivo formulador, garantiu-lhe sustentáculo legal mais apurado. Uma lei ou uma norma constitucional propicia essa maior sustentação. Somada a ela, a participação social no processo político de construção incute na política componentes de validação e legitimidade, que são importantes para a perseverança no tempo.

Era justamente este o objeto de proposição do PL na Câmara: ampliar jurídica e institucionalmente as chances de a política carnavalesca se tornar consistentemente uma política de Estado. O intento era preservar os princípios, objetivos, regramentos e governança que já sustentavam a política pública pelo Decreto. E a vantagem seria a permanência da lei, resistente às intempéries do mundo político.

É preciso lembrar que o contexto era o de final da gestão Haddad (2013-2016) e início da gestão Doria-Covas (2017-2020), cuja sinalização a respeito da pauta de cultura e cidade não era tão favorável às manifestações culturais de rua. O receio era o de que o carnaval retrocedesse ao antimodelo que vigorou durante décadas em São Paulo, baseado na centralidade das escolas de samba e no misto de negligência e repressão para com os blocos e cordões carnavalescos.

Assim, a tramitação do PL 298/2016, que foi elaborado em diversas reuniões com os blocos de rua, contou com intensa mobilização social do movimento organizado do carnaval, unindo o campo mais "culturalista" (dos blocos de chão) ao campo mais comercial (dos blocos-empresa[127]).

No entanto, devido à forte pressão, o PL não avançou. No cerrar de 2016, com o projeto em discussão, o vereador Aurélio Nomura (PSDB) recolocou em pauta outro (PL 279), de temática distinta, mas reformado para tratar de carnaval de rua. O PL ia em sentido oposto: tentava alterar as bases da política do carnaval de rua para torná-lo mais comercial, burocrático e institucionalizado (por exemplo, previa que os blocos só pudessem ter apoio da Prefeitura se fossem institucionalizados). Nessa ocasião, cerca de 50 blocos, com significativa liderança no circuito carnavalesco, emitiram uma nota de apoio ao PL 298/2016[128] e mobilizaram o setor para derrubar o PL 279/2016. Ambos os projetos não foram aprovados, mas a política se manteve.

O debate agora se dá sobre a permanência da política pública em seus parâmetros iniciais. Já é visível uma inflexão da ação governamental e não se sabe o quanto uma política tida como progressista, como a do carnaval, poderá se manter. Estar fixada em lei contribui para a sua permanência, ainda que não se pode esperar do suporte jurídico (lei), isoladamente, essa garantia.

O cenário político mudara na virada de 2016 para 2017, quando o PL foi apresentado, e mudou novamente em maio de 2021. Em 2017, o alerta era para o posicionamento menos aberto à ocupação cultural da cidade por João Doria, o que se comprovou logo em uma de suas primeiras ações. Intitulado "Cidade Linda", o projeto da Prefeitura cobriu ostensivamente os grafites que existiam nas principais ruas da cidade. Na ocasião, foi possível denunciar (FERREIRA; VARELLA, 2017) esse desserviço à cultura paulistana e a relação perigosa deste ato com o carnaval de rua.

Em 2021, o risco é outro. A morte do prefeito Bruno Covas abriu caminho para que seu vice Ricardo Nunes assumisse a Prefeitura de São Paulo. Vereador no terceiro mandato, Nunes se elegeu defendendo uma plataforma conservadora, de agenda moralista. É uma liderança da bancada cristã na Câmara e já atuou dire-

127 Ressalte-se que os megablocos praticamente não participaram desse debate.

128 O debate sobre o PL 298/2016 e a perspectiva de consolidação da política pública em lei será realizado no último item deste capítulo.

tamente[129] contra manifestações artísticas mais contestadoras ou ligadas a pautas identitárias (como LGBTQIA+.). O carnaval de rua, manifestação cultural essencialmente libertária e transgressora, terá sua política pública conduzida por esse comando político e nesse contexto. Os primeiros sintomas disso foram mencionados, ainda que brevemente, neste capítulo.[130]

Sem o suporte legal, que normatizaria solidamente a política pública, persiste sempre o questionamento se ela resistirá ao novo quadro político e às futuras trocas de gestão governamental. É fato que a tecnologia de gestão do carnaval se consolidou e que se evidencia o componente "continuidade" da política. Isso sinaliza positivamente como perspectiva para uma política de Estado. Contudo, há o receio de que alguns pilares da política sejam ainda mais fragilizados, como a supremacia da sua dimensão cultural e a não mercantilização do carnaval. A análise, ainda que empírica e preliminar, da condução do carnaval de rua de 2019 e 2020, já deu mostras desta potencial erosão.

---

129 O então vereador Ricardo Nunes protocolou uma representação no Ministério Público Federal, em setembro de 2017, contra a exposição "Queermuseu", realizada pelo Santander Cultural, que abordava questões de gênero e diversidade sexual. Em suas páginas, ele informava sobre a representação: https://www.facebook.com/ricardonunes.sp/videos/1602831253095391/

130 No item 3.7.2.2.

CONCLUSÃO

São Paulo se tornou a cidade com um dos maiores carnavais de rua do Brasil. Não há como concluir o livro sem essa constatação. Ela sintetiza os resultados da política pública do carnaval de rua paulistano. Em 2020, após oito anos de implementação contínua dessa ação governamental, a capital paulista superou Rio de Janeiro e Salvador em número de blocos, quantidade de público e como destino aéreo mais procurado[1] do País no período carnavalesco. A profecia de Juca Ferreira – secretário municipal de Cultura que abriu a política em 2013 – se cumpriu: "[...] São Paulo vai ser o maior carnaval de rua do Brasil, ó o que estou dizendo. Maior e melhor"[2] (MEDEIROS; SANCHES, 2016). Se há o diagnóstico do crescimento colossal, cabe agora analisar o prognóstico do consolidado carnaval de rua paulistano. É preciso observar os efeitos e as consequências disso para a cidade, para o

1 De acordo com pesquisa da agenciadora de passagens aéreas Decolar, divulgada em diversos veículos de comunicação: https://catracalivre.com.br/viagem-livre/sp-desbanca-rio-e-salvador-na-preferencia-dos-turistas-para-o-carnaval/; https://vejasp.abril.com.br/cultura-lazer/sao-paulo-supera-rio-salvador-destino-mais-procurado-carnaval/; https://www.uol.com.br/nossa/viagem/noticias/2020/01/27/sao-paulo-ultrapassa-o-rio-e-se-torna-destino-mais-procurado-no-carnaval.htm

2 Em entrevista a Jotabê Medeiros e Pedro Alexandre Sanches, em 18 de fevereiro de 2016.

carnaval, como manifestação cultural e como evento, mas também como direito e liberdade. Além disso, é preciso olhar para o futuro da própria política.

Sobre esse porvir, Nabil Bonduki, urbanista que também esteve à frente da ação governamental quando secretário de Cultura (2015-2016), escreveu um artigo analisando a evolução do carnaval de rua de São Paulo. Trata de quando ele foi descriminalizado pela Prefeitura até o estágio de megafesta, em 2020. No texto, o ex-vereador afirma: "o excesso pode ser tão nefasto como a carência" (BONDUKI, 2020). A preocupação é com a "qualidade de vida" da folia. O autor deu um título provocativo ao artigo, publicado no meio do carnaval tido como o maior da história. O título era: "O Carnaval de Rua de São Paulo deve parar de crescer?". O livro não pode acabar sem tentar responder a essa pergunta.

Respondê-la é responder às outras, que motivaram e guiaram este livro.

A questão principal diz respeito a quanto o Estado foi capaz de manter uma política pública de proteção e promoção ao carnaval de rua, preservando a essência libertária dos blocos e cordões, sem cerceá-los no espaço urbano ou impor-lhes obrigações abusivas. O que este livro procurou analisar foi a capacidade real de a política pública gerar condições de cidadania cultural participativa, por meio do carnaval, sem recair em um comportamento estatal domesticador da expressão cultural carnavalesca. A condicionante para uma resposta positiva acerca dessa indagação está na efetiva assimilação, pela Prefeitura, do direito ao carnaval, em todas as suas dimensões. O exercício do direito à folia deveria ser perseguido como objetivo do Estado, a ensejar uma política pública cujo objeto cultural fosse integralmente satisfeito. Tudo isso, dentro das circunstâncias políticas que geraram a própria ação governamental, e que dela decorreram.

O estudo detido da política pública do carnaval de rua paulistano, implementada essencialmente entre 2013 e 2016, permite concluir que é e foi possível o Estado promover as condições de desenvolvimento da folia sem mitigar a essência libertária da festa. Isso quando se compreende que a ação governamental, como regra, deu proeminência à dimensão cultural do carnaval, em toda a sua integralidade, complexidade e importância social. Nas exceções, em que essa regra foi burlada, o aspecto cultural (artístico, estético, simbólico, identitário, comunitário) foi subjugado em favor da superveniência de outras esferas (turística, econômica, administrativa[3]). Nesses momentos, a política pública enfraqueceu o componente da liberdade do carnaval de rua.

3 No sentido de zeladoria urbana.

Foi assim quando a coordenação da ação governamental foi transferida, da pasta da Cultura, para a Secretaria de Subprefeituras, no carnaval de 2018. Ou quando cresceu consideravelmente a presença publicitária da marca patrocinadora da festa na paisagem urbana carnavalesca, especialmente a partir de 2019 e 2020, em conflito com a identidade fluida e espontânea dos blocos em movimento. Ou, ainda, quando aumentaram substancialmente as obrigações e restrições aos blocos, para facilitar a zeladoria local dos festejos, tentando dirimir alguns impactos, a partir da regulamentação de outubro de 2017. Neste último caso, ainda que a finalidade fosse legítima, o excesso de imposições desencorajou o cadastramento pelos blocos, mesmo com o caráter mandatório que o expediente administrativo adquiriu. Cresceu o número de cordões e blocos que passaram a sair de forma clandestina. Isso gerou um processo de contraplanejamento da política pública: sem o cadastro completo, a Prefeitura não possuía os subsídios suficientes para o planejamento integral da festa. Somando os muitos desfiles "à margem" da institucionalidade com a falta de estrutura devida, o caos, em vez de diminuir, apenas aumentou na cidade.

Esses casos são resultado da mitigação, na política pública, do caráter eminentemente cultural da manifestação carnavalesca. Tais exceções, contudo, confirmam a regra de valorização cultural da festa, sobretudo no primeiro ciclo de implementação da política pública (2013-2016). Suas fases demonstram que o movimento precursor da ação estatal foi justamente o reconhecimento cultural do carnaval de rua e a afirmação pública e democrática da festa.

Parece tautológico falar em reconhecimento cultural de uma manifestação que é socialmente tão impregnada, de forma tão ampla, como raiz e símbolo da identidade cultural brasileira, como é o carnaval. Entretanto, essa afirmação cultural era imprescindível em uma cidade que repreendia as expressões públicas desse patrimônio cultural brasileiro e que o fazia especialmente por intermédio de quem deveria estimulá-lo: o poder público municipal. Havia um quadro crítico de repressão institucional e obstrução burocrática ao carnaval (e às manifestações culturais de rua como um todo). Um fenômeno já existente desde as décadas de 1980 e 1990, mas acentuadamente agravado na primeira década do século XXI. A resposta a esse quadro reclamava uma ação política que só se revelaria eficiente se baseada em valores e princípios alicerçados na valorização da dimensão cultural da festa.

Assim, há uma constatação importante: a devida apreensão, pelo Estado, da importância cultural do carnaval é a primeira condição para o êxito da política pública. Por isso, vale reprisar os fundamentos dessa importância, algo feito detalhadamente no capítulo 1 deste livro. O carnaval – e a sua expressão urbana, de rua – é uma manifestação fundamental da cultura brasileira, apresentando-se simultaneamente como tradição, festa, expressão artística, linguagem e estética. Com esses aspectos, e por causa deles, é arraigado no tecido social brasileiro, de forma quase onipresente no imaginário do povo. A razão para tanto está, sobretudo, em seu processo de consolidação histórica no Brasil. Foi em virtude de uma dinâmica complexa de apropriação, reapropriação e ressignificação de seus elementos que o carnaval se consolidou como símbolo nacional, dentro da igualmente complexa ideia de identidade cultural brasileira. Tensões e conflitos configuraram esse processo de impregnação social do carnaval, demarcado por dialéticas estruturantes da sociedade brasileira, como: herança cultural europeia e herança cultural africana, espaço público e espaço privado, Estado e sociedade civil, cultura dominante e cultura dominada, carnaval negro e carnaval branco (SIMSON, 2007), centro e periferia, inversão (DA MATTA, 1997) e afirmação (QUEIROZ, 1999) da ordem social. Além dessas, outra, significativa, pôde ser constatada no decorrer deste livro: a dialética liberdade *versus* institucionalidade.

Essa dualidade se apresenta como um tensionamento agravado quando adentra o campo do direito. Em outras palavras, cabe ao direito justamente tentar resolver essa tensão, de duas maneiras. Primeiramente por meio da qualificação do que seja o direito à folia. Em segundo lugar, garantindo uma roupagem jurídico-institucional que preserve o objeto da política pública, o carnaval de rua: objeto culturalmente denso e politicamente carregado. A política pública do carnaval de rua consegue compatibilizar regulação institucional (do Estado) com preservação libertária (da festa) quando atenta para esses dois pontos de resolução.

O direito à folia é uma nomenclatura alegórica trazida por este livro para significar o direito cultural ao carnaval. Não foi utilizada à toa. É a forma lúdica a que os blocos e cordões carnavalescos recorreram para vocalizar sua principal demanda ao poder público, no início de 2013. O direito à folia representava o direito subjetivo de brincar o carnaval, que é mais do que apenas aproveitar a brincadeira no feriado: é experimentar toda a potencialidade de mito, rito e festa que o carnaval proporciona como vida cultural. A esse direito subjetivo, que é simultaneamente individual e coletivo, cabe o direito objetivo ao carnaval, que se realiza pela ação prestacional do Estado, gerando as condições urbanas para tanto.

Porém, antes do agir, o direito à folia requeria, e sempre requer, o não agir do Estado. Para o Estado entrar em movimento – ou em ação (JOBERT; MULLER, 1987) – ele precisava, antes, parar: interromper o antimodelo de carnaval de rua que vigia até então, baseado na opressão estatal aos blocos e cordões carnavalescos. O direito à folia, a ensejar a política pública, exigia cessar a obstrução administrativa aos desfiles carnavalescos, mas, principal e imediatamente, requeria o fim da criminalização dos blocos e cordões de rua, que se dava pela repressão direta da atividade policial.

Assim, em uma definição que satisfaça a esses imperativos e se ampare no ordenamento jurídico, o direito à folia é o direito ao carnaval em todas as suas manifestações, incluindo o carnaval de rua, conforme os artigos 215 e 216 da Constituição Federal, que preveem o pleno exercício dos direitos culturais, a ser garantido pelo Estado, e o direito ao patrimônio cultural brasileiro. Como patrimônio imaterial, o carnaval é um bem valorativo referencial da cultura nacional, um ativo da diversidade cultural do País e elemento significativo da vida cultural brasileira. Nesse sentido, como um direito cultural, o direito à folia está amparado no ordenamento jurídico como direito social e como direito fundamental, que exige prestações efetivas do Estado mediante políticas públicas. Enquanto direito fundamental, o direito ao carnaval aparece também em sua dimensão de liberdade de expressão, conforme o artigo 5º, IX, da Constituição Federal. Trata-se de uma liberdade de expressão artística que também se conforma como liberdade de ação cultural. A estas liberdades se somam esferas imprescindíveis de atuação política por meio da cultura, como o direito de protesto e de manifestação política. Dessa forma, o direito à folia é protegido juridicamente como expressão cultural e como manifestação política: duas dimensões complementares e constitutivas da festa carnavalesca.

Todavia, há outra camada importante da configuração do direito ao carnaval. O direito à folia também se apresenta como direito à cidade. Direito à cidade que, baseando-se em Lefebvre (2001), pode ser compreendido como uma ideia-força, jurídica e política, de enunciação e mobilização de um conjunto de direitos a serem vivenciados no espaço urbano. Nesse âmbito, o carnaval de rua surge como ator, vetor e vocalizador da plataforma de direito à cidade, que invoca uma nova lógica de produção e uso do espaço urbano. O direito à folia se exerce materialmente, como ocupação cultural da cidade, capaz de ressignificar os territórios e as relações sociais que nele acontecem, com base na infusão de valores ligados à liberdade, à sociabilidade, à alegria, à democracia e à criatividade. Como direito à cidade, o carnaval de rua reivindica uma fruição mais pública e coletiva da urbe. Nessa chave, passa a disputar espaço, físico e jurídico, com os outros direitos habitualmente gozados no ambiente urbano.

Nesse embate de direitos, a roupagem jurídico-institucional se torna imprescindível. Não apenas porque ela é a veste formal que o direito propicia à atuação estatal, conferindo-lhe formalmente a aura de política pública. Mas também porque é por meio da arquitetura jurídico-institucional que se atribui também o ferramental para incidir nessa colisão de direitos do urbano. A política pública do carnaval de rua será eficiente, e resolverá a tensão entre liberdade e institucionalidade, quando esta não servir somente para regular aquela. A arquitetura jurídico-institucional contribui também para reduzir o impacto do embate de direitos, para dirimir os danos inevitavelmente causados pela sobrelevação do direito que a política pública carnavalesca prioriza em sua implementação. No caso, a política existe para garantir a priorização do direito ao carnaval, sobretudo durante o período carnavalesco. A realização do direito à folia implica necessariamente a mitigação da prestação dos outros direitos que entram em rota de colisão. Direito à segurança pública, ao conforto acústico, à circulação de automóveis, entre vários outros. Todos estes, direitos legítimos, que não prescindem tampouco deixam de existir no período da festa. A política pública deve ser capaz de compatibilizá-los para que o direito ao carnaval ocorra plenamente.

Nesse ponto, uma das investigações propostas pelo livro era a de averiguar se a elucidação do direito ao carnaval de rua contribuiria para a sua elevação ao mesmo patamar dos demais direitos vivenciados na cidade. O estudo do caso paulistano demonstrou que foi imprescindível assumir o carnaval simultaneamente como cultura e como direito para o êxito da ação governamental.

A afirmação do carnaval como cultura serviu para a fixação programática da política no campo da cultura, para a condução cultural do conjunto de serviços e, em uma dimensão simbólica, para catalisar o processo de carnavalização da cidade – no sentido de um fenômeno estético e comportamental a se expressar radicalmente na vida urbana durante o período carnavalesco, com a tomada lúdica das ruas com música, fantasias, cores.

Já a afirmação do carnaval como direito contribuiu sobremaneira para que ele deixasse de ser visto como mero entretenimento, ou apenas como evento turístico, para ser alçado à condição de dinâmica social que reclama ser absorvida pela cidade como direito dos indivíduos, dos grupos (blocos e cordões) e do coletivo urbano (como direito difuso de patrimônio). Essa é a condição que permite que o direito ao carnaval seja sopesado com outros direitos no mesmo patamar de importância jurídica, algo que não ocorria antes da política pública. Outrora, quando em colisão com outros direitos urbanos (mobilidade, propriedade, segurança), o carnaval (como entretenimento) era relegado à posição de subdireito, negligenciado. Na condição de direito, a folia surgia como imperativo de cumprimento estatal, assim como os demais, e o sopesamento se dava nessas bases, de necessária coexistência com equilíbrio.

Além disso, essa "nova" condição jurídica do carnaval trazia um diferencial no debate sobre o conflito de direitos, algo que foi fundamental para a implementação bem sucedida da política pública. Como foi possível aprofundar e concluir no capítulo 2 deste livro, no período carnavalesco, o direito à folia, de certa maneira, deveria adquirir precedência e algum grau de excepcionalidade. A fruição deste direito depende do entendimento das circunstâncias dessa festa, que são a de tipicidade cultural e atipicidade urbana. Há, inevitavelmente, no período carnavalesco, uma alteração dos padrões habituais da cidade, de vivência e prestação de serviços. Esse período é a própria janela, típica e exclusiva, de exercício do direito ao carnaval. Apenas nessa janela o direito à folia é gozado plenamente, diversamente do que ocorre com os demais direitos em potencial conflito. A política pública obtém condições de implementação eficaz nessa circunstância jurídica, em que o direito ao carnaval se nutre de uma prerrogativa especial de concretização.

Sendo uma plataforma complexa de assimilação da tensão social, a abordagem mais estrita do atributo jurídico da ação governamental não é suficiente. A própria dimensão jurídica deve estar imbuída do imprescindível componente político que a conforma. Esse componente, que caracteriza o movimento contemporâneo das políticas públicas (MARQUES, 2013), teve papel fundamental na conformação do arranjo jurídico-institucional que gerou as condições para o crescimento do carnaval de rua. É por isso, aliás, que o livro se utilizou da abordagem Direito e Políticas Públicas (DPP), um caminho metodológico que se mostrou essencial para a análise da ação estatal. Em sua vocação multidisciplinar, a abordagem DPP rompe as fronteiras da simples normatização da ação governamental, alcança a complexidade que é própria deste objeto de política pública (manifestação cultural do carnaval de rua) e permite se "contaminar" por toda a dinâmica política que é fator e resultante da ação governamental.

Com base nessa abordagem DPP, a análise jurídica da política pública é também uma análise política. Por ela, entende-se que cabe ao Estado, enquanto Administração Pública, exercer a prerrogativa de também produzir sua interpretação do que o programa constitucional lhe encomenda. Deve fazê-lo em interação com as condições políticas que estão dadas. E é nestes termos que a interpretação estatal será aplicada: implementando política pública. Isso foi válido para o carnaval de rua. Porém, mais que isso: tratou-se de característica marcante no arranjo jurídico-institucional paulistano.

Nele, o programa é a conjunção da concepção de direito ao carnaval de rua com os objetivos políticos almejados pela gestão, naquele contexto. A materialização do direito à folia na cidade absorve necessariamente as tensões, conflitos, atores e interesses da arena política que o carnaval estabelece. Na arquitetura estruturada para a ação governamental, o direito assumiu algumas funções. E, aqui, responde-se a mais uma questão orientadora do livro, referente a se e como o direito, em seus papéis, contribuiu para a implementação bem-sucedida da política carnavalesca. A conclusão é a de que o direito teve papéis fundamentais, bem explicitados no livro, e aqui sintetizados em dois sentidos.

O primeiro é um sentido endógeno, para dentro dos entes específicos da municipalidade, contribuindo para a adesão institucional à política pública. A distribuição das funções administrativas, a dinâmica de coordenação das instituições municipais, a disciplina especial dos serviços, o diálogo normativo entre dispositivos indispensáveis à operação pública, o mecanismo de financiamento, apoio estrutural, incentivos e subsídios etc. – todos esses elementos faziam parte do regulamento normativo que foi elaborado para a execução do programa público do carnaval de rua.

O segundo é um sentido exógeno que se relaciona a como essa arquitetura institucional e administrativa surtia efeitos no segmento carnavalesco e na sociedade em geral e a como estes reagiam ao regulamento, conformando um movimento de retroalimentação política e programática. Política, porque a operação estatal atendia a determinados interesses (respeito à espontaneidade dos blocos no território, por exemplo) e confrontava outros (interdição de ruas de comércio onde a festa acontecia, em outra exemplificação). Esse conflito rebatia constantemente na regulação normativa, em seu processo de elaboração, revisão e aplicação na ponta. Programaticamente, a retroalimentação de demandas políticas abastecia a dimensão incremental da ação governamental, que foi indispensável. Era a experimentação prática e gradativa das medidas estatais (serviços, estrutura, financiamento, organização urbana, fiscalização, segurança) que produzia o atestado de eficácia e efetividade da política pública, criando os pleitos positivos (de mais prestação) ou negativos (de retirada de ação estatal) direcionados à Prefeitura.

Nesse quadro, constata-se que o catalisador da exitosa equação da política pública foi a assunção da sua densidade política. A assimilação do embate político urbano mais amplo, a absorção efetiva dos conflitos do carnaval no âmbito jurídico-institucional e a capacidade incremental de acomodação e resposta a eles: todos esses fatores significaram a qualificação política (como *politics*) da política pública (como *policy*). Com base nessa densidade, é que a política pública do carnaval de rua teve um de seus principais acertos. Antes mesmo de sua ideia diretriz (HAURIOU, 2009) mais *programática* ser totalmente elaborada, a ideia diretriz *política* da política pública já era peremptoriamente anunciada: o carnaval de rua de São Paulo seria livre, público, democrático e gratuito, sem qualquer possibilidade de privatização ou cerceamento do espaço público da cidade e com a valorização da dimensão cultural e comunitária da festa. O enunciado político do carnaval foi o que disparou e conduziu todo o processo programático de realização da política pública.

A política pública se baseou nessas premissas. Seu programa era essencialmente cultural, com uma dimensão política imprescindível. Em toda a sua extensão, o livro procurou analisar a ação governamental do carnaval paulistano como um arranjo jurídico-institucional motivado por uma demanda política e influenciado pela dinâmica cultural da cidade. Uma dinâmica que é essencialmente simbólica, artística e identitária. Mas que é, ao mesmo tempo, transgressora, libertária e contestativa, logo, uma dinâmica fundamentalmente política.

Trazido a esse universo carnavalesco por impulso das forças políticas do segmento cultural – que teve no Manifesto Carnavalista o marco simbólico –, o Estado pôde materializar em política pública uma visão de cultura já empunhada pela gestão que se iniciara em 2013. O carnaval de rua foi o primeiro campo de concretização administrativa dessa nova concepção.

Um arranjo jurídico-institucional foi estruturado, com a regulação formal das funções estatais e dos princípios da festa pública. O principal instrumento para isso foi o Decreto do Carnaval de Rua, regulamento que se atualizava periodicamente, e que teve seu gérmen no carnaval de 2014. Amparada nessa expressão normativa formal, a ação governamental passou a ser um processo juridicamente regulado, coordenando meios e fins, para se compor, gradualmente, dos elementos constitutivos de uma política pública: programa, objetivos, prioridades, recursos de consecução e período de atingimento de resultados (BUCCI, 2006). O diálogo político foi estabelecido com os segmentos carnavalescos e com a sociedade. Demandas foram absorvidas no regulamento, outras foram alijadas. Houve um processo paulatino de engajamento dos órgãos municipais, que passaram a aderir organicamente à política pública na medida em que seus serviços eram demandas na prática, na concretização da operação carnavalesca. Medidas públicas que eram paliativas, incidentais ou incipientes, no início de implementação da política, começaram a ganhar corpo sistêmico e sentido coordenado, sofisticando-se qualitativamente e se ampliando quantitativamente. Os recursos financeiros da política pública foram incrementados, sobretudo pelo ingresso da iniciativa privada. Os patrocinadores passaram a ajudar a pagar a conta da estrutura carnavalesca (depois custeá-la integralmente, em um segundo momento), o que trouxe o bônus da garantia financeira e o ônus da superexposição publicitária privada na cidade.

Toda essa tecnologia de gestão do carnaval de rua se consolidou e isso propiciou, no decorrer dos anos, as condições objetivas para que os reais protagonistas da festa, em sua essência e materialidade, crescessem: os blocos e cordões carnavalescos. Isso foi observado nas fases da política pública: reconhecimento cultural, "descriminalização" e afirmação do caráter público, no carnaval de 2013; regulação e desburocratização, em 2014; adensamento dos serviços e organização territorial, em 2015; parceria com a iniciativa privada e início da descentralização, no carnaval de 2016; e consolidação da tecnologia de gestão e aumento das obrigações aos blocos, a partir de 2017 até 2021. De 2021 a 2023,[4] estes últimos aspectos parecem ter ganhado continuidade.

No transcorrer dessas fases, houve a evolução da política e o crescimento do carnaval. Retomando os números de partida e chegada, em 2013, o carnaval de rua de São Paulo tinha cerca de 50 blocos saindo às ruas, para a folia de algumas centenas de pessoas. Em 2020, mais de 644 blocos estavam nas ruas, promovendo a festa de 15 milhões de foliões e foliãs.

---

4 Conforme análise preliminar realizada no capítulo 3, item 3.7.2.2.

Em 2021, não houve carnaval de rua. A pandemia global de Covid-19 obrigou a interrupção praticamente integral das atividades que proporcionam aglomeração de pessoas. O setor cultural foi um dos mais afetados. Durante a conclusão da tese que gerou este livro, em junho de 2021, as perspectivas de retorno e recuperação econômica do setor não eram otimistas. Nesse quadro, os blocos, cordões e demais manifestações de rua, em todo o Brasil, inclusive em São Paulo, foram unânimes na decisão de não sair às ruas. A opção por "não ter" carnaval de rua[5], portanto, partiu dos blocos[6], em sua espontaneidade e informalidade, sem qualquer mediação do poder público ou interlocução com ele. Diferente do que ocorreu em 2020, quando a pandemia ainda não havia aportado no Brasil, e houve folia, no ano seguinte foram os próprios carnavalescos que, em respeito à vida dos brasileiros, decidiram: "Nossos carnavais de rua não farão cortejo esse ano" (ARRASTÃO DOS BLOCOS, 2021).

Nesse lapso de ausência momesca, a política pública ficou inerte. Mais do que deveria. A Secretaria Municipal de Cultura lançou um edital chamado "Tô me guardando", que destinou um pequeno financiamento a iniciativas de carnaval *on-line* realizadas pelos blocos e cordões. A iniciativa chegou a ser criticada por promover a junção de pessoas para tocar em *lives*, mesmo com a necessidade de isolamento e distanciamento social. Houve também programações pontuais de carnaval, todas *on-line*, promovidas pelos equipamentos públicos. No entanto, a medida foi paliativa e não alcançou, ao menos, uma perspectiva de mais longo prazo, oferecendo um financiamento para a manutenção anual dos blocos, como um apoio para o seu retorno em 2022. Neste ano, sim, ao final dele, foi publicado um edital de premiação aos blocos, que não foi suficiente, tanto no sentido financeiro,

5 Marca-se, aqui, a distinção com as escolas de samba, que também não desfilaram nos sambódromos. Diferentemente do que ocorreu com os blocos, a decisão, nas escolas, passou por instâncias institucionais, com negociação entre poder público e representantes formais das agremiações. Houve acordos mais complexos, até com a manutenção de recursos financeiros às entidades carnavalescas, mesmo sem a realização dos desfiles.

6 Por exemplo, o Saia de Chita, bloco de que faz parte o autor deste livro, não desfilou em solidariedade às vítimas da Covid-19 e por respeito às regras sanitárias. Mas compôs uma marchinha para comentar a situação brasileira e se posicionar politicamente no "não carnaval". A música, intitulada "Bumbum Tantan de Chita" pode ser ouvida em: https://www.facebook.com/saiadechita/videos/249484300110789

quanto no alcance das agremiações. No mais, não houve um debate mais amplo e profundo, tampouco mais ações mais concretas, sobre o futuro do carnaval paulistano na pandemia e depois dela.

Em outras cidades, a ausência do carnaval moveu mais fortemente as instituições. No Rio de Janeiro, por exemplo, partiu da Câmara dos Vereadores um Plano Emergencial para mitigar os impactos da falta de carnaval em 2021 (RIO DE JANEIRO, 2020a). Além disso, a Comissão Especial do Carnaval produziu o relatório "Carnaval é Direito" (RIO DE JANEIRO, 2020b), tratando das relações e das responsabilidades entre poder público e segmento carnavalesco. Na mesma Casa, voltou a tramitar mais intensamente em 2020, com debate público, o PL nº 556/2017,[7] que institui o Marco Civil do Carnaval da cidade do Rio de Janeiro. Por fim, também ali, em março de 2021, o carnaval carioca foi reconhecido formalmente como direito a ser garantido pelo município na área cultural.[8]

Passada essa pausa dramática do carnaval de rua, seu retorno levará inevitavelmente ao teste de subsistência da política pública. Será preciso recolocá-la em prática, o que significa, em especial, religar os disjuntores institucionais dos órgãos públicos, responsáveis pelos serviços, e ativar o módulo de interlocução com o setor carnavalesco e a sociedade civil. Depois de um último carnaval retumbante, de dimensões colossais, em 2020, a ação governamental será colocada à prova. E a prova principal, no estágio atual de política pública, será a compatibilização da folia (livre, franca e espontânea) com o gigantismo do megaevento. Isso passa pelo enfrentamento de um trauma histórico do carnaval paulistano, um fantasma que parece novamente rondar as ruas carnavalescas: o trauma do cerceamento. As ações do poder público municipal no protocarnaval ainda pandêmico, de 2022, e aquelas destinadas ao carnaval efetivamente ocorrido em 2023 demonstraram que o espectro é mais real do que aparenta.

E é preciso falar sobre ele. O carnaval de rua de São Paulo tem o trauma do cerceamento: físico, o seu confinamento espacial; e político, por meio da imposição e do controle institucional. A história da folia de rua é marcada pelo movimento pendular, alternado entre a negligência e o controle por parte do Estado. Na virada

7 Disponível em: http://mail.camara.rj.gov.br/APL/Legislativos/scpro2124.f/o/0325864700576D26832581CA004BED74?OpenDocument#TOPO

8 Por meio da Emenda n 35, de 18 de março de 2021, que acrescenta "o apoio e incentivo ao carnaval" ao artigo 338 da Lei Orgânica do Município do Rio de Janeiro.

do século XIX para o XX, o carnaval popular, realizado pelos segmentos pobres da sociedade, já com a incorporação de elementos musicais africanos unidos à brincadeira originariamente portuguesa, era duramente perseguido nas ruas das cidades. Os festejos resistiam e formavam os primeiros cordões paulistanos, nas décadas de 1910 e 1920, atrelados ao samba que crescia em bairros como Barra Funda e Bixiga. Mesmo sofrendo constante repressão, esses cordões cresceram na década de 1930 e ainda mais na década de 1940, com o samba ganhando projeção nacional por intermédio da rádio. A opressão estatal continuava contra a folia de rua, numa constante observada nas décadas seguintes. A tentativa de controle sobre as expressões de rua, majoritariamente negras, atingiu o ápice na década de 1960, quando, copiando o modelo carioca, São Paulo retirou os desfiles dispersos pelos bairros, confinando-os em avenidas delimitadas. Os cordões tiveram que ceder e se formalizaram em escolas de samba, para conseguir continuar desfilando e ter acesso aos recursos estatais. Esse modelo reinou soberano décadas a seguir: anos 1970, 1980, até ser sacramentado com a construção do sambódromo do Anhembi, na década de 1990. Aos blocos de carnaval, que permaneciam comunitários e espontâneos nas ruas, restava a negligência do poder público municipal, mesclada com fortes ações de repressão. Toda essa situação permaneceu até a segunda década do século XX, quando a política pública do carnaval de rua paulistano passou a ser implementada.

Esse resgate histórico é importante para destacar que os blocos e cordões eram livres pela cidade e, sempre que cresciam, viam a atuação do Estado no sentido de confiná-los territorialmente e instrumentalizá-los jurídica e politicamente, em um movimento de controle e restrição. O ciclo crescimento/liberdade – restrição – confinamento/controle é um espectro sempre a ronda e não pode ser afastado definitivamente. A pergunta-provocação de Nabil Bonduki, no início desta Conclusão, diz respeito a isso: Crescer mais levará o carnaval de rua de São Paulo à plenitude do esplendor ou ao cerco?

A política pública do carnaval de rua de São Paulo, implementada a partir de 2013, tem lacunas, brechas e irresoluções, as quais são determinantes em uma análise sobre essa perspectiva de preservação futura. O fato de a ação governamental não ter sido estabilizada normativamente, firmada em lei, aumentando o potencial de se perenizar como política de Estado, é uma dessas fragilidades. Sem uma lei que garanta o carnaval público, livre e democrático, a ação dos grupos de interesses e as circunstâncias políticas podem derrubar esse pilar sustentador da política. Porém, ainda que ela se sustente – mesmo porque a sua tecnologia de gestão carnavalesca se demonstrou consolidada – as distorções da ação governamental originária, aliadas à magnitude do carnaval paulistano, podem levar à curva da degenerescência.

O megaevento dos anos 2020 requer um megafinanciamento privado, que, por sua vez, exige maior controle da Prefeitura sobre os desfiles, para possibilitar a megaexposição publicitária, contrapartida ao patrocinador. Isso leva ao controle comercial da paisagem urbana, da venda de bebidas e vai retirando, cada vez mais, a autenticidade, a identidade visual, a liberdade e a espontaneidade dos blocos e cordões nas ruas. A queixa dos carnavalescos cresce a cada ano, por não quererem ter sua manifestação cultural, artística, comunitária apropriada indevidamente por uma marca de cerveja.

Além disso, crescendo como está, com centenas de blocos nas vias, em bairros pequenos e residenciais, o descontentamento da população e do comércio cresce. Como o centro expandido concentra a maioria dos blocos, as avenidas principais da cidade ficam congestionadas, o que também aumenta o reclame do cidadão comum. Isso tem obrigado a Prefeitura a transferir os blocos (especialmente os grandes) de seu itinerário tradicional para grandes avenidas, fechadas e delimitadas para o controle estatal. O percurso dos blocos se artificializa e vira praticamente um desfile de escola de samba, com horário de início e término – e sanções ao descumprimento. Está aí o fantasma do confinamento.

Em outra tentativa de solução, o poder público aumenta demasiadamente as regras, restrições e obrigações aos blocos. O Decreto do Carnaval de Rua se torna mais severo: estabelece horários rígidos de cortejos e poucas horas de brincadeira; impede festejos à noite; proíbe blocos em alguns bairros, ainda que sejam locais de tradição carnavalesca; aumenta os requisitos para o cadastramento, (re)burocratizando a relação e ampliando o número de blocos "clandestinos"; estipula multas e sanções, mais pesadas a cada ano; obriga blocos a "participarem" de ações dos patrocinadores. Enfim, no carnaval de rua de São Paulo, o Estado vai paulatinamente aumentando a carga de institucionalidade em detrimento da esfera de liberdade dos blocos e da preservação de sua essencial dimensão cultural. Eis que reaparece o fantasma do cerceamento, agora jurídico e político.

É preciso constar, caminhando para o final deste livro, que a política pública do carnaval de rua foi bem-sucedida, contribuiu decisivamente para o crescimento da folia paulistana, proporcionou uma tecnologia de gestão da festa que está consolidada, e se provou efetiva, e trouxe, por fim, um arranjo jurídico-institucional que movimentou satisfatoriamente o aparato estatal no sentido de concretização de um direito: o direito à folia. No entanto, é imperioso também reconhecer que a política sofreu desvirtuamentos e possui fragilidades, ainda mais evidentes na estatura hiperbólica em que se encontra o carnaval de rua nos idos da década de 2020.

Contudo, mais importante que isso, é preciso assertivamente constatar que a política do carnaval de rua foi fundamental para que São Paulo se assumisse como uma cidade carnavalesca. Para que a Pauliceia assimilasse em definitivo seu *ethos* momesco. Para que a cidade da produção e da rentabilidade e do crescimento fosse também a cidade da festa, da farra e da transgressão. São Paulo passou a abrir o peito para o carnaval. A cidade passou a projetar nas ruas toda a sua potência festiva, lúdica e criativa. Como ela, seu carnaval de rua se firmou e se afirmou como um carnaval multicultural, cosmopolita, diverso, arrojado, experimental, denso e complexo.

São Paulo definitivamente se carnavalizou. E o fez como carnavalização coletiva, como efervescência pública, como ritual em espaço livre e como celebração mítica em território aberto. Em fevereiro, a cidade tem sons e tem cores. As pessoas, fantasias. As ruas são enfeitadas. Os ônibus e metrôs são vagões de brincadeiras. Em fevereiro, a cidade sorri. E pula. A experiência radical dos corpos livres no padronizado espaço urbano, a ludicidade dos tecidos vibrantes e das peles expostas, a potencialização do afeto, um outro código de extrema sociabilidade, o olhar coletivo sobre o que é coletivo, a ressignificação da paisagem e dos trajetos cotidianos, a efusiva festa, a dança ocupando as ruas. O calor. O desabar cálido de novos valores, forjados na liberdade e na alegria, a disputar uma nova visão e um novo uso da cidade. A construir uma nova cidade.

Tudo isso é a festa que os blocos, cordões, bandas, afoxés e todas as brincadeiras de carnaval de rua proporcionam a São Paulo. A política pública colaborou para que não apenas os paulistanos, mas também todos os brasileiros gozassem desse direito. O direito à folia.

REFERÊNCIAS

ALENCAR, Edigar de. *O carnaval carioca através da música*. Rio de Janeiro: Francisco Alves, 1979.

ALESSA. De abril a julho: o carnaval de rua de São Paulo rumo a 2023. *Nexo Jornal,* 9 jul. 2022. Disponível em: https://www.nexojornal.com.br/ensaio/2022/De-abril-a-julho-o-carnaval-de-rua-de-S%C3%A3o-Paulo-rumo-a-2023 Acesso em: 6 set. 2022.

ALEXY, Robert. *Teoria dos Direitos Fundamentais*. São Paulo: Malheiros, 2008.

ALFONSIN, Betânia. Quando o direito à cidade entra em cena. *In:* PAGANI, Elaine Adelina (org.). *Urbanismo, planejamento urbano e direito urbanístico*: caminhos legais para as cidades sustentáveis. Uberaba: CNEC Edigraf, 2014. p. 27-34.

ALONSO, Angela. A política das ruas: protestos em São Paulo de Dilma a Temer. *Novos Estudos Cebrap*, São Paulo, v. 37, n. 1, p. 49-58, jun. 2017.

ALMEIDA, Manoel Mourivaldo Santiago; FRUGIUELE, Mario Santin. Estudo das fontes de O samba rural paulista: tradição e variantes autorais. *Signótica*, Goiânia, v. 28, n. 1, p. 125-142, jan./jun. 2016.

AMARAL, Rita. As mediações culturais da festa. *Revista Mediações*, Londrina, v. 3, n. 1, p. 13-22, jan./jun. 1998.

ANDRADE, Carlos Eduardo Frankiw de. *Ruas Livres*: Insurgências do uso, Desvios do Espaço e Direito à Cidade na Belo Horizonte Contemporânea. 2019. 622 f.

Tese (Doutorado em Humanidades, Direitos e outras Legitimidades) – Faculdade de Filosofia, Letras e Ciências Humanas, Universidade de São Paulo, São Paulo, 2019.

ANDRADE, Mario de. O samba rural paulista. *Revista do Arquivo Municipal*, São Paulo, v. 41, n. 4, p. 37-116, 1937.

ANDRADE, Oswald de. O manifesto antropófago. *In:* TELES, Gilberto Mendonça. *Vanguarda européia e modernismo brasileiro*: apresentação e crítica dos principais manifestos vanguardistas. 3. ed. Petrópolis: Vozes; Brasília: INL, 1976.

ANDRADE, Rafael Moura de. Carnaval Multicultural do Recife: reflexões para iniciar o debate. *In:* Enecult, 10, 2014, Anais... Salvador:UFBA, 2014.

ANIS, Michele. *Cultura e Politica, il Modello Costituzionale*. Padova: Cedam, 1991.

APROVADO pelos foliões, Carnaval de rua de São Paulo movimenta R$ 2,75 bi. *Folha de S. Paulo*, 10 mar. 2020. EstúdioFolha. Disponível em: https://estudio.folha.uol.com.br/spcapitaldacultura/2020/03/1988611-aprovado-pelos-folioes--carnaval-de-rua-de-sao-paulo-movimenta-r-275-bi.shtml. Acesso em: 28 jun. 2021.

ARANTES, Otília Beatriz Fiori. Uma estratégia fatal: a cultura nas novas gestões urbanas. *In:* ARANTES, Otília Beatriz Fiori; VAINER, Carlos; MARICATO, Ermínia. *A cidade do pensamento único: desmanchando consensos*. Petrópolis: Vozes, 2000. p. 11-74.

ARANTES, Pedro Fiori. Em busca do urbano: marxistas e a cidade de São Paulo nos anos de 1970. *Novos Estudos Cebrap*, São Paulo, v. 83, p. 103-127, mar. 2009.

ARAÚJO, Ligia Fernandes. *A Escola de Samba Lavapés*: um patrimônio cultural no Glicério. 2012. 30 f. Artigo Científico (Especialização em Gestão de Projetos Culturais e Organização de Eventos) – Centro de Estudos Latino-americanos sobre Cultura e Comunicação, Escola de Comunicação e Artes, Universidade de São Paulo, São Paulo, 2012. Disponível em: https://paineira.usp.br/celacc/sites/default/files/media/tcc/445-1255-1-PB.pdf. Acesso em: 29 jun. 21.

ARAÚJO, Patrícia Vargas Lopes de. *Folganças populares*: festejos de entrudo e carnaval em Minas Gerais no século XIX. São Paulo: Annablume; Belo Horizonte: PPGF/UFMG; Fapemig; FCC, 2008.

ARRASTÃO DOS BLOCOS. *Grito pelo carnaval de rua livre*. São Paulo, 31 out. 2017a. Facebook: página do bloco. Disponível em: https://www.facebook.com/arrastaoblocos/posts/1726733310732668. Acesso em: 28 jun. 2021.

ARRASTÃO DOS BLOCOS. *Liberdade acima de tudo, carnaval no meio de todos*. São Paulo, 9 mar. 2019. Facebook: página do bloco. Disponível em: https://www.facebook.com/arrastaoblocos/posts/2603185606420763 Acesso em: 28 jun. 2021.

ARRASTÃO DOS BLOCOS. *Manifesto Arrastão dos Blocos – Carnaval 2021*. São Paulo, 14 fev. 2021. Facebook: página do bloco. Disponível em: https://www.facebook.com/arrastaoblocos/photos/a.1088440864561919/5109507729121859/ Acesso em: 28 jun. 2021.

ARRASTÃO DOS BLOCOS. *Pela vida e liberdade do Carnaval de Rua dizemos não ao PL n. 279/2016, que apelidamos PL Quarta de Cinzas*. São Paulo, 13 dez. 2016. Facebook: página do bloco. Disponível em: https://www.facebook.com/events/381703818834167/?ref=newsfeed. Acesso em: 29 jun. 2021.

ARRASTÃO DOS BLOCOS. *Posicionamento sobre o Decreto do Carnaval de rua*. São Paulo, 31 out. 2017b. Disponível em: https://arrastaodosblocos.wordpress.com/2017/10/31/posicionamento-sobre-o-decreto-do-carnaval-de-rua/. Acesso em: 29 jun. 2021.

ARRETCHE, Marta. A agenda institucional. *Revista Brasileira de Ciências Sociais*, São Paulo, v. 22, n. 64, p. 147-151, jun. 2007.

ARRETCHE, Marta. Trinta anos da Constituição de 1988: razões para comemorar? *Novos estudos CEBRAP*, São Paulo, v. 37, n. 3, p. 395-414, 2018.

ÁVILA, Affonso. *O lúdico e as projeções do barroco*. São Paulo: Perspectiva, 1971.

AZEVEDO, Fernando de. *A cultura brasileira*. 4. ed. São Paulo: Melhoramentos, 1964.

BACHRACH, Peter; BARATZ, Morton S. Decisions and Nondecisions: Na Analytical Framework. *The American Political Science Review*, v. 57, n. 3, p. 632-642, 1963.

BACHRACH, Peter; BARATZ, Morton S. Duas Faces do Poder. *Revista de Sociologia e Política*, Curitiba, v. 19, n. 40, p. 149-157, out. 2011.

BAKHTIN, Mikhail. A *cultura popular na Idade Média e no Renascimento*: o contexto de François Rabelais. São Paulo: Hucitec, 1987.

BANDA Redonda: de Plínio Marcos a Helena Ignez, a folia ganha as ruas de Sampa. *Aurora de Cinema*, 11 fev. 2012. Disponível em: https://auroradecinema.wordpress.com/tag/plinio-marcos-e-a-banda-bandalha/. Acesso em: 29 jun. 21.

BANDEIRA DE MELLO, Celso Antônio. *Curso de Direito Administrativo*. 25. ed. São Paulo: Malheiros, 2008.

BAROJA, Julio Caro. *El Carnaval*. Madrid: Alianza Editorial, 2006.

BARONETTI, Bruno Sanches. *Da Oficialização ao Sambódromo*: um estudo sobre as escolas de samba de São Paulo (1968-1996). 2008. 397 f. Dissertação (Mestrado em História) – Faculdade de Filosofia, Letras e Ciências Humanas, Universidade de São Paulo, São Paulo, 2013.

BASTIDE, Roger. Carnaval e imigração. *O Estado de S. Paulo*, São Paulo, p. 4-5, 03 mar. 1940.

BAXI, Upendra. Preliminary Notes on Transformative Constitucionalism. *In:* VILHENA, Oscar; BAXI, Upendra; VILJOEN, Frans (org.). *Transformative Constitucionalism*: comparing the Apex courts of Brazil, India and South Africa. Pretoria: Pretoria University Lax Press, 2013. p. 19-47.

BELO, Vanir de Lima. *O enredo do carnaval nos enredos da cidade*: dinâmica territorial das escolas de samba em São Paulo. 2008. 215 f. Dissertação (Mestrado em Geografia) – Faculdade de Filosofia, Letras e Ciências Humanas, Universidade de São Paulo, São Paulo, 2008.

BELLA, Manuel Pérez. Grupo de blocos se rebela contra 'privatização' do Carnaval de rua carioca. *G1 – Pop & Arte*, 08 fev. 2013. Disponível em: http://g1.globo.com/pop-arte/noticia/2013/02/grupo-de-blocos-se-rebela-contra-privatizacao-do-carnaval-de-rua-carioca.html. Acesso em: 29 jun. 21.

BERCOVICI, Gilberto; MASSONETTO, Luís Fernando. Os direitos sociais e as constituições democráticas brasileiras: breve ensaio histórico. *In:* RÚBIO, David Sánchez; FLORES, Joaquín Herrera; CARVALHO, Salo de (org.). *Direitos humanos e globalização*: fundamentos e possibilidades desde a teoria crítica. Rio de Janeiro: Lumen Juris, 2004. p. 510-528.

BERGAMIM JR., Giba *et al.* São Paulo acorda com as ruas sujas, Doria admite problemas no Carnaval. *Folha de S. Paulo*, São Paulo, 19 fev. 2017. Cotidiano. Disponível em: https://www1.folha.uol.com.br/cotidiano/2017/02/1860196-sao-paulo-acorda-com-as-ruas-sujas-e-doria-admite-problemas-no-carnaval.shtml. Acesso em: 29 jun. 21.

BEZERRA, Amélia Cristina Alves. Festa e cidade: entrelaçamentos e proximidades. *Espaço e Cultura*, Rio de Janeiro, n. 23, p. 7-18, jan./jun. 2008.

BLOCO DO ÁGUA PRETA. São Paulo, 29 jan. 2018. Facebook: página do bloco. Disponível em: https://www.facebook.com/blocodoaguapreta/photos/a.240523396120070/88635892486 9844. Acesso em: 28 jun. 2021.

BLOCO TARADO NI VOCÊ. *Profane! Desfile Oficial Bloco Tarado Ni Você 2018*. São Paulo, 13 fev. 2018. Facebook: página do bloco. Disponível em: https://www.facebook.com/BlocoTaradoNiVoce/photos/2049815465043604. Acesso em: 28 jun. 2021.

BLOCOS autorizados carnaval 2013. Disponível em: http://estaticog1.globo.com/2013/01/10/blocos_autorizados_carnaval_2013.pdf?_ga=2.236786697.925723785.1621106522-3458651448.1613057229. Acesso em: 18 jun. 2021.

BOAS, Franz. *Antropologia Cultural*. São Paulo: Expresso Zahar, 2004.

BOAS, Franz. *Raça e Progresso*. São Paulo: Expresso Zahar, 2014.

BOBBIO, Norberto. *A era dos direitos*. Rio de Janeiro: Elsevier, 2004.

BOECHAT, Leandro. "Mesmo proibido, olhai por nós": liberdade de expressão, censura e religião no carnaval carioca. *Policromias – Revista de Estudos do Discurso, Imagem e Som*, Rio de Janeiro, v. 5, n. especial (parte 2), p. 819-832, dez. 2020.

BOEHM, Camila. Prefeitura de SP diz que vai transferir carnaval de rua da Vila Madalena em 2018. *Agência Brasil*, Brasília, 06 mar. 2017. Disponível em: https://agenciabrasil.ebc.com.br/cultura/noticia/2017-03/prefeitura-de-sp-diz-que-vai-transferir-carnaval-de-rua-da-vila-madalena-em. Acesso em: 28 jun. 2021.

BONAVIDES, Paulo. *Curso de Direito Constitucional*. 25. ed. São Paulo: Malheiros, 2010.

BONDUKI, Manuel; ALMEIDA, Guilherme Almeida de; LIMA, Pollyana. Inovar é transformar o governo em uma plataforma. *Jota*, Inova & Ação, 31 mar. 2020. Disponível em: https://www.jota.info/coberturas-especiais/inova-e-acao/inovar-e-transformar-o-governo-em-uma-plataforma-31032020. Acesso em: 26 jun. 2021.

BONDUKI, Nabil. Carnaval de rua e Minhocão mostram uma cidade para as pessoas. *Folha de S. Paulo*, São Paulo, 13 fev. 2018. Opinião. Disponível em: https://www1.folha.uol.com.br/colunas/nabil-bonduki/2018/02/carnaval-de-rua-e-minhocao-mostram-uma-cidade-para-as-pessoas.shtml. Acesso em: 23 jun. 2021.

BONDUKI, Nabil. Lei combate especulação, mas é limitada. *Folha de S. Paulo*, São Paulo, 12 jul. 2010. Opinião - Tendências/Debates. Disponível em: https://www1.folha.uol.com.br/fsp/opiniao/fz1207201008.htm. Acesso em: 24 jun. 2021.

BONDUKI, Nabil. O Carnaval de Rua de São Paulo deve parar de crescer?. *Folha de S. Paulo*, São Paulo, 17 fev. 2020. Colunas e blogs. Disponível em: https://www1.folha.uol.com.br/colunas/nabil-bonduki/2020/02/o-carnaval-de-rua-de-sao-paulo-deve-parar-de-crescer.shtm. Acesso em: 28 jun. 2021.

BONDUKI, Nabil. O carnaval nas ruas de São Paulo. *Folha de S. Paulo*, São Paulo, 07 fev. 2016. Opinião - Tendências/Debates. Disponível em: https://www1.folha.uol.com.br/opiniao/2016/02/1737412-o-carnaval-nas-ruas-de-sao-paulo.shtml. Acesso em: 24 jun. 2021.

BONDUKI, Nabil; VARELLA, Guilherme. Carnaval de rua livre e público como política de Estado. *Carta Capital*, São Paulo, 15 dez. 2016. Disponível em: https://www.cartacapital.com.br/cultura/carnaval-de-rua-livre-e-publico-como-politica-de-estado. Acesso em: 24 jun. 2021.

BOTELHO, Isaura. As dimensões da cultura e o lugar das políticas públicas. *São Paulo em Perspectiva*, São Paulo, v. 15, n. 2, p. 1-28, 2001.

BOURDIEU, Pierre. *A distinção*: Crítica social do julgamento. São Paulo: Zouk, 1979.

BOURDIEU, Pierre. *A economia das trocas simbólicas*. São Paulo: Perspectiva, 2009.

BRASIL. Câmara dos Deputados. Ministério da Cultura. *Diretrizes Gerais para o Plano Nacional de Cultura*. 2. ed. Brasília: Ministério da Cultura, ago. 2008.

BRASIL. *Lei 12.343, de 2 de dezembro de 2010*. Institui o Plano Nacional de Cultura - PNC, cria o Sistema Nacional de Informações e Indicadores Culturais - SNIIC e dá outras providências. Brasília: Presidência da República, 2010. Disponível em: http://www.planalto.gov.br/ccivil_03/_Ato2007-2010/2010/Lei/L12343.htm. Acesso em: 29 jun. 21.

BRASIL registra 725 mortes, e média móvel tem 1ª queda em 40 dias. *UOL – VivaBem*, 27 jun. 2021. Disponível em: https://www.uol.com.br/vivabem/noticias/redacao/2021/06/27/covid-19-coronavirus-casos-mortes-27-de-junho.htm?next=0001H1430U11N. Acesso em: 28 jun. 2021.

BRAZ, Luiz. Ocupa Sampa completa um mês no centro de São Paulo. Rede Brasil Atual, 14 nov. 2011. Disponível em: https://www.redebrasilatual.com.br/cidadania/2011/11/ocupa-sampa-completa-um-mes-de-ocupacao-no-centro-de-sao-paulo/. Acesso em: 24 jun. 2021.

BUARQUE DE HOLANDA, Sergio. *Raízes do Brasil*. 26. ed. São Paulo: Companhia das Letras, 1995.

BUCCI, Maria Paula Dallari. *Fundamentos para uma teoria jurídica das políticas públicas*. São Paulo: Saraiva, 2013.

BUCCI, Maria Paula Dallari. Método e aplicações da abordagem Direito e Políticas Públicas. *Revista Estudos Institucionais*, Rio de Janeiro, v. 5, n. 3, p. 791-832, set./dez. 2019.

BUCCI, Maria Paula Dallari. O Art. 209 da Constituição 20 anos depois. Estratégias do Poder Executivo para a efetivação da diretriz da qualidade da educação superior. *Fórum Administrativo : Direito Público*, Belo Horizonte, v. 9, n. 105, p. 48-63, 2009.

BUCCI, Maria Paula Dallari. O Conceito de Política Pública em Direito. *In:* BUCCI, Maria Paula Dallari (org.). *Políticas Públicas*: Reflexões sobre o conceito jurídico. São Paulo: Saraiva, 2006. p. 1-59.

BUCCI, Maria Paula Dallari. Quadro de Referência de uma Política Pública: primeiras linhas de uma visão jurídico-institucional. *In:* SMANIO, Gianpaolo

Poggio; BERTOLIN, Patrícia Tuma; BRASIL, Patrícia Cristina (org.). *O Direito na Fronteira das Políticas Públicas*. São Paulo: Páginas e Letras, 2015. p. 7-11.

BUCCI, Maria Paula Dallari; COUTINHO, Diogo Rosenthal. Arranjos jurídico-institucionais da política de inovação tecnológica: uma análise baseada na abordagem de direito e políticas públicas. *In:* COUTINHO, Diogo Rosenthal; FOSS, Maria Carolina; MOUALLEM, Pedro Salomon. *Inovação no Brasil*: avanços e desafios jurídicos e institucionais. São Paulo: Blucher, 2017. p. 313-340.

BRANT, João; VARELLA, Guilherme. Do Estado de cultura ao Estado anticultural. *In:* CASTRO, Jorge Abrahão de; POCHMANN, Marcio (org.). *Brasil*: Estado social contra a barbárie. São Paulo: Fundação Perseu Abramo, 2020. p. 523-538.

CALABRE, Lia. *Políticas culturais no Brasil*: dos anos 1930 ao século XXI. Rio de Janeiro: Editora FGV, 2009.

CALLOIS, Roger. O sagrado de transgressão: teoria da festa. *Outra travessia*, Florianópolis, n. 19, p. 15-56, jul. 2015.

CÂMARA CASCUDO, Luís da. *Dicionário do folclore brasileiro*. 12. ed. São Paulo: Global, 2012.

CÂMARA CASCUDO, Luís da. *Folclore do Brasil*. Rio de Janeiro: Fundo de cultura, 1967.

CANCLINI, Nestor Garcia. *Culturas Híbridas:* Estratégias para Entrar e Sair da Modernidade. 4. ed. São Paulo: Edusp, 2008.

CANCLINI, Nestor Garcia. Definiciones en transicion. *In:* MATO, Daniel (org.). *Cultura, política y sociedad*. Buenos Aires: Clasco Libros, 2005. p. 69-81.

CANCLINI, Nestor Garcia. Diversidade e Direitos na Interculturalidade Global. *Revista Observatório Itaú Cultural/OIC*, São Paulo, n. 8, p. 143-152, abr./jul. 2009.

CANCLINI, Nestor Garcia. *Políticas culturales em América Latina*. México, DF: Grijalbo, 1987.

CANDIDO, Antonio. Dialética da malandragem. *Revista do Instituto de Estudos Brasileiros*, São Paulo, n. 8, p. 67-89, 1970.

CANDIDO, Antonio. *A educação pela noite e outros ensaios*. São Paulo: Ática, 1989.

CANOTILHO, Joaquim José Gomes. *Direito Constitucional*. Coimbra: Almedina, 1991.

CANOTILHO, José Joaquim Gomes. *Constituição dirigente e vinculação do legislador*: contributo para a compreensão das normas constitucionais programáticas. Coimbra: Coimbra Editora, 1994.

CARLOS, Ana Fandri Alessandri. O poder do corpo no espaço público: o urbano como privação e o direito à cidade. *GEOUSP – Espaço e Tempo*, São Paulo v. 18, n. 2, p. 472-486, 2014.

CARNAVAL de rua em SP: o que deu errado e o que deu certo em 2020. *G1 São Paulo*, 02 mar. 2020. Disponível em: https://g1.globo.com/sp/sao-paulo/carnaval/2020/noticia/2020/03/02/carnaval-de-rua-em-sp-o-que-deu-errado-e-o-que-deu-certo-em-2020.ghtml. Acesso em: 28 jun. 2021.

CARRAPATOSO, Thiago. Humanização Urbanística. *Ateliê397*, São Paulo, 01 set. 2012. Disponível em: https://atelie397.com/baixo-centro/. Acesso em: 24 jun. 2021.

CASTELLS, Manuel. *A questão urbana*. São Paulo: Paz & Terra, 2020.

CASTELLS, Manuel. *O poder da identidade*. São Paulo: Paz & Terra, 2018.

CASTRO, Fábio Fonseca de; RODRIGUES, Luiz Augusto Fernandes; ROCHA, Renata (Org.). *Políticas culturais para as cidades*. Salvador: EDUFBA, 2018.

CAVALCANTI, Bruno César. Novos lugares da festa: tradições e mercados. *Revista Observatório Itaú Cultural/OIC*, São Paulo, n. 14, p. 10-20, mai. 2013.

CAVALCANTI, Maria Laura Viveiros de Castro. *O rito e o tempo*: ensaios sobre o carnaval. Rio de Janeiro: Civilização Brasileira, 1999.

CCBB Compila a folia de Plínio Marcos. *Folha de S. Paulo*, São Paulo, 18 jan. 2005. Acontece. Disponível em: https://www1.folha.uol.com.br/fsp/acontece/ac1801200501.htm. Acesso em: 29 jun. 21.

CERTAU, Michel de. *A cultura no plural*. Campinas: Papirus, 1995.

CHAUÍ, Marilena. *Brasil*: mito fundador e sociedade autoritária. São Paulo: Fundação Perseu Albano, 2000.

CHAUÍ, Marilena. *Cidadania cultural*. São Paulo: Fundação Perseu Abramo, 2006.

CHAUÍ, Marilena. *Cultura e Democracia*: o discurso competente e outras falas. 3. ed. São Paulo: Moderna, 1984.

CHIANCA, Luciana; RAFAEL, Ulisses Neves. Apresentação do dossiê Festas, Espetáculos e Patrimônios. *Revista de Ciências Sociais - Política e Trabalho*, João Pessoa, n. 49, p. 12-22, jul./dez. 2018.

COHEN, Michel D.; MARCH, James G.; OLSEN, Johan P. A Garbage Can Model of Organizational Choice. *Administrative Science Quarterly*, v. 17, n. 1, p. 1-25, mar. 1972.

COHEN-ELYA, Moshe; PORAT, Iddo. Proportionality and the Culture of Justification. *American Journal of Comparative Law*, v. 59, n. 2, p. 463-490, 2011.

COLI, Jorge. *O que é Arte*. 15. ed. São Paulo: Brasiliense, 1995.

COLOSSO, Paolo. *Disputas pelo direito à cidade*: outros personagens em cena. 2019. 326 f. Tese (Doutorado em Filosofia) – Faculdade de Filosofia, Letras e Ciências Humanas, Universidade de São Paulo, São Paulo, 2019.

COMARÚ, Francisco de Assis. Des-construção urbana ou direito à periferia? Violações no centro de São Paulo e metrópole insustentável. *Aurora*, São Paulo n. 7, p. 56-75, 2010.

COMPARATO, Fábio Konder. Ensaio sobre o juízo de constitucionalidade de políticas públicas. *Revista de Informação Legislativa*, Brasília, v. 35, n. 138, p. 39-48, abr./jun. 1998.

CORWIN, Edward S. The Constitution as Instrument and as Symbol. *The American Political Science Review*, v. XXX, n. 6, p. 1071-1085, dez. 1936.

COSTA, Rodrigo Vieira. *Federalismo e organização sistêmica da cultura:* o Sistema Nacional de Cultura como garantia de efetivação dos direitos culturais. 2012. 211 f. Dissertação (Mestrado em Direito) – Faculdade de Direito, Universidade de Fortaleza, Fortaleza, 2012.

COUTINHO, Diogo Rosenthal. O direito nas políticas públicas. *In:* MARQUES, Eduardo; FARIA, Aurélio Pimenta (org.). *A política pública como campo multidisciplinar*. São Paulo: Editora Unesp; Editora Fiocruz, 2013. p. 181-200.

CUNHA FILHO, Francisco Humberto. *Cultura e Democracia na Constituição Federal de 1988*. Rio de Janeiro: Letra Legal, 2004.

CUNHA FILHO, Francisco Humberto. Direitos culturais no Brasil. *Revista Itaú Cultural/OIC*, São Paulo, n. 11, p. 115-126, jan./abr. 2011.

CUNHA FILHO, Francisco Humberto. Federalismo brasileiro: significados para a cultura. *In:* BARBALHO, Alexandre; BARROS, José Márcio; CALABRE, Lia (org.). *Federalismo e políticas culturais no Brasil.* Salvador: EDUFBA, 2013. p. 13-41.

CUNHA FILHO, Francisco Humberto. *Federalismo Cultural e Sistema Nacional de Cultura*. Fortaleza: Edições UFC, 2010.

CUNHA FILHO, Francisco Humberto. *Teoria dos Direitos Culturais*: fundamentos e finalidades. São Paulo: Edições Sesc, 2018.

CUNHA FILHO, Francisco Humberto; BOTELHO, Isaura; SEVERINO, José Roberto. Direitos culturais: centenários mas ainda desconhecidos. *In:* CUNHA FILHO, Francisco Humberto; BOTELHO, Isaura; SEVERINO, José Roberto (org.). *Direitos Culturais*. Salvador: EDUFBA, 2018. p. 27-34.

CUREAU, Sandra. Dimensões das práticas culturais e direitos humanos. *In:* SOARES, Virgínia Inês Prado; CUREAU, Sandra. *Bens culturais e direitos humanos.* São Paulo: Edições Sesc, 2015. p. 105-125.

CYMBALISTA, Renato *et al. Habitação*: controle social e política pública. São Paulo: Instituto Pólis, 2007.

DA MATTA, Roberto. *Carnavais, malandros e heróis*: para uma sociologia do dilema brasileiro. Rio de Janeiro: Rocco, 1997.

DALLARI, Dalmo de Abreu. *Elementos da Teoria Geral do Estado.* 22. ed. São Paulo: Saraiva, 2001.

DESIDÉRIO, Mariana. Prefeitura promete apoio a blocos de rua independentes em São Paulo. *Folha de S. Paulo*, São Paulo, 24 jan. 2013. Cotidiano. Disponível em: Disponível em: https://www1.folha.uol.com.br/cotidiano/2013/01/1220220-prefeitura-promete-apoio-a-blocos-de-rua-independentes-em-sao-paulo.shtml. Acesso em: 29 jun. 21.

DIMENSTEIN, Gilberto. Haddad precisa importar um baiano? *Folha de S. Paulo*, São Paulo, 10 dez. 2012. Colunistas. Disponível em: https://m.folha.uol.com.br/colunas/gilbertodimenstein/2012/12/1198806-haddad-precisa-importar-um-baiano.shtml. Acesso em: 29 jun. 21.

DINIZ, André. *Almanaque do carnaval.* Rio de Janeiro: Zahar, 2008.

DOMINGOS, Roney. Blocos de rua conquistam SP, mas banheiros e trânsito viram desafio. *G1* São Paulo, 06 mar. 2014. Disponível em: http://g1.globo.com/sao-paulo/carnaval/2014/noticia/2014/03/blocos-de-rua-conquistam-sp-mas-banheiros-e-transito-viram-desafio.html. Acesso em: 29 jun. 21.

DONDERS, Yvonne. Cinderela encontra seu príncipe: a especialista independente no campo dos direitos culturais. *Revista Observatório Itaú Cultural/OIC*, São Paulo, n. 11, p. 73-88, jan./abr. 2011.

DORIA diz que carnaval de rua vai deixar Vila Madalena: 'já deu o que tinha que dar'. *G1 São Paulo*, 11 out. 2017. Disponível em: https://g1.globo.com/sao-paulo/noticia/doria-diz-que-carnaval-de-rua-vai-deixar-vila-madalena-ja-deu-o-que-tinha-que-dar.ghtml. Acesso em: 29 jun. 21.

DUARTE, Cleusa. Salvador vive crise do abadá e das cordas. *O Estado de S. Paulo*, São Paulo, 27 fev. 2017. Brasil. Disponível em: http://brasil.estadao.com.br/noticias/geral,salvador-vive-crise-do-abada-e-das-cordas,70001680699. Acesso em: 24 jun. 2021.

DURKHEIM, Émile. *As formas elementares da vida religiosa*: o sistema totêmico na Austrália. São Paulo: Martins Fontes, 1996.

DUVIGNAUD, Jean. *Festas e civilizações*. Rio de Janeiro: Tempo Brasileiro, 1983.

EASTON, David. *A Framework for Political Analysis*. Englewood Cliffs, NJ: Prentice-Hall, 1965.

EFEGÊ, Jota. *Ameno Resedá*: o rancho que foi escola. Rio de Janeiro: Letras e Artes, 1965.

EFEGÊ, Jota. *Figura e coisas da música popular brasileira*. Rio de Janeiro: Funarte, 1980.

ELSTER, Jon. Forces and Mechanisms in the Constitution-Making Process. *Duke Law Journal*, v. 45, p. 364-396, 1995.

ETZIONI, Amitai. Mixed-scanning: A "third" approach to decision-making. *Public administration review*, v. 27, n. 5, p. 385-392, dec. 1967.

FAORO, Raymundo. *Os donos do poder*: formação do patronato político brasileiro. Rio de Janeiro: Globo, 1958.

FARIAS, Edson. Hoje é festa na metrópole: considerações sobre expressões lúdico-estéticas no carnaval carioca. *In:* RUBIM, Linda; MIRANDA, Nadja (org.). *Estudos da festa*. Salvador: Edufba, 2012. p. 49-76.

FERNANDES, Ana. Cidade Contemporânea e Cultura: Termos de um impasse? *In:* RUBIM, Antonio Albino Canelas; ROCHA, Renata (org.). *Políticas culturais para as cidades*. Salvador: Edufba, 2010. p. 23-28.

FERNANDES, Edésio. "Constructing the 'right to the city' in Brazil". *Social & Legal Studies*, v. 16, n. 2, p. 201-219, 2007.

FERNANDES, Rita. *Meu bloco na rua*: a retomada do carnaval de rua do Rio de Janeiro. Rio de Janeiro: Civilização Brasileira, 2019.

FERREIRA, Felipe. Festejando. *Revista Observatório Itaú Cultural/OIC*, São Paulo, n. 14, p. 51-60, mai. 2013.

FERREIRA, Felipe. *O livro de ouro do carnaval brasileiro.* Rio de Janeiro: Ediouro, 2004.

FERREIRA, Felipe. O lugar festivo: a festa como essência espaço-temporal do lugar. *Espaço e Cultura*, Rio de Janeiro, v. 15, p. 7-22, jan./jun. 2003.

FERREIRA, Juca. Carnaval de rua é festa da cidadania. *Fórum*, São Paulo, 23 fev. 2017. Disponível em: https://revistaforum.com.br/noticias/juca-ferreira-carnaval-de-rua-e-festa-da-cidadania/. Acesso em: 27 jun. 2021.

FERREIRA, Juca. Riso, rua e alegria. *Folha de S. Paulo*, São Paulo, 09 mar. 2014. Opinião - Tendências/Debates. Disponível em: https://www1.folha.uol.com.br/opiniao/2014/03/1422465-juca-ferreira-riso-rua-e-alegria-em-sp.shtml. Acesso em: 24 jun. 2021.

FERREIRA, Juca; VARELLA, Guilherme. Cidade linda, coisa feia. *Nexo*, São Paulo, 29 jan. 2017. Ensaio. Disponível em: https://www.nexojornal.com.br/ensaio/2017/Cidade-linda-coisa-feia. Acesso em: 24 jun. 2021.

FERREIRA, Juca; VARELLA, Guilherme. Direito à folia. *Folha de S. Paulo*, São Paulo, 16 fev. 2020. Opinião - Tendências/Debates. Disponível em: https://www1.folha.uol.com.br/opiniao/2020/02/direito-a-folia.shtml. Acesso em: 24 jun. 2021.

FESTIVAL 'Existe Amor em SP' reúne multidão na Praça Roosevelt. *G1 São Paulo*, 21 out. 2012. Disponível em: http://g1.globo.com/sao-paulo/noticia/2012/10/festival-existe-amor-em-sp-reune-multidao-na-praca-roosevelt.html. Acesso em: 18 mai. 2021.

FILHO, João. Bolsonaro pode não ter relação com a morte de Marielle, mas tem tudo a ver com os suspeitos. *The Intercept Brasil*, 03 nov. 2019. Disponível em: https://theintercept.com/2019/11/03/bolsonaro-escritorio-do-crime-marielle-queiroz-milicia/. Acesso em: 29 jun. 21.

FIORIN, José Luiz. A construção da identidade nacional brasileira. *Bakhtiniana*, São Paulo, v. 1, n. 1, p. 115-126, 2009.

FIX, Mariana. Uma ponte para a especulação – ou a arte da renda na montagem de uma "cidade global". *Caderno CRH*, Salvador, v. 22, n. 55, p. 41-64, jan./abr. 2009.

FONSECA, Maria Cecília Londres. Para além da pedra e cal: por uma concepção ampla de patrimônio cultural. *In:* ABREU, Regina; CHAGAS, Mário (org.). *Memória e Patrimônio*: ensaios contemporâneos. Rio de Janeiro: Lamparina, 2009. p. 56-76.

FRANGIOTTI, Nanci. O espaço do carnaval na periferia da cidade de São Paulo. 2007. 125 f. Dissertação (Mestrado em Geografia) – Faculdade de Filosofia, Letras e Ciências Humanas, Universidade de São Paulo, São Paulo, 2007.

FREYRE, Gilberto. *Casa Grande & Senzala*. São Paulo: Global, 2006.

FREYRE, Gilberto. *Região e tradição*. Rio de Janeiro: José Olympio, 1941.

FURTADO, Celso. *Ensaios sobre cultura e o Ministério da Cultura*. Rio de Janeiro: Contraponto; Centro Internacional Celso Furtado, 2012.

GAMA, Aliny. Galo da Madrugada mostra sua majestade com desfile de 10 horas de frevo. *UOL*, 22 fev. 2020. Disponível em: https://www.uol.com.br/carnaval/2020/noticias/redacao/2020/02/22/galo-da-madrugada-mostra-sua-majestade-com-desfile-de-mais-de-sete-horas.htm. Acesso em: 05 jun. 2021.

GARCIA, Janaina. MP denuncia três secretários da gestão Doria por suposta fraude em carnaval de rua. *UOL - Política*, São Paulo 29 nov. 2017. Disponível em: https://noticias.uol.com.br/politica/ultimas-noticias/2017/11/29/mp-denuncia-

-cupula-da-gestao-doria-por-suposta-fraude-em-carnaval-de-rua.htm. Acesso em: 29 jun. 21.

GEERTZ, Clifford. *A interpretação das culturas*. Rio de Janeiro: LTC, 2003.

GIRARD, René. *A violência e o sagrado*. São Paulo: Unesp; Paz e Terra, 1990.

GÓES, Fred. Jesus Prieto Brasil: o País de muitos carnavais. *Revista Observatório Itaú Cultural/OIC*, São Paulo, n. 14, p. 61-70, mai. 2013.

HADDAD, Fernando. *Carnaval de Rua*. São Paulo, 05 fev. 2018. Facebook: página pessoal. Disponível em: https://www.facebook.com/fernandohaddad/posts/1667510523329564/. Acesso em: 29 jun. 21.

HALL, Stuart. *A identidade cultural na pós-modernidade*. 11. ed. Rio de Janeiro: DP&A, 2006.

HÄBERLE, Peter. Hermenêutica Constitucional – A sociedade aberta dos intérpretes da Constituição: contribuição para interpretação pluralista e "procedimental" da Constituição. *Direito Público*, Brasília, v. 11, n. 60, p. 25-50, 2014.

HÄBERLE, Peter. *Teoría de la Constitución como Ciencia de la Cultura*. Madri: Tecnos, 2000.

HARVEY, David. *A condição pós-moderna*. São Paulo: Loyola, 1992.

HARVEY, David. A liberdade da cidade. *In:* MARICATO, Ermínia *et al.* (org.). *Cidades rebeldes*: Passe Livre e as manifestações que tomaram as ruas do Brasil. São Paulo: Boitempo: Carta Maior, 2013. p. 27-34.

HARVEY, David. *Cidades rebeldes*: do direito à cidade à revolução urbana. São Paulo: Martins Fontes, 2014.

HARVEY, David. O direito à cidade. Revista *Lutas Sociais,* São Paulo, n.29, p.73-89, jul./dez. 2012.

HARVEY, David. *Social justice and the city*. Athens: University of Georgia Press, 2010.

HAURIOU, Maurice. *A Teoria da Instituição e da Fundação*. Tradução de José Ignacio Coelho Mendes Neto. Porto Alegre: Sergio Antônio Fabris Editor, 2009.

HEERS, Jacques. *Festas de loucos e carnavais*. Lisboa: Dom Quixote, 1987.

HELLER, Hermann. *Teoría del Estado*. Buenos Aires: Fondo de Cultura Economica de Argentina, 1992.

HESSEN, Johannes. *Filosofia dos valores*. Coimbra: Armênio Amado, 1980.

HISTÓRIA do Brasil. *In:* ENCICLOPÉDIA Itaú Cultural de Arte e Cultura Brasileiras. São Paulo: Itaú Cultural, 2021. Disponível em: http://enciclopedia.itaucultural.org.br/obra67622/historia-do-brasil. Acesso em: 17 jun. 2021. Verbete da Enciclopédia.

HOBSBAWM, Eric; RANGER, Terence (org.). *A invenção das tradições*. 6. ed. Rio de Janeiro: Paz e Terra, 2008.

HOLANDA, Sergio Buarque de. *Raízes do Brasil*. São Paulo: Cia. das Letras, 2015.

HOLLANDA, Bernardo Borges Buarque de. País do Carnaval? (Uma apresentação alentada ao dossiê: Carnavais & Organizações). *Revista Organizações e Sociedade*, Salvador, v. 20, n. 64, p. 99-109, jan./mar. 2013.

IMMERGUT, Ellen. O núcleo teórico do novo institucionalismo. *In:* SARAVIA, Enrique; FERRAREZI, Elisabete (org.). *Políticas Públicas*. Brasília: ENAP, 2006. p. 155-195. (Coletânea, v. 1).

INSTITUTO DO PATRIMÔNIO HISTÓRICO E ARTÍSTICO NACIONAL. *Livros de Registro*. Disponível em: http://portal.iphan.gov.br/pagina/detalhes/122. Acesso em: 22 jun. 2021.

JACOBS, Jane. *Morte e vida de grandes cidades*. 3. ed. São Paulo: WMF Martins Fontes, 2014.

JOBERT, Bruno; MULLER, Pierre. *L'état en action*. Paris: PUF, 1987.

JUCÁ, Beatriz. Adriano da Nóbrega, suspeito de envolvimento no caso Marielle, é morto em operação policial na Bahia. *El País*, 09 fev. 2020. Disponível em: https://brasil.elpais.com/brasil/2020-02-09/suspeito-de-envolvimento-no-assassinato-de-marielle-e-morto-em-operacao-policial.html. Acesso em: 29 jun. 21.

LAAKSONEN, Annamari. O direito de ter acesso à cultura e dela participar como características fundamentais dos direitos culturais. *Revista Observatório Itaú Cultural/OIC*, São Paulo, n. 11, p. 49-60, jan./abr. 2011.

LADURIE, Emmanuel Le Roy. *O carnaval de Romans*: da Candelária à Quarta-Feira de Cinzas 1579-1580. São Paulo: Companhia das Letras, 2002.

LEFEBVRE, Henri. *O direito à cidade*. São Paulo: Centauro, 2001.

LEITE, Dante Moreira. *O caráter nacional brasileiro*: história de uma ideologia. São Paulo: Unesp, 2002.

LEON, Luis Eduardo Trevisan de. *A trajetória do carnaval de rua de São Paulo*: da proibição do entrudo ao dilema dos blocos do século XXI. 2019. 113 f. Dissertação (Mestrado em Planejamento e Gestão do Território) – Universidade de São Paulo, São Paulo, 2019.

LÉVI-STRAUSS, Claude. Introdução à obra de Marcel Mauss. *In:* MAUSS, Marcel. *Sociologia e antropologia*. Tradução de Paulo Neves. São Paulo: Cosac Naify, 2003. p. 11-46.

LIMA, Luciana Piazzon Barbosa. Cidadania cultural e direito à cidade: as políticas culturais em São Paulo na gestão Fernando Haddad. *In:* CASTRO, Fábio Fonseca de *et al. Políticas culturais para as cidades.* Salvador: EDUFBA, 2018. p. 57-84.

LIRA NETO. *Uma história do samba*: As origens. São Paulo: Companhia das Letras, 2017. v. 1.

LISBOA, Daniel. Coletivo lança manifesto contra "domesticação" do Carnaval paulistano. *UOL Notícias*, 21 fev. 2019. Disponível em: https://noticias.uol.com.br/carnaval/2019/noticias/redacao/2019/02/21/coletivo-lanca-manifesto-contra-domesticacao-do-carnaval-paulistano.htm?fbclid=IwAR2XpUioyf_XwwD3p7IBL5W2CneIU3UoL6Suj2K3ErgkBZt3JAXY7yvJbe. Acesso em: 29 jun. 21.

LOWI, Theodore J. American business, public policy, case-studies, and political theory. *World Politics*, v. 16, n. 4, p. 677-715, 1964.

MACEDO JUNIOR, Ronaldo Porto. O conceito de direito social e racionalidades em conflito: Ewald contra Hayek. *In:* MACEDO JUNIOR, Ronaldo Porto. *Ensaios de Teoria do Direito.* São Paulo: Saraiva, 2013. cap. 2, p. 57-107.

MACHADO, Fernanda Amim Sampaio. *Ei você aí, me dá um dinheiro aí?*: conflitos, disputas e resistências na cidade do Rio de Janeiro. Rio de Janeiro: Lumen Juris, 2017.

MACHINI, Mariana Luiza Fiocco; ROZA, Erick André. "É tradição e o samba continua": percursos, disputas e arranjos do carnaval de rua na cidade de São Paulo. *Ponto Urbe*, São Paulo, n. 23, p. 1-21, 2018.

MACIEL, Camila. Blocos de rua de São Paulo defendem modelo não empresarial de carnaval. *Agência Brasil*, Brasília, 10 fev. 2013. Disponível em: https://memoria.ebc.com.br/agenciabrasil/noticia/2013-02-10/blocos-de-rua-de-sao-paulo-defendem-modelo-nao-empresarial-de-carnaval. Acesso em: 27 jun. 2021.

MAFFESOLI, Michel. *A sombra de Dionísio*: contribuição a uma sociologia da orgia. Rio de Janeiro: Graal, 1985.

MAGALHÃES, Taís. Campos de disputa e gestão do espaço urbano: a Operação Sufoco na "cracolândia" paulista. *Ponto Urbe*, São Paulo, n. 21, p. 1-14, 2017.

MANIFESTA CARNAVAL DE RUA LIVRE. MANIFESTA CARNAVAL DE RUA LIVRE COM DIVERSIDADE E DEMOCRACIA! Contra a violência policial e contra a censura. São Paulo, abr. 2022.

MANIFESTO CARNAVALISTA. *Pelo Carnaval de Rua de São Paulo.* São Paulo, jan. 2013a.

MANIFESTO CARNAVALISTA. *Proposta do Manifesto Carnavalista para o Carnaval de Rua de São Paulo*. São Paulo, nov. 2013b.

MANZATTI, Marcelo Simon. *Samba Paulista, do centro cafeeiro à periferia do centro*: estudo sobre o Samba de Bumbo ou Samba Rural Paulista. 2005. 377 f. Dissertação (Mestrado em Ciências Sociais) – Pontifícia Universidade Católica de São Paulo, São Paulo, 2005.

MARICATO, Ermínia. As ideias fora do lugar e o lugar fora das ideias: planejamento urbano no Brasil. *In:* ARANTES, Otília; VAINER, Carlos; MARICATOA, Ermínia. *A cidade do pensamento único*: desmanchando consensos. Petrópolis: Vozes, 2000. p. 121-192.

MARICATO, Ermínia. O estatuto da cidade periférica. *In:* CARVALHO, Celso Santos; ROSSBACH, Anaclaudia. (org.). *O estatuto da cidade*: comentado. São Paulo: Ministério das Cidades / Aliança das Cidades, 2010. p. 5-22.

MARQUES, Eduardo. As políticas públicas na ciência política. *In:* MARQUES, Eduardo; FARIA, Aurélio Pimenta (org.). *A política pública como campo multidisciplinar*. São Paulo: Editora Unesp; Editora Fiocruz, 2013. p. 23-46.

MARQUES, Eduardo. De volta aos capitais para melhor entender as políticas urbanas. *Novos Estudos Cebrap*, São Paulo, v. 35, n. 2, p. 15-33, jul. 2016.

MARQUES, Eduardo. Em busca de um objeto esquecido: a política e as políticas do urbano no Brasil. *Revista Brasileira de Ciências Sociais*, São Paulo, v. 32, n. 95, p. 1-18, 2017.

MARQUES, Eduardo. Os espaços sociais e a segregação. *In:* MARQUES, Eduardo. (org.). *As transformações de São Paulo nos anos 2000*. São Paulo: Ed. Unesp/CEM, 2010.

MARTINS, Júnia. Cinza nos muros: gerenciamento da produção de grafite e criminalização da pichação na cidade de São Paulo. *Anuário Unesco/Metodista Comunicação Regional*, São Paulo, v. 21, n. 21, p. 113-128, jan./dez. 2017.

MARX, Karl. *Contribuição à Crítica da Economia Política*. Tradução de Florestan Fernandes. São Paulo: Expressão Popular, 2008.

MAUSS, Marcel. *Ensaio sobre a dádiva*. São Paulo: Ubu, 2018.

MAUSS, Marcel. *Sociologia e Antropologia*. São Paulo: Cosac Naify, 2003.

MEDEIROS, Jotabê; SANCHES, Pedro Alexandre. As energias cáusticas estão predominando sobre as energias agregadoras. *Carta Capital – Farofafá*, 18 fev. 2016. Disponível em: https://farofafa.com.br/2016/02/18/as-energias-causticas-estao-predominando-sobre-as-energias-agregadoras/ Acesso em: 28 jun. 2021.

MELLO FILHO, José Celso de. O direito constitucional de reunião. *Revista de Jurisprudência do Tribunal de Justiça do Estado de São Paulo*, São Paulo, v. 12, n. 54, p. 19-23, set./out. 1978. Disponível em: http://www.revistajustitia.com.br/revistas/3w36db.pdf. Acesso em: 24 jun. 21.

MENDES, Conrado Hubner. *Controle de Constitucionalidade e Democracia*. Rio de Janeiro: Elsevier, 2008.

MENESES, Ulpiano Bezerra de. O campo do patrimônio cultural: uma revisão de premissas. *In:* IPHAN. *I Forum Nacional do Patrimônio Cultural*: Sistema Nacional de Patrimônio Cultural: desafios, estratégias e experiências para uma nova gestão, Ouro Preto, 2009. p. 25-39.

MENGUE, Priscila. 30,9% dos blocos de São Paulo desistem do carnaval de rua. *O Estado de S. Paulo*, São Paulo, 10 fev. 2020. Disponível em: https://sao-paulo.estadao.com.br/noticias/geral,30-9-dos-blocos-em-sp-desistem-do-carnaval,70003192017#:~:text=As%2mudan%C3%A7as%20frequentes%20s%C3%A30%20uma,com%20desfiles%20e%20trajetos%20errados. Acesso em: 29 jun. 21.

MÉO, Guy di. *La Géographie en Fêtes*. Paris: Ophrys, 2001.

MEYER-BISCH, Patrice. A centralidade dos direitos culturais, pontos de contato entre diversidade e direitos humanos. *Revista Observatório Itaú Cultural/OIC*, São Paulo, n. 11, p. 27-42, jan./abr. 2011.

MIGUEZ, Paulo; LOIOLA, Elizabeth. A economia do Carnaval da Bahia. *Bahia Análise e Dados*, Salvador, v. 16, n. 4, P. 285-299, abr./jun. 2011.

MIGUEZ, Paulo. A festa: inflexões e desafios contemporâneos. *In:* RUBIM, Linda; MIRANDA, Nadja (org.). *Estudos da festa*. Salvador: Edufba, 2012. p. 205-216.

MIGUEZ, Paulo. Do abadá à pulseirinha. *Correio*, 04 fev. 2016. Disponível em: https://www.correio24horas.com.br/noticia/nid/paulo-miguez-do-abada-a-pulseirinha-1/ Acesso em: 23 out. 21.

MIGUEZ, Paulo. Festas populares brasileiras: entrevista/conversa com Maria Laura Viveiros de Castro Cavalcanti. *Revista Observatório Itaú Cultural/OIC*, São Paulo, n. 14, p. 39-50, mai. 2013a.

MIGUEZ, Paulo. Muitos (outros) carnavais. *Revista Observatório Itaú Cultural/OIC*, São Paulo, n. 14, p. 131-140, mai. 2013b.

MIRANDA, Dilmar. Carnavalização e multidentidade cultural: antropofagia e tropicalismo. *Tempo Social*, São Paulo, v. 9, n. 2, p. 125-154, out. 1997.

MONTES, Maria Lucia. Entre o arcaico e o moderno: heranças barrocas e a cultura da festa na construção da identidade brasileira. *Revista Sexta-feira*, São Paulo, n. 2, ano 2, p. 142-159, abr. 1998.

MORAES FILHO, Melo. *Antologia do carnaval*. Rio de Janeiro: O Cruzeiro, 1945.

MORAES, Alexandre de. *Direitos Humanos Fundamentais*. 8. ed. São Paulo: Atlas, 2007.

MORAES, Eneida. *História do carnaval carioca*. São Paulo: Civilização Brasileira, 1958.

MORAND, Charles-Albert. *Le droit neo-moderne des politiques publiques*. Paris: LGDJ, 1999.

MOTA, Carlos Guilherme. *Ideologia da cultura brasileira (1933-1974)*: pontos de partida para uma revisão histórica. São Paulo: Editora 34, 2008.

MOVIMENTO CULTURAL DAS PERIFERIAS. *Manifesto Periférico*. São Paulo, 16 mai. 2015. Facebook: página do movimento. Disponível em: https://www.facebook.com/MovimentoCulturaldasPeriferias/posts/1619762388237216/ Acesso em: 27 jun. 2021.

MUMFORD, Lewis. *A cidade na História*. Belo Horizonte: Itatiaia, 1965.

MUNIZ FILHO, José. *Do batuque à escola de samba*. São Paulo: Símbolo, 1976.

NEVES, Marcelo. *A constitucionalização simbólica*. 3. ed. São Paulo: WMF Martins Fontes, 2011.

NEVES, Marcelo. *Transconstitucionalismo*. São Paulo: Martins Fontes, 2009.

NORTH, Douglas. *Institutions, Institutional Change and Economic Performance*. London: Cambridge University Press, 1990.

NUNES, Benedito. Antropofagia ao alcance de todos. *In:* ANDRADE, Oswald de. *A utopia Antropofágica*. 4. ed. São Paulo: Globo, 2011. p. 7-56.

OLIVEIRA, Ana Amélia Penido. *As ruas em disputa*: entre o direito ao protesto e a perturbação da ordem. 2019. 168 f. Tese (Doutorado em Relações Internacionais) – Universidade Estadual Paulista, Universidade Estadual de Campinas, Pontifícia Universidade Católica de São Paulo, São Paulo, 2019.

OLIVEIRA, Anita Loureiro de. Mulheres e ação política: lutas feministas pelo direito à cidade. *Revista PerCursos*, Florianópolis, v. 19, n. 40, p. 111-140, mai./ago. 2018.

OLIVEIRA, Dalila Andrade. Das políticas de governo à política de estado: reflexões sobre a atual agenda educacional brasileira. *Educação & Sociedade*, Campinas, v. 32, n. 115, p. 323-337, abr./jun. 2011. Disponível em: http://www.scielo.br/pdf/es/v32n115/v32n115a05.pdf. Acesso em: 24 jun. 2021.

OLIVEIRA, Vanessa Elias de; ABRUCIO, Fernanda Luiz. Burocracia de médio escalão e diretores de escola: um novo olhar sobre o conceito. *In:* PIRES, Roberto; LOTTA, Gabriela; OLIVEIRA, Vanessa Elias de (org.). *Burocracia e políticas públicas no Brasil*: interseções analíticas. Brasília: Ipea: Enap, 2018. p. 207-225.

OLIVEN, Ruben George. *A antropologia e a cultura brasileira*. Porto Alegre: UFRGS, 1985. (Caderno de Estudos, 12).

OLIVEN, Ruben George. A elaboração de símbolos nacionais na cultura brasileira. *Revista de Antropologia*, São Paulo, v. 26, p. 107-118, 1983.

OLIVEN, Ruben George. A relação Estado e cultura no Brasil: cortes ou continuidade?. *In:* MICELI, Sergio (org.). *Estado e Cultura no Brasil*. São Paulo: Difusão Editorial, 1984. p. 41-52.

OLIVIERI, Cris; NATALE, Edson (org.). *Direito, arte e liberdade*. São Paulo: Edições Sesc São Paulo, 2018.

O'REILLY, Tim. Government as a platform. *In:* LATHROP, Daniel; RUMA, Laurel. *Open Governament*. Newton, MA: O'Reilly Media, Inc., 2010. Chapter 2. Disponível em: https://www.oreilly.com/library/view/open-government/9781449381936/ch02.html. Acesso em: 26 jun. 2021.

ORTIZ, Renato. *Cultura brasileira e identidade nacional*. 5. ed. São Paulo: Brasiliense, 1994.

ORTIZ, Renato. Imagens do Brasil. *Revista Sociedade e Estado*, Brasília, v. 28, n. 3, p. 609-633, set./dez. 2013.

OSTROM, Elinor. Institucional Rational Choice. *In:* SABATIER, Paul. *Theories of the Policy Process*. California: Westview Press, 2007.

PAPATERRA, Pato. *40 anos de Vai Quem Quer*: memórias carnavalescas. São Paulo: Terra Redonda, 2020.

PARTIDO DOS TRABALHADORES. *Um tempo novo para São Paulo*. Plano de Governo Haddad Prefeito 2012. São Paulo: Partido dos Trabalhadores, 2012. Disponível em: https://conteudo.imguol.com.br/blogs/52/files/2016/07/programa-haddad-2012.pdf. Acesso em: 24 jun. 2021.

PEDRO, Jesus Prieto de. Direitos culturais, o filho pródigo dos direitos humanos. *Revista Observatório Itaú Cultural/OIC*, São Paulo, n. 11, p. 43-48, jan./abr. 2011.

PENNA, Maria Luiza. *Fernando de Azevedo*. Recife: Fundação Joaquim Nabuco, Massangana, 2010.

PEREIRA, Néli. Carnaval de rua é exemplo de 'crise do conceito de cidadania', diz secretário de SP. *BBC Brasil*, São Paulo, 08 fev. 2017. Disponível em: https://www.bbc.com/portuguese/brasil-38901586. Acesso em: 15 jun. 2021.

PIPOLO, Otto. *Sistema jurídico aplicado ao carnaval*: e às demais manifestações culturais. São Paulo: All Print, 2019.

PIVOTTO, Débora. Blocos de rua festejam apoio para aumentar presença no carnaval de SP. *G1* São Paulo, 04 fev. 2013. Disponível em: http://g1.globo.com/sao-paulo/carnaval/2013/noticia/2013/02/blocos-de-rua-festejam-apoio-para-aumentar-presenca-no-carnaval-de-sp.html. Acesso em: 27 jun. 2021.

PONTIER, Jean-Marie; RICCI, Jean-Claude; BOURDON, Jacques. *Droit de la Culture*. Paris: Dalloz, 1990.

PRETTI, Lucas. Baixo Centro: as ruas são para dançar. *vimeo*, mar. 2012. Disponível em: https://vimeo.com/31394159?fbclid=IwAR0LAPb1IfuogOx59i2g0EEfpSTbjwTp89W-8WWkGcpp9jD_Zo_5mc3EODA. Acesso em: 24 jun. 2021.

QUEIROZ, Maria Isaura Pereira de. A ordem carnavalesca. *Tempo Social*, São Paulo, v. 6, n. 1-2, p. 27-45, 1994. (editado em jun. 1995).

QUEIROZ, Maria Isaura Pereira de. *Carnaval brasileiro*: o vivido e o mito. São Paulo: Brasiliense, 1999.

RAMOS, Graciliano. Zé Pereira. *Jornal de Alagoas*, Maceió, ano IV, n. 45, 26 fev. 1911.

REALE, Miguel. *Horizontes do direito e da história*. 2. ed. São Paulo: Saraiva, 1977.

RIBEIRO, Darcy. *O povo brasileiro*: a formação e o sentido do Brasil. 3. ed. São Paulo: Global, 2015.

RIO DE JANEIRO (Município). Câmara dos Vereadores. *Cultura é direito*: Relatório da Comissão Especial com a finalidade de Analisar a relação e as responsabilidades entre o poder público municipal e o carnaval. Rio de Janeiro, 18 dez. 2020b. Disponível em: https://tarcisiomotta.com.br/2020/12/18/carnaval-e-direito-relatorio-2020/ Acesso em: 28 jun. 2021.

RIO DE JANEIRO (Município). Câmara dos Vereadores. *Plano Emergencial para o Carnaval 2021*. Rio de Janeiro, 27 out. 2020a. Disponível em: http://www.camara.rj.gov.br/scriptcase/file/doc/Plano%20Emergencial%20para%20o%20Carnaval%202021%20%20Comissao%20Especial%20do%20Carnaval.pdf Acesso em: 28 jun. 2021.

RIOU, Alain. *Le Droit de la Culture et le Droit à la Culture*. Paris: ESF Editeur, 1996.

RISÉRIO, Antonio. Carnaval: as cores da mudança. *Afro-Ásia*, Salvador, n. 16, p. 90-106, 1995.

ROCHA, Patrícia Teixeira Diniz. Carnaval: Ecos da Hibridação: Identidade cultural brasileira nos filmes Orfeu Negro (1959) e Orfeu (1998). *Revista Espcom*, Belo Horizonte, n. 3, [20--].

RODRIGUES, Francisco Luciano Lima. Bens culturais: patrimônio cultural imaterial no Brasil e o princípio da dignidade da pessoa. *In:* SOARES, Virgínia Prado; TELLES, Mario Ferreira de Pragmácio. *Tutela jurídica e preservação do patrimônio cultural imaterial.* Salvador: Editora JusPodvim, 2018. p. 323-342.

RODRIGUES, Marcelo Netto. *O ciclo dos protestos anticapitalistas globais*: dos zapatistas ao *Ocupa Sampa.* 2018. 186 f. Dissertação (Mestrado em Ciências Sociais) – Escola de Filosofia, Letras e Ciências Humanas, Universidade Federal de São Paulo, Guarulhos, 2018.

RODRIGUES, Nina. *Os africanos no Brasil.* 7. ed. Brasília: UnB, 1988.

ROLNIK, Raquel. A cidade é nossa. *Blog da Raquel Rolnik*, 10 mar. 2017. Disponível em: https://raquelrolnik.wordpress.com/2017/03/10/a-cidade-e-nossa/. Acesso em: 24 jun. 2021.

ROLNIK, Raquel. Abram alas para o Carnaval de São Paulo! *Folha de S. Paulo*, São Paulo, 10 fev. 2014. Opinião – ex-colunistas. Disponível em: https://www1.folha.uol.com.br/colunas/raquelrolnik/2014/02/1409788-abram-alas-para-o-carnaval-de-sao-paulo.shtml. Acesso em: 24 jun. 2021.

ROMANO, Santi. *O Ordenamento jurídico.* Florianópolis: Fundação Boiteux, 2008.

RUBIM, Antônio Albino Canelas. *Cultura e políticas culturais.* Rio de Janeiro: Beco do Azougue, 2011.

RUBIM, Antônio Albino Canelas. Plano Nacional de Cultura em debate, *Políticas Culturais em Revista*, Salvador, v. 1, n. 2, p. 59-72, 2008.

RUBIM, Linda; MIRANDA, Nadja (org.). *Estudos da festa.* Salvador: Edufba, 2012.

RUIZ, Isabela; BUCCI, Maria Paula Dallari. Quadro de problemas de políticas públicas: uma ferramenta para análise jurídico-institucional. *Revista Estudos Institucionais*, Rio de Janeiro, v. 5, n. 3, p. 1142-1167, set./dez. 2019.

SABATIER, Paul. The need for better theories. *In:* SABATIER, Paul. *Theories of the Policy Process.* California: Westview Press, 2007.

SANDRONI, Carlos. Do Frevo e do Maracatu: música e festa no carnaval pernambucano. *Revista Observatório Itaú Cultural/OIC*, São Paulo, n. 14, p. 71-88, mai. 2013.

SANT'ANNA, Márcia. A festa como patrimônio cultural: problemas e dilemas da salvaguarda. *Revista Observatório Itaú Cultural/OIC*, São Paulo, n. 14, p. 21-30, mai. 2013.

SANT'ANNA, Márcia. Patrimônio imaterial e políticas públicas. *In:* MIRANDA, Danilo Santos de (org.). *Memória e cultura*: a importância da memória na formação cultural humana. São Paulo: Edições Sesc São Paulo, 2007. p. 136-145.

SANTOS, Fernando Burgos Pimentel dos. Carnaval e Administração Pública: o papel dos governos locais na configuração das festas. *Textos escolhidos de cultura e arte populares*, Rio de Janeiro, v. 7, n. 2, p. 61- 74, nov. 2010.

SANTOS, Gustavo Ferreira; GOMES, Ana Cecília de Barros. Direito ao protesto. *In:* LEITE, George Salomão; LEITE, Glauco Salomão; STRECK, Lenio Luiz (coord.). *Jurisdição constitucional e liberdades públicas*. Belo Horizonte: Fórum, 2017.

SANTOS, William Santana. Os carnavais de Roger Bastide: contribuição para a história dos estudos antropológicos e sociológicos do Carnaval brasileiro. *Ponto Urbe*, São Paulo, n. 23, p. 1-21, 2018.

SÃO PAULO (Município). Casa Civil do Gabinete do Prefeito. *Decreto n° 49.969, de 28 de agosto de 2008*. Regulamenta a expedição de Auto de Licença de Funcionamento, Alvará de Funcionamento, Alvará de Autorização para eventos públicos e temporários e Termo de Consulta de Funcionamento, em consonância com as Leis nº 10.205, de 4 de dezembro de 1986, e nº 13.885, de 25 de agosto de 2004; revoga os decretos e a portaria que especifica. São Paulo: Casa Civil do Gabinete do Prefeito, 28 ago. 2008. Disponível em: http://legislacao.prefeitura.sp.gov.br/leis/decreto-49969-de-28-de-agosto-de-2008. Acesso em: 29 jun. 2021.

SÃO PAULO (Município). Casa Civil do Gabinete do Prefeito. *Decreto n° 54.815, de 5 de fevereiro de 2014*. Disciplina o Carnaval de Rua da Cidade de São Paulo. São Paulo: Casa Civil do Gabinete do Prefeito, 30 jan. 2014f. Disponível em: http://legislacao.prefeitura.sp.gov.br/leis/decreto-54815-de-5-de-fevereiro-de-2014. Acesso em: 29 jun. 2021.

SÃO PAULO (Município). Casa Civil do Gabinete do Prefeito. *Decreto nº* 55.878, *de 29 de janeiro de 2015*. Introduz alterações no Decreto n° 54.815, de 5 de fevereiro de 2014, que disciplina o Carnaval de Rua da Cidade de São Paulo. São Paulo: Casa Civil do Gabinete do Prefeito, 30 jan. 2015a. Disponível em: http://legislacao.prefeitura.sp.gov.br/leis/decreto-55878-de-29-de-janeiro-de-2015/detalhe. Acesso em: 28 jun. 2021.

SÃO PAULO (Município). Casa Civil do Gabinete do Prefeito. *Decreto nº* 56.690, *de 7 de dezembro de 2015*. Disciplina o Carnaval de Rua da Cidade de São Paulo. São Paulo: Casa Civil do Gabinete do Prefeito, 7 dez. 2015d. Disponível em: http://legislacao.prefeitura.sp.gov.br/leis/decreto-56690-de-07-de-dezembro-de-2015. Acesso em: 29 jun. 2021.

SÃO PAULO (Município). Casa Civil do Gabinete do Prefeito. *Decreto nº* 57.916, *de 5 de outubro de 2017*. Disciplina o Carnaval de Rua da Cidade de São Paulo. São Paulo: Casa Civil do Gabinete do Prefeito, 5 out. 2017b. Disponível em: http://

legislacao.prefeitura.sp.gov.br/leis/decreto-57916-de-05-de-outubro-de-2017. Acesso em: 29 jun. 2021.

SÃO PAULO (Município). Casa Civil do Gabinete do Prefeito. *Decreto nº* 58.857, *de 17 de julho de 2019*. Disciplina o Carnaval de Rua da Cidade de São Paulo. São Paulo: Casa Civil do Gabinete do Prefeito, 17 jul. 2019c. Disponível em: http://legislacao.prefeitura.sp.gov.br/leis/decreto-58857-de-17-de-julho-de-2019. Acesso em: 29 jun. 2021.

SÃO PAULO (Município). Casa Civil do Gabinete do Prefeito. *Decreto nº* 59.019, *de 21 de outubro de 2019*. Confere nova redação aos artigos 4º e 6º do Decreto nº 58.857, de 17 de julho de 2019, que disciplina o Carnaval de Rua da Cidade de São Paulo. São Paulo: Casa Civil do Gabinete do Prefeito, 21 out. 2019d. Disponível em: http://legislacao.prefeitura.sp.gov.br/leis/decreto-59019-de-21-de-outubro-de-2019. Acesso em: 20 jun. 2021.

SÃO PAULO (Município). Casa Civil do Gabinete do Prefeito. *Decreto nº* 59.096, *de 22 de novembro de 2019*. Confere nova redação aos incisos I e II do artigo 6º do Decreto nº 58.857, de 17 de julho de 2019, que disciplina o Carnaval de Rua da Cidade de São Paulo. São Paulo: Casa Civil do Gabinete do Prefeito, 22 nov. 2019e. Disponível em: http://legislacao.prefeitura.sp.gov.br/leis/decreto-59019-de-21-de-outubro-de-2019. Acesso em: 29 jun. 2021.

SÃO PAULO (Município). Casa Civil do Gabinete do Prefeito. *Decreto nº 7.348, de 11 de janeiro de 1968*. Institui a comissão organizadora do carnaval de 1968, de acordo com o disposto na lei 7100/67, e dá outras providências. São Paulo: Prefeitura Municipal, 1968. Disponível em: http://legislacao.prefeitura.sp.gov.br/leis/decreto-7348-de-11-de-janeiro-de-1968/consolidado. Acesso em: 24 jun. 2021.

SÃO PAULO (Município). Casa Civil do Gabinete do Prefeito. *Portaria Prefeito - PREF nº* 98, *de 16 de março de 2013*. Constitui grupo de trabalho com a incumbência de estabelecer a política cultural para o carnaval de rua na cidade de São Paulo em 2014. São Paulo: Casa Civil do Gabinete do Prefeito, 16 mar. 2013a. Disponível em: http://legislacao.prefeitura.sp.gov.br/leis/portaria-gabinete-do-prefeito-98-de-16-de-marco-de-2013/detalhe. Acesso em: 20 jun. 2021.

SÃO PAULO (Município). Casa Civil do Gabinete do Prefeito. *Portaria Prefeito - PREF nº* 161, *de 21 de maio de 2013*. Designa membros para integrar o grupo de trabalho com a incumbência de estabelecer a política cultural para o carnaval de rua na cidade de São Paulo em 2014. São Paulo: Casa Civil do Gabinete do Prefeito, 21 mai. 2013b. Disponível em: http://legislacao.prefeitura.sp.gov.br/leis/portaria-gabinete-do-prefeito-161-de-21-de-maio-de-2013. Acesso em: 20 jun. 2021.

SÃO PAULO (Município). *Lei 7.100, de 29 de dezembro de 1967*. Dispõe sobre a promoção de festas de cunho popular e festejos carnavalescos, e dá outras providências. São Paulo: Câmara Municipal, 1967. Disponível em: https://leismunicipais.com.br/a/sp/s/sao-paulo/lei-ordinaria/1967/710/7100/lei-ordinaria-n-7100-1967-dispoe-sobre-a-promocao-de-festas-de-cunho-popular-e-festejos-carnavalescos-e-da-outras-providencias-1967-12-29-versao-original. Acesso em: 24 jun. 2021.

SÃO PAULO (Município). *Lei nº 10.831, de 4 de janeiro de 1990*. Oficializa o Carnaval na Cidade de São Paulo, e dá outras providências. São Paulo: Câmara Municipal, 1990. Disponível em: https://leismunicipais.com.br/a/sp/s/sao-paulo/lei-ordinaria/1990/1084/10831/lei-ordinaria-n-10831-1990-oficializa-o-carnaval-na-cidade-de-sao-paulo-e-da-outras-providencias-2007-07-19-versao-compilada. Acesso em: 24 jun. 2021.

SÃO PAULO (Município). *Lei nº 13.430, de 13 de setembro de 2002*. Aprova a Política de Desenvolvimento Urbano e o Plano Diretor Estratégico do Município de São Paulo. São Paulo: Câmara Municipal, 2002. Disponível em: http://legislacao.prefeitura.sp.gov.br/leis/lei-13430-de-01-de-setembro-de-2002. Acesso em: 29 jun. 2021.

SÃO PAULO (Município). *Lei nº 14.485, de 19 de julho de 2007*. Consolida a Legislação Municipal referente a datas comemorativas, eventos e feriados do Município de São Paulo, e dá outras providências. São Paulo: Câmara Municipal, 2007. Disponível em: https://www.saopaulo.sp.leg.br/iah/fulltext/leis/L14485.pdf. Acesso em: 25 jun. 2021.

SÃO PAULO (Município). *Lei nº 16.050, de 31 de julho de 2014*. Aprova a Política de Desenvolvimento Urbano e o Plano Diretor Estratégico do Município de São Paulo e revoga a Lei nº 13.430/2002. São Paulo: Câmara Municipal, 2014g. Disponível em: http://legislacao.prefeitura.sp.gov.br/leis/lei-16050-de-31-de-julho-de-2014/. Acesso em: 29 jun. 2021.

SÃO PAULO (Município). São Paulo Turismo. Observatório de Turismo e Eventos da Cidade de São Paulo. *Carnaval Paulistano 2016*. São Paulo: São Paulo Turismo, 2016c. Disponível em: https://www.observatoriodoturismo.com.br/pdf/CARNAVAL_2016_SAMBODROMO_RUA_VILA_MADALENA.pdf. Acesso em: 20 jun. 2021.

SÃO PAULO (Município). Secretaria Especial de Comunicação. *Carnaval de Rua 2014 reúne um milhão de pessoas na cidade*. São Paulo: SEC, 07 mar. 2014d. Disponível em: http://adm.capital.sp.gov.br/noticia/carnaval-de-rua-2014-reune-um-milhao-de-pessoas-na/. Acesso em: 20 jun. 2021.

SÃO PAULO (Município). Secretaria Especial de Comunicação. *Carnaval de Rua atrai 1,5 milhão de pessoas e se firma como festa da diversidade cultural paulistana*. São Paulo: SEC, 2015c. Disponível em: https://www.capital.sp.gov.br/noticia/carnaval-de-rua-atrai-1-5-milhao-de-pessoas-e-se. Acesso em: 20 jun. 2021.

SÃO PAULO (Município). Secretaria Especial de Comunicação. *Carnaval de Rua de São Paulo 2019 terá maior recurso de patrocínio destinado ao evento até hoje*. São Paulo: SEC, 06 fev. 2019a. Disponível em: https://www.capital.sp.gov.br/noticia/carnaval-de-rua-2019-de-sao-paulo-tera-maior-recurso-de-patrocinio-destinado-ao-evento-ate-hoje. Acesso em: 20 jun. 2021.

SÃO PAULO (Município). Secretaria Especial de Comunicação. *Carnaval de rua de São Paulo atrai dois milhões de pessoas*. São Paulo: SEC, 14 fev. 2016a. Disponível em: https://www.capital.sp.gov.br/noticia/carnaval-de-rua-de-sao-paulo-atrai-dois-milhoes-de. Acesso em: 20 jun. 2021.

SÃO PAULO (Município). Secretaria Especial de Comunicação. *Carnaval de rua 2016 supera a expectativa de retorno para a cidade*. São Paulo: SEC, 09 fev. 2016d. Disponível em: https://www.capital.sp.gov.br/noticia/carnaval-de-rua-2016-supera-a-expectativa-de#ad-image-0. Acesso em: 20 jun. 2021.

SÃO PAULO (Município). Secretaria Especial de Comunicação. *Carnaval de rua terá 355 blocos com desfiles em várias regiões da cidade*. São Paulo: SEC, 28 jan. 2016b. Disponível em: https://www.capital.sp.gov.br/noticia/carnaval-de-rua-tera-355-blocos-com-desfiles-em#ad-image-0. Acesso em: 20 jun. 2021.

SÃO PAULO (Município). Secretaria Especial de Comunicação. *Prefeitura inicia cadastramento para carnaval de rua 2014*. São Paulo: SEC, 10 jan. 2014c. Disponível em: http://www.capital.sp.gov.br/noticia/prefeitura-inicia-cadastramento-para-carnaval-de. Acesso em: 20 jun. 2021.

SÃO PAULO (Município). Secretaria do Governo Municipal. *Contrato nº 43/2017-SGM*. Apoio institucional ao Carnaval Paulistano 2018, além da organização, divulgação, comercialização, controle e fiscalização referentes às apresentações de espetáculos artísticos e culturais por agremiações, escolas, blocos e cordões carnavalescos. São Paulo, 27 out. 2017b. Disponível em: https://spturis.com.br/transparencia/pdf/contratos_eventos/2017/Contrato 043-2017_SGM_Carnaval_2018_Apoio_Institucional.pdf. Acesso em: 20 jun. 2021.

SÃO PAULO (Município). Secretaria Municipal de Cultura. *I Seminário de Carnaval de Rua*. São Paulo: SMC, 4 dez. 2013e. Disponível em: https://drive.google.com/file/d/1k8mw916Lcjsyh92iBpneEAzZCLYdSGQk/view. Acesso em: 20 jun. 2021.

SÃO PAULO (Município). Secretaria Municipal de Cultura. *Apresentação Geral*. São Paulo: SMC, 02 set. 2014a. Disponível em: file:///C:/Users/User/Downloads/

Apresenta%C3%A7%C3%A30%20geral%20SMC_02set2014.pdf. Acesso em: 20 jun. 2021.

SÃO PAULO (Município). Secretaria Municipal de Cultura. *Carnaval de Rua São Paulo 2015*. São Paulo: SMC, 29 jan. 2015b. Disponível em: https://drive.google.com/file/d/1mDuoIhVCQt8nzwMxTtir5c8jiAHSyjHt/view. Acesso em: 20 jun. 2021.

SÃO PAULO (Município). Secretaria Municipal de Cultura. Edital de Chamamento Público nº 02/SMC-G/2014, de 20 de novembro de 2014. Seleção de Empresa Parceira para a conjugação de esforços para a realização do Carnaval de Rua do ano de 2015. *Diário Oficial da Cidade de São Paulo*, São Paulo, ano 59, n. 218, p. 116, 20 nov. 2014e. Disponível em: http://www.docidadesp.imprensaoficial.com.br/NavegaEdicao.aspx?ClipID=4VOC5ELU4CLC5eAFoS6V9NTJHoH&PalavraChave=chamamento+p%u00fablico. Acesso em: 13 jun. 2021.

SÃO PAULO (Município). Secretaria Municipal de Cultura. *Edital de Chamamento Público para Carnaval de Rua 2016*. São Paulo: SMC, 09 set. 2015d. Disponível em: https://www.prefeitura.sp.gov.br/cidade/secretarias/cultura/noticias/?p=18772. Acesso em: 13 jun. 2021.

SÃO PAULO (Município). Secretaria Municipal de Cultura. *#existediálogoemSP:* Construção Colaborativa de Políticas Públicas. 01 fev. 2013c. Disponível em: https://www.prefeitura.sp.gov.br/cidade/secretarias/cultura/noticias/?p=11976&fbclid=IwAR2ZModmY7GHGi19BGKmoBSsdtXA1kW_OiIfLmg2t2f8fLHvZW7-10umExw. Acesso em: 13 jun. 2021.

SÃO PAULO (Município). Secretaria Municipal de Cultura. Juca Ferreira recebe representantes de blocos e cordões carnavalescos. 24 jan. 2013d. Disponível em: https://www.prefeitura.sp.gov.br/cidade/secretarias/cultura/noticias/?p=11944. Acesso em: 13 jun. 2021.

SÃO PAULO (Município). Secretaria Municipal de Cultura. *Proposta de Política Cultural 2005-2008*. São Paulo: SMC, 2005.

SÃO PAULO (Município). Secretaria Municipal da Cultura. *Secretaria de Cultura abre edital para seleção de empresa parceira para a realização do Carnaval de Rua 2016*. São Paulo: SMC, 09 set. 2015e. Disponível em: https://www.prefeitura.sp.gov.br/cidade/secretarias/cultura/noticias/?p=18771. Acesso em: 13 jun. 2021.

SÃO PAULO (Município). Secretaria Municipal da Cultura. *SMC no território*: Articulando as políticas culturais na cidade de São Paulo. São Paulo: SMC, dez. 2014b. Disponível em: file:///C:/Users/User/Downloads/SMC_SMCTerritorio_Apostila.pdf. Acesso em: 13 jun. 2021.

SÃO PAULO (Município). Secretaria Municipal de Urbanismo e Licenciamento. *Valores para autuação de processo para alvará de autorização para eventos temporários*. São Paulo: SMUL, jan. 2018. Disponível em: https://www.prefeitura.sp.gov.br/cidade/secretarias/upload/VALORES%20AUTUACAO%20PARA%20EVENTOS%202018.pdf. Acesso em: 13 jun. 2021.

SÃO PAULO (Município). Secretaria Municipal de Turismo. *Termo de Contrato nº 001/2018 – SMTUR*. Apoio institucional ao Carnaval Paulistano 2019, além da organização, divulgação, comercialização, controle e fiscalização referentes às apresentações de espetáculos artísticos e culturais por agremiações, escolas, blocos e cordões carnavalescos. São Paulo, 29 out. 2019b. Disponível em: https://www.prefeitura.sp.gov.br/cidade/secretarias/upload/Contrato_001_CARNAVAL.pdf. Acesso em: 13 jun. 2021.

SASSEN, Saskie. A cidade global. *In:* LAVINAS, Lena; CARLEIAL Liana; NABUCO, Maria Regina (coord.). *Reestruturação do espaço urbano e regional no Brasil*. São Paulo: Hucitec/Anpur, 1993. p. 187-202.

SAVAZONI, Rodrigo. *Os Novos Bárbaros*: a aventura política do Fora do Eixo. Rio de Janeiro: Aeroplano, 2014.

SECCHI, Leonardo. *Políticas públicas*: conceitos, esquemas de análises, casos práticos. São Paulo: Cengage Learning, 2012.

SEMPERE, Alfons Martinell. A cidade como espaço privilegiado para os direitos culturais. *Revista Observatório Itaú Cultural/OIC*, São Paulo, n. 11, p. 61-72, jan./abr. 2011.

SERPA, Angelo. Cidade como Fenômeno Cultural: apontamentos par a uma abordagem geográfica. *In:* RUBIM, Antonio Albino Canelas; ROCHA, Renata (org.). *Políticas culturais para as cidades*. Salvador: Edufba, 2010. p. 29-32.

SETTON, Maria da Graça Jacintho. A socialização como fato social total: notas introdutórias sobre a teoria do *habitus*. *Revista Brasileira de Educação*, Rio de Janeiro, v. 14, n. 41, p. 296-307, mai./ago. 2009.

SHAHEED, Farida. O novo papel dos direitos culturais. *In:* TEIXEIRA COELHO, José. Entrevista com Farida Shaheed, da ONU. *Revista Observatório Itaú Cultural/OIC*, São Paulo: Itaú Cultural, n. 11 (jan./abr. 2011), p. 15-26, 2011.

SILVA, Ariel Lucas; MIGUEZ, Paulo. Cultura, festa e cidade: tecendo relações. *Revista Observatório da Diversidade Cultural*, Belo Horizonte, v. 1, n. 1, p. 19-27, 2014.

SILVA, Frederico A. Barbosa da. *Política Cultural no Brasil, 2002-2006*: acompanhamento e análise. Brasília: Ministério da Cultura; Ipea, 2007. (Coleção Cadernos de Políticas Culturais, v. 2).

SILVA, Jose Afonso da. *Aplicabilidade das Normas Constitucionais*. 7. ed. São Paulo: Malheiros, 2008.

SILVA, José Afonso da. *Curso de Direito Constitucional Positivo*. 22. ed. São Paulo: Malheiros, 2003.

SILVA, Jose Afonso da. *Ordenação Constitucional da Cultura*. São Paulo: Malheiros, 2001.

SILVA, Vasco Pereira da. *A cultura a que tenho direito*: direitos fundamentais e cultura. Coimbra: Almedina, 2007.

SILVA, Zélia Lopes da. *Dimensões da cultura e da sociabilidade*: os festejos carnavalescos da cidade de São Paulo (1940-1964). São Paulo: Editora UNESP, 2015.

SIMSON, Olga Rodrigues de Moraes Von. *A burguesia se diverte no reinado de momo*: 60 anos de evolução do carnaval na cidade de São Paulo (1855-1915). 1984. Dissertação (Mestrado em História) – Faculdade de Filosofia, Letras e Ciências Humanas, Universidade de São Paulo, São Paulo, 1984.

SIMSON, Olga Rodrigues de Moraes Von. *Carnaval em branco e negro, carnaval popular paulistano*: 1914-1988. Campinas: Editora da Unicamp; São Paulo: Edusp: Imprensa Oficial do Estado de São Paulo, 2007.

SIQUEIRA, Gustavo Silveira; VASQUES, Pedro Henrique Ramos Prado. O carnaval de rua do Rio de Janeiro como uma possibilidade de exercício do direito à cidade. *Revista da Faculdade de Direito*, Curitiba, v. 60, n. 1, p. 137-161, jan./abr. 2015.

SOARES, Ana Carolina. São Paulo terá o maior número de blocos de Carnaval do país. *Veja*, São Paulo, 30 jan. 2017. Disponível em: https://vejasp.abril.com.br/cidades/sao-paulo-passa-a-ter-o-maior-numero-de-blocos-do-pais/. Acesso em: 13 jun. 21.

SOARES, Inês Virgínia Prado. *Direito ao (do) patrimônio cultural brasileiro*. Belo Horizonte: Forum, 2009.

SOARES, Inês Virgínia Prado. Quando a liberdade de expressão cultural ganha um bom abraço da Justiça? *In:* OLIVIERI, Cris; NATALE, Edson. *Direito, arte e liberdade*. São Paulo: Edições Sesc, 2018. p. 58-73.

SOBRAL RODRIGUES, Laura. *Isso não é um evento* – uma análise sobre a dinâmica de uso dos espaços públicos contemporâneos: estudo de caso – o Largo da Batata. 2018. 107 f. Dissertação (Mestrado em Arquitetura e Urbanismo) – Faculdade de Arquitetura e Urbanismo, Universidade de São Paulo, São Paulo, 2018.

SODRÉ, Muniz. *Claros e escuros: identidade, povo e mídia no Brasil*. Petrópolis: Vozes, 1999.

SOIHET, Rachel. Reflexões sobre o carnaval na historiografia: algumas abordagens. *Tempo*, Niterói, v. 4, n. 7, p. 1-15, jul. 1999.

SOS MADALENA. *Ofício n. 01/2014*. Organização do carnaval 2015, nos bairros de Vila Madalena e Pinheiros na ocasião do 2º Seminário de carnaval de rua. São Paulo, 02 set. 2014. Disponível em: https://drive.google.com/file/d/1nc26OAY-jYUolm_6zJol1fXL9iw9bct5K/view?usp=sharing Acesso em: 28 jun. 2021.

SOUZA, Allan Rocha de. *Os direitos culturais e as obras audiovisuais cinematográficas*: entre a proteção e o acesso. 2010. 266 f. Tese (Doutorado em Direito) – Faculdade de Direito, Universidade do Estado do Rio de Janeiro, Rio de Janeiro, 2010.

SOUZA, Jessé. *A elite do atraso*: da escravidão a Bolsonaro. Rio de Janeiro: Estação Brasil, 2019.

SOUZA, Jessé. *A ralé brasileira*. 3. ed. São Paulo: Contracorrente, 2017.

SOUZA, Jessé. *Os Batalhadores Brasileiros*: Nova Classe Média ou Nova Classe Trabalhadora?. 2. ed. Belo Horizonte: Editora UFMG, 2012.

SOUZA, Luís Antônio Francisco de. Dispositivo militarizado da segurança pública. Tendências recentes e problemas no Brasil. *Revista Sociedade e Estado*, Brasília, v. 30, n. 1, p. 207-223, jan./abr. 2015.

SOUZA, Valmir de. Discursos sobre a cultura: formulando políticas culturais. *Revista do Centro de Pesquisa e Formação*, n. 9, p. 144-154, nov. 2019.

STOCHERO, Tahiane. Carnaval 2018 em SP: veja a lista de todos os blocos autorizados. *G1* São Paulo, 31 jan. 2018. Disponível em: https://g1.globo.com/sp/sao-paulo/carnaval/2018/noticia/carnaval-2018-em-sp-veja-a-lista-de-todos-os-blocos-autorizados.ghtml. Acesso em: 13 jun. 2021.

STRECK, Lenio Luiz; TASSINARI, Clarissa; LEPPER, Adriano Obach. O problema do ativismo judicial: uma análise do caso MS3326. *Revista Brasileira de Políticas Públicas*, Brasília, v. 5, n. 2, p. 51-61, 2015.

STUCHI, Carolina Gabas. A relação entre democracia e governabilidade no Brasil: uma breve análise. *Revista Brasileira de Direito Constitucional*, São Paulo, v. 3, n. 1, p. 211-233, 2004.

TAVARES, André Ramos. *Curso de direito constitucional*. São Paulo: Saraiva, 2003.

TAVOLARI, Bianca. Direito à cidade: uma trajetória conceitual. *Novos Estudos Cebrap*, São Paulo, v. 35, n. 1, p. 93-109, mar. 2016.

TELLES, Mario Ferreira de Pragmácio. A negação do patrimônio cultural imaterial. *In:* SOARES, Virgínia Prado; TELLES, Mario Ferreira de Pragmácio. *Tutela jurí-*

dica e preservação do patrimônio cultural imaterial. Salvador: Editora JusPodvim, 2018. p. 29-46.

TEIXEIRA COELHO, José. *Dicionário Crítico de Política Cultural*. São Paulo: Iluminuras, 1997.

TEIXEIRA COELHO, José. Direito cultural no século XXI: expectativa e complexidade. *Revista Observatório Itaú Cultural/OIC*, São Paulo, n. 11, p. 6-14, jan./abr. 2011a.

TEIXEIRA COELHO, José. O novo papel dos direitos culturais: Entrevista com Farida Shaheed, da ONU. *Revista Observatório Itaú Cultural/OIC*, São Paulo, n. 11, p. 15-26, jan./abr. 2011b.

TEIXEIRA COELHO, José. Política cultural em nova chave: indicadores qualitativos da ação cultural. *Revista Observatório Itaú Cultural/OIC*. São Paulo, n. 3, p. 9-21, set./dez. 2007.

TEIXEIRA, Regiane. Moradores pedem restrições a blocos de Carnaval na Vila Madalena. *Folha de S. Paulo*, São Paulo, 07 fev. 2013. Disponível em: https://www1.folha.uol.com.br/saopaulo/2013/02/1227452-moradores-pedem-restricoes-a-blocos-de-carnaval-na-vila-madalena.shtml. Acesso em: 13 jun. 21.

TEIXEIRA, Vinicius Ribeiro Alvarez. *Carnaval de rua de São Paulo*: disputas e representações. 25 f. Trabalho de Conclusão de Curso (Especialização em Gestão de Projetos Culturais) – Escola de Comunicação e Artes, Universidade de São Paulo, São Paulo, 2019.

TINHORÃO, José Ramos. *História Social da Música Popular Brasileira*. São Paulo: Editora 34, 1998.

TRINDADE, Thiago Aparecido. Direitos e cidadania: reflexões sobre o direito à cidade. *Lua Nova*, São Paulo, v. 87, p. 139-165, 2012.

UNESCO. *Convenção para a Salvaguarda do Patrimônio Cultural Imaterial*. 2003. Disponível: https://ich.unesco.org/doc/src/00009-PT-Brazil-PDF.pdf. Acesso em: 24 jun. 2021.

UNESCO. *Convenção sobre a Proteção e a Promoção da Diversidade das Expressões Culturais*. 2005. Disponível em: http://unesdoc.unesco.org/images/0015/001502/150224POR.pdf. Acesso em: 24 jun. 2021.

UNESCO. *Declaração Universal sobre a Diversidade Cultural*. 2002. Disponível em: http://unesdoc.unesco.org/images/0012/001271/127160por.pdf. Acesso em: 24 jun. 2021.

URBANO, Maria Apparecida. *Carnaval & samba em evolução na cidade de São Paulo*. São Paulo: Plêiade, 2006.

VAINER, Carlos. Pátria, empresa e mercadoria: notas sobre a a estratégia discursiva do Planejamento Urbano Estratégico. *In:* ARANTES, Otília; VAINER, Carlos; MARICATO, Ermínia. *A cidade do pensamento único*: desmanchando consensos. Petrópolis: Vozes, 2000. p. 75-104.

VARELLA, Guilherme. Carnaval de rua virou boi de piranha na pandemia e sobre ofensiva moral. *Folha de S. Paulo*, São Paulo, 25 fev. 2022. Disponível em: https://www1.folha.uol.com.br/ilustrissima/2022/02/carnaval-de-rua-virou-boi-de-piranha-na-pandemia-e-sofre-ofensiva-moral.shtml

VARELLA, Guilherme. Carnaval de rua entre o direito, a liberdade e a sociedade. *Revista Reconexão Periferias*, São Paulo, n. 9, p. 3-7, jan./fev. 2020.

VARELLA, Guilherme. Direito à Folia: uma análise jurídico-institucional da política pública do carnaval de rua da cidade de São Paulo (2013-2016). *Revista dos Tribunais*, São Paulo, ano 107, v. 995, p. 217-232, set. 2018a.

VARELLA, Guilherme; FERREIRA, Juca; BONDUKI, Nabil. O carnaval de rua público de São Paulo está sob ameaça. *Folha de São Paulo*, 7 abr. 2022. Disponível em: https://www1.folha.uol.com.br/cotidiano/2022/04/o-carnaval-de-rua-publico-de-sao-paulo-esta-sob-ameaca.shtml Acesso em: 6 set. 2023.

VARELLA, Guilherme. O patrimônio imaterial no Plano Nacional de Cultura. *In:* SOARES, Inês Virgínia Prado; TELLES, Mario Pragmácio. *Tutela jurídica e política de preservação do patrimônio cultural imaterial*. São Paulo: Editora JusPodivm, 2018b. p. 301-322.

VARELLA, Guilherme. *Plano Nacional de Cultura*: direitos e políticas culturais no Brasil. Rio de Janeiro: Azougue, 2014.

VARELLA, Guilherme. *Plano Nacional de Cultura*: elaboração, desenvolvimento e condições de eficácia. 2013. 225 f. Dissertação (Mestrado em Direito) – Faculdade de Direito, Universidade de São Paulo, São Paulo, 2013.

VIANNA, Hermano. *O mistério do samba*. Rio de Janeiro: Jorge Zahar: Ed. UFRJ, 2002.

VILHENA, Oscar. Descriptive overview of the Brazilian Constitution and Supreme Court. *In:* VILHENA, Oscar; BAXI, Upendra; VILJOEN, Frans (org.). *Transformative Constitucionalism*: comparing the Apex courts of Brazil, India and South Africa. Pretoria: Pretoria University Lax Press, 2013. p. 75-104.

VILHENA, Oscar *et al.* (org.). *Transformação constitucional e democracia na América Latina* [recurso eletrônico]. São Paulo: FGV Direito SP, 2017. (Coleção acadêmica livre).

WANIS, Amanda; SÁNCHEZ, Fernanda. A renovação "urbano-cultural" no projeto Porto Maravilha: matrizes mobilizadas na reinvenção da área. *In:* CASTRO, Fábio *et al.* (org.). *Políticas Culturais para as Cidades*. Salvador: Edufba, 2018. p. 35-55.

WILDAVSKY, A. *Speaking truth to power*: the art and craft of policy analysis. Boston: Little-Brown, 1979.

WILLIAMS, Raymond. *Cultura*. São Paulo: Paz e Terra, 1992.

ZYLBERKAN, Mariana. Carnaval de rua cresce, e mancha ocupada por blocos se esparrama por SP. *Folha de S. Paulo*, São Paulo, 01 mar. 2019. Cotidiano. Disponível em: https://www1.folha.uol.com.br/cotidiano/2019/03/carnaval-de-rua-cresce-e-mancha-ocupada-por-blocos-se-esparrama-por-sp.shtml. Acesso em: 29 jun. 2021.

ARTIGOS

Esta seção traz artigos que discutem o carnaval de rua paulistano em sua conjuntura mais cotidiana. Abordam questões que emergiram da evolução da política pública e aspectos importantes sobre a sua dimensão política, administrativa, social e cultural. São textos escritos e publicados em diversos veículos de imprensa entre 2016 e 2022, abarcando, portanto, o período de elaboração da tese que originou este livro. Foram produzidos por mim, individualmente, ou em parceria com os ex-secretários municipais de Cultura de São Paulo: Juca Ferreira e Nabil Bonduki.

Os artigos dialogam com o texto principal desta publicação, ilustram questões mais práticas, analisam situações problemáticas e comentam diversos dos assuntos do livro em temperatura mais quente, nos contextos imediatos em que a festa de rua se desenvolveu.

Boa leitura!

O autor.

Carnaval de rua virou boi de piranha na pandemia e sofre ofensiva moral[1]

O Carnaval é a expressão cultural festiva mais intensa e socialmente arraigada da cultura brasileira. É tradição, celebração, processo identitário, expressão artística, linguagem e estética. É um direito cultural, que permite o acesso ao patrimônio cultural brasileiro e a vivência de sua diversidade. É o exercício da fundamental liberdade de expressão criativa e opinião política. É um ativo turístico e econômico.

Esses atributos já seriam suficientes para consolidar a ideia do Carnaval como um fenômeno essencial da cultura brasileira, a ser promovido e preservado, mas ainda há outra dimensão. Na modalidade de rua, o Carnaval é plataforma de direito à cidade: de vocalização, reivindicação e materialização de uma nova lógica urbana, mais afeta à sociabilidade, à liberdade e ao uso democrático dos espaços públicos. É a radicalização espacial da experiência festiva de transgressão, crítica, ludicidade e alegria.

Por isso, o cancelamento do Carnaval de rua, ainda que imprescindível nas circunstâncias sanitárias atuais, não é trivial nem pode ser banalizado ou naturalizado.

Não há dúvidas da urgência em interromper as atividades que promovam aglomeração. É preciso frear o alastramento da nova variante do coronavírus. No entanto, é preocupante a ideia de que apenas a modalidade de rua do Carnaval "pode" ser cancelada, como se esse cancelamento não trouxesse consequências imediatas e o hiato da festa de rua não acarretasse riscos à própria essência do Carnaval.

O antiprotocolo e a bola da vez

É preocupante, primeiro, por razões sanitárias. Excluir somente o Carnaval de rua resolve apenas parte do problema. Passaporte vacinal, máscaras, percentual de público e distanciamento social são medidas indispensáveis, mas não combinam com Carnaval, seja em quaisquer de suas formas: rua, sambódromo e salão (que, em sua forma atualizada, é a balada carnavalesca).

1 Publicado no caderno Ilustríssima, da *Folha de São Paulo*, em 25 de fevereiro de 2022.

Crer que os protocolos serão atendidos nesses espaços é nutrir a mesma ilusão do cumprimento atual nos estádios de futebol. Carnaval é o próprio antiprotocolo: é da sua essência festiva, afetiva e anárquica e isso não vai mudar.

Do ponto de vista econômico, também não é trivial cancelar a rua. Não se pode atribuir apenas aos desfiles das escolas o grande valor da cadeia econômica carnavalesca. A retomada do Carnaval de rua das grandes cidades brasileiras, a partir dos anos 2000 e 2010, reconfigurou nacionalmente o cenário econômico da festa.

O número de blocos cresceu exponencialmente, investimentos públicos foram destinados ao planejamento do evento e os patrocínios foram, em grande medida, redirecionados para o espaço público. Tome-se o exemplo da capital paulista, onde uma política pública para o Carnaval de rua foi implementada no início da gestão Fernando Haddad (PT).

A partir dela, houve o crescimento vertiginoso da festa, de cerca de 50 blocos e algumas centenas de foliões em 2013 para mais de 600 blocos e 15 milhões de foliões no último Carnaval. Em 2020, a prefeitura estima que o retorno financeiro tenha sido de R$ 2,7 bilhões.

Toda a cadeia econômica carnavalesca é importante para a economia da cultura e das cidades. A alternativa para evitar o dano econômico no circuito das escolas foi não cancelar os sambódromos: os desfiles foram adiados para o feriado de Tiradentes, em abril. As festas carnavalescas fechadas (as baladas de Carnaval), em plena programação, privatizam e elitizam a folia, mas também pagam os boletos dos músicos. A elas, restou a lavada de mãos do poder público.

Sem qualquer apoio técnico ou medida compensatória, a responsabilidade de decidir o risco sanitário dos eventos recaiu sobre os empresários, gestores culturais e artistas, todos precisando sobreviver em meio à crise provocada pela pandemia. Ficaram todos entre a cruz, o estandarte e a caldeirinha.

Já no caso do Carnaval de rua, a opção pareceu simples. Bastou acionar o botão que "desliga" a folia. Simplesmente ignorou-se o prejuízo econômico gerado pela interrupção dessa cadeia carnavalesca, agravado pela inexistência de políticas públicas de redução de danos e de suporte econômico, em nível municipal, estadual e federal, com raras exceções.

São milhares de músicos, ambulantes, comerciantes locais e arranjos comunitários duramente fragilizados. Não há botão que desligue essa crise. O Carnaval de rua se torna a bola da vez da ininterrupta hipercrise econômica do setor cultural.

A moralização da folia

Nesse processo, ficou evidente também outro fator: o moralismo de ocasião. Muitos quiseram promover a suspensão do Carnaval de rua bem antes de as condições sanitárias apontarem a necessidade.

Jair Bolsonaro (PL), principal crítico do isolamento social, do uso de máscaras e da vacina, o mesmo que elegeu a cultura como setor inimigo, deu sinais claros às suas hostes para atacar a festa. "Por mim, não teria Carnaval", disse em novembro passado.

Desde então, tropas conservadoras alimentaram uma campanha de cancelamento do Carnaval, ainda que o quadro de saúde pública apontasse para um cenário mais otimista. A empreitada contou com a adesão de dezenas de cidades brasileiras. Sob o pretexto da cautela, houve uma ofensiva moral contra a folia. O Carnaval entrara na guerra simbólica da pandemia.

Em 2022, o Carnaval de rua foi paralisado em defesa da vida, não da moral, mas o hiato de dois anos sem festa e a aparente "facilidade" de seu cancelamento deixam sempre iminente o risco de avanço da agenda conservadora contra a folia. Ainda que Bolsonaro passe, o bolsonarismo fica.

Por isso, retornar com a festa preservada em sua essência —libertária, transgressora e democrática— significa afastar toda e qualquer investida pretensamente moralizante.

A "ambevização" do carnaval de rua

Outro risco é aprofundar a "ambevização" da folia, fenômeno já presente nas principais cidades carnavalescas brasileiras.

A "ambevização" é o sequestro dos valores do Carnaval de rua pelas empresas patrocinadoras, mediante a injeção de recursos nos blocos, o financiamento das ações do poder público e a exclusividade de exploração comercial da festa. Nesse processo, ocorre a apropriação comercial e publicitária do espaço público, provocando a homogeneização da paisagem urbana pelas marcas financiadoras, sobretudo as empresas cervejeiras.

Os blocos carnavalescos, para obter os recursos privados ou usufruir da ação governamental patrocinada, precisam se submeter às exigências de marketing das empresas, emprestando sua identidade estética para a ativação publicitária. Os ambulantes, para vender, devem obrigatoriamente ofertar apenas os produtos da patrocinadora, padronizando também o consumo nos dias de festa.

O crescimento acelerado do Carnaval de rua nos últimos anos tem obrigado as prefeituras, cada vez mais, a buscar recursos na iniciativa privada. Um arranjo que, a priori, não é ruim, tampouco ilegal ou ilegítimo, mas pode se tornar se mal manejado ou devorado pelo mercado. Fato é que, no Rio, em São Paulo, Belo Horizonte e outras capitais, as festas são em grande parte pagas pelos patrocinadores.

As marcas têm interesse em se agregar a valores como vivência do espaço público, sociabilidade, afetividade e alegria —inclusive em substituição aos valores que lhes atraíam nos antigos patrocínios dos camarotes: exclusividade, propriedade, diferenciação e luxo.

No entanto, entre a estratégia privada e a dinâmica pública e cultural do Carnaval, a relação poderia ser mais saudável e harmoniosa. As cervejarias se sentem as donas da festa, quando o protagonismo cultural é e deve ser dos blocos, assim como a responsabilidade pelo planejamento urbano compete ao poder público. Os últimos Carnavais demonstraram a infiltração exacerbada dos patrocinadores em duas esferas: na cooptação ou agenciamento dos blocos e na terceirização da organização.

Essas empresas estão se guardando para quando o Carnaval chegar e virão vorazes. Tentarão aproveitar a desestruturação orçamentária do Carnaval no poder público e a própria desorganização institucional da festa, ambas decorrentes do hiato da folia e oferecerão sua "expertise" em troca de (ainda mais) espaço (público), monopólio e visibilidade.

O carnaval longe da cultura

Nos dois anos de não realização da festa, a máquina pública deixou de planejar a organização dos festejos em conjunto com os blocos e demais agentes do Carnaval. Essa paralisia levou ao esvaziamento das instâncias de participação do segmento carnavalesco e reduziu a possibilidade de controle social.

Diferentemente do Rio, em São Paulo o Legislativo passou longe do debate carnavalesco. A prefeitura, por sua vez, ao longo da pandemia, nunca baseou suas decisões em indicadores desenvolvidos para a festa, tampouco manteve diálogo amplo e aberto com a comunidade cultural. Nunca se propôs uma discussão qualificada sobre a realização ou não do evento em 2022.

Pelo contrário, a política pública afastou-se da cultura. Desde antes do (não) Carnaval de 2021, a ação governamental foi assumida pela Secretaria de Subprefeituras, uma pasta voltada à zeladoria urbana. Sem debate público e sem programa cultural, nessa lacuna carnavalesca, a secretaria passou a construir a política pública do Carnaval de rua às escuras.

Há um exemplo sintomático. Uma reportagem da Folha de novembro de 2021 apontou que o planejamento e a gestão operacional do Carnaval de rua haviam sido terceirizados, sem qualquer crivo público, a uma fundação privada.

Em 2022, São Paulo foi a última grande cidade a cancelar sua festa. Em 6 de janeiro, o prefeito Ricardo Nunes (MDB) fez o anúncio. Nele, não tardou a proclamar a famigerada e "original" alternativa estudada para o Carnaval de rua: um "blocódromo".

O fantasma do confinamento

Um espectro que ronda a história do Carnaval de rua é o do confinamento. Não foi diferente com a pandemia. Desde que surgiu o debate sobre a necessidade de cancelar a festa, não faltaram gestores sugerindo a transposição dos festejos das vias públicas para um "blocódromo".

Eduardo Paes (PSD), prefeito do Rio, sugeriu o Parque Olímpico ou o parque Madureira. Nunes, em São Paulo, o autódromo de Interlagos ou o Memorial da América Latina. O argumento era o maior controle da festa em nome da saúde pública. Os blocos imediatamente rechaçaram a ideia, e as prefeituras tiveram que recuar.

A pandemia não é a real motivadora de proposições como essa. O Carnaval de rua é historicamente marcado (e traumatizado) pelas ameaças de cerceamento, espacial e político (pela imposição e controle institucionais). Organizar uma festa livre pelas ruas de uma grande cidade e compatibilizar o direito à folia com os demais direitos gozados no espaço urbano não é algo trivial.

Quanto maior o controle, mais fácil para o poder público. Contudo, mais difícil a dosagem de respeito à essência carnavalesca, calcada na espontaneidade, na liberdade e na criatividade.

A relação entre folia e Estado é marcada por um movimento pendular, alternado entre negligência e controle. Na virada do século 19 para o 20, o Carnaval popular —realizado pelos segmentos pobres da sociedade, já com a incorporação de elementos musicais africanos unidos à brincadeira originariamente portuguesa— era fortemente perseguido nas ruas das cidades.

Resistindo, os festejos cresciam e davam origem aos primeiros cordões. Difundidos nas décadas de 1910 e 1920, eram reprimidos nas ruas, mas cresceram nas duas décadas seguintes sobretudo com a projeção nacional do samba pelo rádio.

O Estado impôs, então, um processo de formalização dos cordões e de sua institucionalização em escolas de samba, que, a partir da década de 1940, passaram a ceder apoio público e redução da repressão em troca de financiamento. A evolução foi o confinamento dos desfiles, primeiro em grandes avenidas, passíveis de controle e ordenação pelas prefeituras. No Rio, isso ocorreu na década de 1950; em São Paulo, na década de 1960.

Depois, coroando um modelo de desfiles "fechados" que reinava soberano nas décadas de 1970 e 1980, foram inaugurados os sambódromos: a Sapucaí em 1984 e o Anhembi em 1991.

Sacramentava-se o processo histórico de confinamento do Carnaval, das ruas livres para os concursos fechados. Tal controle não era apenas territorial, mas também político: as condições de sua realização passaram a depender essencialmente de recursos, espaço e acordo estatais.

Os blocos de rua, que permaneceram comunitários e espontâneos, retornaram ao início do ciclo de relacionamento com o poder público, baseado na dicotomia "repressão e negligência". Um quadro que permaneceu até a retomada do Carnaval de rua, a partir dos anos 2000 e 2010.

A festa das ruas cresceu, e seus impactos urbanos são cada vez mais sentidos. Independentemente da pandemia, já volta a fazer sentido a velha-nova sugestão dos prefeitos de plantão: por que não criar um "blocódromo"?

Refutar essa ideia é ainda mais pertinente no cenário atual. Durante a pandemia, a saúde pública era a justificativa ideal para o controle. Quando ela passar, ou se converter em endemia, a redução de danos e conflitos urbanos será o argumento. Se o planejamento for bem realizado, será a moral o pretexto da vez.

Boi de piranha, apenas na alegoria

O sociólogo francês Émile Durkheim entendia que a ritualização festiva é elemento essencial para a vida em sociedade: para a transcendência e para o alcance de um estado de efervescência, imprescindíveis para a consciência e a reanimação coletivas, assim como para a renovação do sentido de coesão social.

O Carnaval é a ritualização festiva mais importante da cultura brasileira. Em seu formato de rua, é a expressão artística, estética e política mais profunda, por adentrar e subverter, com seu espírito celebrativo e libertário, a normatização do espaço público. A folia das ruas possibilita, em alguma medida, o sentido público de transcendência, efervescência e reanimação, tão caro à vida em sociedade.

Nesta pandemia, para garantir o direito à vida, o direito a essa folia teve que ser sacrificado, enquanto os eventos carnavalescos privados ou fechados se mantêm (ou foram postergados). Como em uma alegoria, o Carnaval de rua foi o boi jogado às piranhas para o restante da comitiva cumprir a travessia do rio.

O cancelamento da festa de rua deve ser visto apenas como essa alegoria fugaz, como exceção histórica. Situação aceitável nas atuais circunstâncias, mas que nunca deve se tornar corriqueira nem ser naturalizada, sob pena de amputar uma dimensão imprescindível do patrimônio cultural carnavalesco.

Uma política para o Carnaval de rua deve considerar fevereiro e todo o restante do ano. Ainda que cancelado o evento, a dinâmica cultural carnavalesca, regular e comunitária, não deixa de existir.

A interrupção da festa nesses dois anos, longe de ignorar essa dinâmica, reforça a necessidade de uma ação de continuidade, estruturante e orgânica para o segmento. São imprescindíveis medidas de apoio, visibilidade, articulação em rede e, sobretudo, fomento aos blocos e manifestações de rua.

É essencial o financiamento das agremiações, sem exigência de eventos físicos ou virtuais em plena pandemia: o resultado a ser alcançado é o próprio retorno dessas expressões às ruas, com toda a sua vitalidade, no próximo Carnaval. É essencial também o olhar para os ambulantes que deixam de vender e para as pequenas cadeias econômicas fragilizadas.

Uma política compensatória, elaborada com os próprios agentes da festa e dos serviços, seria fundamental. Os equipamentos públicos poderiam servir como espaços de acolhimento, reestruturação e programação dos coletivos de Carnaval no decorrer do ano. Enfim, a organização da cidade para a próxima festa deve começar pela reenergização pública do movimento carnavalesco.

O Carnaval deve ser sempre público, democrático, livre, contestador, alegre e anticareta. O Carnaval de rua não só "pode", como deve, muito em breve, retornar.

Direito à folia[2]

com Juca Ferreira

Recém-chegados à Secretaria Municipal de Cultura de São Paulo, em janeiro de 2013, recebemos uma comitiva de representantes de blocos carnavalescos: o "Manifesto Carnavalista". Tinha como principal mote de reivindicação a "descriminalização" do Carnaval de rua paulistano. Reivindicavam o "direito à folia". Custamos a acreditar que uma das festas mais fortes do país, marca identitária da cultura brasileira, era tratada com um misto de repressão e negligência pelo poder público municipal.

Se não havia uma criminalização formal do Carnaval de rua em São Paulo, por meio de uma lei específica, havia, sim, um quadro de obstrução operacional dos blocos pela gestão municipal. A exigência de inúmeros documentos, alvarás e licenças tornavam impeditivos os desfiles. A repressão das forças de segurança terminava de limar a festa dos que resistiam.

Impulsionados pelos blocos e pela decisão do então prefeito Fernando Haddad (PT), o que fizemos, a partir de 2013, foi implementar uma política pública para o Carnaval de rua paulistano que tinha na dimensão cultural o vetor de orientação de todo o planejamento público. A premissa era o reconhecimento dos blocos e demais expressões carnavalescas como essenciais para a cultura paulistana e a consequente valorização destas manifestações.

O imperativo da política era autorizar imediata e expressamente os festejos. Foi criada uma arquitetura jurídico-institucional complexa, com desenho especialmente pensado para o período de excepcionalidade do Carnaval. O arranjo estabeleceu instrumentos regulatórios; distribuição de competências entre as pastas; coordenação dos agentes; otimização dos serviços públicos; metodologia de organização territorial; e regras para a exploração comercial da festa.

A política é reconhecida por três características marcantes: o reconhecimento dos blocos como reais protagonistas do processo; a construção colaborativa, dialógica e com intensa participação dos carnavalescos e da sociedade; e a estruturação de uma festa livre e democrática —sem abadás, cordas nem cerceamento do espaço público.

---

2 Publicado em Tendências e Debates, da *Folha de São Paulo*, em 16 de fevereiro de 2020.

A união da força dos blocos carnavalescos com a ação pública fez com que o Carnaval de rua de São Paulo crescesse vertiginosamente. Em 2013, eram 50 blocos e algumas centenas de foliões na cidade. Em 2020, são 865 blocos inscritos na prefeitura, e a expectativa é de 15 milhões de pessoas nas ruas participando da festa. A política pública contribuiu para o desrepresamento da potência dos blocos e gerou as condições urbanas para essa explosão do Carnaval de rua em São Paulo.

Hoje, há desvirtuamentos e problemas a serem superados, como a reburocratização, a repressão policial, a abertura para uma mercantilização desmedida e as exigências desproporcionais aos blocos. Mas a tecnologia de gestão, testada, permanece. E a essência estrutural da política pública ainda vige e se mostra sólida, como uma política de Estado.

São Paulo assimilou e assumiu seu éthos momesco. Para isso, sem dúvida, a política pública do Carnaval de rua deu contribuição fundamental. O avanço foi sensível em direção à conquista do direito à folia. As notícias do dia confirmam aquilo que prenunciávamos em 2013: não apenas existe Carnaval de rua em São Paulo, como ele é o maior do Brasil.

O carnaval de rua público de São Paulo está sob ameaça[3]

com Nabil Bonduki e Juca Ferreira

A política pública do Carnaval de rua paulistano está ameaçada. A prefeitura abandonou os blocos, ameaça reprimi-los se desfilarem e autorizou o cerceamento do espaço público para eventos privados, contrariando as diretrizes orientadoras da festa, criadas na gestão de Fernando Haddad (PT).

A política visava valorizar os blocos carnavalescos, retirar as obstruções para os desfiles e disponibilizar a infraestrutura para o direito à folia. O Estado passou a organizar um Carnaval público, livre, gratuito e democrático, em colaboração com os blocos. "Descriminalizado", o Carnaval de rua floresceu: de 50 blocos em 2013 passou a 650 em 2020, atraindo milhões de foliões.

Agora ocorre uma inversão dessas diretrizes. A prefeitura se ausentou, deixando os blocos à deriva, enquanto realiza, no feriado de Tiradentes, os desfiles no sambódromo e libera o deus-dará das festas privadas no espaço público, contrariando o regulamento em vigor.

Em manifesto, os blocos defenderam o direito de desfilarem, mas a prefeitura afirmou que o Carnaval de rua estava cancelado e que os blocos só poderiam sair se pagassem a infraestrutura e tivessem autorização da PM. Assim, retrocede dez anos, reproduzindo a prática anterior à política construída na nossa gestão.

Mas não se pode cancelar uma expressão cultural. Se os artistas e foliões querem exercer seu direito à cultura, o poder público deve viabilizar as condições necessárias. Com as restrições da pandemia atenuadas, a prefeitura já devia estar dialogando com os blocos e formulando um plano emergencial de serviços, como banheiros químicos, organização do trânsito e limpeza das vias. Ao contrário, a cidade sofrerá um impacto indesejável.

O diálogo com os blocos, porém, inexiste. A política do Carnaval de rua perdeu sua dimensão cultural quando, em 2017, foi transferida da Secretaria da Cultura para as Subprefeituras. Tornou-se uma operação de caráter logístico e, cada vez mais, comercial, não contemplando a complexidade, a diversidade e a demanda social da festa.

---

3 Publicado na *Folha de São Paulo*, em 7 de abril de 2022.

A prefeitura sinaliza que punirá os blocos que saírem sem autorização, apesar de o Carnaval ser protegido constitucionalmente como liberdade de expressão artística. O direito de se manifestar independe de autorização do poder público, cuja responsabilidade é planejar e respaldar. Inverter essa responsabilidade é pernicioso para o Carnaval de rua.

Enquanto a festa pública sofre obstrução, as privadas em espaços emblemáticos contam com anuência e apoio, como dois megaeventos previstos para o feriado: o Festival de Carnaval Acadêmicos do Baixo Augusta – Vai Passar, no vale do Anhangabaú; e o Viva a Rua, no Monumento das Bandeiras (Ibirapuera).

Patrocinadas pela Ambev e Amstel, elas contrariam o decreto do Carnaval de Rua. São fechadas, cercadas, com inscrição e retirada de ingressos. Gratuitas, mas só entra quem se cadastrar, entregando seus dados pessoais. Ninguém entra com mochilas ou garrafas, dando aos organizadores o monopólio da venda de bebidas.

Proibir o cerceamento do espaço público é estrutural na política paulistana, impedindo a camarotização e a circuitização privada, como ocorre em Salvador. Evitou-se, assim, a exploração comercial das áreas públicas e qualquer discriminação.

O artigo 3º do Decreto 58.857/2019 é claro: "no Carnaval de Rua, não poderão ser utilizadas cordas, correntes, grades e outros meios de segregação do espaço que inibam a livre circulação do público ou constituam áreas privadas".

A (discutível) concessão do Anhangabaú não altera a norma, pois a área continua sendo espaço público. Se não for, consagra-se a percepção de que a prefeitura privatizou uma área simbólica de São Paulo.

Embora gratuito, o ingresso virtual monetiza os dados dos foliões, que entregam aos organizadores um banco qualificado para quem atua no ramo do Carnaval. Isso contraria art. 10º do decreto: em logradouros públicos, é proibida a "cobrança de ingresso ou exigência de qualquer valor para sua fruição". Na economia virtual, dados manipuláveis valem mais que dinheiro.

O cerco dá exclusividade de exploração comercial aos organizadores. O espaço público se torna uma arena de monopólio das cervejarias, que vendem seus produtos sem concorrência e sem regulação pública de preços.

Uma apropriação indevida não só do espaço, mas do próprio Carnaval de rua e de seus valores (sociabilidade, afetividade, liberdade, criatividade) pelo capital simbólico das empresas. É a ambevização do Carnaval de rua. Triste constatar que isso tem anuência da prefeitura que, simultaneamente, nega estrutura para os blocos, contrariando o caráter público, livre, democrático e gratuito do Carnaval de São Paulo.

A opção traz um precedente, jurídico e político, perigoso para o direito à folia. Atropela o regulamento e relega, ao Carnaval livre das ruas, a marginalização e a estigmatização, como ocorria antes de 2013 e que está se repetindo.

Carnaval de Rua livre e público como política de Estado[4]

com Nabil Bonduki

São Paulo precisa consolidar uma das mais bem-sucedidas políticas de Carnaval de Rua do País. Depois de quatro anos de intenso trabalho, de formulação, diálogo e implementação das ações que organizaram o território urbano para blocos e foliões, realizado pela Secretaria Municipal de Cultura (SMC), o ethos momesco foi completamente absorvido: pelo poder público, com a capacidade e expertise criadas; e pelos cidadãos, com o espírito livre, alegre e criativo que toma as ruas da capital. Resta, agora, sacramentar essa política, transformando-a em uma política de Estado que preserve as características desse Carnaval de Rua que deu certo em São Paulo.

Respaldados pela experiência de ter administrado, na Secretaria Municipal de Cultura, o Carnaval de Rua de São Paulo na gestão Haddad, propusemos o Projeto de Lei 298/2016, que dá força legal às diversas medidas executivas e administrativas que potencializaram o evento na cidade.

O PL disciplina princípios, responsabilidades, regras, modelo de sustentabilidade econômica, apoios e serviços a serem prestados no Carnaval, mantendo o protagonismo e a liberdade dos blocos de rua, os grandes responsáveis pelo evento. O objetivo é valorizar e potencializar a convivência no espaço público e compatibilizar o planejamento urbano para os festejos com o respeito aos moradores dos bairros.

Este PL do Carnaval de Rua é o resultado normativo de uma política cultural estruturada em etapas, executadas ano a ano, cuja evolução é evidente. Em 2013, a SMC abriu um debate com grande parte dos blocos da cidade, que trouxeram um pleito objetivo: liberar o Carnaval de Rua. Inicialmente foi o que se realizou. De praticamente proibidos, os blocos passaram a ser reconhecidos, valorizados e liberados para a folia.

Depois de muita formulação, estudos técnicos e diálogo com blocos e moradores, a prefeitura passou a organizar a cidade e seus serviços (trânsito, limpeza, comunicação, atendimentos de saúde, segurança) para garantir as condições para que o Carnaval de Rua tivesse a grandeza da Pauliceia.

---

4 Publicado em *Carta Capital*, no dia 15 de dezembro de 2016.

Com a melhora gradativa da organização, de 2014 a 2016, os resultados foram muito positivos e concretos, atendendo à demanda da sociedade e dos grupos culturais. Ademais, buscou-se otimizar os recursos financeiros, obtendo-se parcerias privadas e patrocínios, através de editais públicos abertos a todos, o que contribui para a sustentabilidade do evento.

As medidas surtiram efeito: o Carnaval de Rua de São Paulo foi o que mais cresceu no Brasil nos últimos quatro anos. Em 2013 eram apenas 70 blocos; em 2014, 200; em 2015 eram 260, alcançando-se 360 blocos em 2016. Em 2017, o cadastro dos blocos, realizado pela prefeitura, aponta que teremos cerca 500 blocos pela cidade. Esperam-se cerca de três milhões de foliões nos festejos.

As ruas foram tomadas por milhões de paulistanos e paulistanas; hoje, muitos deixam de viajar para curtir o Carnaval na cidade, potencializando sua economia. São Paulo agora integra os trajetos prioritários de turismo do Carnaval e, diferentemente de alguns anos atrás, está preparada para quem quer curtir a festa.

Atualmente, há consenso que o modelo do Carnaval de Rua de São Paulo deu certo. Nessas bases, ele foi regulamentado pelo decreto 56.690, proposto pela Secretaria Municipal de Cultura e assinado pelo prefeito Haddad. É necessário, no entanto, transformar esse modelo em uma política de Estado, imune a retrocessos. É o que buscamos apresentando o PL 298/2016, que precisa ser analisado e aprovado pelo plenário da Câmara.

Nesse PL, fica cristalizado que o Carnaval de Rua deve ser público, gratuito, de participação livre e voluntária, mantendo a criatividade e espontaneidade das manifestações; garante-se o pleno uso do espaço público, com livre acesso e sem discriminação por cordas e abadás; distingue-se o Carnaval de Rua do Carnaval das escolas de samba, realizado no Sambódromo, que possui outro arranjo econômico, demanda outros serviços públicos e, por consequência, requer outra regulamentação; retiram-se o excesso de burocratização na relação com o poder público e a necessidade de institucionalização dos blocos para a obtenção de apoio.

Fica também estabelecido o planejamento urbano e territorial do Carnaval, com definição da responsabilidade de cada órgão municipal; instituem-se diretrizes fundamentais para a prestação dos serviços e redução de impactos; fica previsto o tratamento especial para áreas críticas; prevê-se o respeito aos itinerários dos blocos, com a possibilidade de alterações, pactuadas, para a resolução de conflitos; cria-se o Plano de Apoio ao Carnaval de Rua de São Paulo, que garante a estrutura mínima e necessária para os desfiles; e se cria a possibilidade de captação de recursos privados para o custeio da infraestrutura geral, logística e dos demais serviços necessários para a realização dos desfiles, desde que respeitado outras normas importantes da cidade, como a Lei Cidade Limpa.

O espírito da futura Lei do Carnaval de Rua expressa o desejo profundo da população de viver plenamente a sua cidade. Consagra a valorização do espaço público, a apropriação plena, ativa e afetiva, das ruas e bairros pelos cidadãos, e a ressignificação do cenário urbano pela alegria e criatividade de quem faz, brinca e vive o Carnaval. Em verdade, é uma lei que garante o direito à cidade pelo pleno exercício do direito à cidadania cultural e à folia.

Carnaval de rua entre o direito, a liberdade e a sociedade[5]

O Carnaval é um dos fenômenos mais importantes da vida cultural brasileira. Talvez, o momento máximo de efusão cultural do País. Quando acontece na rua, a festa se configura como uma experiência radical de convivência, de livre ocupação do espaço público e como uma arena de experimentação corporal, afetiva, estética e ética. No Carnaval de Rua, altera-se a relação do indivíduo com a cidade e dos indivíduos entre si, carnavalescos ou não, num convívio próximo, intenso e, até, conflituoso. O importante é ficar claro que esta relação do Carnaval com a cidade deve ser compreendida levando-se em conta a excepcionalidade (urbana e sociológica) deste período, a dimensão cultural norteadora deste fenômeno e a afirmação do Carnaval como direito e como liberdade.

Roberto da Matta, em seu clássico "Carnavais, Malandros e Heróis" insere o carnaval na categoria de "extraordinário constituído pela e para a sociedade". Segundo ele, é o momento em que o comportamento social é pautado pela liberdade oriunda da suspensão temporária das regras de uma hierarquização repressora.

É justamente devido à característica da excepcionalidade, cultural e urbana, que as manifestações carnavalescas de rua transformam este período em um período, ao mesmo tempo, típico e atípico. Típico, por se tratar de um evento comemorativo já absorvido na vida cultural das pessoas, ano após ano, que o vivenciam direta ou indiretamente. E atípico, porque imprimem à dinâmica urbana uma espécie de excepcionalidade, já que são milhares (às vezes, milhões) de pessoas nas ruas, espontaneamente e nos horários os mais diversos, obrigando o poder público a tratar o fenômeno com a especificidade necessária, uma vez que ele altera a normalidade da cidade.

Nesse sentido, deve-se encarar o Carnaval de Rua sob duas premissas: a de que se trata de um fenômeno essencialmente *cultural*, localizado no rol dos direitos culturais da sociedade brasileira, e que, por isso, exige do Estado uma ação prestacional, positiva, ativa no campo da cultura, mais especificamente, na seara das políticas culturais; e a de que se trata de um fenômeno *urbano*, que interfere, temporariamente, no cotidiano da cidade, em seus fluxos e serviços e, que, ao mes-

---

5 Publicado na revista *Reconexão Periferias*, da Fundação Perseu Abramo, edição n. 9, jan./fev. de 2020.

mo tempo, faz parte da compreensão contemporânea de direito à cidade, e da visão desta como espaço público democrático para a plena convivência e fruição pelos seus cidadãos.

Uma política pública para o Carnaval de Rua

Algumas cidades, pela sua tradição carnavalesca mais acentuada, mantêm há algum tempo políticas e ações públicas para os festejos. Outras assumiram mais tardia e definitivamente sua vocação carnavalesca e passaram a ter medida efetivas para a garantia de condições urbanas e serviços públicos, tanto para a saída dos foliões, quanto para a redução de danos para os demais cidadãos. É o exemplo emblemático de São Paulo, que, desde 2013, praticamente descriminalizou seu Carnaval de Rua e implementou uma política pública robusta, voltada à dimensão pública, livre e espontânea da festa, e viu seus blocos aumentarem de cerca de 50, há seis anos, para mais 800, em 2020.

Esta política pública para o Carnaval de Rua é o instrumento do Estado para a consecução do Carnaval de Rua como direito, e como direito cultural, como requer a Constituição, nos seus artigos 215 e 216. Como parte constituinte da identidade cultural brasileira e patrimônio essencial da cultura nacional, e como fenômeno simbólico e expressão histórica das matrizes culturais brasileiras, o Carnaval, em todas as suas manifestações, notadamente como bem imaterial, deve ser protegido e promovido pelo Estado brasileiro como direito, notadamente através de políticas públicas.

Além disso, tão importante quanto reconhecer o Carnaval como direito, é preservá-lo como liberdada individual. Em seu artigo 5º, IX, a Constituição garante a liberdade do exercício artístico, de maneira que qualquer repressão à expressão carnavalesca, como manifestação igualmente cultural e artística – em seus gêneros e linguagens, como a música, dança, adereços e rituais – significa séria reprimenda ao direito fundamental à liberdade.

Para garantir esta liberdade de pular o Carnaval, o Estado deve ter uma ação omissiva, negativa, tirar o time de campo para os foliões ocuparem a rua. Quando a força policial age, sob o pretexto da defesa de outros direitos (especialmente, a famigerada segurança pública), é o Estado reprimindo a folia e violando ferozmente o direito fundamental à libedade de todos e de qualquer um pular o Carnaval.

Carnaval de Rua e periferias em São Paulo

A origem do Carnaval de Rua remete ao século XIX, vindo de uma "síntese cultural africano-nordestina", nas palavras de José Ramos Tinhorão. Foram movimentos de agrupamentos urbanos em recente formação, que, entre outros elementos, misturavam influências europeias com expressões dos negros das classes baixas, com suas congadas, afoxés, cucumbis e embaixadas. Em São Paulo, especificamente, destacaram-se os entrudos e folguedos, brincadeiras de rua que ocorriam nas periferias da cidade, em festas das camadas mais pobres.

O interessante é notar que na virada do século XIX para o XX esse carnaval mais popular e periférico se contrapunha ao carnaval dos salões elitizados. Os historiadores diferenciam esses dois tipos como o "pequeno carnaval", mais popular, que gerou os blocos e cordões; e o "grande carnaval", fruído pela alta sociedade.

Esse resgate histórico serve para ilustrar a diferenciação, reiterada em diversos momentos históricos, que ocorre entre manifestações culturais típicas (ou oriundas) das periferias daquelas tidas como das elites (ou das regiões centrais e mais abastadas). Gêneros importantes e consagrados da nossa cultura sofreram com essa discriminação: a capoeira, no século XIX; o samba nas décadas de 20 e 30; o hip hop na década de 80 e início de 90; o funk na primeira década dos anos 2000.

Quanto ao samba, especificamente, nos períodos mais recentes sua acomodação foi plena como um dos gêneros com maior carga identitária da cultura brasileira. Seus desdobramentos socioculturais, como as escolas de samba e o os blocos carnavalescos, não mais sofrem perseguição, mas são absorvidos institucionalmente pelo Estado, com políticas públicas e ações de financiamento.

No entanto, é interessante anotar alguns pontos, como primeira reflexão, com relação ao Carnaval de Rua, no recorte da cidade de São Paulo. Sem dúvida, trata-se de um fenômeno mais ligado à classe média, sediado nas regiões centrais da metrópole, especialmente em se tratando do fenômeno recente de surgimento de novos e numerosos blocos. O centro expandido concentra a sua grande maioria, sendo residual a presença dos desfiles nas periferias da cidade. Isso não significa a ausência das pessoas que residem nas periferias nos blocos: elas vêm de suas localidades para frequentarem os festejos na região central, especialmente nos bairros de maior concentração, como Vila Madalena, Lapa, Centro. Mas fica evidente, analisando-se a lista de blocos cadastrados na Prefeitura, que estão em bem menor número os blocos que surgem ou se organizam nas regiões periféricas.

De 2013 para cá, têm aumentado a cada anos os blocos periféricos. O poder público também tem buscado descentralizar algumas ações e eventos, na tentativa de estimular o carnaval local. Mas mantém-se, como característica importante, o fato de grande parte dos blocos das periferias já serem ligados a escolas de samba, com elas coexistindo há muitos anos, ou em projetos mais recentes de integração comunitária.

Também é fundamental destacar, como análise emprestada de outros fenômenos urbanos, a preocupação de que esse crescimento dos blocos nas periferias seja acompanhado de represssão policial. É sabido que a ação policial repressiva ocorre durante o Carnaval, no chamado Centro Expandido, potencial e indistintamente sobre todos os blocos. O receio que fica é o de se replicar, com a mesma força e intensidade, o triste quadro de abuso policial que já ocorre em festas cotidianas nas periferias, como nos fluxos e bailes funk. Fetas em que as vítimas são jovens, negros e de baixa renda, as maiores vítimas da violência policial.

É necessário observar esta possibilidade, inclusive como dado de análise da política pública do Carnaval de Rua. Afinal de contas, esta política serve sobremaneira para garantir plenamente o direito de pular o carnaval e à livre expressão artística e cultural nesse período.

Carnaval e sociedade

Por fim, é muito importante destacar que o Carnaval não esconde as mazelas da sociedade, mas as escancara. Carnaval é espaço-tempo onde, de forma lírica, lúdica e com uma carga simbólica descomunal, expõem-se os problemas e os conflitos de uma sociedade problemática como a Brasileira. Problemática e alegre, a ponto de fazer do Carnaval o seu principal momento de festa e de convívio. E a ponto de forjar o Carnaval como uma grande arena de disputa de valores. Garantir o Carnaval como direito e como exercício de liberdade é ter Momo mediando essa disputa.

ANEXO

Manifesto Carnavalista

MANIFESTO CARNAVALISTA

Pelo Carnaval de Rua de São Paulo

Esse manifesto tem como objetivo viabilizar legalmente as manifestações carnavalescas de Rua em São Paulo não vinculadas às entidades UESP, ABASP e ABBC – órgãos que regulamentam o carnaval em São Paulo.

As manifestações carnavalescas de bairro cresceram muito e os novos grupos não encontram suporte e orientação dos órgãos competentes, tendo de enfrentar os mesmos problemas que grupos tradicionais sofriam antigamente, ou seja, boicote, repressão, falta de estrutura e o não reconhecimento por não se adequar aos padrões de conduta. A tradição do carnaval paulista vem dos cordões que desfilavam em seus bairros, pelas ruas da cidade, e que por fragilidade e necessidade cederam a um modelo de competição de escolas de samba para conseguir desfilar legalmente.

Buscamos com esse movimento unir poder público, população, mídia, governo e grupos carnavalescos para que possamos discutir interesses, problemas e demandas e com isso viabilizarmos o carnaval de rua em nosso próprio bairro. É importante destacar que não queremos com este manifesto solicitar verba pública direta para realizarmos nossos desfiles, mas, sim, reconhecimento, autorização e infra-estrutura para receber e conduzir a comunidade na rua. Queremos também desenvolver um modelo de carnaval que desperte o uso consciente do espaço público, para criar o mínimo de transtorno possível para a população e garantir alegria e cidadania aos foliões.

1- DIREITO À ALEGRIA

A alegria é um dos sentimentos mais belos de um indivíduo ou grupo, um grande indicador para medir a qualidade de vida das pessoas. Incentivar a criatividade, assim como promover o acesso à saúde, educação, lazer, segurança e cultura, é fundamental para constituirmos uma sociedade plenamente feliz.

2- DIREITO À FOLIA

O Carnaval é uma das principais manifestações populares brasileiras. Encontrado em todo o país, com seus diferentes "sotaques", revela as peculiaridades de cada região: Pernambuco com seus maracatus e frevos, Maranhão com o Bumba-meu-boi, Bahia com os blocos afro e seus trios elétricos, Rio de Janeiro com blocos e escolas de samba, e São Paulo com seus sambas de bumbo, cordões, blocos e escolas de samba.

3- IMPORTÂNCIA DA VALORIZAÇÃO E AFIRMAÇÃO DE UMA TRADIÇÃO CULTURAL PAULISTANA

O samba de bumbo, o jongo e o batuque de umbigada são algumas das inúmeras manifestações tradicionais que influenciaram a forma de sambar e brincar o carnaval na capital paulista. Ao longo do século XX essas expressões foram sendo esquecidas e São Paulo passou a ser o centro multicultural que recebe e consome as diversas manifestações do Brasil, mas que não soube reconhecer e valorizar a sua própria identidade cultural. Os cordões e blocos carnavalescos, assim como as mais antigas escolas de samba, são nossos patrimônios culturais e temos a obrigação de preservá-los para dar a chance às novas gerações de conhecerem as raízes histórico-culturais de seu bairro, sua cidade e seu país. Como define Plínio Marcos, "Um povo que não ama e não preserva as suas formas de expressão mais autênticas, jamais será um povo livre".

4- OCUPAÇÃO DO ESPAÇO PÚBLICO COMO EXERCÍCIO DA CIDADANIA

Hoje o espaço público é dos carros e a rua – que deveria ser democrática, lugar de convivência e aprendizado – um espaço hostil. Na contramão disto, tem uma época do ano, apenas um único momento, em que os carros dão lugar às pessoas e a hostilidade dá lugar à alegria. O CARNAVAL traz na idéia e na prática a ocupação do espaço público como forma de manifestação cultural, mas acima de tudo é um momento em que a cidade é das pessoas.

5- O CARNAVAL DE RUA E A ECONOMIA CRIATIVA

O carnaval de rua em São Paulo vem crescendo a cada ano e se tornando uma referência da cidade. Além de estimular os talentos artísticos pela valorização das expressões tradicionais locais, o evento tem grande potencial econômico para a cidade na medida em que se torna uma opção de lazer para quem fica, mas também atrai turistas e gera empregos.

- - -

Esse Manifesto surgiu de reuniões que alguns blocos e cordões carnavalescos de rua de São Paulo vêm realizando desde o carnaval de 2012 para compartilhar os desafios e dificuldades para brincarem o carnaval. Continuaremos a nos reunir para fortalecer o movimento, discutir e encaminhar propostas e queremos que todos os grupos carnavalescos de rua conheçam e participem. Para isso, basta entrar em contato na página do MANIFESTO CARNAVALISTA no Facebook ou através de um dos grupos participantes.

SIGNATÁRIOS DO MANIFESTO ATÉ 20/01/13:

1. Bloco Baixo Augusta (Bela Vista)
2. Banga La Fumenga (Vila Madalena)
3. Cordão Confraria do Pasmado (Vila Madalena)
4. Cordão Cecília (Santa Cecília)
5. Bloco Fidalga 33 (Vila Madalena)
6. Bloco Filhos da Mamãe (Vila Madalena)
7. Cordão Folclórico de Itaquera (Itaquera)
8. Bloco Ilú Obá de Min (Bela Vista)
9. Cordão do Jamelão (Bela Vista)
10. Bloco Jegue Elétrico (Vila Madalena)
11. Bloco João Capota na Alves (Vila Madalena)
12. Cordão Kolombolo diá Piratininga (Vila Madalena)
13. Bloco Lira da Vila (Vila Buarque)
14. Bloco Maria Madalena
15. Bloco Nóis Trupica Mas Não Cai (Vila Madalena)
16. Bloco Pilantragi (Pompeia)
17. Bloco Pimentas do Reino (Vila Madalena)
18. Bloco da Ressaca (Cambuci)
19. Bloco Samba da Balança (Vila Madalena)
20. Cordão Samba do Congo (Brasilândia)
21. Bloco Unidos do Cambuci (Cambuci)
22. Bloco Unidos Venceremos (Vila Madalena)
23. Bloco Vai Quem Quer (Vila Madalena)
24. Bloco Voodoohop

APOIADORES:

1. Centro Cultural Rio Verde (Vila Madalena)
2. Culturando.com
3. G.R.C.B.C Amigos da Vila Mariana
4. G.R.E.S. Quilombo
5. Festa Zumbiido
6. Fora do Eixo (Cambuci)
7. Fórum para as Culturas Populares
8. Studio SP (Bela Vista)
9. Uia Diário
10. Muda Cultural
11. Zé Presidente

LISTAS

LISTA DE FIGURAS

LISTA DE GRÁFICOS

LISTA DE QUADROS

LISTA DE ABREVIATURAS SIGLAS

ABASP – Associação das Bandas Carnavalescas de São Paulo
ABBC – Associação de Bandas, Blocos e Cordões Carnavalescos do Município de São Paulo
CET – Companhia de Engenharia de Tráfego
CEU – Centro Educacional Unificado
CF – Constituição da República Federativa do Brasil de 1988
CNC – Conselho Nacional de Cultura
CNDA – Conselho Nacional de Direito Autoral
CNIC – Comissão Nacional de Incentivo à Cultura
CNPC – Conselho Nacional de Política Cultural
Conpresp – Conselho Municipal de Preservação do Patrimônio Histórico, Cultural e Ambiental da Cidade de São Paulo
Conseg – Conselho Comunitário de Segurança
CPCC – Centro Paulista dos Cronistas Carnavalescos
CPPU – Comissão de Proteção à Paisagem Urbana
DIP – Departamento de Imprensa e Propaganda
DPP – Direito e Políticas Públicas
EC – Emenda Constitucional
ECA – Estatuto da Criança e do Adolescente
FEPAC – Fundo Especial de Promoção e Atividades Culturais
GCM – Guarda Civil Metropolitana
GT – Grupo de Trabalho
IBGE – Instituto Brasileiro de Geografia e Estatística
IPEA – Instituto de Pesquisa Econômica Aplicada
Iphan – Instituto do Patrimônio Histórico e Artístico Nacional
IPTU – Imposto Predial e Territorial Urbano
LIESA – Liga Independente das Escolas de Samba
MEC – Ministério da Educação e Cultura

MinC – Ministério da Cultura
MiniCom – Ministério das Comunicações
MNRU – Movimento Nacional pela Reforma Urbana
Mondiacult – Conferência Mundial sobre Políticas Culturais
MP – Ministério Público
OEA – Organização dos Estados Americanos
OEI – Organização dos Estados Ibero-americanos
ONU – Organização das Nações Unidas
PDE – Plano Diretor Estratégico
PEC – Projeto de Emenda Constitucional
PIDCP – Pacto Internacional sobre Direitos Civis e Políticos
Pidesc – Pacto Internacional de Direitos Econômicos, Sociais e Culturais
PL – Projeto de Lei
PM – Polícia Militar
PNC – Plano Nacional de Cultura
PNPI – Programa Nacional de Patrimônio Imaterial
Pronac – Programa Nacional de Apoio à Cultura
PSDB – Partido da Social Democracia Brasileira
PT – Partido dos Trabalhadores
SECOM – Secretaria Executiva de Comunicação
SMC – Secretaria Municipal de Cultura (de São Paulo)
SNC – Sistema Nacional de Cultura
SPHAN – Serviço do Patrimônio Histórico e Artístico Nacional
SPTURIS – São Paulo Turismo (Empresa de Turismo e Eventos da Cidade de São Paulo)
TICP – Territórios de Interesse da Cultura e da Paisagem
Ubcresp – União dos Blocos de Carnaval de Rua do Estado de São Paulo
UESP – União das Escolas de Samba Paulistanas
UNESCO – Organização das Nações Unidas para a Educação, a Ciência e a Cultura
Ursal – União das Repúblicas Sambalísticas Soviéticas
ZAE – Zona de Atenção Especial
ZEPEC/APC – Zonas Especiais de Proteção Cultural/Áreas de Proteção Cultural

AGRADECIMENTOS

Este livro é resultado é resultado de minha tese de doutorado defendida no segundo semestre de 2021, na Faculdade de Direito da Universidade de São Paulo, no departamento de Direito de Estado. Os agradecimentos, portanto, servem à tese e ao próprio livro.

Começo, sempre e antes, agradecendo à Valeuska de Vassimon, com quem brinco o carnaval da vida. Por toda a compreensão nesse processo árduo de escrever uma livro em plena pandemia.[6] Pelo amor entregue em (tanta) paciência, afeto e estímulo. Pelo cuidado com as crianças nos meus tantos momentos de ausência. Por entender sinceramente as dificuldades da caminhada e por torná-las menores, ao me olhar e processá-las tão ternamente comigo. Pelos conselhos sensatos, sempre à procura de soluções. De quebra, pela leitura e revisão atenta do trabalho. Por

6 É preciso também registrar um lamento. A tese que originou este livro foi escrita durante o período da pandemia mundial do Coronavírus, que tirou milhões de vida no mundo todo nos anos de 2020 e 2021. No Brasil, foram cerca de 700 mil mortes pela doença, apesar da existência da vacina. É preciso se solidarizar com todas essas famílias, sentir junto essa dor e viver esse luto, para que a esperança se mantenha viva e forte, nestes tempos novos que se abriram a partir de 2023.

completar ao meu lado esse ciclo, ao mesmo tempo que completamos o nosso, de dez anos de folia conjugal. Obrigado, Leu.

Aos meus filhos, Nina e Toni, que, quando puderem ler esses agradecimentos (Nina já pode, Toni está quase), saberão que foi lindo e emocionante (em todas as acepções do termo) escrever este trabalho tão intensamente perto e junto deles. Pelo amor tão gratuitamente me dado. Pela delicadeza de me pedirem para desenhar pipas, sereias e unicórnios no meio da literatura jurídica.

À professora Maria Paula Dallari Bucci, que não emprestou apenas seu conhecimento, rigor e perspicácia ao meu processo de doutoramento. Dedicou-me também toda a gentileza e generosidade que carrega. Mais do que simplesmente acadêmica, sua orientação foi humana, repleta de empatia e condescendência, sobretudo em um momento (pessoal e conjuntural) tão delicado. Agradeço também por insistir no carnaval: não fosse pela professora, o assunto do livro seria bem menos festivo. Obrigado, Professora, pela bela e terna Apresentação deste livro.

Aos meus pais Tião e Lúcia, pelo zelo incondicional e por nos receberem em Guariba, com tanto tempo e carinho, em sua casa de vó. Casa onde escrevi a primeira e a última linha dessa tesa. Pelas comidinhas, pela alegria, pelo mimar dos netos, pelo caçulê e a torta paulista e pela preocupação e apoio.

Ao Henrique, pela irmandade. Por estar junto, desde o nascimento, da tese e da vida. Pelos papos e gráficos. E à Daniela Florenzano, minha cunhada, que tanto ajudou na empreitada. Aos meus sobrinhos Gael e Maia, por comporem, junto com minhas crias, a atmosfera deliciosamente agitada em que escrevi esta tese-livro.

À Jaidete da Silva Santos, a querida Dete, por todo o apoio nesse período e por cuidar com tanto carinho dos piticos, ajudando com o tempo imprescindível da labuta.

À Dona Regina Vassimon, que abriu sua casa tão afetivamente para ficarmos os largos e deliciosos períodos, no calor de Sertãozinho. Por toda a ajuda que dispensou e que foi fundamental para as coisas andarem. Aos cunhados Verena e André Carmelo, pelo apoio todo, imprescindível. À Liz, por também embarcar nessa.

Agradeço a Joana Monteleone, que tão pronta e gentilmente abraçou a ideia de lançar o livro pela Alameda Editorial. Em nome dela, agradeço a toda a equipe da editora. Na toada, agradeço também a Camilo Vannuchi e Murilo Gaspardo, autores da mesma Alameda, que fizeram a ponte imprescindível para esse contato que frutificou a publicação.

Ao professor Renato Ortiz, cuja obra tanto admiro, e que participou do lançamento de meu primeiro livro, quase dez anos atrás, pela solicitude e generosidade de escrever a orelha desse aqui. A Adriana Aragão e Beth Beli, fundadoras deste imprescindível movimento de mulheres negras no carnaval, que é o Ilu Obá de Min. Grato pelas palavras que emprestaram ao livro, carragadas de força e simbolismo ancestral.

A David Galesse, talentoso artista carnavalesco, que me brindou com a capa maravilhosa deste livro.

Aos professores Diogo Coutinho e Nabil Bonduki, que estiveram na minha banca de qualificação (e depois a de doutoramento), oferecendo conselhos que foram essenciais para a construção aprumada da tese. Ao Nabil, aliás, Ao Nabil, aliás, agradeço pelo magnífico prefácio e pelos ensinamentos como secretário e vereador, nas ocasiões em que tive o privilégio de trabalhar ao seu lado – e trabalhar muito com carnaval de rua. À professora Marta Arretche e aos professores Humberto Cunha Filho e Paulo Miguez, tão solícitos e contributivos na banca. O meu reitor da UFBA, Miguez, agradeço demais pelas palavras generosas na quarta capa do livro. A Luís Fernando Massonetto, professor tão importante nas minhas decisões e formulações acadêmicas desde o mestrado.

Ao João Brant, amigo querido e parceiro de militância e trabalho, que fez a retaguarda segura de nossos projetos enquanto eu estava imerso nas profundezas carnavalescas da tese – além de ouvir minhas lamúrias. Obrigado também pelos aconselhamentos decisivos. Ao Nichollas Alem, que também foi firme no suporte das nossas ações, junto com Ivan Sales, que até livro sobre carnaval me mandou, diretamente das terras lusitanas.

Ao Juca Ferreira, pela amizade, pelos ensinamentos, pela inspiração, pelas palavras marcantes na contracapa desta obra e pelo axé baiano tão importante na construção da política cultural do carnaval de rua paulistano. Pelo privilégio de andar e pensar a cultura junto. E junto, agradeço a todos e todas do Instituto Cultura e Democracia, essa importante construção coletiva.

A todos que me acompanharam tanto e tão fraternalmente na olaria específica da tese, com conselhos imprescindíveis para a estrutura do trabalho e, sobretudo, para a saúde mental desse folião-pesquisador. Pelo compartilhar das angústias e aflições acadêmicas, obrigado: Álvaro Pereira, Bráulio Araújo (que faz isso desde o mestrado!), Luiz Moncau, Mariana Levy, Mario Pragmácio e Mariana Mazzini. A Marina Menezes e Bruno Lupion, que também entraram nessa, tão dedicados ao não menos importante monitoramento afetivo da empreitada – obrigado também pelos cortes (Lupi) e pela ajuda trilíngue (MM).

Ao Diogo Sant'Anna (*in memoriam*), por me ensinar que a alegria é uma responsabilidade política.

A Alexandra Fuchs, Isabela Ruiz, José Carlos Callegari e Veridiana Alimonti, que dividiram comigo o itinerário do doutorado. A Janaína Gomes e toda a turma que lutou pela extensão do prazo pandêmico: crucial.

Aos nossos vizinhos e vizinhas de vila, nossa crechinha querida, adulta e infantil. Nosso espaço de brincadeira e sanidade – e de passar por essa de mãos dadas. Sem essa bolha de autoajuda, ficaria tudo mais difícil. Antoine Morel, Nathalia Pazini, Laura Antoniazi, Pedro Nabuco, Danilo Bueno, Priscila Venosa, Marina Graminha e Fábio Picarelli, obrigado. Criançada dos nossos amores – Dora, Maria, Teresa, Erasmo e Tom – obrigado também. Ana Carolina Pedretti e Sophia Calil, idem.

À Bianca dos Santos, pela gentileza do acolhimento tão caloroso no seu apartamento, que foi minha segunda casa nesse período de estudos. Sem esse refúgio, o texto não sairia.

Ao Familião, amizade e suporte de todas as ordens: Anaí Arantes, Marcelo Marchesini, Dalva Santos, Manuel Bonduki, Clarice Calixto, Lucia Del Picchia, Fernando Rugitsky – os demais já foram citados antes. A todos e todas do Ruptura.

A Denise Dora, Laura Varella, Raisa Cetra e todos(as) da Artigo 19 e do projeto Mobile (em especial Marina Barreto e Paloma Reis). A Aline Damásio e Tom Vilanova, de Guaratinguetá. A Willian Fernandes e aos servidores(as) da Ouvidoria da Defensoria Pública de São Paulo.

Aos muitos amigos e amigas, que, das mais diferentes maneiras, gerais e específicas, contribuíram com essa empreitada: Alessa Camarinha, Ana Karlik, Alicia Klein, Bianca Tavolari, Camila Agustini, Camila Brasiliano, Cacá Machado, Carlos Paiva, Dani Ribas, Danilo Oliveira, Denise Moretti, Eduardo Leon, Erik Roza, Ester Rizzi, Fernanda Amim, Francisco Bosco, Frederico Haddad, Karina Giannecchini, Leila Teixeira, Inês Virgínia Soares, Lira Alli, Luciana Lima, Maria Carolina Oliveira, Mariana Machini, Mariana Soares, Paulo Menechelli Filho, Pedro Santos, Renan Quinalha, Rita Ferreira, Roberto Garibe, Thiago França, Sergio Ruy David Polimeno, Tomás Ramos, Vinicius Teixeira.

A André Jaschke e Olga Liane Jaschke, que se dedicaram à acurada revisão técnica da tese.

Ao hoje minsitro da Fazenda e antes prefeito de São Paulo, Fernando Haddad, que assumiu corajosamente a missão da política pública do carnaval de rua em São Paulo. Obrigado por participar também com suas palavras tão significativas para este trabalho. Agradeço também a seu chefe de Gabinete Laio Correia Morais.

A todos e todas que contribuíram aguerridamente para a construção da política carnavalesca pela Secretaria Municipal de Cultura, a partir de 2013, em especial: Alfredo Manevy, Ana Carolina Corrêa, Bruno Lancelotti, Fábio Maleronka, Gabriel Portela, Gabriela Fontana, Giovanna Longo, Hernan Halak, José Mauro Gnaspini, Karen Cunha, Laura Belles, Mauricio Dantas, Rodrigo Savazoni, Rosário Ramalho, Rossella Rossetto, e a muitos outros de que posso ter esquecido.

Um agradecimento especial a todos os blocos de carnaval de São Paulo, os atores culturais dessa festa pública e livre, que todos os anos ocupam a cidade com a altivez da alegria e o lirismo da transgressão, por uma cidade mais festiva, humana e divertida. Aos blocos que vão às ruas por um país mais justo, mais democrático e menos careta. Um batuque especial ao Arrastão dos Blocos.

À trupe do Sainha, naquela pureza de alegria de tocar e fazer balbúrdia com a criançada.

O último e mais caloroso agradecimento vai para o nosso querido bloco de carnaval, o Saia de Chita. O bloco mais amador, amado e amante da Pauliceia. Tradição, baguncinha e felicidade, desde 2007. A todas e todos e todes do Saia, obrigado por compartilharem essa experiência de fazer e viver o carnaval juntos, na rua e no coração. Na alegria, na vida e no carnaval nos lambuzaremos juntos e muito e sempre e delícia, nas ladeiras da Pompeia.

Alameda nas redes sociais:
Site: www.alamedaeditorial.com.br
Facebook.com/alamedaeditorial/
Twitter.com/editoraalameda
Instagram.com/editora_alameda/

Esta obra foi impressa em São Paulo no verão de 2024. No texto foi utilizada a fonte Minion Pro em corpo 10,5 e entrelinha de 15 pontos.